U0846834

高等职业教育"十三五"规划教材

邮政通信地理

（第 2 版）

主　编　王为民　吴建民　宋晓明

北京邮电大学出版社
www.buptpress.com

内容简介

本书从邮政行业的视角，站在服务国家新兴产业发展的高度提出了邮政行业在经济社会发展中的重要作用。阐述了地理学与邮政的关系，提出了邮政地理学科的性质和研究方法；运用地理学的理论、方法对邮政行业发展的区域差异进行了系统分析，从而为读者提供了研究区域邮政的方法论。

本书作为一门专业基础课教材，全面系统地介绍了与邮政、快递运营密切相关的地理基础知识、交通运输布局、区域经济发展以及邮政、快递服务网点布局等内容。本书不仅可以作为高等院校邮政、快递、物流等专业学生的学习教材，同时，也可以作为邮政企业、快递企业、物流企业的培训教材或者供员工自学之用。

图书在版编目(CIP)数据

邮政通信地理 / 王为民，吴建民，宋晓明主编. -- 2版. -- 北京 ：北京邮电大学出版社，2018.8(2023.9重印)
ISBN 978-7-5635-5516-1

Ⅰ．①邮…　Ⅱ．①王…②吴…③宋…　Ⅲ．①邮电通信地理—中国　Ⅳ．①F632.99

中国版本图书馆CIP数据核字(2018)第169145号

书　　　名：邮政通信地理(第2版)
著作责任者：王为民　吴建民　宋晓明　主编
责 任 编 辑：孔　玥
出 版 发 行：北京邮电大学出版社
社　　　址：北京市海淀区西土城路10号(邮编：100876)
发　行　部：电话：010-62282185　传真：010-62283578
E-mail：publish@bupt.edu.cn
经　　　销：各地新华书店
印　　　刷：唐山玺诚印务有限公司
开　　　本：787 mm×1 092 mm　1/16
印　　　张：18
字　　　数：466千字
版　　　次：2008年5月第1版　2018年8月第2版　2023年9月第3次印刷

ISBN 978-7-5635-5516-1　　定　价：45.00元

前　　言

2008 年，石家庄邮电职业技术学院的老师深入邮政企业，开展了调查研究，收集整理第一手资料，将地理学的理论方法首次应用到邮政领域，创新性地提出了邮政地理学的学科性质和研究方法，初步构建了邮政地理学的课程框架体系，于 2008 年编写出版了《邮政通信地理》教材，并被评为普通高等教育“十一五”国家级规划教材。

近年来，随着电子商务和快递业的迅猛发展，中国的快递业已经成为一个方兴未艾的战略性新兴行业，同时倒逼传统邮政业务进行转型升级，快递业作为邮政行业新的重要组成部分，为邮政行业发展注入了新的活力。基于此，我们在 2008 年《邮政通信地理》(第 1 版)的基础上，对该教材进行了全面系统的修改完善。本书首次站在邮政行业的视角研究我国大邮政领域(包括邮政、快递)的地理空间布局问题，系统全面地分析了邮政业在中国社会、经济、文化生活中的重要地位、作用和功能，分析了邮政服务、快递服务区域空间布局的特征和发展的内在规律性，为邮政、快递行业企业发展决策提供了科学依据。

本书共分三篇，上篇是邮政通信地理基础，共七章，包括绪论，主要介绍了地理学概述、邮政行业在社会中的地位作用以及邮政通信地理的学科性质和研究方法；中国的人口、行政区划、经济区划、交通运输、邮政行业发展的区域特征、邮政服务网点的空间布局等内容。中篇是中国分区邮政地理，共四章，分东北、东部、中部、西部四个大板块分别介绍了经济社会发展概况和邮政行业发展情况。下篇是世界邮政通信地理，共七章，包括亚洲、欧洲、非洲、北美洲、南美洲和大洋洲概况、主要国家与城市、中国与各国的邮政通信。

目前，中国的快递业规模位居全球首位，快递业对快递专业人才的需求呈现爆炸式的增长，催生众多高职院校开办了快递运营管理专业，部分院校开设了邮政地理课程。

本书的编者具有较为深厚的地理学和产业经济学理论功底，同时，由于在邮政领域有二十多年的邮政教育教学和邮政相关问题研究的经历，对地理学的研究方法和邮政行业的发展现状、趋势较为熟悉，具备将地理与邮政两者有机结合编写教材的基础和优势。本书上篇由石家庄邮电职业技术学院王为民教授编写，中篇由石家庄邮电职业技术学院吴建民教授编写，下篇由石家庄邮电职业技术学院宋晓明讲师编写。全书由王为民教授统稿。此外，本书的编写得到了邮政集团公司国际合作部武洪斌老师的大力支持和帮助，他为本书的编写提供了相关资料。编者在此一并表示衷心的感谢。

编　者

2018 年 5 月

目　　录

上篇　邮政通信地理基础

下篇　世界邮政通信地理

上篇　邮政通信地理基础

第一章　绪　　论

第一节　地理学概述

西方的地理学著作首先出现在希腊和罗马。希腊和罗马时代的地理学家，除了对各地的自然、经济和社会的实际知识的记述，及对已知世界的地图编制发生浓厚的兴趣之外，更重要的是对各地的文化和环境为什么有种种差异等各类问题开始思考，并开始探索其存在的原因。当时的地理学家对地球的形状是球形（埃拉托色尼，公元前 3 世纪，利用地面一段实际子午线的长度来推测地球的周长）、纬度气候带（约于公元前 3 世纪的一篇佚名著作《球体地理学论》中，将编制的包括 21 条纬线的北半球经纬坐标网与 7 个气候带的划分联系起来），以及环境对人的影响关系（公元前 2 世纪，阿加塔尔齐德斯在其所著的《红海》一书中对红海及周围地区的自然、经济、人文情况及其相互关系做了详细的描述）等方面进行了初期的研究，并做出重要贡献。

从 8 世纪开始，在阿拉伯地区一个日益强大的新兴的阿拉伯帝国开始出现于西亚与北非，其领土向西扩张到现今的西班牙与葡萄牙。当时的阿拉伯商人，其活动范围除地中海外，向东扩大到印度洋，以及远到中国东部的太平洋沿岸。阿拉伯的穆斯林学者与希腊人、罗马人一样，随着贸易的往来和帝国的扩张而扩大了地理视野，丰富了他们的地理知识。这些阿拉伯的地理学家都是当时的大旅行家，他们对各地包括风土人情在内的地理情况有丰富多彩而又十分详尽的描述。雅古特（1179—1229 年）撰写的《地理词典》则是集阿拉伯人地理知识之大成的一部著作。此外，随着经纬度测量精度的提高，地图的准确程度达到了一个新的水平。当时绘制的世界地图的范围已比过去扩大了许多。对于山脉的演变，阿拉伯地理学家做出了理论上的贡献。

经过中世纪封建社会的缓慢发展，西欧出现文艺复兴，加以“地理大发现”，文化开始重新走向繁荣，地理学也出现了与过去时代不同的新的发展。首先，地理大发现不仅发现了为当时欧洲人所不知的新大陆，而且完成了围绕地球一周的航行，从而通过实践验证地球是个球体。从此，人们把地球当作一个球体来研究。其次，自然科学的发展和地理资料的积累，特别是地球探险和考察所获得的大量资料，为地理学成为一门近代科学铺平了道路。

对于近代地理学的建立和发展，德国地理学家做出了突出的贡献。在 18 世纪，德国哲学家和地理学家伊曼努尔·康德（Immanuel Kant，1724—1804 年）于 1756—1798 年间在东普鲁士的哥尼斯堡大学讲授世界上第一门自然地理学课程。他把地理学当作空间分布的科学，也就是研究世界各地之间的异同。康德把地理学和历史学作了比较，认为这两门学科都注意变化，可是其侧重点不一样。历史学注意不同时间的差异与变化，而地理学注意的则是各地区之间的差异与变化。所以,如果说历史上的事物一再重复出现,而其间没有差异,这就不需要历史科学;同样,如果地球上各地方的地理现象都是一样,这也就失去地理科学存在的依据。根据康德的见解,地理学是注意事物在空间上的差异与变化,通过空间上的对比来研究其分布特点,从而找出格局的规律。康德比较着重地理学所研究的事物在空间上的分布特征。按他的逻辑分类法,即按时间来对事物进行分类和描述的是历史学;按地区来对事物进行分类和描述的是地理学。应当指出,在近代地理学的初级发展阶段,由于康德的地位及其对地理学的科学阐述,他对地理科学地位的建立与地理科学的发展起着极大的推动作用。但是,随着科学的发展,地理学不仅研究地球表面各种自然的和人文的地理现象在空间上的静态分布,而且也研究其在时间上的变化与发展。因为任何一种地理现象的存在,都有其变化与发展过程,所以历史的、发展的观点也不单纯为历史学所专有,也是地理学中重要的观点和方法。历史地理学就是地理学中一门以历史发展的观点来研究地理现象的重要分支学科。

在康德以后,19世纪的德国有两位伟大的地理学家,一位是亚历山大·冯·洪堡(Alexander Von Humboldt,1769—1859年),另一位是卡尔·李特尔(Carl Ritter,1779—1859年)。洪堡是世界著名的科学家,他对自然科学非常感兴趣。在1797年,他得到西班牙国王的允许,乘船到美洲参加长达5年之久的考察工作,足迹遍及墨西哥和安第斯山,这对他的科学成就有重要作用。在他60岁时,又接受沙皇邀请到西伯利亚和中亚作矿产资源的考察。但他的兴趣主要还是在自然地理方面,特别是对气候、地貌和植被做了深入的研究。早期的地理学家大多是记录自然界的各种现象,很少注意其相互关系及存在于该地的原因。但是,洪堡则很注意地理现象之间的因果关系,并试图解释这些自然现象的空间分布原因。在他的著作中,他相信人也是生态系统中的一个组成部分。晚年,他总结了一生调查研究工作,写出共有29卷的巨著《宇宙》(*Cosmos*)。在该书中,他对气候和植物地理在地面分布的相互关系作了理论上的概括,并提出植物的水平分布和垂直分布的规律性,这对地理学的发展起了重要作用。因而,他被认为是现代自然地理学的奠基人。

李特尔与洪堡不同,他主要是位书斋学者,虽然他受到洪堡自然地理的感召,但由于他在哲学与历史学方面的素养,所以工作主要偏重在人文地理方面,特别注意人文空间行为的规律。在1817年,他的《地球学》(*Erdkunde*)第一卷出版了,因而李特尔名声大噪。1820年起,他受聘于首先建立在柏林大学的地理系,并任系主任,直到去世。他善于讲演,在教学中培养了许多有名的地理学家。到1859年,他的《地球学》共出了19卷。他特别注意环境中的人文现象以及人与环境的关系,如在他的著作中提到"……地理学是科学的一个部门,它把地球作为一个独立的单元,研究它所具有的特征、现象和关系,并说明这个统一的整体与人及人的创造者的联系。"虽然在他的著作中对于人与环境关系存在着当时流行的目的论的色彩,但从总体说来,他被认为是地理科学中现代人文地理学的奠基人。洪堡和李特尔不仅为现代地理学的发展奠定了基础,而且为地理学的两大学科——自然地理学和人文地理学——确立了科学基础。自然地理学属于自然科学,人文地理学属于人文科学。虽然两者的属性不同,但是在地理现象上则有相互密切的联系。因而,地理学具有特殊的科学属性,它既属于自然科学又属于人文科学,也可以说地理学是介于自然科学与人文科学之间的特殊学科。

在世界上,一般把地理学划分为系统地理学与区域地理学。在系统地理学中又分自然地理学与人文地理学。在区域地理学中,既有区域自然地理学与区域经济地理学,又有两者结合在一起的区域地理学。在自然地理学中可以分出普通自然地理学、地貌学、气候学、陆地水文地理学、海洋地理学、土壤地理学、植物地理学、动物地理学等分支学科。广义的人文地理学又可分为经济地理学与人文地理学（狭义的）。在经济地理学中包括工业地理学、农业地理学、运输地理学、商业地理学、旅游地理学等；在人文地理学中包括人口地理学、聚落地理学（或城市地理学和乡村地理学）、文化地理学、政治地理学、行为地理学、历史地理学等。此外，按地理学所采用的技术与方法，还有地图学、计量地理学（也称数量地理学）、遥感与图像处理。在我国，近期常采用三分法，即将地理学分为自然地理学、经济地理学和人文地理学。以上只是地理学的大体分类。尽管这种划分在学术界还有不同的见解，以及所列的各分支地理学并不很完善，但足以说明地理学是一个十分复杂的体系，并且可以看出地理学与自然科学、人文科学中的各分支学科有着广泛的联系。这也可以说是地理科学所具有的特性。

地理学是世界上最古老的学科之一，它形成于公元前 3 世纪，已有 2300 多年的历史。这门学科自其诞生之日起，自始至终以地球表层的区域为研究客体，着重研究人类活动与区域环境的关系。随着社会经济不断发展，地理学的研究内容在不断发生变化，一般可以划分为三个不同的阶段：一是古代地理学，从地理思想的萌芽直到 19 世纪上半叶为止，以描述自然和人文现象为中心内容；二是近代地理学时期，形成于 18 世纪末和 19 世纪初。以德国洪堡和李特尔两位地理大师的主要著作及其学术思想为代表，标志着近代地理学的形成。三是现代地理学阶段，一般把第二次世界大战以后的地理学称为现代地理学。战后，新科技革命的推动和世界经济发展的需要，推动了地理科学的革新和发展，使其进入一个变革的新阶段，地理学研究领域更加深化。

当代地理学是研究地球表面和地理环境的结构、分布及其发展变化的规律性以及人地关系的学科。作为地理学研究对象的地球表面是一个多种要素相互作用的综合体，一般说来根据研究的侧重点不同，地理学被分成自然地理学和人文地理学两部分，或分为自然地理学、经济地理学、人文地理学三部分。自然地理学研究自然地理环境的特征、结构及其地域分异规律，自然地理环境是其研究的对象。自然地理学包括综合自然地理学、地貌学、气候学、水文地理学、土壤地理学、生物地理学、海洋地理学、疾病地理学、化学地理学等分支学科。经济地理学是以有关经济学的理论基础来阐述经济地理各种现象空间格局的原因，包括农业地理学、工业地理学、交通运输地理学、商业地理学等分支学科。人文地理学以地球表面人类各种社会经济活动为研究对象，其分支学科主要有人口地理学、聚落地理学、文化地理学、政治地理学、行为地理学、军事地理学等。

第二节　邮政业及其在社会经济中的地位

一、邮政的沿革与发展

邮政是国家开办并直接管理，利用运输工具或传输设备，以传递实物信息为主的通信行业。是现代社会进行政治、经济、科学、文化等活动和人们对外联系的公用性基础设施的重要组成部分。

人类的通信活动随着人类社会的发展在远古时代就已经出现。据文字记载，我国在距今 3000 多年的殷商时期，就出现了有组织的活动。邮政从古代邮驿、近代邮政发展到现代邮政则经历了漫长的发展历程。

我国古代邮驿从殷商（公元前 14 世纪）起到公元 1913 年止，历经 3300 余年。邮驿的作用主要是为了传递政令、军令的需要,是为统治阶级服务的。在我国古代社会,邮驿除了传递政令、军令的基本职能外,还具有为过往的官员、邮使提供食宿和交通工具的职能,甚至还要负责天子的出巡接待等。有些朝代,由行政官员担任驿官,既负责管理政务又负责管理邮驿;有些朝代邮驿归兵部,对其施行军事化管理。由此可见,邮驿本身就是国家统治体系的基础。邮驿组织得是否有效,关系到国势的兴衰和军事的胜败。故此,历代王朝大多制定有严刑律法和严密的交接传递制度,来保证邮驿的正常运行。我国古代邮驿发达,驿道四通八达,驿站星罗棋布,邮驿系统的规模在当时处于世界领先地位。邮驿系统组织比较先进,除了具有严格的传递和保密制度外,还实行了按传递时间的不同,采用不同的传递方式组织邮驿系统的有效方法。我国古代邮驿虽然已成为历史,但其对国家的强盛,对促进社会生产力的进步和经济文化的繁荣,做出了巨大贡献,对促进国际交流起到了重要的作用。

邮政作为对社会普遍开放的、以传递信函为主的官方通信机构。在欧洲各国开始于17世纪初,而中国则开始于19世纪末。公元1896年大清邮政成立,标志着中国近代邮政的开始。随着邮政对社会的普遍开放,邮政的职能从只为官方传递公文和物品,扩展成为民众通信、通汇、寄递物品和商业发展服务。邮政的服务种类增加、业务量增大、网络覆盖面扩大。如大清邮政开办前期,全国只有30多个邮局,开办的业务有限。到公元1911年,大清邮政已成为拥有6 000余处邮局和代办所、30多万里邮路、办理13种业务、传递1亿多邮件的专门通信组织。在中华邮政时期,邮政相继开办了收寄商务传单、平常邮件、快递邮件、航空邮件、邮政汇票、邮政储蓄等20多种业务。创设了火车行动邮局、汽车行动邮局、三轮车行动邮局等。在近代社会邮政从国家统治体系中分化出来,成为一个具有相对独立经济利益的专门从事信息和物品传递的劳务部门,成为一个主要从事通信的行业。随着人类文明和社会的进步,通信自由成为每个公民的一项基本权利,国家通过立法,保障公民的通信自由。由于当时邮政是唯一的一种最普遍的通信方式,保障公民通信自由这一重任历史性地落到了邮政的肩上。邮政更明确地成为一种社会职能,国家要求邮政承担为社会提供优质的普遍服务的义务,所以它是作为由国家垄断经营的一种社会公益事业来办理的。国家要求邮政服务网点普及、资费低廉,并对文化公益性邮件给予优惠,力求做到国内的每个公民都能使用邮政。邮政通信涉及到公民的通信权利和国家机密。因此,国家制定了关于邮政的法律,以保障邮件在处理、传递过程中不受侵犯。国家通过立法规定专营信件业务。

商品经济的发展使得社会经济摆脱了政治上的直接强制。20世纪60年代以来,随着现代社会经济、科学技术和文化的发展,世界发达国家的邮政面临的环境发生了相当大的变化。主要表现在社会对邮政的需求量增长、对邮政服务水平有了更高的要求,邮政面临的竞争越来越激烈。许多国家的邮政部门除了经办传统的信函、包裹等业务外,还根据社会发展新的需求,创办了多种快递业务,发展了邮政储蓄、划拨、支票等金融业务,采用现代电信手段开办电子邮政业务,增加各种社会福利、公益服务等业务,大大拓展了邮政服务领域,实现了服务功能的多样化。邮政内部处理作业也逐步改变了传统的手工操作方法,把先进的科学技术引进邮政领域,实现邮件的机械化、自动化处理。随着社会的发展,运输结构也发生了很大的变化。汽车运输普及到城市和农村,尤其是高速公路的出现,大大提高了汽车的速度和运输效率。与此同时,航空运输发展迅速,成为中、长距离运输的重要手段。这样,就动摇了以铁路运输为主的旧格局,形成了公路、航空、铁路三足鼎立的新格局。运输结构的改变为邮政运输提供了便利的条件,使邮政的传递速度大大加快,实现了邮件运递快捷化。邮政业务量的增长,邮件传递速度的加快、邮件处理效率的提高、邮政服务领域的拓宽等,必须促使邮政自身发生根本变革，这是历史发展的必然规律。

从20世纪60年代开始，世界上一些发达国家，如美国、加拿大、日本、澳大利亚、英国、意大利、法国、德国等，结合本国的具体情况，致力于本国邮政的全面改革，逐步实现了邮政服务机构普遍化、邮件传递快捷化、内部处理机械化与自动化、服务功能多样化、组织管理科学化，进入了现代邮政阶段，实现了邮政的现代化。作为一个行业，现代邮政的服务对象是一切国民经济部门中最广泛的。现代邮政经办的业务种类众多。服务领域已遍及通信、物品寄递、报刊发行、金融、简易保险、代理服务、集邮等，并依然承担着部分政府职能。邮政业务管理的难度也大大增加，涉及的知识也越来越广。由于邮政行业具有其固有的特点，在整个国民经济和人们的生活中起着无法取代的作用，因此，在现代社会中，邮政成为社会基础设施的重要组成部分。

二、现代邮政在社会发展中的地位和作用

邮政业是国家重要的社会公用事业，是推动流通方式转型、促进消费升级的现代化先导性产业，在国民经济中发挥着基础性作用。邮政业持续健康发展，对于保障用邮权益、降低流通成本、服务生产生活、促进创业创新和推动经济转型升级具有重要的意义。

邮政是信息流通的大动脉。国民经济和社会生活的发展在进步，需要大量的信息交流，邮政通信作为传递信息的通道，通过各种邮件的传递，担负着国民经济和社会生活中信息流通大动脉的任务，通过传递信息而参与社会生产过程。

邮政是商品流通的通道。在商品经济条件下，商品的流通和交换可以借助邮政来实现。随着经济的发展，这种商品流通大通道的作用会越来越明显，通过邮政进行商品的流通和交换，是现代邮政的发展趋势之一。在商品交换和流通方面，借助邮政可以开拓许多新的服务领域，而且这些服务领域具有很大的发展潜力。

邮政是沟通世界的桥梁和纽带。随着世界经济的发展，国家和地区之间经济的相互渗透、相互融合、相互依存在逐步发展。商品经济的交往是没有国界的，促使国家和地区之间信息和物品的交往迅速增长，邮政通过完成国家和地区之间的信息和物品的交换，促进世界经济的发展。

第三节 邮政通信地理的学科性质及研究方法

一、邮政与地理的关系

1. 邮政与区域

任何方式的邮政活动都是在一定的地域空间中进行的，而区域性是地理学最基本的属性之一。研究邮政的地域性，研究邮政在地域空间中发生、发展及变化的过程，以及与其他事项的联系是邮政关心的问题，也是地理学研究的内容。

（1）邮政区域空间的组成要素

邮政区域空间的组成要素是指邮政活动所必需的物质要素和非物质要素，它直接参与邮政运行，促进邮政发展。

参照区域经济地理学的研究成果，邮政区域空间的组成要素应包括：基础要素(土地与建筑物)、人口与劳动力要素、生产资料要素、生活资料要素、资金要素、科技要素、信息与管理、文化观念等。其中，基础要素是不能流动的，但可以增值；其他要素均可以流动。

① 基础要素：包括邮政所属的土地和建筑物。土地虽然不能移动，但其所承载的土地价值则不断增值。建筑物是不动产，其使用价值则受可流动要素的组合状况所制约。

② 人口与劳动力要素：人口是邮政活动的主体，是邮政生产中最活跃的因素，既体现邮政活动的源头(邮政生产)，又体现其活动的结束(邮政消费)。人口在邮政企业中起到劳动力、科技人才和管理人才的作用，随着科技要素在邮政发展中的作用日益突出，人才的流入与流出对邮政发展的影响日益加大。

③ 生产资料要素：生产资料要素是邮政发展中很重要的要素，包括生产工具、设备等。只有依靠这些生产要素才能正常地运作，是构成邮政发展的物质基础。

④ 资金要素：邮政发展离不开资金，它是邮政发展的保证条件。

⑤ 科技要素：科技要素的作用随时间的推移不断增强，代表着邮政发展方向，成为邮政创新的首要力量。科技要素要具有自己的特点，科技首先是与人的素质、文化水平联系在一起，科技体现在人才上；其次，体现在科技含量高的设备仪器上；最后，体现在科技信息方面。科技在邮政发展中应用程度，反映了其发展速度和发展水平。

⑥ 信息与管理：信息与管理体现了新时代邮政的特点，信息流动十分便捷，对邮政发展起着重要的作用。

⑦ 文化观念：文化观念受地理环境、民族状况和人的素质的直接影响。先进的文化观念和民族文化传统对邮政发展影响很大，所以，应加强邮政文化的建设。

2. 影响与制约邮政发展的区域因素

(1) 影响因素

① 生产力是邮政发展的总动力

生产力的发展与邮政发展密切联系。有了早期生产力的发展，才出现了早期的邮驿活动；随着生产力的发展，邮政的发展水平不断提高且日益复杂化。而邮政的发展反过来在一定程度上促进生产力水平的不断提高。

② 地域间自然、社会、经济条件的差异是产生邮政区域性的直接原因。

③ 经济利益是区域邮政发展的驱动力，如生产成本、利润等。

(2) 制约与障碍因素

总体来看，邮政是按照一定规律向前发展的，但在具体的运行过程中要受到许多因素的制约。

① 自然条件的障碍

人类经济活动与区域间的交往，从一开始就受到自然条件的严重阻碍，这种阻碍随着科技革命的不断深入，能源动力、生产工具和交通工具的不断变革而不断被征服。但是，到目前为止，在邮政发展过程中，自然条件的障碍仍然明显地存在。

② 生产力发展水平的影响与障碍

生产力发展水平低的地区，其物质流动的内容往往是低层次的，多为初级产品和低层次的劳动，发达地区的主要物质内容则是高水平、高质量的。由于生产力发展水平的限制，高水平的物质流向后进地区往往受到阻碍，这主要是由于后进地区还不具备接受高科技设备、先进管理人才和先进科技信息的经济基础和条件。因此，在生产力发展水平不同的地域之间的物质流动将是一个渐进的过程，除了个别有条件的地区有可能跳跃式的流通外，一般将受到生产力发展的限制。

③ 流通载体的阻碍

载体是地域运动的保证，载体的状况与地域物质流状况呈正相关。有些地域资源十分丰富，但由于交通条件落后而得不到开发；有的是产品很丰富，但运不出来。由于交通、通信等条件落后，直接阻碍物质流动，严重影响区域发展。载体条件落后直接增加运输成本，使产品缺乏竞争力。

④ 行政区划的限制

行政区划的限制主要反映在国界、区界、省界的限制，往往通过关税或其他限制的法规反映出来，从而阻挠了一些人流、物流、技术流的正常流通，直接影响区域经济的正常发展。

⑤ 体制、政策、法规等阻挠正常的物质流动

出于政治目的，一些发达国家严格限制高科技产品出口，从而阻碍了科技信息的全流通。

3. 邮政与地理要素的关系

从以上讨论可以发现邮政是区域经济地理学研究的一个重要内容。邮政发展过程中不可避免地受到各种地理因素的影响，如自然条件、经济条件、人文条件等，或多或少地印上了地域条件的烙印。

二、邮政地理的学科性质

邮政地理是一门边缘学科，它与许多学科有直接或间接的联系。

1. 邮政地理和地理学的关系

邮政地理和地理学有直接的关系，属于地理学的研究范畴，属于部门经济地理学的分支之一，它与经济地理、人文地理、自然地理有十分密切的关系。邮政地理是研究邮政通信网的形成条件、空间布局及发展变化规律的学科，因此它的研究离不开对自然地理条件、经济地理条件的分析，研究中国邮政地理必须结合中国的自然地理条件和经济地理条件，研究世界邮政地理离不开世界自然地理和世界经济地理。总之，邮政地理研究的核心是邮政通信网的地理分布，研究的意义在于寻找邮政通信网发展分布与区域之间的内在联系，从而探索邮政通信发展变化的规律性。因此，邮政地理研究必须立足于地域，离不开对区域自然、人文、交通、经济等多种要素的分析。

2. 邮政地理和邮政通信网组织与管理之间的关系

邮政地理与邮政通信网组织与管理两门学科都研究邮政通信网，但两者的侧重点、角度和核心都有所不同，邮政地理从地理学的角度出发，侧重研究影响邮政通信网分布的外部条件，重点分析邮政通信网的地理分布特点，探求邮政通信网发展变化和空间部分的规律性。因此邮政地理的研究离不开区域，如中国邮政地理的研究必须时刻把握中国这一特定区域的自然、经济、文化、历史等多种因素对邮政通信的影响，研究世界邮政通信地理同样离不开对世界各国的地理状况、经济发展的分析。邮政通信网组织与管理是研究邮政通信网组织结构优化及其管理的一门学科，是研究如何组织高效、快速、结构合理的邮政通信网，保证邮件在网上的快速运行，它是从管理的角度出发，侧重研究邮政通信网结构的优化组织，它研究的内容主要是邮政通信网的体制，邮政网路能力，干线、省级、邮区、城市、农村等各级邮政通信网的组织等。由此可见，邮政地理和邮政通信网组织与管理这两门学科是从不同的角度研究邮政通信网。两者研究的侧重点，研究内容都有所不同，但也有重叠或交叉。邮政地理和邮政通信网组织与

管理两门学科之间也有内在的联系，研究邮政地理应时刻注意邮政通信网组织结构的特点和变化，研究邮政通信网组织必须把握住邮政通信网发展和变化的外部条件，即周围地域自然环境和社会环境的变化，只有认真分析周围地域条件对邮政通信网组织的影响，才能制定出一个组织结构优化，空间布局合理的邮政通信网。

三、邮政地理的研究方法

邮政通信地理属于经济地理学的分支之一，同整个地理学一样，邮政地理的研究也具有区域性和综合性两个一般特征，除此之外，邮政地理还具有研究对象的高度整合性和地理构成广泛性的特征，在学习邮政通信地理时，要牢牢把握并始终体现这些特征。

邮政通信是社会的基础设施和先行产业，它的基本任务是通过优质、快速、高效、低消耗的手段向客户提供迅速、准确、安全、方便的邮政服务。因此，邮政通信是一种社会公用型企业。具有广泛的服务性：从城市到农村，从内地到边疆，从国内到国外，可以说，凡是有人居住的地方都是邮政服务的范围，所以，邮政通信的服务网点遍布全国甚至全世界的各个角落。这是邮政通信和一般的工业部门、农业部门、商业部门不同的地方。此外邮政通信和其他行业的生产过程也存在很大差别。邮政通信是全程全网联合作业，一个完整的生产过程一般要在两个以上的邮政企业参加才能完成任务。各地之间通信往来彼此交织，错综复杂，各个企业的生产过程都是互相依赖、互相配合，它们都是整个邮政通信网的重要组成部分。要实现快速、高效、优质和低耗的邮政通信，就必须把全国各地局、所邮路联系起来，组成四通八达的邮政通信网。由此可见，邮政地理的研究中心必须注重整体观点和全局观点。这就要求我们在学习研究邮政通信地理时，一方面要注意吸收采用经济地理的研究方法，另一方面也要及时采纳邮政通信研究的新方法和新成果，并将两者有机地结合起来。

学习、研究通信地理，首先应当以辩证唯物主义和历史唯物主义的方法论为基础。在具体的学习、研究方法上，除了可以运用经济地理学的一般方法，如资料的收集、整理，地图的运用，野外观察与实地参观访问，以及引进一些数量计算和微机应用之类的现代方法外，还要特别强调锻炼与掌握及时搜索、积累有关资料的方法，善于学习掌握邮政通信地理研究的有关方法论，锻炼与掌握学习、研究邮政地理的基本功。

1. 及时搜集、积累有关资料

邮政地理涉及的资料往往时有变化，因而在学习及研究中，要随时随地阅读并摘录有关新鲜资料，做好知识的更新。在这方面，第一要力求资料搜集、积累工作的经常化、及时化，且要细水长流持之以恒，务必不要中断。第二对于有关资料，一边要认真阅读，一边要随时做好资料的摘录工作。资料的摘录和积累，最好采用卡片法。为了提高所搜摘资料的实用价值，无论是用卡片法，还是用其他方法摘录的资料，都应确切注明资料出处。

2. 善于学习、掌握邮政地理研究的有关方法论

整个经济地理学的发展还比较年轻，系统的科学原理和科学方法论还有待于通过大量实践，不断地探索，使之逐步完善起来。特别是关于邮政通信地理的研究，目前还是空白，虽然有些专著问世，但系统地论述我国邮政地理理论和方法方面的论著却寥寥无几，如何从区域的角度综合评价与分析区域条件对邮政营、投局所，处理中心分布的影响，如何概括全国邮政通信网分布的地理特征，等等，诸如此类的实践课题，都需要加以科学的解决，并使之逐步形成区域邮政通信地理研究的系统方法论。考虑到目前还缺少系统的邮政通信地理的研究方法论著，这方面的学习方法，可以在阅读、搜索有关资料的同时，一方面摘录有价值的数据文字分析资料和观点，一方面细心体会有关成果或文献作者在研究和撰写这些成果和文献时所运用的方法论和指导思想。此外，邮政地理的理论联系实际是一个很重要的方法。因此，我们应经常到邮政企业中去，进行实地参观与访问，以增加感性认识，并得到有价值的资料。

3. 锻炼与掌握学习邮政通信地理的基本功

学习、研究邮政通信地理还必须锻炼与掌握若干必要的基本功，其中最主要的是地图的绘制与运用，统计表格的地理分析，有关文献的检索法，学会与掌握用地理眼光进行企业实习性参观与现场考察，用多种地图叠置法进行区域综合分析的方法，以及运用地区对比法进行区域综合分析的方法和运用地区对比法解释各个区域的地理特点。

思　考　题

1. 简述地理学的发展史及主要思想。
2. 邮政在社会发展中的地位和作用是什么？
3. 简述邮政与地理的关系。
4. 简述邮政地理的学科性质。
5. 如何学好邮政地理？

第二章　中国的人口

第一节　中国人口的发展

一、人口持续增长，增长类型发生质变

新中国成立以来，我国人口数量一直处于上升趋势。1952年我国总人口为5.7亿人，1978年总人口为9.6亿人，2000年达到12.5亿人，2016年末全国总人口为13.8亿人。目前虽然我国人口增长已进入现代化的人口再生产阶段，但是由于人口增长的惯性作用，预计未来几十年我国人口仍将保持增长态势(图2-1)。受20世纪八九十年代第三次出生人口高峰的影响，在2005—2020年期间，我国又将迎来第四次人口出生高峰。按照目前总和生育率，2020年我国人口总量将达到14.6亿人。2006年我国发布的《国家中长期科学和技术发展规划纲要(2006—2020年)》提出未来15年的人口目标是将人口数量控制在15亿人以内。根据多方面的预测，2030年以后，我国总人口将达到15亿人以上，其后还要再增加一些才能达到零增长。统筹解决人口数量问题始终是我国实现社会进步和可持续发展面临的重大而紧迫的战略任务。

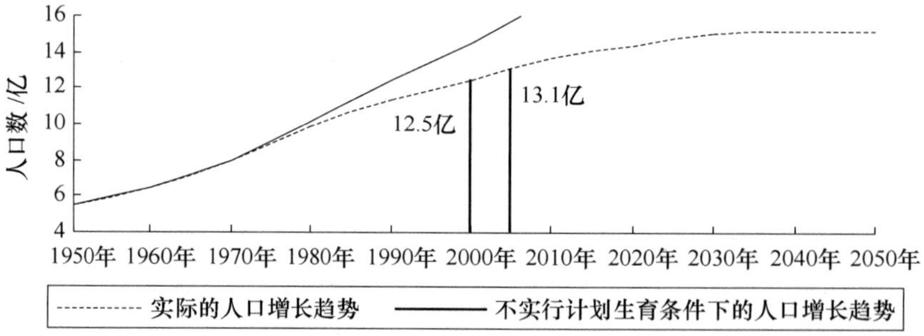

图2-1　中国人口的增长趋势图

我国人口再生产类型发生了根本性转变。从20世纪70年代以来我国坚持推行计划生育基本国策，在经济尚不发达的情况下，生育率持续下降，有效地控制了人口过快增长，减少出生人口超过3亿人，使人口增长惯性大为减弱，实现了人口再生产类型由高出生率、低死亡率、高自然增长率向低出生率、低死亡率、低自然增长率的根本性转变(表2-1)。至今我国已经经历了10多年的低出生、低死亡、低增长的人口增长模式。

表 2-1　中国人口自然增长状况　　(‰)

年份	出生率	死亡率	自然增长率	年份	出生率	死亡率	自然增长率
2001 年	13.38	6.43	6.95	2009 年	11.95	7.08	4.87
2002 年	12.86	6.41	6.45	2010 年	11.90	7.11	4.79
2003 年	12.41	6.40	6.01	2011 年	11.93	7.14	4.79
2004 年	12.29	6.42	5.87	2012 年	12.10	7.15	4.95
2005 年	12.40	6.51	5.89	2013 年	12.08	7.16	4.92
2006 年	12.09	6.81	5.28	2014 年	12.37	7.16	5.21
2007 年	12.10	6.93	5.17	2015 年	12.07	7.11	4.96
2008 年	12.14	7.06	5.08	2016 年	12.95	7.09	5.86

资料来源:《中国统计年鉴—2017 年》。

二、人口分布态势长期稳定

2010 年第六次人口普查表明,我国人口分布态势仍以胡焕庸 1935 年提出的“瑷珲(今黑河)—腾冲”线为基本分界线。这也说明我国人口分布的地域特点具有明显的历史继承性,人口分布的地域差异受自然和经济条件、开发时间、政策等多种因素影响。目前我国的人口分布仍具有诸多传统特征:①东部人口密集,西部人口稀疏,东西部人口密度差别很大(表 2-2);②平原、盆地人口众多,高原、山地人口稀少;③经济中心和重点资源开发区人口密集,经济落后和资源匮乏地区人口稀疏;④温暖湿润地区人口多,寒冷干燥地区人口少;⑤耕地利用区人口多,林地与草地利用区人口少;⑥沿江、滨海、临铁路干线地带人口多,交通不便地区人口少;⑦开发历史较久地区人口多,开发较迟地区人口少。

表 2-2　中国人口分布的区域差异性

名称	范围	人口分布特点	区域环境特点
非常稠密区	包括沪、京、津、苏、鲁、豫、粤、浙、皖	人口密度 400 人/千米^{2}以上	地势平坦,水热资源较丰富,开发历史悠久,工农业较发达,交通方便,城市众多
稠密区	包括渝、冀、鄂、湘、辽、闽、赣、琼、晋、黔	人口密度在 200～400 人/千米^2	除辽、晋外,大部分处于亚热带、热带丘陵山区,水热资源充沛,开发历史悠久,工农业有一定基础
较稠密区	包括桂、陕、川、吉、云、宁	人口密度在 100～200 人/千米^2	除吉林外,基本上位于第二级阶梯,以山地、高原为主,社会经济发展受到一定限制。仅四川盆地、汉中盆地、泾渭平原农业发达
稀少区	包括黑、甘、内蒙古、新、青、藏	人口密度在 100 人/千米^{2}以下	地处边疆和内陆,多高山、高原和荒漠,自然条件差,开发历史较短,交通不便,经济基础薄弱

三、少数民族人口广泛分布在边疆、高原、山区,分布形式为小聚居和大杂居

我国少数民族分布的地域十分广阔,全国绝大部分县级单位都有少数民族居住。全国分布最广的少数民族是回族,全国 97%的市、县都有回族人口分布。少数民族人口还从原来的聚居区或散居区不断向全国扩散,如近年来藏族人口平均每年扩散 20 个市县。少数民族在我国较集中分布的地域面积约占全国国土总面积的 64%。

少数民族人口在东北、西北、西南的边疆地区分布相对集中。辽宁、吉林、黑龙江、内蒙古、甘肃、新疆、西藏、云南、广西、海南10个边疆省、自治区,居住着占全国近70%的少数民族人口。从地貌单元看,我国少数民族人口主要集中在远离海岸线的山地、高原,距离海岸线越远少数民族人口越多。如藏族即为世界驰名的高原民族,其最高的居民点已达到海拔4 880 m;云南的20多个少数民族和贵州、广西、湖南、湖北的一些少数民族多居住在山区。

我国绝大多数少数民族都以或大或小的聚居区同汉族居住地区交错穿插,从而形成了相对于汉族的"小聚居、大杂居"的地域分布格局,大部分广泛分布的少数民族表现出相对连片的特点,在大分散中有集中。如云南聚集有25个少数民族,广西、云南、贵州、新疆4个省、自治区的少数民族人口之和占全国少数民族人口的一半。有的少数民族在一些乡村里聚集而居。内蒙古、新疆、西藏、广西、宁夏5个自治区内共有1 200多个民族乡,它们都是少数民族聚居地。从全国来看,每个少数民族都与汉族或其他少数民族交错杂居,少数民族聚居区的周围,又是汉族或其他民族的聚居区,同样在各汉族地区也杂居着许多少数民族,近些年来少数民族杂居、散居人口增长快,民族杂散居的县、市越来越多。

长期以来,我国民族的小聚居、大杂居的格局有利于各民族相互交往、互相尊重、共同繁荣,增强了民族凝聚力和向心力。

第二节　中国人口的结构

一、已经进入老龄社会,人口老龄化超前于现代化

2016年我国65岁以上老年人口比重达10.08%,表明我国已经进入老龄社会①。我国老龄社会的主要特征有:①老年人口规模巨大。2016年底,我国65岁以上人口总数为15 003万人。根据联合国预测,21世纪上半叶,我国一直是世界上老年人最多的国家,占世界老年人口总量的1/5;21世纪下半叶,我国也还是仅次于印度的第二老年人口大国。②老龄化发展迅速。2000—2016年我国65岁以上老年人占总人口的比例从7%提升到10.08%,老龄人口增加了6 182万人。③地区发展不平衡。我国人口老龄化发展由东向西呈区域梯次特征。以最早进入人口老年型行列的上海(1979年)和最迟进入人口老年型行列的宁夏(2012年)比较,时间跨度长达33年。④城乡倒置显著。发达国家城市人口老龄化水平一般高于农村,而目前我国农村的老龄化水平高于城镇1.24个百分点,这种状况将持续到2040年。⑤女性老年人口数量多于男性。目前,老年人口中女性比男性多出464万人。21世纪下半叶,多出的女性老年人口基本稳定在1 700万人~1 900万人,且50%~70%都是80岁及以上年龄段的高龄女性人口。

我国人口老龄化与"未富先老"并存。发达国家进入老龄社会时人均GDP一般都在5 000美元到10 000美元以上,而我国人均GDP为1 000美元,所以我国应对人口老龄化的经济实力还比较薄弱。预计到2020年全面建设小康社会时,老年人口比例会高出世界平均值3个百分点,进入老龄化严重阶段(表2-3),我国老龄化"未富先老"特点十分明显。

---

① 60岁或65岁以上的人口称为老年人口。在国际上,老龄化有两个并行的衡量标准,60岁及以上老年人口比例达到10%以上,或者65岁及以上老年人口比例达到7%以上的人口,都属于老龄社会。

表 2-3　中国 65 岁以上老年人口变化趋势　（%）

年份	1980 年	1990 年	2000 年	2010 年	2020 年	2030 年	2040 年	2050 年
老年人数量占全国人口比例	4.7	5.6	6.9	8.7	11.5	15.7	21.4	22.7

资料来源：联合国《世界人口展望》，2001。

我国人口老龄化将在较长时期内处于世界较高水平和发展中国家最高水平，对未来社会抚养比、储蓄率、消费结构及社会保障等产生重大影响。我国的社会经济发展水平尚不足以提供全方位的社会保障，且家庭子女养老功能也日益弱化，由于收入状况的限制也不能将老年个人自我供养能力估计过高，所以构建新型养老社会保障体系是减少老龄化的负面作用的根本途径，《中国老龄事业发展"十五"计划纲要（2001—2005 年）》已经提出了经济供养、医疗保健、照料服务、精神文化生活、权益保障等五个方面的建设任务。

二、人口出生性别比严重偏高，造成婚姻性别挤压

我国人口出生性别比①从 20 世纪 80 年代以来一直偏高，90 年代以来更为明显。至 2016 底，全国人口中男性人口为 70 815 万人，占总人口 51.21%，女性总人数为 67 456 万人，占总人口 48.79%，男性人口比女性人口多 3 359 万人。目前我国出生性别比在世界各国中仍属严重偏高国家，且地区分布也不均匀，根据 2016 年全国人口变动情况调查抽样数据（抽样比为 0.837%），性别比较高的有天津（114.39）、广东（113.02）、海南（111.16），较低的有四川（99.73）、陕西（101.93）、江苏（101.44）、辽宁（101.86）等，区域差异大。这种出生人口性别比长期居高不下将会直接产生婚姻性别挤压问题。

三、城镇人口比重持续提高

我国城镇人口比重持续增加，农村人口比重相应降低。近年来由于积极推进城镇化和产业结构升级，实施城市带动农村、工业反哺农业的发展战略，人口城镇化率以每年超过 1 个百分点的速度增长，城市化进入快速增长期。2016 年与 2000 年相比，我国城镇人口比重上升了 21.13%（表 2-4）。

表 2-4　城镇人口与农村人口占全国人口比重变化　（%）

年份	城镇人口比重	农村人口比重	年份	城镇人口比重	农村人口比重
2000 年	36.22	63.78	2009 年	48.34	51.66
2001 年	37.66	62.34	2010 年	49.95	50.05
2002 年	39.09	60.91	2011 年	51.27	48.73
2003 年	40.53	59.47	2012 年	52.57	47.43
2004 年	41.76	58.24	2013 年	53.73	46.27
2005 年	42.99	57.01	2014 年	54.77	45.23
2006 年	44.34	55.66	2015 年	56.10	43.90
2007 年	45.89	54.11	2016 年	57.35	42.65
2008 年	46.99	53.01			

资料来源：《中国统计年鉴—2017》。

① 以女性为 100，男性对女性的比例。

四、劳动年龄人口比重较大,就业压力明显

我国劳动年龄人口[①]未来一些年仍将保持增长态势,给就业造成了巨大的压力。从20世纪80年代开始,我国劳动年龄人口的数量便不断上升,逐渐进入了劳动力空前增长的高峰期。2000年我国劳动年龄人口已达88 910万人,到2017年劳动年龄人口达100 260万人,劳动年龄人口占总人口的比重为72.50%,劳动人口增长了11 350万人,劳动年龄人口如此态势,在为经济发展提供丰富的劳动力资源的同时也产生了巨大的就业压力,且这种压力伴随着社会经济层次的演进愈加明显。一方面是由于企业提高效率和资本密集程度而不断精简大量冗员,造成企业吸收新增劳动力空间十分有限;另一方面是由于经济结构的调整,旧的劳动密集型产业不断萎缩,使总体经济增长吸收就业能力下降。

五、少数民族地区人口密度低,少数民族人口增长快于汉族

少数民族地区人口密度较低。我国民族自治地方的人口密度约为全国人口平均密度的1/5;少数民族地区内部人口分布很不均衡,如青海70%以上的人口集中在占总面积4%的东部农业区;少数民族地区之间的人口密度也有很大差异,如贵州和广西较高,新疆、青海较低,西藏最低。

新中国成立之后,我国少数民族人口增长速度不断加快,其人口占全国总人口的比重也相应提高。在1964—1982年、1982—1990年和1990—2000年间,大陆少数民族人口占全国总人口的比重由5.8%分别提高到6.7%,8.01%和8.41%。2010年第六次人口普查数据显示汉族人口为122 084万人,少数民族人口为11 197万人,随着其人口数量的增长,再加上人口迁移的因素,使少数民族地区人口密度也都有了不同幅度的提高。

第三节　中国人口迁移

一、人口迁流逐步趋强并显现出高度活跃态势

(一)以就地转移为主,迁流规模较小的阶段

改革开放至20世纪80年代中期,人口迁流处于稳步的初期探索阶段。这一时期除"三线"移民返迁及"上山下乡"知识青年回城等带有一定补偿、回归性质的人口迁流外,在整体上仍主要延续改革开放以前的基本态势。家庭联产承包责任制的实行把大量的农村隐性过剩劳动力释放出来,1985年农村地区剩余劳动力占农村劳动力总数的30%~50%,绝对规模在1亿人以上,如果再加上被抚养人口总数可达2亿人。这些农村剩余劳动力形成了规模巨大的人口迁流的潜在"资源"。当时城市就业制度的改革尚未触及,横断于城乡之间的户籍制度以及以此为基础建立起来的二元社会结构也一直处于主导地位,因此农村剩余劳动力向城市

---

① 通常将15~59岁或15~64岁年龄段的人口称为劳动年龄或生产年龄人口。

迁流还受到严格的控制，农村剩余劳动力向乡镇企业转移的“离土不离乡”“进厂不进城”模式便成为主流，乡镇企业也相应成为当时吸纳农村转移劳动力的巨大“蓄水池”。省际迁流人数较为有限。

（二）迁流由乡镇企业发展到小城镇，又发展到城市的阶段

20世纪80年代中期至90年代中期，人口迁流规模及强度渐趋扩大。随着农村剩余劳动力被越来越多地解放出来，乡镇企业已难以容纳，农村剩余劳动力“就地转移”模式表现出局限性。此时的人口迁流有了新的特点：一是从原来的向乡镇企业的转移发展到向小城镇的转移，国家1984年10月颁布的《国务院关于农民进镇落户问题的通知》放宽了农民进镇的标准，为农村剩余劳动力进镇创造了一定的条件，这是新中国成立以来对户籍制度及农民就业政策的首次重大改革；二是城市劳动力市场初步建立，使农村剩余劳动力向城市迁流、就业成为可能。国家又相继出台了一些促进农村劳动力流动、到城市就业的政策，极大地推动了农村剩余劳动力向各级城市的迁流，省际年迁流人数及迁流范围进一步扩大。此时，由于管理手段落后，在一定程度上阻碍了农村劳动力向城市的迁流。

（三）户籍制度改革后迁流进入高度活跃期

20世纪90年代中期至今是我国人口迁流的高度活跃时期，人口迁流迅速增加并保持巨大规模。此时，东部沿海地区城市开发与建设高潮兴起，外企、外资的大举进入，创造了丰富的劳动就业机会。城市住房、粮食供给的市场化逐步解除了外来人口在城市就业及生活上的后顾之忧。1997年国家关于《小城镇户籍制度改革试点方案》试行，一些经济比较发达的省级行政区开始对户籍制度进行大胆改革，上海、广州、厦门等一些大城市也自行出台了“蓝印户口”“居住证”等一些新政策，初步打开了农村人口迁入居住的大门。这样，20世纪90年代后期以来，在地区、城乡之间显著的经济收入差异及就业机会的推拉作用下，中西部地区人口向东部沿海地区及农村人口向城市地区的迁流规模急剧扩大，使人口迁流进入高度活跃期。

二、人口迁流的空间和结构模式

（一）农村人口非户籍乡—城迁流的模式

农村人口的非户籍乡—城迁流一直是主流模式。

其一，人口迁流的主体为农业户籍人口。我国以农村人口和农业户籍人口为主体，决定了我国迁流人口也同样以农村人口和农业户籍人口为主体。在国家人口迁流政策逐步放宽、城乡区域经济差异继续扩大等多种因素的共同作用下，农村剩余劳动力大量参与迁流活动，形成了现实的人口迁流主流，改革开放以来我国农村迁出人口占迁出总人口的60%左右，我国农村迁出人口主要选择迁入城市，我国迁流人口选择迁向城市的比例一直在70%以上。

其二，属于人、户分离的迁流类型。由于我国城市居民社会保障制度的封闭性，使农村人口和农业户籍人口基本上都未能伴随户籍的迁移，形成典型的城乡人户（籍）分离人口。20世纪90年代以来，人口高度活跃的迁流主要是未伴随户籍的人口迁流。2005年以后人、户分离的迁流或未伴随户籍的迁流有一定缓解。

其三，农村迁流人口所占比例已趋于下降。由于区域经济的差异发展、经济结构的转型、教育规模的扩大和城市化水平提高，农村迁出人口所占比例呈下降趋势，农村迁出人口的“潜

在"资源不断减少。

(二)就近向发达地区迁流,城市内部向新城迁流的模式

我国人口迁流同样也表现出就近向发达地区迁流、距离越远人口迁流越弱的特点。我国改革开放以来,人口迁流主要为就近趋向于三大都市圈,其迁流量占总迁流量的40%以上。按距离分析可见,1 200 km以内距离的迁流人口规模明显较大。对于中近距离的人口迁流来说,地区之间经济差别是影响人口迁流量的主要因素。所以我国三大都市圈迁入流的第一次波峰都发生在400 km左右,在这个距离上,京津唐吸引范围辐射到河北、山东等,长江三角洲辐射到安徽、苏北等,珠江三角洲辐射到湖南、江西和广西等。长江三角洲和珠江三角洲迁入流的第二次波峰发生在1 200 km左右,在这个距离上,两者吸引范围都辐射到河南、四川等,京津唐迁入流的第二次波峰发生在800 km左右,在这个距离上也辐射到河南等。上述这些省级行政区都是经济相对落后的人口大省,致使大量剩余劳动力参与到人口迁流过程中。

城市内部人群向新城区迁移。2000年以后,大城市的城市功能不断提升,大量城市内部人群从中心城区迁往新城区,成为城市扩散和郊区化的主要力量。市内迁移具有以下主要特征:①呈离心化趋势。迁入新城区的强度最高,城郊结合区次之,迁入老城区的强度明显低于前两类。②对文化程度与行业的选择性很强。较高文化程度人群所占的比重远高于平均水平。新兴行业的劳动者在市内迁移方面具有突出的优势。

(三)纺锤型年龄结构、家庭式增长、农民工为主体的模式

1. 年龄结构呈现纺锤型状态

我国迁流人口的年龄结构呈"两头小,中间大"的纺锤型,人口迁流以青壮年为主。迁流人口的年龄阶段较为集中,64.65%的迁流人口年龄在15~35岁,这是年轻时迁流成本低所导致的。现在暂住人口中老人(60岁以上人口)、小孩(14岁以下人口)的比重一般合计在20%以下。未来在劳动适龄人口中,迁流人口也将主要集中在15~34岁的年龄段。具有较强劳动能力的青壮年人口是跨省级行政区迁流人口的主体。

2. 家庭式迁流成为新迁流方式

当前我国人口迁流正由过去的个体迁流为主,逐渐演变成举家迁流,且家庭式迁流和个体迁流并重。我国人口迁流主要方式有区域组织型迁流、以老带新型迁流、投靠亲友型迁流等,均对家庭式迁流形式予以支持。部分大中城市以租借、自建住房或其他居住形式的家庭式迁流人口已占总迁流人口的1/3,家庭式流动人口中女性不在业率的比重逐渐增长。

3. 性别结构基本持平,但随年龄变化也有差异

近几年迁流人口在男女性别上基本持平。从迁流人口总体上看,男性迁流略多于女性。但是从年龄结构上看,性别结构存在差异,在0~15岁与30~65岁阶段,男性迁流比例高于女性,而在15~30岁及65岁以上年龄段则是女性迁流比例高于男性。在15~30岁年龄段的迁流人口中,有近60%是女性,多由婚姻迁流所致。在婚姻迁流中,有89%的比例是女性,其中15~24岁年龄段的婚姻迁流中96%以上是女性。另外,也有求职就业原因,年轻女性更容易在服务行业中找到工作。经济发达地区改革开放以来,发展最快的是第三产业,也因此提供了很多适合女性的就业机会。

4. "农民工"是主要部分,文化差异存在于省内迁流和省外迁流之间

在我国迁流人口中"农民工"占3/4,决定了其就业范围、产业领域与职业构成。我国外出

农业劳动力就业的产业领域主要是工业和建筑业，两者合计超过了50%；饮食服务业就业的劳动力也较多，约占15%。除少部分从事经营管理工作和技术工作外，大多数外出劳动力从事的是一般性劳务，比重接近70%，就业层次比较低。

随迁流距离的增加迁流人口的文化程度增加。省内迁流人口文化程度低，而省际迁流人口文化程度高。前者中乡村人口占绝对优势，而乡村的迁流人口中初中及以下文化水平者居多。同时，不管是省内迁流还是省外迁流，一般来说，迁流人口的文化素质整体上要高于留在原籍的非迁流者。

三、省际人口迁流的区域差异

(一) 迁入率东部地区高，中部地区低，西部部分地区也较高

我国省际人口迁入率的区域比较有3个特点：①沿海地区迁入率较高。北京、广东、上海三省、直辖市的迁入率超过2.5%，北京最高，达到2.75%，广东也高达2.67%，略超过上海(2.65%)；浙江、天津的迁入率均超过1%；福建、江苏和海南也都超过了全国平均水平(0.54%)。这反映了沿海地区，特别是特大城市对人口迁流的巨大吸引力。②中部地区迁入率偏低，绝大多数省级行政区的迁入率在0.5%以下，特别是湖南、云南、贵州、安徽等省的人口迁入率都低于0.2%。近几年来，重庆人口迁入率上升较快。③西部的新疆、西藏、宁夏也有较高的迁入率。

(二) 迁出率、净迁出率中西部地区均较高

我国人口的迁出率分布与迁入率分布恰成“互补关系”。沿海省级行政区和部分西部省级行政区的迁入率较高，其迁出率均比较低，广东省最低，较低省、直辖市、自治区还有云南、山东、山西、新疆、上海、河北、贵州和西藏；相反，迁入率偏低的中西部省级行政区都是迁出率的“高地”。

中西部地区是我国最大的人口净迁出地带。江西的净迁出率全国第一，净迁出率较高的省、直辖市、自治区还有湖南、安徽、四川、广西、重庆、贵州和湖北。中部省级行政区的高净迁出率的产生原因是这一地带同时接近长江三角洲和珠江三角洲两大人口引力中心。

(三) 净迁入的东部沿海和净迁出的中南部省级行政区在空间上呈“互补关系”

我国净迁入的省级行政区主要分布在东部沿海和西部，而净迁出的省级行政区集中分布在中部地区。目前我国迁入率与迁出率互逆消长，这意味着人口迁流正在重新塑造我国的人口分布形态，沿海地区的人口集聚度进一步增强，西部与中部的人口密度差异在缩小。这点与许多发达国家不同，它们大规模的城市化过程早已完成，国内人口迁移趋于平衡，迁入率高的城市地区往往也具有较高的迁出率，相反农村地区迁入率和迁出率均比较低，其人口迁流并不会导致宏观人口分布的显著变化。

思　考　题

1. 简述我国人口增长的特点。

2. 简述我国人口分布的特征。
3. 我国少数民族分布的特点是什么?
4. 我国老龄社会的主要特征是什么?
5. 试述我国人口的结构特征。
6. 简述农村人口非户籍乡—城迁流的模式。
7. 简述我国省际人口迁流的区域差异。

第三章　中国的行政区

第一节　中国行政区的演化

一、省级行政区划边界的形成

(一) 自然因素在我国古代行政区划边界划分中起重要作用

我国历史上省级行政区划边界划分的一个基本原则是山川形变，即从自然地理条件出发划分，所以省级行政区界线与自然区域较多吻合。唐代于开元二十一年(733 年)，在贞观十道的基础上经过调整划分为十五道，其行政区划调整更加符合地貌类型单元。如原山南道横跨巫山，东西过宽不便管理，遂分置山南东、西道，以大巴山、巫山为界，使川东与湖北分开。安史之乱爆发后，全国划分 40 多个道(方镇)，后期这些方镇成为实际上的省级行政区，各行政区大多也与自然地理区域相对应。元朝之前的统一王朝中，淮河常作为行政区域的分界线，即行政区域划分基本上不跨越淮河，这样做很大程度上保证了同一政区内自然地理特征的相似性与均一性(表 3-1)，有利于农业经济的发展。我国现状省级行政区界线仍保留了依托自然地理区域的传统，如太行山分隔了河北和山西，武夷山分隔了江西和福建，南岭山脉分隔了两广和湖南等。

表 3-1　自然地理单元与省级行政区界线的对应关系表

水系流域	省、直辖市、自治区	地貌单元	省、直辖市、自治区
鄱阳湖水系	江西	内蒙古高原	内蒙古
钱塘江、瓯江水系	浙江	云贵高原	云南和贵州
辽河中下游水系	辽宁	四川盆地	四川与重庆
汾河水系	山西	海南岛	海南
黑龙江水系	黑龙江	台湾岛	台湾

资料来源：王颖和陆玉麟《中国省界线形成的地理背景》，2003。

(二) 自然基础界线的稳定性和政治基础界线的不稳定性共存

唐朝以来，我国以山川为界的省级行政区界线多数比较稳定，而非自然(政治基础)界线的省级行政区边界相对变化较大。其原因是：山川地域广阔、人烟稀少，自然阻隔就成为了划界依据，不易频繁发生政治变动；非自然的界线受战争、人口迁徙、经济和政治中心转移等影响，稳定时间较短，其行政区划界线处于不断变化之中。前者如广东，其东、北、西北段历经唐、宋、元、明、清而无大变化,这与其自然地理阻隔及汉代建立的岭南南越王政权均有特殊关系。再如山西,其东部、西部、西南部以太行山、黄河等自然单元为界,界线稳定时间达千余年(表3-2)。南岭是我国热带与亚热带的重要分界线,太行山是我国高原与平原的重要分界线,这些自然地理边界的制约作用就十分明显。内蒙古、辽宁、宁夏、甘肃和青海,行政边界变动都较大,中原地区的河北与河南的界线变动,贵州与云南、广西之间的行政边界多有变动,均是政治基础界限作用的结果。

表3-2 自然地理因素为基础的省级行政区边界的延续时间

省级行政区行政划界	延续时间	说明
江西与安徽相邻的省界段 江西与湖北相邻的省界段	唐代至今	以长江中游江域划分
湖南与江西相邻的省界段	宋代至今	以罗霄山划分
福建与江西相邻的省界段	宋代至今	以武夷山划分
广东与湖南相邻的省界段	宋代至今	以南岭划分
广东与江西相邻的一段省界	宋代至今	以南岭划分
山西与河北相邻的省界段	明代至今	以太行山划分
湖北与河南相邻的省界段	明代至今	以大别山划分
安徽与河南相邻的省界段	明代至今	以淮河支流划分
江西与广东相邻的一段省界	明代至今	以南岭划分
广西与广东相邻的一段省界	明代至今	以云开大山划分

资料来源:马晨燕、颜辉武和黄仁涛《中国各代地图形状演变》,2007。

(三)政治巩固因素在我国历史行政区划边界划分中也占重要地位

我国历史上行政区划的犬牙交错的原则充分体现了从政治巩固出发的需要。可归纳为三类情况:一是便于军事控制,二是加强皇权巩固,三是一时之计形成行政区划的惯性。如秦岭作为不同行政区管理的天然界限,维持了1500年。但在元朝统治四川之后,将汉中盆地的兴元路划归了陕西省,使汉中盆地与关中盆地处于同一行政区,这是因为在宋金对峙和宋元战争中,秦岭及四川盆地一直是宋军长期守御的战略要地,将秦岭以南的汉中划归陕西,就使四川失去了北方的天然屏障,使其不易形成一个完整的割据区。另外省界不完全依赖自然地理区划的还有:江苏、安徽不仅跨长江南北,而且包括淮河流域,太湖流域分属江苏、浙江,河南省有相当一部分范围在黄河之北等,均有特殊的政治原因。

(四)元朝行政边界成为现行我国行政区划的基础

我国现行应用的省级行政区划,基本上是沿袭了六七百年前元朝疆界的体制。元朝统治者人为地把同一自然地理单元分割给若干行省,突破了以前按山川自然地形划分政区的做法,形成山川形变与犬牙交错并存的省级行政区域边界。以后各代虽对省制进行过多次重大变革,但并未能对省界状况加以改变。封建社会以自给自足的小生产经济为主,地域分工协作较少,商品流通薄弱,因此这种做法适当地避免了分裂割据,但进入现代社会后,其却极不利于社会化大生产和市场经济的需要,也给现代行政管理带来诸多不便。

二、行政区划层次的演变

自秦始皇统一中国以后,除秦开创地方建制至汉武帝元封五年实行郡县两级制、隋文帝至唐太宗实行州县两级制外，其他主要的封建王朝都实行三级制或准三级制。其行政区划层次的演进为：虚、实三级制为主；三级制往往取代二级制；二级制时，之上或之间往往设有一监察机构（表3-3）；经济的发达程度、地位的重要程度与行政区划划分的粗细呈正相关。

表3-3　历代行政区层次使用时间表

朝代	使用时间	行政区划层次
秦至汉武帝	100多年	郡、县二级制
汉武帝至东汉末	300年	虚三级制
东汉末年和魏晋南北朝	400年	州—郡—县三级制
隋和唐初实行道制以前	150年	二级制
唐中叶以后和五代	200年	三级制
宋初至实行路制以前	37年	州、县二级制
元代	90年	多级制
明代	270年	三级、四级并行制
清代	260年	多级制
中华民国时期	—	省—县二级制

资料来源：林汀水《中国历代行政区划制度的演变》，1986。

我国历史上地方行政区划层次的演变表明，历朝历代都以简化为基本指导思想，所以多在建国初期利用这一变革行政区划的大好时机实行实二级制，如秦汉、隋唐的二级制。只是随着管理问题增多，才增加一级虚设的派出机构，再后改虚为实，行政区划层次由少到多，治理由简到繁，最终二级制被三级制所取代。历史上有2000年为三级制，仅有200年为二级制。封建社会中后期元、明、清时，行政区划实行三级制甚至多级制。

三、南北行政区数量的增减与经济重心的转移

唐朝以后，我国的经济重心逐步南移，行政区划数量发生相应的变化。由于秦岭、淮河以南的南方经济有较快发展，到了宋代，南方一级政区数远超过北方。明代南方的省级行政区数量已占到了全国的2/3。导致这种变化的主要历史原因是：西晋末年的永嘉之乱，造成了人口的大量南迁，政治、经济中心随即也由黄河中下游地区向南移动，特别是唐代“安史之乱”后，北方经济受到严重打击，南方经济开始繁荣，南北差距逐步扩大，这也使得以户口和财富多寡为依据划分的行政区划在我国南方划分越来越细，数量不断增加。

第二节　中国行政区结构

一、以三级制和四级制为主导的行政区划体系

（一）新中国成立后行政区划的层次体系经过多次变化

新中国成立以后，我国行政区划的体系经过了多次调整与变更，以三级制和四级制为主。新中国成立初期，行政区划体系以四级制为主，即大行政区级——省级——县级——乡镇级。

1952年至1966年以三级制为主,即省级——县级——乡级。"文革"期间又以四级制为主,即省级——地级——县级——公社级。在省级行政区之下,设准行政层次专员公署作为省或自治区的派出机构。1970年专区改为地区,设立革命委员会和人民代表大会,使之变为一级政权。到1978年,《中华人民共和国宪法》规定省革命委员会可以按地区设立行政公署,作为自己的派出机构,从此地区不再作为一级政权单位。这一时期经历的重大变化之一就是地区从派出机构转化到一级行政区,继而又恢复派出机构的法律地位。1982年宪法规定我国行政区划的主要类型是省、自治区、直辖市,省、自治区下分为自治州、县、自治县、市,县、自治县分为乡、民族乡、镇,即为三级制。

(二)现行行政区划层次体系是虚实结合,过多过杂

我国现行行政区划层次具有虚实结合、以实为主的特点。基本框架为四实(省、自治区——地级市、自治州——县、自治县、县级市、市辖区——乡、民族乡、镇)和三实一虚(省、自治区——地区——县、自治县、旗、自治旗——乡、民族乡、镇)。层次最多的框架为四实二虚或三实三虚共6个层次(表3-4),不仅存在一些混乱情况,如同一行政区划概念在不同级别时地位不一样,直辖市的区属于地级,而地级市的区则属于县级;城市辖区之下还设有乡、镇,使城市的基层行政区域脱离了城市属性,包含了农村属性;市、区体制更为混乱,如直辖市、省辖市、地级市、县级市等本质区别模糊,在很多地方还出现了市管市的现象,这种过多过杂的层次体系增加了行政管理的难度。

表3-4 中国行政区划统计表

省级		地级		县级		乡级	
合计	行政区划单位	合计	行政区划单位	合计	行政区划单位	合计	行政区划单位
34个	4个直辖市 23个省 5个自治区 2个特别行政区	334个	293个地级市 8个地区 30个自治州 3个盟	2 851个	940个市辖区 363个县级市 1377个县 117个自治县 49个旗 3个自治旗 1个特区 1个林区	39 829个	20 654个镇 10 169个乡(苏木) 990个民族乡(苏木) 8 016个街道

资料来源:中国行政区划网 http://www.xzqh.org/quhua/,截至2016年12月31日。

我国目前行政层级实行的四级制是自古以来层次最多的,在当今世界各大国中也鲜有其例。行政层次较多虽然有利于实行垂直控制和层层节制,但也会造成公共产品和公共服务的低效率供给,弊大于利。在当代世界各国中,大多数国家的行政区划层次实行两级制或三级制,且基本上都属于发展中国家。世界上国土面积前十位的国家,除中国和印度实行四级制外,其他国家都实行两级制或三级制。俄罗斯为三级制,加拿大、美国、巴西、澳大利亚为两级制。美国在全国政府之下设有州级政府和地方政府两个层次。日本的行政区划包括都、道、府、县和市、町、村两个层次。法国为3个层次的行政层级,是欧盟成员国中设置最多的国家。

(三)现行行政区划管理幅度相对较小,差异明显

政区层次与管理幅度成反比例关系,层次多意味着管理的幅度小。与发达国家相比,我国的行政区划管理幅度相对较小。以2016年底为例,全国31个省级行政区(不包括台湾省和香

港、澳门两个特别行政区)共管辖 334 个地级行政区(表 3-4),平均每个省级行政区管辖约10.7 个地级行政区;下辖 2 851 个县级行政区,平均每个地级行政区管辖约 8.6 个县级行政区;下辖 39 829 个乡级行政区,平均每个县级行政区管辖 14.5 个乡级行政区(县辖区只在少数地方保留,未按一个层次计算)。减少层次、确定合理管理幅度是确立我国科学的行政区划体系的首要任务之一。

我国大陆各省级行政区间的管理幅度差异较大:实施三级制的 4 个直辖市和海南省,虽然人口和面积偏小,但管理幅度明显大于其他省;人口在 6 000 万人以上的河南、山东、四川、广东、江苏、河北、湖南、安徽、湖北管理幅度比较大,而地域面积排在前三位的新疆、西藏、内蒙古因人口较少,管理幅度相对比较小;人口偏少的青海、甘肃、吉林管理幅度也偏小,因宁夏人口少、面积小,因此管理幅度最小。

(四) 省级行政区范围偏大,各省级行政区面积大小相差过于悬殊

省级行政区幅员过大,省级行政区内通常以地区、市管县等形式进行分片管理,增加了行政管理层次,不利于加强省级行政区对基层政区的直接领导,不利于建立高效灵活的行政体系。如果省级行政区适当划小,将有利于彻底改变目前行政区划层次多、管理幅度小的缺陷,就可以实行完全的省、县二级政区制,从而达到提高管理效率的效果。当前部分省进行了省县直辖、减少层次的改革,应该说这是行政区划的长远出路。

我国省级行政区规模大小过于悬殊,导致行政管理层次比较混杂。由于人口密度的不均衡性,自然条件的地域差异性,以及民族分布、历史传统等因素,更因为省级行政区划分没有明确的标准,致使省级行政区在人口规模、面积、经济发展水平等方面相差悬殊。面积最大的新疆是上海市面积的 276 倍,新疆的面积约为海南的 47 倍;人口最多的河南是西藏人口的 34 倍。从所辖县级区划数量来看,最多的省级行政区四川超过 183 个,最少的北京和天津只有 16 个,四川为北京和天津的 11.43 倍。与其他国家相比,我国一级行政区的人口、面积悬殊程度也比较大。如此悬殊的省级行政区规模,必然造成行政管理层次混杂的状态,这不仅给国家统一的行政管理带来很多不便,也不利于各省级行政区之间的平等竞争和相互协作。

二、民族区域自治是我国行政区划系统重要组成部分

(一) 新中国成立之初民族区域自治的建立

我国在唐、宋、元、明、清各历史时期,因其行政管辖覆盖了各边区少数民族的地域范围而达到鼎盛。清朝时期将各少数民族地区正式纳入我国版图,并实施了行政管辖,是我国行政版图最大的时期,但由于历史上民族间的流动与迁移,所以至今少数民族多分布在我国的北部、西部、西南和东北部边疆地区;而同时民族间的交流又形成了汉族与少数民族之间的大杂居分布。少数民族区域自治行政区划的建立具有经济发展、人民团结、文化繁荣等多方面的意义。因此,新中国成立后在全面建立我国行政区划体系时,为与国家政治经济的大形势相适应,便确立了民族区域自治制度,设立了 5 个自治区、30 个自治州(表 3-5)。

表3-5 中国民族自治地方基本情况表

民族自治地方名称	建立时间	首府、驻地	面积/km^2	少数民族占总人口比例/(%)
内蒙古自治区	1947年5月1日	呼和浩特市	1 197 547	21.25
广西壮族自治区	1958年3月15日	南宁市	237 693	38.17
西藏自治区	1965年9月1日	拉萨市	1 274 910	95.93
宁夏回族自治区	1958年10月25日	银川市	62 818	35.52
新疆维吾尔自治区	1955年10月1日	乌鲁木齐市	1 655 826	60.13
吉林省延边朝鲜族自治州	1952年9月3日	延吉市	43 474	40.89
湖北省恩施土家族苗族自治州	1983年12月1日	恩施市	23 942	52.80
湖南省湘西土家族苗族自治州	1957年9月20日	吉首市	15 461	74.59
四川省阿坝藏族羌族自治州	1953年1月1日	马尔康县	84 242	73.35
四川省凉山彝族自治州	1952年10月1日	西昌市	60 423	47.34
四川省甘孜藏族自治州	1950年11月24日	康定县	152 629	81.73
贵州省黔东南苗族侗族自治州	1956年7月23日	凯里市	30 337	77.10
贵州省黔南布依族苗族自治州	1956年8月8日	都匀市	26 193	55.28
贵州省黔西南布依族苗族自治州	1982年5月1日	兴义市	16 804	42.94
云南省西双版纳傣族自治州	1953年1月24日	景洪县	19 700	74.83
云南省文山壮族苗族自治州	1958年4月1日	文山县	32 239	56.64
云南省红河哈尼族彝族自治州	1957年11月18日	个旧市	32 931	56.26
云南省德宏傣族景颇族自治州	1953年7月24日	潞西县	11 526	51.61
云南省怒江傈僳族自治州	1954年8月23日	泸水县	14 703	92.17
云南省迪庆藏族自治州	1957年9月13日	中甸县	23 870	86.54
云南省大理白族自治州	1956年11月22日	大理市	29 459	49.49
云南省楚雄彝族自治州	1958年4月15日	楚雄市	29 258	31.70
甘肃省临夏回族自治州	1956年11月19日	临夏市	8 417	56.88
甘肃省甘南藏族自治州	1953年10月1日	夏河县	40 201	57.16
青海省海北藏族自治州	1953年12月31日	海晏县	39 354	61.34
青海省黄南藏族自治州	1953年12月22日	同仁县	17 921	93.40
青海省海南藏族自治州	1953年12月6日	共和县	45 895	68.33
青海省果洛藏族自治州	1954年1月1日	玛沁县	76 312	92.65
青海省玉树藏族自治州	1951年12月25日	玉树县	188 794	95.79
青海省海西蒙古族藏族自治州	1954年1月25日	德令哈市	325 785	26.31
新疆维吾尔自治区昌吉回族自治州	1954年7月15日	昌吉市	77 582	43.36
新疆维吾尔自治区巴音郭楞蒙古自治州	1954年6月23日	库尔勒市	471 526	42.24
新疆维吾尔自治区克孜勒苏柯尔克孜自治州	1954年7月14日	阿图什市	69 815	16.87
新疆维吾尔自治区博尔塔拉蒙古自治州	1954年7月13日	博乐市	24 900	32.28
新疆维吾尔自治区伊犁哈萨克自治州	1954年11月27日	伊宁市	269 168	54.83

资料来源:根据http://www.xzqh.org.cn。

(二) 我国民族区域自治的内容

我国民族区域自治是指在国家的统一领导下,各少数民族聚居地方设立自治机关,行使自治权。自治区是我国少数民族大范围聚居的地区,是为实施民族区域自治而建立的相当于省一级的行政区域。自治州是介于省级和县级之间的行政区,不是省、自治区的派出机构。自治州下分县、自治县、市。到2016年年底,在全国有30个自治州,分布在9个省、自治区之中,有的是由一个少数民族为主体组成的,有的是由2个以上的少数民族组成的。盟是我国内蒙古自治区的行政区域,其包括若干县、旗和市。自治县和旗相当于县级行政区划,是一级政权机构,下辖乡、自治乡和镇。

(三) 民族区域自治有利于国家稳定和经济发展

民族区域自治制度是我国行政区划建设的一个创新,体现了国家充分尊重和保障各少数民族管理本民族内部事务权利的精神,体现了国家坚持实行各民族平等、团结和共同繁荣的原则。具体有:①实行民族区域自治有利于把国家的集中统一与各民族的自治管理结合起来。少数民族实行区域自治,可以在自己聚居区内单独建立自治机关,也可以同其他少数民族共同建立自治机关,从而最大限度地满足各少数民族参与国家管理的政治愿望。②实行民族区域自治有利于把国家富强和民族地区经济发展结合起来。国家可以有效组织各发达地区帮助少数民族地区发展经济,各民族自治地方也可在国家制订的长远计划下进行符合实际情况的经济规划。事实证明民族区域自治对自治区域经济发展具有十分积极的影响。我国少数民族自治地区经济增长快于全国平均水平,民族自治地方GDP占全国的比重不断提高,内蒙古、宁夏、新疆等自治区城市化水平已高于全国平均水平。③实现民族区域自治有利于维护祖国统一。我国许多少数民族居住在祖国边疆地区,他们负有建设边疆的职责。民族区域自治的实施激发了少数民族的爱国热情,使祖国边防安全有了更加可靠的保障。

三、市管县制度曾发挥了一定的积极作用,但也显现出较多弊端

(一) 市管县制度在我国已有多年历史,当前存在两种模式

自清末民初开始实行"城乡分治"后,市的行政地位不断提高,经历了从脱离县的领导到与县并立,进而高于县的行政建制的演变。抗日战争时期,国民党政府为了强化治安曾在南京市实行市管县制度。新中国成立后,个别大城市也实行过市管县体制,如旅大市实行市管县,其他一些大城市也跟进实行这种体制,当时的出发点是为了保证城市的蔬菜、副食品供应。20世纪50～60年代,管县的市仅限于部分直辖市、省会、自治区首府和少数大城市,管辖的县也较少,一般一个市只管2～4个县。1959年,全国人大公布了关于直辖市和较大的市可以领导县、自治县的决定,以立法的形式正式确认了市管县的行政体制,主要目的是解决城市人民生活的需要。因此三年困难时期过后,一般又恢复了市、县分治的体制。

20世纪80年代以来,我国较大规模地推行了市管县体制。1982年,国家发出了实行市管县体制的通知,指出在经济发达地区将省辖市委、市政府与地委、行署合并。1983年,国家又指出以经济发达的城市为中心,以广大农村为基础,逐步实行市领导县体制。曾形成两种行政

区划格局:一是地级市管辖县的市管县格局;二是地级市管辖市区和郊区,地区行署管辖周围各县的格局。这种市、地分治所形成的圈层结构,造成了多方面的利益摩擦和不合理区域竞争,所以1988年后开始推行市、地合并的市领导县体制,1992年以后市领导县的体制进入了实质阶段,撤销地区行署,以地级市取而代之。

当前,我国大陆31个省级行政区实施的市管县体制有两种模式:①直辖市直接领导和管理县级政区,如北京、上海、天津、重庆4个直辖市直接领导县级政区;②由地级市领导县级政区。

(二)市管县制度的重要意义、问题与解决办法

我国市管县制度的兴起主要是行政管理的需要和经济发展的需要,所以其较大程度地促进了生产力的迅速发展。市管县制度对中心城市的意义在于:统筹了城市的建设,增加了市域规模和经济总量,提高了城市知名度,促进了中心城市自身的发育。对周围农村的意义在于:接收了城市工业的扩散,加快了对农村自然资源的开发和利用,实现了城市对县域经济的支持,加强了中心城市对县的经济组织。对区域经济的意义是:其一,有利于建立以城市为中心的不同层次、不同规模各具特色的地域经济,推动了城乡一体化的进程;其二,有利于城乡重大基础设施的统一规划和建设;其三,促进了行政管理体系与经济组织体系的大体重合,有利于运用行政力量推动经济改革与组织经济活动。

广泛推行并实施市管县体制多年后,这个模式在发挥了若干积极作用的同时已经显示出较多的弊端。其一,增加了一个省、县行政区划之间的中间层次,使得上下级政府之间的信息传递和反馈多了一道程序。其二,容易削弱县域经济的管理工作。县级经济是经过长期发展形成的经济集合体,实施市管县,市政府在工作中和在经济利益上容易重视城市忽视农村。其三,区域性行政区的省和县是我国历代行政区体制中最为稳定、比较成熟的行政区层级,也是《中华人民共和国宪法》确立的主体行政区结构,而城市型行政区如此的改革,尚缺乏法律基础。其四,市管县引发了土地浪费,也存在带动力弱的情况。中西部地区的许多地级市,自身的经济实力和发展潜力较弱,也难以带动周边县域的经济发展和促进城乡经济一体化。

为此,我国应借鉴发达国家的大都市区管理体制,实行市县分设分治。市政府只管理城市自身,县改由省政府直接管理,在法律地位上与市平行。实行市县分治以后,我国的地方行政建制将从四级减为三级,即实行省县乡三级政府的地方行政管理体制。随着市域经济的发展和城市的自然扩张,一些大都市也可以逐渐兼并周围的县,将其改为市管区。实行市、县分治,使两者处在相对平等的地位上,从而真正形成城乡的协调发展。

第三节 中国行政区空间结构

一、中国的省级行政区划

行政区是国家的一个组成部分。国家根据其任务和职能,将全国领土按地域划分为若干

单元和层次，并设置相应的行政机构，以行使国家主权和执行国家任务，我国分为23个省、5个自治区、3个直辖市以及香港特别行政区、澳门特别行政区（表3-6、图3-1）。

总之，我国行政区划改革的趋势是，既要减少行政层次，提高工作效率，又要适当调整某些行政区划幅度，既要适应商品经济发展需要而发展市镇建制，又必须稳步进行，并且要不断完善民族区域自治制度，促进少数民族地区经济文化的发展。

表3-6　各省、市、自治区及其简称和行政中心列表

全称	简称	省会、首府	全称	简称	省会、省府
北京市	京		湖南省	湘	长沙
天津市	津		广东省	粤	广州
河北省	冀	石家庄	海南省	琼	海口
山西省	晋	太原	广西壮族自治区	桂	南宁
内蒙古自治区	内蒙古	呼和浩特	四川省	川、蜀	成都
辽宁省	辽	沈阳	重庆市	渝	
吉林省	吉	长春	贵州省	贵、黔	贵阳
黑龙江省	黑	哈尔滨	云南省	云、滇	昆明
上海市	沪		西藏自治区	藏	拉萨
江苏省	苏	南京	陕西省	陕、秦	西安
浙江省	浙	杭州	甘肃省	甘、陇	兰州
安徽省	皖	合肥	青海省	青	西宁
福建省	闽	福州	宁夏回族自治区	宁	银川
江西省	赣	南昌	新疆维吾尔自治区	新	乌鲁木齐
山东省	鲁	济南	台湾省	台	台北
河南省	豫	郑州	香港特别行政区		
湖北省	鄂	武汉	澳门特别行政区		

从新时期的行政区划来看，行政区划不仅是行政管理的手段，它本身也可以被看作一种行政资源。具体而言，它是一种空间资源、组织资源、权力资源和政策资源的复合体。行政区划资源论对于优化中国区域空间布局、优化行政区划设置提供了新的研究视角。行政区划是大政国基，是国家实行空间治理和行政管理的基础单元。一个地区的政区设置是否合理，决定了这个地区的区域发展活力和空间发展秩序。在构建国家治理体系和治理能力现代化过程中，行政区划是构建空间治理体系的重要支撑和调控手段，是优化空间发展格局和提高空间治理效率的重要依托。因此，在新型城镇化建设背景下，合理配置政府可调配资源，应该充分重视行政区划调整的资源配置作用，通过市辖区调整、撤县设市等手段优化区域城镇体系，促进大中小城市协调发展。

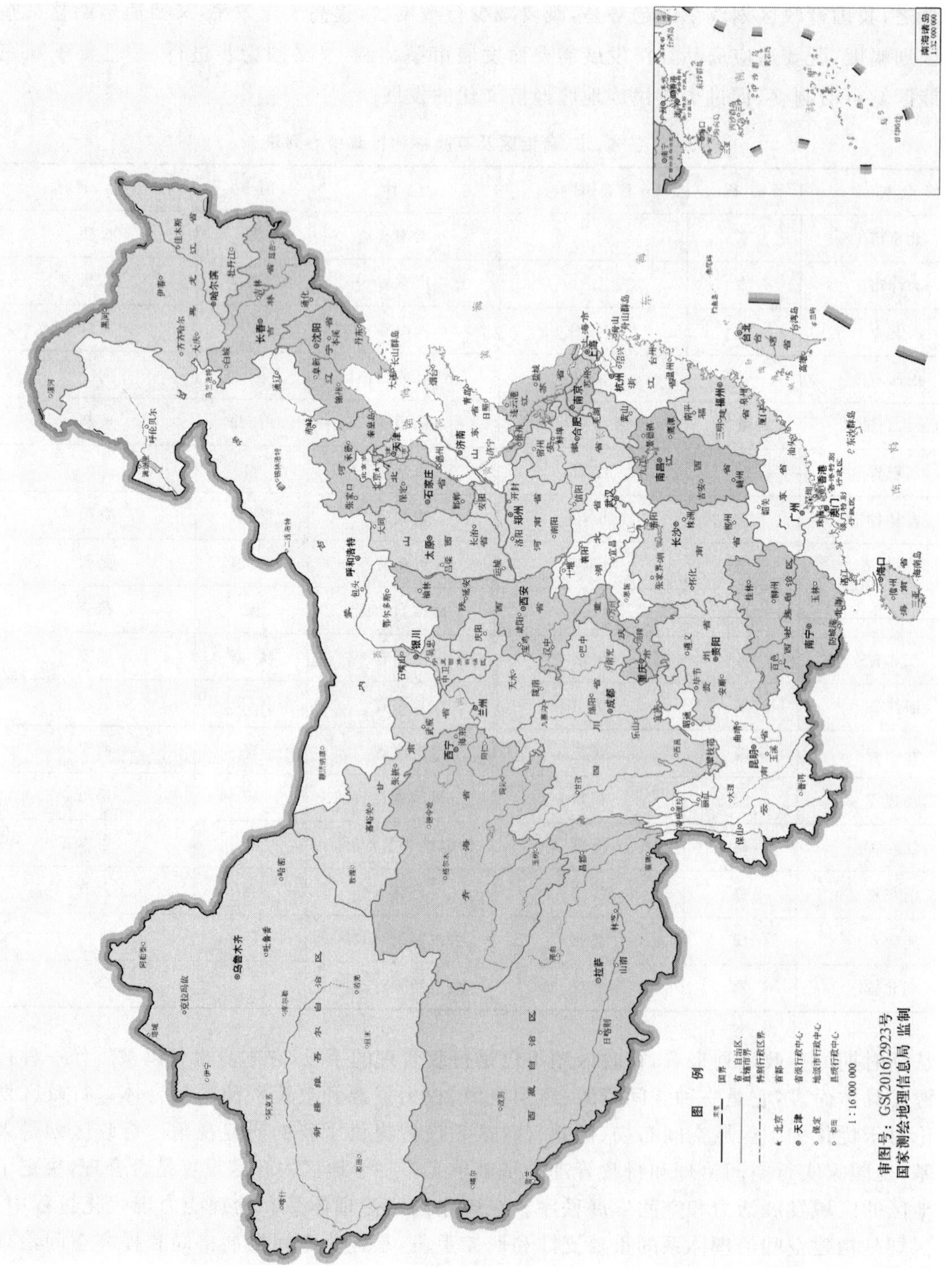

图 3-1　中国地图

二、中国行政区的空间结构

在我国大陆 31 个省级行政区划中，所辖地级区划数、县级区划数、乡镇级区划数差异较大，具体如表 3-7 所示。

表 3-7　各省、市、自治区行政区划构成

省级区划名称	地级区划数/个	县级区划数/个	乡镇级区划数/个	省级区划名称	地级区划数/个	县级区划数/个	乡镇级区划数/个
北京市	0	16	331	湖北省	13	103	1 234
天津市	0	16	245	湖南省	14	122	1 929
河北省	11	168	2 255	广东省	21	121	1 600
山西省	11	119	1 398	广西壮族自治区	14	111	1 246
内蒙古自治区	12	103	1 014	海南省	4	23	218
辽宁省	14	100	1 531	重庆市	0	38	1 028
吉林省	9	30	910	四川省	21	183	4 633
黑龙江省	13	128	1 197	贵州省	9	88	1 379
上海市	0	16	214	云南省	16	129	1 389
江苏省	13	96	1 287	西藏自治区	7	74	697
浙江省	11	89	1 378	陕西省	10	107	1 295
安徽省	16	105	1 488	甘肃省	14	86	1 352
福建省	9	85	1 105	青海省	8	43	399
江西省	11	100	1 555	宁夏回族自治区	5	22	237
山东省	17	137	1 826	新疆维吾尔自治区	14	105	1 057
河南省	17	158	2 435				

在省级行政区划中，所辖地级区划个数最多的是广东省和四川省，分别为 21 个；除 4 个直辖市外，所辖地级区划数最少的海南，只有 4 个地级行政区，宁夏也只有 5 个地级区划。从所辖县级行政区划数量看，县级区划数最多的是四川省（183 个），其次是河北省（168 个）、河南省（157 个）；北京市、天津市和上海市分别为 16 个。从所辖乡镇级区划数的多寡看，四川省仍然最多，达到 4 633 个；其次是河南省（2 435 个）、河北省（2 255 个）；最少的是上海市，只有 214 个，海南省也不多，为 218 个。从上述分析可以看出，地级区划、县级区划及乡镇级区划的数量在省份间的分布差异较大，行政区划的级别越低、数量分布的差距就越大；同时，三级行政区划的数量大致对应，即地级区划多的省份一般县级行政区划数量多，同时乡镇级行政区划数量也多（河北省比较例外，县级区划数量在全国排第 2 位，乡镇级区划数在全国排第 3 位；但只有 11 个地级市，在全国排第 16 位）。

思　考　题

1. 简述我国省级行政区划边界形成的过程。

2．简述我国行政区划层次的演变特征。

3．简述新中国成立后我国行政区划的层次体系的变化。

4．简述我国现行行政区划体系。

5．试述我国行政区结构特征。

6．简述我国市管县制度的优劣。

7．简述我国省级行政区划的构成。

8．简述我国行政区的空间结构。

第四章　中国的经济区划

第一节　中国经济区划的演变

一、经济区划的产生、演变与特点

(一) 经济协作区是新中国成立后最初的经济区划

新中国成立后的恢复时期和“一五”时期，全国经济区划方案尚未正式制订。为了适应经济的发展，逐步改变我国生产力布局不平衡状态，1958 年国家计划部门在原六大行政区的基础上将全国划分为七大经济协作区。到 1961 年，华中、华南协作区合并，我国建成六大经济协作区，它们是东北经济协作区(辽、吉、黑)、华北经济协作区(京、津、晋、冀、内蒙古)、华东经济协作区(沪、鲁、苏、皖、浙、闽、赣及台湾)、中南经济协作区(豫、鄂、湘、粤、桂)、西南经济协作区(云、贵、川、藏)、西北经济协作区(陕、甘、青、宁、新)。

我国六大经济协作区的划分具有如下特点。

第一，各区均具备了建立经济体系的必要条件。为了使各经济协作区都能比较好地利用本区的自然和社会资源，开展区内经济协作，建立较完善的经济结构，在充分考虑各大区的具体发展特点后，确定了某些省级行政区的划归问题。如把各方面条件相似的河南与山东省分别划入中南与华东经济协作区，即是因为这两个大区燃料动力资源缺乏，如此划归能弥补这两个区在资源上的不足。

第二，各区都有比较发达的经济中心和先进省级行政区，以带动后进省级行政区。我国地区经济差异很大，为使生产力布局不断趋向平衡，需要通过区内协作，达到共同发展。如华东经济协作区的上海市技术力量和经济实力雄厚，但江西、安徽两省之间就有差距。西南经济协作区四川(重庆)优势较大，而西藏、云南和贵州相对较差。

第三，各区都布局了或正在布局专业化生产部门。如东北经济协作区是以钢铁、机械、石油、化工等为核心的重工业基地，也是商品粮生产和林业生产基地；华北经济协作区是以煤炭为主的能源工业基地，也是重要的钢铁、机械工业和棉花生产基地；华东经济协作区是机械、轻纺、化工生产基地，也是粮棉丝麻和水产品生产基地；中南经济协作区是有色金属工业基地和粮、棉、亚热带作物生产基地；西北经济协作区将形成有色金属、电力和纺织工业为主的工业体系，也是全国的畜牧业基地；西南经济协作区将成为以冶金、水电为主体的工业基地，也是稻谷、油料作物的重要生产基地。这些专业化生产部门都具有重要的区际意义。

第四，各区内保持了行政区域的完整性。

(二)大行政区的产生、演变与撤销

我国的经济协作区来源于我国的大行政区,而我国大行政区也经历了一个复杂的产生演变过程。

1. 大行政区的产生

大行政区(又简称大区)产生于新中国成立初期。大区既是中央政府的派出机关,也是在地方设置的一级政权机构,领导着大行政区内各省、自治区、直辖市人民政府。当时,全国各地解放时间有先有后、情况复杂、中心任务不一致,中央政府直接管理省级行政区的条件尚不具备,为了在中央统一领导下因地制宜地开展工作,便在省级行政区之上设置了大区,并相应设置国家权力机构——人民政府或军政委员会,根据中央的政策、法令具体制定大区内部的政治、经济和文化等各方面具体措施。大区的建立,有利于针对不同地区的不同情况稳定政权和恢复生产。这样,在1949年前后,以党中央的六大中央局为依托设立了六大行政区。

大区的基础是中央局,中央局产生于大革命失败后。1927年9月中国共产党中央在天津成立了北方局,在汉口成立了长江局和在香港成立了南方局,这些局作为党中央的地方机关,代表中央领导某一区域或数个省级行政区党的工作。到抗日战争和解放战争时期,在全国先后设立了十几个中央局,如陕甘宁边区中央局、西北中央局、北方中央局、晋察冀中央局、中原中央局、华北中央局、华东中央局、东北中央局、鄂豫皖中央局、中南中央局、西南中央局等。到1948年,分散的各边区政权机构的合并已极为必要,即设置了各大行政区人民政府:东北人民政府、华北人民政府和华东、中南、西北、西南军政委员会。以后军政委员会也改制为人民政府委员会。

2. 大行政区的演变与撤销

随着全国逐步进入有计划的大规模经济建设,统一全国财经工作势在必行,致使大区的建制逐渐被撤销。1950年3月,政务院颁布了《关于统一全国财政经济工作的决定》,将原来各大区分散处理的粮、税、现金、对外贸易等统一起来,将一些大型企业划归中央,大区的权力开始减少。1951年10月第一次全国编制会议召开,12月做出《关于调整机构紧缩编制的决定(草案)》,对大区的员额编制、部门层次等都作了规定,行政机构的精简使其职权进一步减弱。1952年11月,中央政府委员会通过了《关于改变大行政区人民政府(军政委员会)机构与任务的决定》《关于调整省、区建制的决定》和《关于增设中央人民政府机构的决议》,年底大区人民政府或军政委员会一律改为行政委员会,改变了其原来作为一级政权机关的性质,成为代表中央领导监督地方政府的代理机构。1954年4月,中共中央政治局扩大会议决定撤销大区一级党政机关,各大区行政委员会随同各中央局、分局一并撤销。1954年6月,中央人民政府委员会第32次会议通过《关于撤销大区一级行政机构和合并若干省、市建制的决定》,权力移交工作在10月份全部完成。

(三)我国经济区划的演进过程

1. 六大经济协作区

我国六大经济协作区虽然不是典型的经济区划,但鉴于其在经济组织方面的特点,这些经济协作区在一定程度上却起着经济区划的作用。作为全国经济区划的尝试和实践,取得了一定的成绩,为后来的经济区划工作积累了经验和奠定了基础。但由于各大经济协作区基本上是在20世纪40年代末、50年代初在大行政区基础上演化而来的,实际上也有许多人为因素,更接近于行政区划。如冀、鲁、豫三省被分别划归到华北、华东和中南3个经济协作区,割裂了

三省之间的传统经济联系。另外划分和建立经济协作区也带有经济发展"均衡论"倾向，主观企求尽快实现全国各地区的均衡发展，客观上却使原来先进的省份的发展受到限制，对全国经济发展的进程产生了延缓作用。

2. 三大地区

1978年我国实行改革开放政策以后，经济建设迈进一个新阶段，亟须采取有力措施对国民经济发展加强宏观调控，以从经济发展战略上进行分区指导，所以1984年4月在"七五"计划中将我国大陆划分为东、中、西三大地区。该方案以省、直辖市、自治区为组合单位，综合考虑经济技术发展水平和地理位置，将经济技术发展水平大体相似、地理位置又比较一致的省级行政区划分为一个经济地区。三大地区覆盖的地域范围：东部地区包括北京、天津、河北、辽宁、上海、江苏、浙江、福建、山东、广东和海南等11个省、直辖市、自治区；中部地区包括山西、吉林、黑龙江、安徽、江西、河南、湖北、湖南等8个省份；西部地区包括重庆、四川、贵州、云南、西藏、陕西、甘肃、青海、宁夏、新疆、广西、内蒙古等12个省、直辖市、自治区。三大地区的划分基本上能比较科学地反映了全国各地区经济和社会发展的态势，大体符合我国经济发展的状况，有助于确定正确的地区经济发展战略，加强对全国经济发展的宏观指导，促进地区经济布局的合理化。

但是，我国三大地区还不是综合经济区，而只是一种类型经济区。三大地区仅仅是将次一级区域按照某些相似特征划在一起，既没有统一的经济中心，同一地区内也缺少紧密的内在联系，因而它还不能真正起到综合经济区的作用。所以还必须根据全国经济发展对宏观调控的需要，按照地区经济协调发展的要求，依据综合经济区划的原则，进一步制定我国新的经济区划方案。

3. 七大经济区

1996年3月第八届全国人民代表大会第四次会议通过了《中华人民共和国国民经济和社会发展第九个五年计划》，并提出了2010年远景目标，要把坚持区域协调发展，逐步缩小地区差距作为今后15年我国国民经济和社会发展的重要方针，本着联合打通对外开放通道、扩大区域市场和加强跨区域经济联合的思路，在全国范围内组建了七大经济区域。

东北地区，包括辽宁、吉林、黑龙江3个省份和内蒙古自治区东部3盟(呼伦贝尔①、兴安、哲里木②)、1市(赤峰)。

环渤海地区，包括两个层次：①小范围的环渤海地区，是指环渤海沿岸和部分黄海沿岸的17个城市和地区的环渤海带，包括丹东、大连、营口、盘锦、锦州、葫芦岛、秦皇岛、唐山、天津、沧州、滨州、东营、潍坊、烟台、威海、青岛和日照。这一地区土地面积17.26万平方千米，总人口近7 000万人，是我国北方对外开放的窗口。②大范围的环渤海地区，是指环绕渤海和黄海，由辽宁、河北、山东、山西、内蒙古(中部7盟、市)5个省、自治区和北京、天津2个直辖市以及渤海海域所形成的大渤海经济区，其陆地国土面积113万平方千米，人口2.5亿人，分别占全国11.8%和20.6%。大渤海经济区是我国经济发展与对外开放总格局的重要组成部分，是我国最重要的战略经济区之一。

长江三角洲及沿江地区，东起上海、西至重庆，包括长江三角洲14个城市(上海、苏州、无锡、常州、南通、扬州、镇江、南京、杭州、嘉兴、湖州、绍兴、宁波、舟山)和长江沿江地区的20个

---

① 2001年呼伦贝尔盟撤销，设立呼伦贝尔市。

② 哲里木盟1999年撤销。

市、市辖区(马鞍山、芜湖、铜陵、安庆、巢湖、池州、九江、岳阳、常德、益阳、黄石、鄂州、武汉、沙市、荆门、宜昌、黄冈、咸宁、荆州、重庆)。

东南沿海地区,包括广东、福建、广西、海南4个省、自治区。

中部地区,包括安徽、江西、河南、湖北和湖南5个省。

西南和华南部分省份,涉及四川、云南、贵州、西藏、重庆、广西5省、直辖市、自治区。

西北地区,包括陕西、甘肃、青海、宁夏和新疆5省、自治区,土地面积309万平方千米,是七大经济区中土地面积最大、人口数量最少的一区。

从经济区划的形态上来看,七大经济区的划分比三大地区的划分更为优化。首先,较多体现了经济区域划分应遵循的内在联系、中心城市作用和交通要道网络原则;其次,按照市场经济规律、区域经济内在联系和自然地理特点,突破了行政区域界限;再次,具有了综合经济区的显著特征,即在已有经济布局基础上,强调以中心城市和交通要道为依托。但是七大经济区划分中有一些只会在类型经济区之间存在的地域重叠,如环渤海地区与东北地区之间的重叠,长江三角洲及沿江地区与中部地区之间的重叠等,因而其仍带有类型经济区的烙印。"七五"计划也指明,这七大经济区域还有待"逐步形成",显然表明它们还不是典型的现状经济区域,而是带有远景色彩的经济区域。同时有的经济区域名称与所包括的范围也不相符,如环渤海地区包括了中部的山西和内蒙古,这都说明这七大经济区域在定性和划分上还缺乏统一的原则系统,还有待进一步完善。

4. 四大板块和八大综合经济区

随着我国经济发展总体战略的调整,原有区域的时空条件不断发生变化。基于此,2004年国家正式提出了"十一五"期间内地划分为东部、中部、西部、东北四大板块的具体构想,从而确认了国家在整体区域部署上的四大板块的总体战略[①]:推进西部大开发,振兴东北老工业基地,促进中部地区崛起,鼓励东部地区率先发展[①]。我国2007年区域蓝皮书《2006—2007年:中国区域经济发展报告》中的区域划分即采用四大板块、八大综合经济区域的方式。四大板块和八大综合经济区域的实践,显示了我国区域经济协调发展政策的新构思和进步:第一,传统的沿海与内陆两大区域关系长期分割的局面,被东、中、西、东北4个各有侧重的战略方阵所取代,东、中、西互动,各具目标的新格局正在日益明晰;第二,中部六省的崛起,在承接和对接产业梯度转移等方面,将起到承东启西的作用。

二、我国新时期八大综合经济区

(一)八大综合经济区的经济地理特征与发展方向

1. 东北地区

东北地区包括辽宁、吉林、黑龙江3个省份,区内自然条件和资源禀赋结构相仿,历史上相互联系比较紧密。东北地区是我国重型装备和设备制造业基地、能源原材料制造业基地。当前面临的共同问题接近,如资源枯竭、产业结构调整等。区内省份未来发展方向也有极大的共同性:建设全国以机械和汽车及电力为主的重型装备和设备制造业基地;继续发挥资源优势,保持能源原材料基地的地位;结合俄罗斯输油管道建设,强化全国大型石化工业基地的地位;强化以玉米、大豆和甜菜为主的全国性专业化农产品生产基地的地位。

---

① 中华人民共和国国民经济和社会发展第十一个五年规划纲要。

2. 北部沿海地区

北部沿海地区包括北京、天津、河北、山东4个省、直辖市，地理位置优越，交通便捷，科技教育文化事业发达，对外开放活跃，目前正不断加速区域一体化的建设进程。未来发展方向是充分发挥人才、知识密集以及信息中心的优势，建设成为全国最有实力的高新技术研发和制造中心；依托大北京经济圈①和山东半岛城市群的区域一体化，建成世界级的大城市群。

3. 东部沿海地区

东部沿海地区地处长江下游，包括上海、江苏、浙江3个省、直辖市，区内现代化工业起步很早，历史上对外经济联系密切，在多个社会经济领域形成了自主发展特色，是我国经济发展水平最高和最具竞争力的经济区。未来发展方向是继续发挥金融中心的优势，建成具有国际影响力的世界性金融中心；发挥区位优势和科技基础优势，建成全国最具影响力的多功能制造业中心，特别是轻工业装备制造中心；建成全国又一个高新技术研发和制造中心。

4. 南部沿海地区

南部沿海地区包括福建、广东、海南3个省份，该区面临港、澳、台，海外社会资源丰富，对外开放程度高。未来发展战略是继续保持全国最大的外资和国外先进技术引进基地的地位；建设成为全国最重要的外向型经济发展基地和消化国外先进技术的基地，建设成为我国最大、最重要的高档耐用消费品和非耐用消费品生产基地，建设成为具有全国意义的高新技术产品制造中心。

5. 黄河中游地区

黄河中游地区包括陕西、山西、河南、内蒙古4个省、自治区，该地区对外开放相对不足，结构调整任务艰巨。未来发展方向是依托能源原材料优势，建成我国最大的煤炭开采和煤炭深加工基地、天然气和水能开发基地，以及钢铁工业基地、有色工业基地；建成我国重要的以拖拉机为主的农用机械、以矿山冶金设备为主的重型机械以及以轴承为主的通用机械零部件的制造业基地；建设我国中西部装备制造业中心、高新技术产业密集区；加大对黄土高原的水土保持工作，提高可持续发展能力。

6. 长江中游地区

长江中游地区包括湖北、湖南、江西、安徽4个省份，该区是中西部地区人口和城镇最稠密的地区，产业转型压力大。未来发展方向是继续发挥农业资源优势，建设以水稻和棉花为主的农业地区专业化生产基地，以及建立农产品深加工工业基地；建设以钢铁和有色冶金为主的原材料基地；建设全国第二大汽车工业基地（武汉）以及其他交通设备工业基地。

7. 大西南地区

大西南地区包括云南、贵州、四川、重庆、广西5个省、直辖市、自治区，该区水力资源丰富，且对南亚、东南亚开放有较好条件，有以重庆为中心的重化工业和以成都为中心的轻纺工业两大组团，也是中国生物资源最为丰富的地区，但多山地高原，土地贫瘠，贫困人口多。未来发展方向是依托北部湾港口群建设我国西部地区出海口；发挥生物资源优势建设中草药和生物制品研发与生产基地；进一步开发潜力巨大的旅游资源，建设以桂林山水、昆明春城、黄果树瀑布以及少数民族风情为特色的沿珠江旅游风景带。

---

① 从狭义角度来说，大北京经济圈以北京、天津两市为核心，包括河北省北部的唐山、保定、廊坊、秦皇岛、承德、张家口等市。从广义角度来说，大北京经济圈的范围实际上涵盖了北京、天津以及整个河北省，河北省是京津经济中心的巨大腹地。

8. 大西北地区

大西北地区包括甘肃、青海、宁夏、西藏、新疆5个省、自治区，为我国重要的能源战略接替基地、最大的综合性优质棉果粮畜产品深加工基地，以及向西开放的前沿阵地和沟通中亚地区的基地。该区自然条件恶劣、地广人稀、市场狭小，限制因素较多。未来发展方向是继续扩大棉花种植以强化全国最大棉花生产基地的地位；利用独特的气候资源及绿洲资源建设优势瓜果和西红柿种植基地；加快发展农产品深加工工业；加强石油、天然气资源的勘探与开发，建设我国石油生产接替基地；采用规模模式保护性地开发天然气、盐湖、有色金属等优势资源；促进沙地旅游业及民族风情旅游产品的发展；加强世界屋脊和大河源头的生态环境建设；发展现代化的围栏草原畜牧业。

(二) 八大经济区由沿海到内陆存在梯度差异规律

东部地区经济总量最大，人均GDP超过全国平均水平的4个地区均在东部，而低于全国平均水平的4个地区均位于中、西部；东部沿海地区经济活跃程度最高，GDP增长较快，沿海3个地区的经济活跃程度均强于其他地区。

沿海3个地区产业结构层次较高，而西部地区较低。第二产业和第三产业就业结构在东部沿海地区比重最高，占63.69%，第一产业的就业比重在西南地区最高，占就业总量的62.75%，第一产业超过50%的有4个地区，均为中、西部地区。

沿海3个地区交通基础设施和运输水平较高。其中北部沿海地区铁路交通基础设施状况最好，每1000 km^2 区域内有铁路25 km。最差的是大西北地区，每1 000 km^2 区域内有铁路仅为2 km。南部沿海地区公路交通基础设施状况最好，每1000 km^2 区域内有公路536 km，其次为东部沿海和北部沿海地区，每1 000 km^2 区域内有铁路超过400 km。东部沿海地区内河航运状况最好，每1 000 km^2 的区域内有内河航线177 km，其次为南部沿海地区和长江中游地区。

沿海3个地区开放程度显著高于其他地区。南部沿海地区进出口状况和外资利用状况及开放程度、对外依赖程度均为最高，大西北地区最低。大西北地区进出口占全国的比重不足1%，实际利用外资占全国的比重仅为0.3%。北部沿海地区高新技术企业产值占全国的比重最高，达28.7%；东部沿海地区高新技术企业出口额占全国的比重最高，达34%。

第二节　区域空间结构的演进与特征

一、空间结构的演进

(一) 区域发展经历了复杂的空间结构演进

1. 平衡发展阶段的空间结构

“一五”和“二五”时期，国家为了恢复经济，协调沿海与内地畸形的经济结构，“平衡发展战略”得到了充分体现。20世纪60年代至70年代中期，国家按一、二、三线安排建设，把投资重点放在三线，进一步改变了长期形成的沿海集聚、中西部落后的状态，使全国空间结构变得较为平衡，一系列的区域(城市)空间格局调整的动力机制发挥了积极作用(图4-1)。如“三五”时期，全国基建投资达976亿元，其中分布在东部地区的占26.9%，中部地区占29.8%，西部地区占34.9%，不分区的占8.4%。但国家在投资的地区分配和项目选点上过分强调缩小地区差距也暴露出一些新的问题：首先，基建投资大幅度向西部地区倾斜，牺牲了部分沿海地区既有工业基础的经济效能。沿海地区的经济优势难以得到较好的发挥。其次，在各地区间片面强调各产业的齐头并进，出现了“大而全”“小而全”的地方工业体系。

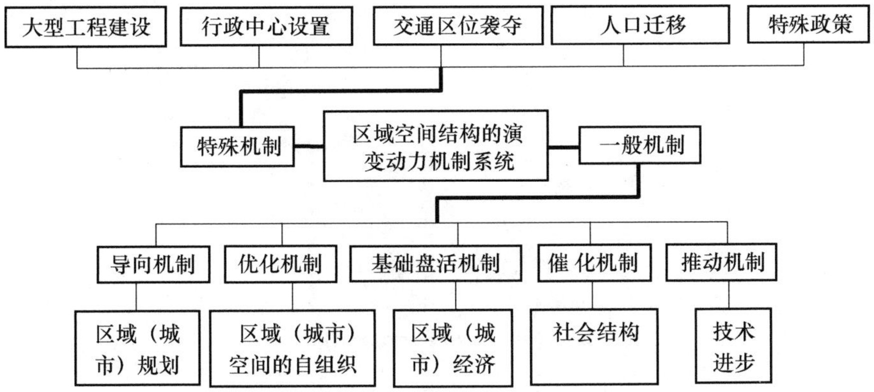

图 4-1　区域(城市)空间结构的演变动力机制系统

2. 非均衡发展阶段的空间结构

改革开放以后，我国实行了“效率优先，梯度推进”的区域经济非均衡发展战略，在空间结构调整中优先支持区位和经济条件较好的沿海地区的经济发展，这一战略在“六五”“七五”“八五”计划时期得到了充分的实践，衍生出“弓箭”型、“T”字形等空间结构模式。伴随着非均衡发展战略的实施，东部地区率先实现了经济起飞，成为我国吸引外商直接投资的集聚地和外贸出口的重要基地，东部地区与中、西部地区间的区域 差异开始拉大。

3. 区域协调发展阶段的空间结构

为缓解东、中、西部地区发展不平衡性扩大化的趋势，我国又陆续提出了东部率先发展、西部大开发、振兴东北老工业基地、中部崛起等区域协调发展的策略，“十三五”规划更是把统筹区域协调发展作为一个必须坚持的原则，为区域协同提供了制度上的保障，以实现区域空间结构的合理化。

(二) 空间开发轴线系统的建立与演进

伴随着全国性区域经济宏观发展战略的实施，陆大道于 1984 年提出了“点—轴系统”模型和我国空间开发的“T”字形战略，即沿海地带和沿长江地带的战略，后来又演变为沿海、沿江和陇海——兰新沿线地区结合的“π”字形战略，作为全国国土开发和经济建设的一级轴线(图 4-2)。轴线系统促进了我国区域布局、产业优化和空间经济协调发展，在沿海、沿江开发，都市圈建设中得到了充分应用。

改革开放以来我国空间开发基本是按照轴线系统战略模式逐步展开的。

沿海轴线的形成有力地推动了沿海地区经济发展。沿海地区的大规模开发既有助于充分利用国外原料和廉价的海上运输，又有利于开拓国外市场。国家先后设立长江三角洲、珠江三角洲、闽南厦漳泉地区、辽东半岛、胶东半岛经济开放区，设立北京、天津、南京浦口等 29 个国家级高新技术产业开发区和福建台商投资区，设立上海外高桥、天津港、深圳福田和沙头角等 15 个保税区，从而促进了“点”的开发，带动了“轴”的发展。

长江轴线的开发带动了沿江地区经济发展。从长江口到四川渡口市(现更名为攀枝花市)附近是我国产业集中且有开发远景的轴线，位于此轴上的大中城市有 20 多个。长江作为我国最重要的河运干线，干支流通航总里程达 5.7 万千米，发展航运的自然条件优越，并且与京沪、京九、京广、焦枝、成渝、成昆等十多条铁路及众多公路相连。以上海浦东为龙头,以三峡工程为契机,可带动整个长江流域经济开发。

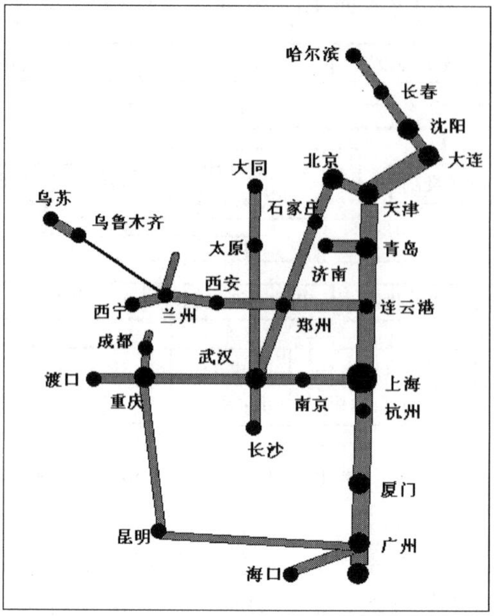

图 4-2　中国空间开发的"T"字形结构模式示意图

同时,京广线、哈大线、胶济线、成渝线、京包——包兰线、陇海——兰新线、成昆线、北同蒲——太焦——焦枝——枝柳线等铁路线和黄河中上游地带组成了我国有发展潜力的二级轴线。我国二级轴线GDP年均增长率都高于全国平均水平,体现出我国主要产业轴线经济的隆起水平和发展潜力。

二、空间结构的特征

(一)经济密度呈现东、东北、中、西部地区梯次降低态势

由于国内经济发展基础的差异和非均衡经济发展重心的"东移",东、中、西部三大地区之间的GDP和人均GDP的密度均呈自东向西梯次降低的态势。1980年东部地区的GDP分别约是中、西部地区的1.87倍和4倍;到2005年东部地区的GDP分别是中、西部地区的2.43倍和4.78倍。1980年东部地区的人均GDP是全国平均数的1.36倍,而中、西部两地区的人均GDP仅分别为东部地区的62%和44%。到2016年东部地区人均GDP为77 465元,中部地区为43 762元,西部地区为41 918元,东北地区是48 038元,分别为全国水平的144%,81%,77%,89%;中部、西部和东北地区的人均GDP分别是东部地区的56%,54%和62%。可见,在四大板块中,东部地区与中部、西部、东北三大地区,特别是东、西部两大地区间的梯度差异明显。同样,我国省级行政区间区域差距也比较大,已属于世界上经济发展地区差距较大的国家之一。

(二)工业布局呈现出"南轻北重""东轻西重"的特征

我国工业生产领域一直保持着"南轻北重"的特征。以全国地理中位线的北纬35°线为界,轻重工业比重北方地区为33%∶67%,而南方地区为48%∶52%;在全国轻工业总产值中北方地区占30%,而南方地区高达70%。这种"南轻北重"的工业分布格局主要是由于能源、

矿产资源的地区分布特点决定的。由于煤炭、铁矿、石油这些最基本的重工业原料主要分布在北方，因而北方历来都是我国最主要的重工业基地，地方政府投资重点也常常放在重工业领域。但随着我国铁矿、石油等资源短缺状况加剧和对外开放力度加大，因此在南方的沿海和沿长江地区出现了利用国外资源加快发展重工业的势头。同时，北方地区也在加紧调整产业结构，加快发展轻工业。因此，从未来发展看，“南轻北重”的工业格局会逐步发生变化。

西部地区作为我国重要的能源和原材料输出基地，长期向东部地区提供廉价的能源和原材料，而东部地区则向西部地区输出制成品。这种产业差异决定了西部与东部地区之间存在着工业生产领域的“东轻西重”特征，具体有三点表现：①制造业生产能力都集中在东部地区，东部地区已成为重要的制造业生产基地和出口基地。②东部地区由于新兴产业的发展导致工业园区化趋势进一步加快，工业布局的集聚规模效应日益凸现。③东部地区特色产业迅速发展，尤其是在珠江三角洲、长江三角洲等地区。

（三）资源状况与经济发展存在着不匹配现象

我国人口、经济向少数区位条件更好的区域集聚，给资源利用和环境承载能力提出了挑战。我国资源禀赋的基本特点是：水、土地、能源、矿产资源的地域性特征突出。如长江以北耕地占全国的64%，其水资源仅占17%，水土资源匹配的问题影响了农业的发展；又如近80%的能源分布于我国西、北部，长江以北煤炭占全国的75.2%，石油占全国的84.2%，而能源消费主要集中在东南部；再如，我国一些地区城市增长明显高于资源供给，目前，全国已有400多个城市缺水，110个城市严重缺水，工农业生产和居民生活都受到了很大的影响。另外，东部地区工业化和城市化进程的不断加速，尤其是乡镇企业和小城镇迅速崛起，使得本来就紧张的人地关系问题更加突出。总之，经济分布与资源分布的不协调，带来了我国一些城市的经济强度与所在地资源环境承载能力不适应，这也是形成南水北调、北煤南运、西煤东运、西电东送、西气东输格局的主要原因。

（四）省级经济体的同构化，无条件地区的盲目工业化

多年来，我国经济区组织模式大多遭到行政区经济运行及其地方保护的羁绊，省级经济体的同构性已给区域经济带来严重不良后果。现阶段，省级行政区间的产业结构趋同仍然是最集中、最突出的空间问题之一。这种趋同化产生了相互封锁与分割，又带来了效率损失。打破空间同构及其地方藩篱，促进合理区域分工是未来空间经济发展的重要目标。目前我国一些水资源短缺、矿产资源枯竭、生态脆弱以及严重贫困等障碍地区为实现自我改变，盲目实施工业化，构成了我国国家空间经济安全的重要隐患。如京津冀地区部分地区经济性缺水、水质性缺水和资源性缺水并存，东北老工业基地的部分城市资源枯竭，西北部分地区生态环境脆弱，其在工业化潮流中均以长期牺牲生态为代价，造成了工业化发展面临竭地难续的重大挑战。

第三节 中国区域发展三大战略

一、“一带一路”战略

（一）“一带一路”概述

“一带一路”（The Belt and Road，B&R）是“丝绸之路经济带”和“21世纪海上丝绸之路”的简称，2013年9月和10月由中国国家主席习近平分别提出建设“丝绸之路经济带”和“21世纪

海上丝绸之路”的合作倡议。它将充分依靠中国与有关国家既有的双多边机制,借助既有的、行之有效的区域合作平台,“一带一路”旨在借用古代丝绸之路的历史符号,高举和平发展的旗帜,积极发展与沿线国家的经济合作伙伴关系,共同打造政治互信、经济融合、文化包容的利益共同体、命运共同体和责任共同体(图 4-3)。

2015 年 3 月 28 日,国家发展改革委、外交部、商务部联合发布了《推动共建丝绸之路经济带和 21 世纪海上丝绸之路的愿景与行动》。

“一带一路”经济区开放后,承包工程项目突破 3000 个。2015 年,中国国企业共对“一带一路”相关的 49 个国家进行了直接投资,投资额同比增长 18.2%。2015 年,我国承接“一带一路”相关国家服务外包合同金额 178.3 亿美元,执行金额 121.5 亿美元,同比分别增长 42.6% 和 23.45%。

2016 年 6 月底,中欧班列累计开行 1 881 列,其中回程 502 列,实现进出口贸易总额 170 亿美元。2016 年 6 月起,中欧班列穿上了统一的“制服”,深蓝色的集装箱格外醒目,品牌标志以红、黑为主色调,以奔驰的列车和飘扬的丝绸为造型,成为丝绸之路经济带蓬勃发展的最好代言与象征。

(二) 发展背景

1. 历史背景

丝绸之路是起始于古代中国,连接亚洲、非洲和欧洲的古代陆上商业贸易路线,最初的作用是运输古代中国出产的丝绸、瓷器等商品,后来成为东方与西方之间在经济、政治、文化等诸多方面进行交流的主要道路。

1877 年,德国地质地理学家李希霍芬在其著作《中国》一书中,把“从公元前 114 年至公元 127 年间,中国与中亚、中国与印度间以丝绸贸易为媒介的这条西域交通道路”命名为“丝绸之路”,这一名词很快被学术界和大众所接受,并正式运用。其后,德国历史学家郝尔曼在 20 世纪初出版的《中国与叙利亚之间的古代丝绸之路》一书中,根据新发现的文物考古资料,进一步把丝绸之路延伸到地中海西岸和小亚细亚,确定了丝绸之路的基本内涵,即它是中国古代经过中亚通往南亚、西亚以及欧洲、北非的陆上贸易交往的通道。

丝绸之路从运输方式上,主要分为陆上丝绸之路和海上丝绸之路。

陆上丝绸之路,是指西汉汉武帝派张骞出使西域开辟的以首都长安(今西安)为起点,经凉州、酒泉、瓜州、敦煌、中亚国家、阿富汗、伊朗、伊拉克、叙利亚等而达地中海,以罗马为终点,全长 6 440 km。这条路被认为是连接亚欧大陆的古代东西方文明的交汇之路,而丝绸则是最具代表性的货物。

海上丝绸之路,是指古代中国与世界其他地区进行经济文化交流交往的海上通道,最早开辟也始于秦汉时期。从广州、泉州、宁波、扬州等沿海城市出发,从南洋到阿拉伯海,甚至远达非洲东海岸的海上贸易的“海上丝绸之路”。

随着时代发展,丝绸之路成为古代中国与西方所有政治经济文化往来通道的统称。除了“陆上丝绸之路”和“海上丝绸之路”,还有北向蒙古高原,再西行天山北麓进入中亚的“草原丝绸之路”等。

2. 时代背景

当今世界正发生复杂深刻的变化,国际金融危机深层次影响继续显现,世界经济缓慢复苏、发展分化,国际投资贸易格局和多边投资贸易规则酝酿深刻调整,各国面临的发展问题依然严峻。共建“一带一路”顺应世界多极化、经济全球化、文化多样化、社会信息化的潮流,秉持

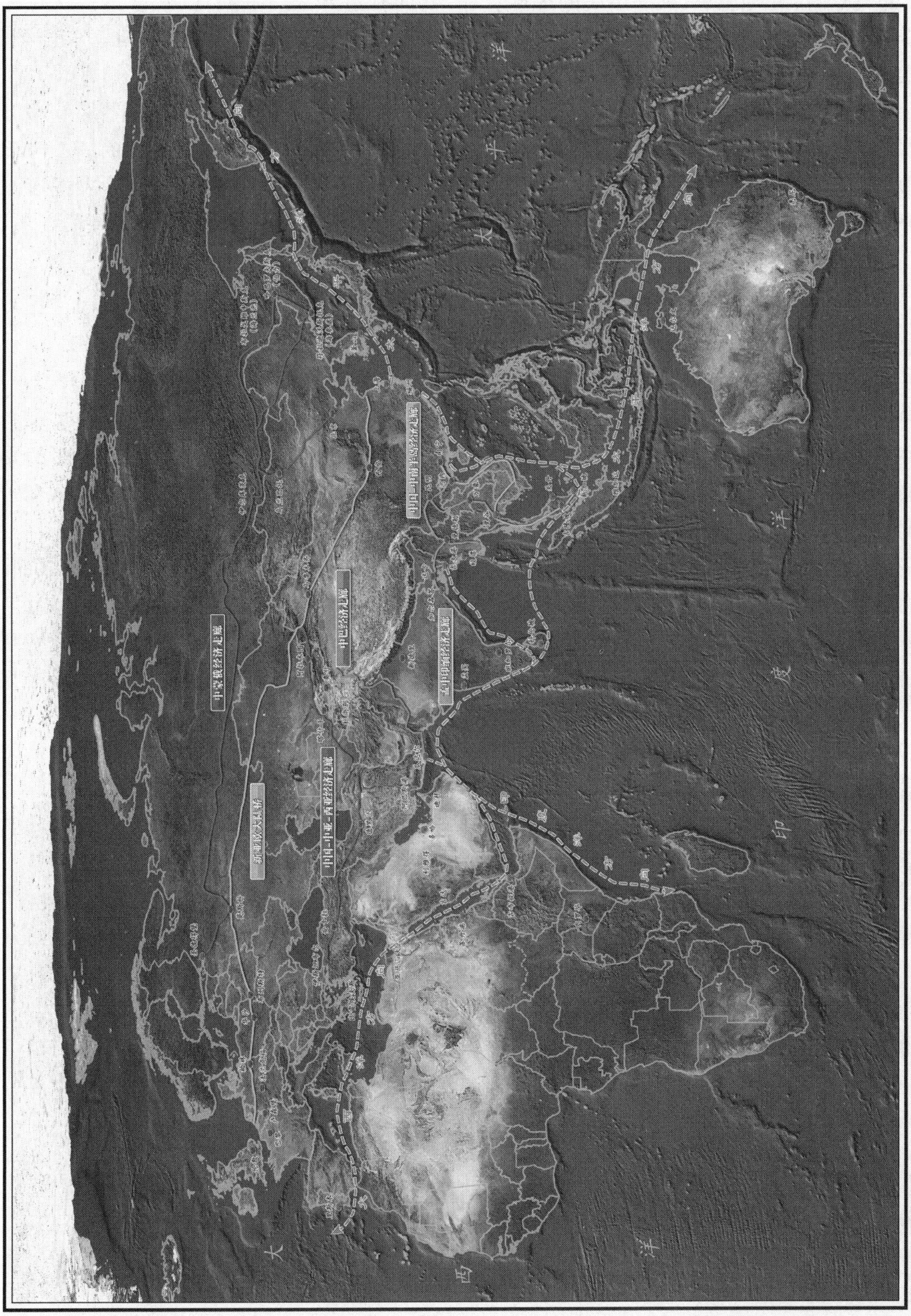

审图号：GS(2016)3237号

国家测绘地理信息局 监制

图 4-3 “一带一路”示意图

开放的区域合作精神,致力于维护全球自由贸易体系和开放型世界经济。共建"一带一路"旨在促进经济要素有序自由流动、资源高效配置和市场深度融合,推动沿线各国实现经济政策协调,开展更大范围、更高水平、更深层次的区域合作,共同打造开放、包容、均衡、普惠的区域经济合作架构。共建"一带一路"符合国际社会的根本利益,彰显人类社会共同理想和美好追求,是国际合作以及全球治理新模式的积极探索,将为世界和平发展增添新的正能量。

共建"一带一路"致力于亚欧非大陆及附近海洋的互联互通,建立和加强沿线各国互联互通伙伴关系,构建全方位、多层次、复合型的互联互通网络,实现沿线各国多元、自主、平衡、可持续的发展。"一带一路"的互联互通项目将推动沿线各国发展战略的对接与耦合,发掘区域内市场的潜力,促进投资和消费,创造需求和就业,增进沿线各国人民的人文交流与文明互鉴,让各国人民相逢相知、互信互敬,共享和谐、安宁、富裕的生活。

第71届联合国大会决议欢迎"一带一路"等经济合作倡议,敦促各方通过"一带一路"倡议,呼吁国际社会为"一带一路"倡议建设提供安全保障环境。

(三)框架思路

"一带一路"是促进共同发展、实现共同繁荣的合作共赢之路,是增进理解信任、加强全方位交流的和平友谊之路。中国政府倡议,秉持和平合作、开放包容、互学互鉴、互利共赢的理念,全方位推进务实合作,打造政治互信、经济融合、文化包容的利益共同体、命运共同体和责任共同体。

"一带一路"贯穿亚欧非大陆,一头是活跃的东亚经济圈,一头是发达的欧洲经济圈,中间广大腹地国家经济发展潜力巨大。丝绸之路经济带重点畅通中国经中亚、俄罗斯至欧洲(波罗的海);中国经中亚、西亚至波斯湾、地中海;中国至东南亚、南亚、印度洋。21世纪海上丝绸之路重点方向是从中国沿海港口过南海到印度洋,延伸至欧洲;从中国沿海港口过南海到南太平洋。

根据"一带一路"走向,陆上依托国际大通道,以沿线中心城市为支撑,以重点经贸产业园区为合作平台,共同打造新亚欧大陆桥、中蒙俄、中国—中亚—西亚、中国—中南半岛等国际经济合作走廊;海上以重点港口为节点,共同建设通畅安全高效的运输大通道。中巴、孟中印缅两个经济走廊与推进"一带一路"建设关联紧密,要进一步推动合作,取得更大进展。

"一带一路"建设是沿线各国开放合作的宏大经济愿景,需各国携手努力,朝着互利互惠、共同安全的目标相向而行。努力实现区域基础设施更加完善,安全高效的陆海空通道网络基本形成,互联互通达到新水平;投资贸易便利化水平进一步提升,高标准自由贸易区网络基本形成,经济联系更加紧密,政治互信更加深入;人文交流更加广泛深入,不同文明互鉴共荣,各国人民相知相交、和平友好。

二、京津冀协同发展战略

(一)"京津冀协同发展"概述

京津冀协同发展,核心是京津冀三地作为一个整体协同发展,要以疏解非首都核心功能、解决北京"大城市病"为基本出发点,调整优化城市布局和空间结构,构建现代化交通网络系统,扩大环境容量生态空间(图4-4)。

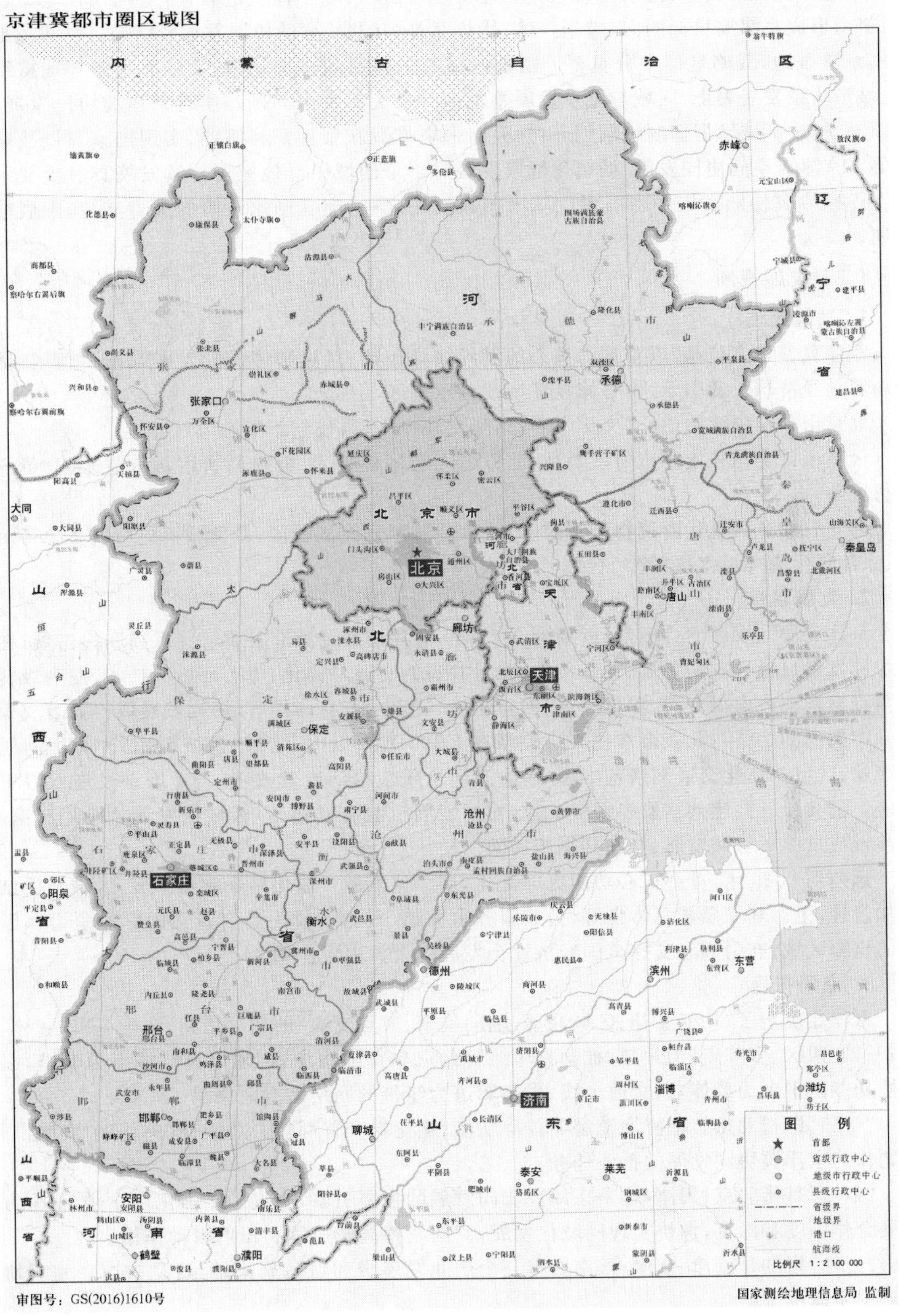

图 4-4　京津冀都市圈区域图

推进产业升级转移，推动公共服务共建共享，加快市场一体化进程，打造现代化新型首都圈，努力形成京津冀目标同向、措施一体、优势互补、互利共赢的协同发展新格局。京津冀地区同属京畿重地，战略地位十分重要。当前区域总人口已超过1亿人，面临着生态环境持续恶化、城镇体系发展失衡、区域与城乡发展差距不断扩大等突出问题。实现京津冀协同发展、创新驱动，推进区域发展体制机制创新，是面向未来打造新型首都经济圈、实现国家发展战略的需要。京津冀空间协同发展、城镇化健康发展对于全国城镇群地区可持续发展具有重要示范意义。京津冀协同发展是当前中国三大国家战略之一，拥有国家政策的大力支持，发展前景光明。

(二) 发展规划

1. 功能定位

京津冀整体定位是“以首都为核心的世界级城市群、区域整体协同发展改革引领区、全国创新驱动经济增长新引擎、生态修复环境改善示范区”。

北京市：“全国政治中心、文化中心、国际交往中心、科技创新中心”；

天津市：“全国先进制造研发基地、北方国际航运核心区、金融创新运营示范区、改革开放先行区”；

河北省：“全国现代商贸物流重要基地、产业转型升级试验区、新型城镇化与城乡统筹示范区、京津冀生态环境支撑区”。

2. 发展目标

京津冀协同发展的目标是：近期到2017年，有序疏解北京非首都功能取得明显进展，在符合协同发展目标且现实急需、具备条件、取得共识的交通一体化、生态环境保护、产业升级转移等重点领域率先取得突破，深化改革、创新驱动、试点示范有序推进，协同发展取得显著成效。

中期到2020年，北京市常住人口控制在2 300万人以内，北京“大城市病”等突出问题得到缓解；区域一体化交通网络基本形成，生态环境质量得到有效改善，产业联动发展取得重大进展。公共服务共建共享取得积极成效，协同发展机制有效运转，区域内发展差距趋于缩小，初步形成京津冀协同发展、互利共赢新局面。

远期到2030年，首都核心功能更加优化，京津冀区域一体化格局基本形成，区域经济结构更加合理，生态环境质量总体良好，公共服务水平趋于均衡，成为具有较强国际竞争力和影响力的重要区域，在引领和支撑全国经济社会发展中发挥更大作用。

3. 空间布局

京津冀确定了“功能互补、区域联动、轴向集聚、节点支撑”的布局思路，明确了以“一核、双城、三轴、四区、多节点”为骨架，推动有序疏解北京非首都功能，构建以重要城市为支点，以战略性功能区平台为载体，以交通干线、生态廊道为纽带的网络型空间格局。

“一核”即指北京。把有序疏解非首都功能、优化提升首都核心功能、解决北京“大城市病”问题作为京津冀协同发展的首要任务。

“双城”是指北京、天津，这是京津冀协同发展的主要引擎，要进一步强化京津联动，全方位拓展合作广度和深度，加快实现同城化发展，共同发挥高端引领和辐射带动作用。

“三轴”指的是京津、京保石、京唐秦三个产业发展带和城镇聚集轴，这是支撑京津冀协同发展的主体框架。

“四区”分别是中部核心功能区、东部滨海发展区、南部功能拓展区和西北部生态涵养区，每个功能区都有明确的空间范围和发展重点。

“多节点”包括石家庄、唐山、保定、邯郸等区域性中心城市和张家口、承德、廊坊、秦皇岛、沧州、邢台、衡水等节点城市，重点是提高其城市综合承载能力和服务能力，有序推动产业和人口聚集。

4. 功能疏解

从疏解对象讲，四类非首都功能将被疏解。重点是疏解一般性产业特别是高消耗产业，区域性物流基地、区域性专业市场等部分第三产业，部分教育、医疗、培训机构等社会公共服务功能，部分行政性、事业性服务机构和企业总部等四类非首都功能。

疏解的原则是：坚持政府引导与市场机制相结合，既充分发挥政府规划、政策的引导作用，又发挥市场的主体作用；坚持集中疏解与分散疏解相结合，考虑疏解功能的不同性质和特点，灵活采取集中疏解或分散疏解方式；坚持严控增量与疏解存量相结合，既把住增量关，明确总量控制目标，也积极推进存量调整，引导不符合首都功能定位的功能向周边地区疏解；坚持统筹谋划与分类施策相结合，结合北京城六区不同发展重点要求和资源环境承载能力统筹谋划，建立健全倒逼机制和激励机制，有序推出改革举措和配套政策，因企施策、因单位施策。

5. 重点领域

在交通一体化方面，构建以轨道交通为骨干的多节点、网格状、全覆盖的交通网络。重点是建设高效密集轨道交通网，完善便捷通畅公路交通网，打通国家高速公路“断头路”，全面消除跨区域国省干线“瓶颈路段”，加快构建现代化的津冀港口群，打造国际一流的航空枢纽，加快北京新机场建设，大力发展公交优先的城市交通，提升交通智能化管理水平，提升区域一体化运输服务水平，发展安全绿色可持续交通。

在生态环境保护方面，打破行政区域限制，推动能源生产和消费革命，促进绿色循环低碳发展，加强生态环境保护和治理，扩大区域生态空间。重点是联防联控环境污染，建立一体化的环境准入和退出机制，加强环境污染治理，实施清洁水行动，大力发展循环经济，推进生态保护与建设，谋划建设一批环首都国家公园和森林公园，积极应对气候变化。

在推动产业升级转移方面，加快产业转型升级，打造立足区域、服务全国、辐射全球的优势产业集聚区。重点是明确产业定位和方向，加快产业转型升级，推动产业转移对接，加强三省市产业发展规划衔接，制定京津冀产业指导目录，加快津冀承接平台建设，加强京津冀产业协作等。

三、“长江经济带”战略

(一)“长江经济带”概述

长江经济带是指沿江附近的经济圈。长江经济带覆盖上海、江苏、浙江、安徽、江西、湖北、湖南、重庆、四川、云南、贵州等 11 省市，面积约 205 万平方千米，人口和生产总值均超过全国的 40％。

长江经济带横跨我国东、中、西三大区域，具有独特优势和巨大发展潜力。改革开放以来，长江经济带已发展成为我国综合实力最强、战略支撑作用最大的区域之一。

长江经济带战略作为中国新一轮改革开放转型实施新区域开放开发战略，是具有全球影响力的内河经济带、东中西互动合作的协调发展带、沿海沿江沿边全面推进的对内对外开放带，也是生态文明建设的先行示范带(图 4-5)。

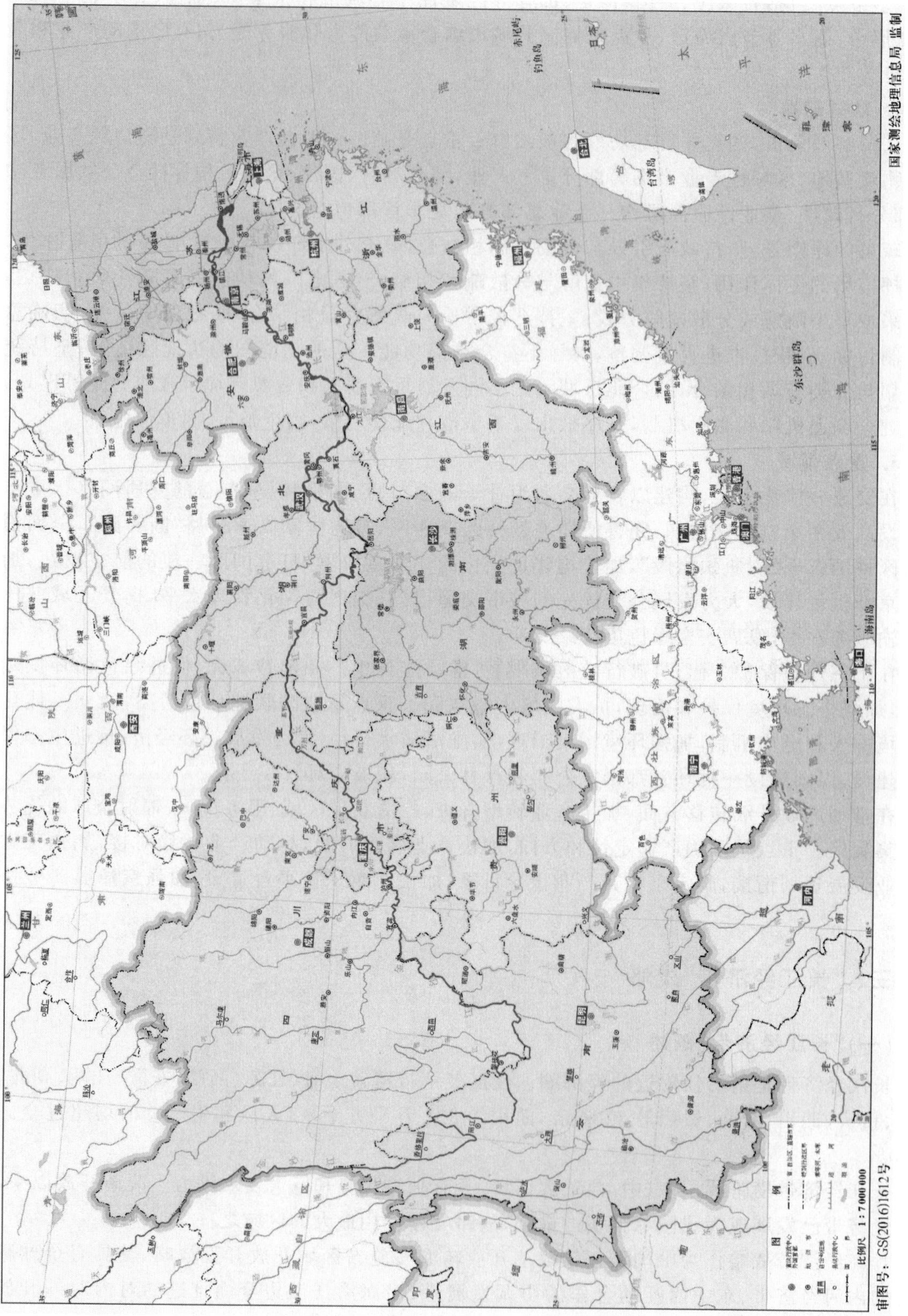

图 4-5 长江经济带区域图

（二）主要优势

一是交通便捷，具有明显的区位优势。长江经济带横贯我国腹心地带，经济腹地广阔，不仅把东、中、西三大地带连接起来，而且还与京沪、京九、京广、皖赣、焦柳等南北铁路干线交汇，承东启西，接南济北，通江达海。

二是资源优势。首先是具有极其丰沛的淡水资源，其次是拥有储量大、种类多的矿产资源，此外还拥有闻名遐迩的众多旅游资源和丰富的农业生物资源，开发潜力巨大。

三是产业优势。这里历来就是我国最重要的工业走廊之一，我国钢铁、汽车、电子、石化等现代工业的精华大部分汇集于此，集中了一大批高耗能、大运量、高科技的工业行业和特大型企业。此外，大农业的基础地位也居全国首位，沿江九省市的粮棉油产量占全国40%以上。

四是人力资源优势。长江流域是中华民族的文化摇篮之一，人才荟萃，科教事业发达，技术与管理先进。

五是城市密集，市场广阔。1995年沿江九省市拥有大小城市216个，占全国城市数量的33.8%；城市化水平约为50%，比全国平均水平高21个百分点；城市密度为全国平均密度的2.16倍。上海浦东开发开放和三峡工程建设将产生数千亿元的投资需求，而且这一地区人口密集，居民收入水平相对较高，各种消费需求也十分可观，对于国内外投资者有很强的吸引力。

（三）发展纲要

2016年9月，《长江经济带发展规划纲要》正式印发，确立了长江经济带“一轴、两翼、三极、多点”的发展新格局，提出了多项主要任务，具体包括保护和修复长江生态环境、建设综合立体交通走廊、创新驱动产业转型、新型城镇化、构建东西双向、海陆统筹的对外开放新格局等。

《长江经济发展规划纲要》确立了长江经济带“一轴、两翼、三极、多点”的发展新格局。“一轴”是以长江黄金水道为依托，发挥上海、武汉、重庆的核心作用，构建沿江绿色发展轴；“两翼”分别指沪瑞和沪蓉南北两大运输通道，通过促进交通的互联互通，增强南北两侧腹地重要节点城市人口和产业集聚能力；“三极”指的是长江三角洲、长江中游和成渝三个城市群，充分发挥中心城市的辐射作用，打造长江经济带的三大增长极；“多点”是指发挥三大城市群以外地级城市的支撑作用，加强与中心城市的经济联系与互动，带动地区经济发展。

具体从城镇化而言，是要以长江三角洲城市群为龙头，以长江中游和成渝城市群为支撑，以黔中和滇中两个区域性城市群为补充，以沿江大中小城市和小城镇为依托，形成区域联动、结构合理、集约高效、绿色低碳的新型城镇化格局。

为此要发挥上海、武汉、重庆等超大城市和南京、杭州、成都等特大城市引领作用，发挥合肥、南昌、长沙、贵阳、昆明等大城市对地区发展的带动作用。

发展现代航运服务，加快上海国际航运中心、武汉长江中游航运中心、重庆长江上游航运中心和南京区域性航运物流中心建设，积极培育高端航运服务业态，大力发展江海联运服务。

思　考　题

1. 简述新中国成立初期我国六大经济协作区划分的特点。
2. 简述我国三大地区划分的背景与结构。

3．简述我国七大经济区划分的优点。
4．简述我国四大板块的构成及发展方向。
5．试述八大综合经济区的经济地理特征。
6．试述我国区域发展的空间结构演进过程。
7．简述我国区域经济发展的空间结构特征。
8．简述我国工业布局“东轻西重”的表现。
9．简述我国区域发展“三大战略”的构成。
10．简述“一带一路”战略的背景和时代意义。
11．简述“京津冀协同发展”战略的意义。
12．简述“长江经济带”发展的优势。

第五章　中国的交通运输

第一节　交通运输现状

一、基础设施

（一）铁路

2016年末全国铁路营业里程达到12.4万千米，其中高铁营业里程超过2.2万千米。全国铁路路网密度129.2千米/万平方千米。铁路营业里程中，复线里程6.8万千米；电气化里程8.0万千米。

（二）公路

2016年末全国公路总里程469.63万千米，公路密度48.92千米/百平方千米。公路养护里程459.00万千米，占公路总里程97.7%。

全国四级及以上等级公路里程422.65万千米，占公路总里程90.0%。二级及以上等级公路里程60.12万千米，占公路总里程12.8%。高速公路里程13.10万千米，高速公路车道里程57.95万千米。国家高速公路9.92万千米。

国道35.48万千米，省道31.33万千米。农村公路里程395.98万千米，其中县道56.21万千米，乡道114.72万千米，村道225.05万千米。

全国通公路的乡（镇）占全国乡（镇）总数99.99%，其中通硬化路面的乡（镇）占全国乡（镇）总数99.00%；通公路的建制村占全国建制村总数99.94%，其中通硬化路面的建制村占全国建制村总数96.69%。

全国公路桥梁80.53万座、4 916.97万米，其中特大桥梁4 257座、753.54万米，大桥86 178座、2 251.50万米。全国公路隧道为15 181处、1 403.97万米，增加1 175处、135.58万米，其中特长隧道815处、362.27万米，长隧道3 520处、604.55万米。

（三）水路

1. 内河航道

2016年末全国内河航道通航里程12.71万千米。等级航道6.64万千米，占总里程52.3%，其中三级及以上航道1.21万千米，占总里程9.5%，提高0.4个百分点。

各等级内河航道通航里程分别为：一级航道1 342千米，二级航道3 681千米，三级航道7 054千米，四级航道10 862千米，五级航道7 485千米，六级航道18 150千米，七级航道17 835千米。等外航道6.07万千米。

各水系内河航道通航里程分别为：长江水系64 883千米，珠江水系16 450千米，黄河水系

3 533千米,黑龙江水系8 211千米,京杭运河1 438千米,闽江水系1 973千米,淮河水系17 507千米。

2. 港口

2016年全国港口拥有生产用码头泊位30 388个。其中,沿海港口生产用码头泊位5 887个,减少12个;内河港口生产用码头泊位2 4501个。

全国港口拥有万吨级及以上泊位2 317个。其中,沿海港口万吨级及以上泊位1 894个;内河港口万吨级及以上泊位423个。

全国万吨级及以上泊位中,专业化泊位1 223个;通用散货泊位506个;通用件杂货泊位381个。

(四)民航

2016年共有颁证民用航空机场218个,其中定期航班通航机场216个,定期航班通航城市214个。

旅客吞吐量达到100万人次以上的通航机场有77个,年旅客吞吐量达到1 000万人次以上的有28个。年货邮吞吐量达到10 000吨以上的有50个。

(五)公路水路交通流量

2016年,全国国道观测里程12.88万千米,机动车年平均日交通量为16 090辆,年平均日行驶量为207 141万车公里。其中,国家高速公路年平均日交通量为24 468辆,年平均日行驶量为109 261万车公里;普通国道年平均日交通量为11 637辆,年平均日行驶量为97 872万车公里。

长江干线航道设有27个水上交通流量观测断面,年平均日船舶流量662.6艘。其中,上游航道年平均日船舶流量213.6艘;中游航道年平均日船舶流量290.8艘;下游航道年平均日船舶流量874.2艘。

二、运输装备

(一)铁路

2016年全国拥有铁路机车2.1万台,其中内燃机车占41.8%,电力机车占58.1%。拥有铁路客车7.1万辆,其中动车组2 586标准组、20 688辆。拥有铁路货车76.4万辆。

(二)公路

2016年全国拥有公路营运汽车1 435.77万辆。拥有载客汽车84万辆,2 140.26万客位。其中大型客车30.57万辆,1 332.57万客位。

拥有载货汽车1 351.77万辆,10 826.78万吨位。其中,普通货车946.03万辆,4 843.83万吨位;专用货车47.56万辆,527.63万吨位。

(三)水路

2016年全国拥有水上运输船舶16.01万艘;净载重量26 622.71万吨;载客量100.21万客位;集装箱箱位191.04万标准箱。

(四)城市客运

2016年全国拥有公共汽电车60.86万辆,其中BRT车辆7 689辆。按车辆燃料类型分,柴油车占37.2%,天然气车占30.5%,汽油车占1.4%,混合动力车占11.5%,纯电动车占15.6%。

全国有30个城市开通了轨道交通，2016年新开通4个。拥有轨道交通车站2 468个，增加376个；运营车辆23 791辆。

拥有巡游出租车140.40万辆。拥有城市客运轮渡282艘。

三、运输服务

2016年，全社会营业性客运量为190.02亿人，比上年下降2.2%，旅客周转量31 239.87亿人公里，增长3.9%，货运量431.34亿吨，增长5.2%，货物周转量182 432.29亿吨公里，增长5.0%。

（一）铁路

2016年完成旅客发送量28.14亿人，比上年增长11.0%，旅客周转量12 579.29亿人公里，增长5.2%。其中国家铁路旅客发送量27.73亿人，增长11.1%，旅客周转量12 527.88亿人公里，增长5.2%。

全国铁路货运总发送量为33.32亿吨，比上年下降0.8%，货运总周转量23 792.26亿吨公里，增长0.2%。其中国家铁路完成货运总发送量26.52亿吨，下降2.3%，货运总周转量21 273.21亿吨公里，下降1.5%。

（二）公路

2016年营业性客运量为154.28亿人，比上年下降4.7%，旅客周转量10 228.71亿人公里，下降4.8%。完成货运量334.13亿吨，增长6.1%，货物周转量61 080.10亿吨公里，增长5.4%。

全国开通客运线路的乡镇比重为99.02%，开通客运线路的建制村比重为95.37%，建制村通车率比上年提高1.09个百分点。

（三）水路

2016年水路客运量为2.72亿人，比上年增长0.6%，旅客周转量72.33亿人公里，减少1.0%。完成货运量63.82亿吨，增长4.0%，货物周转量97 338.80亿吨公里，增长6.1%。其中，内河运输完成货运量35.72亿吨、货物周转量14 091.68亿吨公里；沿海运输完成货运量20.13亿吨、货物周转量25 172.51亿吨公里；远洋运输完成货运量7.98亿吨、货物周转量58 074.62亿吨公里。

全国港口旅客吞吐量为1.85亿人，比上年下降0.3%。其中，沿海港口完成0.82亿人，增长0.5%；内河港口完成1.03亿人，减少0.9%。全年全国港口共接待国际邮轮旅客218万人，增长79%。

全国港口货物吞吐量为132.01亿吨，比上年增长3.5%。其中，沿海港口完成84.55亿吨，增长3.8%；内河港口完成47.46亿吨，增长3.1%。

全国港口外贸货物吞吐量为38.51亿吨，比上年增长5.1%。其中，沿海港口完成34.53亿吨，增长4.6%；内河港口完成3.98亿吨，增长9.7%。

全国港口集装箱吞吐量为2.20亿TEU，比上年增长4.0%。其中，沿海港口完成1.96亿TEU，增长3.6%；内河港口完成2415万TEU，增长7.4%。

全国规模以上港口货物吞吐量为118.89亿吨，比上年增长3.7%。其中，完成煤炭及制品吞吐量21.51亿吨，增长3.8%；石油、天然气及制品吞吐量9.30亿吨，增长9.0%；金属矿石吞吐量19.13亿吨，增长4.7%。

(四) 民航

2016 年民航旅客运输量 4.88 亿人次,比上年增长 11.8%,旅客周转量 8 359.54 亿人公里,增长 14.8%。其中,国内航线完成旅客运输量 4.36 亿人次,增长 10.7%;港澳台航线完成旅客运输量 983.3 万人次,减少 3.6%;国际航线完成旅客运输量 5 162.0 万人次,增长 22.7%。

货邮运输量为 666.9 万吨,比上年增长 6.0%,货邮周转量 221.13 亿吨公里,增长 6.3%。

民航运输机场旅客吞吐量为 10.16 亿人次,比上年增长 11.1%。完成货邮吞吐量 1 510.4 万吨,增长 7.2%。

(五) 城市客运

2016 年全国拥有公共汽电车运营线路 52 789 条,比上年增加 3 884 条,运营线路总长度 98.12 万千米,增加 8.69 万千米。其中,公交专用车道 9 777.8 千米,增加 1 208.7 千米;BRT 线路长度 3 433.5 千米,增加 352.3 千米。轨道交通运营线路 124 条,增加 19 条,运营线路总长度 3 727.5 千米,增加 532.1 千米;其中,地铁线路 103 条、3 269.7 千米,轻轨线路 9 条、298.8 千米。城市客运轮渡运营航线 112 条,减少 11 条,运营航线总长度 505.0 千米,减少 63.9 千米。

全年城市客运量为 1 285.15 亿人,比上年下降 1.4%。其中,公共汽电车完成 745.35 亿人,下降 2.6%,其中 BRT 客运量 17.65 亿人次,增长 23.2%,公共汽电车运营里程 358.32 亿千米,增长 1.7%;轨道交通为 161.51 亿人,增长 15.4%,运营里程 4.33 亿列公里,增长 15.7%;巡游出租车为 377.35 亿人,下降 4.9%,运营里程 1 552.50 亿千米,下降 3.1%;客运轮渡为 0.94 亿人,下降 7.2%。

(六) 水路

2016 年水运建设投资 1 417.37 亿元,比上年下降 2.7%。其中,内河建设为投资 552.15 亿元,增长 1.0%,内河港口新建及改(扩)建码头泊位 173 个,新增通过能力 13 335 万吨,其中万吨级及以上泊位新增通过能力 3 989 万吨,全年新增及改善内河航道里程 750 千米;沿海建设为投资 865.23 亿元,下降 5.0%,沿海港口新建及改(扩)建码头泊位 171 个,新增通过能力 22 487 万吨,其中万吨级及以上泊位新增通过能力 21 019 万吨。

全年为公路水路支持系统及其他建设投资 494.45 亿元,比上年增长 9.8%。

第二节　交通网及交通网布局

一、铁路运输

铁路是国民经济的大动脉,在我国交通运输中占主要地位。具有运量大、速度快、运行时间准确,而且具有昼夜运行不间断的优点。2016 年,我国铁路营业里程达 12.40 万千米,其中铁路电气化里程为 8.03 万千米,占铁路总里程的 64.76%。中国铁路已覆盖各省、自治区、直辖市,目前青藏铁路已建成通车。由京沪、京哈、沿海、京九、京广、大湛、包柳、兰昆等“八纵”和京兰(藏)、煤运北、煤运南、陆桥、宁西、沿江、沪昆(成)、西南出海“八横”组成的“八纵八横”铁路运输通道基本形成。一个横贯东西、沟通南北、干支结合的具有相当规模的铁路运输网络已经形成并逐步趋于完善。

(一) 主要铁路干线

1. 京九线:由北京西至九龙,全长2 397千米。经京、冀、鲁、豫、皖、赣、粤等7省市。

2. 京广线:由北京至广州,全长2 313千米。经京、冀、豫、鄂、湘、粤等6省市。

3. 京沪线:由北京至上海,全长1 462千米,经京、津、冀、鲁、皖、苏、沪等7省市。

4. 京哈线:由北京至上海,全长1 388千米,经京、津、冀、辽、吉、黑等6省市。

5. 同蒲线:由大同至孟塬,全长950千米,经晋、陕2省。

6 太焦—焦枝—枝柳线:由太原经焦作、枝城至柳州,全长2 072千米,经晋、豫、鄂、湘、桂等5省。

7. 包兰线:由包头至兰州,全长1 006千米,经内蒙古、宁、甘等3省区。

8. 宝中线:由宝鸡至中卫,全长498千米,经陕、甘、宁等3省区。

9. 宝成—成昆线:由宝鸡至昆明,全长1 769千米,经陕、川、滇等3省。

10. 大秦线:由大同至秦皇岛,全长653千米,经晋、冀、京、津等4省市。

11. 京包线:由北京至包头,全长828千米,经京、冀、晋、内蒙古等省、市、区。

12. 陇海—兰新线:由连云港经兰州至乌鲁木齐,全长3 651千米,经苏、皖、豫、陕、甘、新等6省区。

13. 沪杭—浙赣—湘黔—贵昆线:由上海经杭州、株洲、贵阳至昆明,全长2 677千米,经沪、浙、赣、湘、黔、云等6省市。

(二) 主要铁路枢纽

在铁路网中,几条铁路干线交或衔接的地点,由若干个车站、站间联络线、进站线和信号等组成的总体,称为铁路枢纽。我国铁路枢纽约有500多个,一般也是全国或者省区的政治、经济、文化中心或工业基地和水陆联运中心等,具有代表性的铁路枢纽如下。

1. 北京铁路枢纽

北京铁路枢纽是连接八个方向的全国最大的铁路枢纽。有京广、京沪、京九、京沈、京包、京通等铁路呈辐射状通向全国,并有国际列车通往朝鲜、蒙古和俄罗斯。

2. 天津铁路枢纽

天津铁路枢纽是北方最大的海陆交通中心,京沈、京沪两大铁路在此交汇,并与塘沽新港相连,是北京的外港和门户。

3. 上海铁路枢纽

上海铁路枢纽是东部沿海地区最大的枢纽站。既是京沪线和沪杭线的终点,又是我国远洋航运和沿海南北航线的中心,客流量和货运量极大。

4. 哈尔滨铁路枢纽

哈尔滨铁路枢纽是连接五个方向的东北北部最大的铁路交通中心。有哈大、滨洲、滨绥、滨吉等干线在此汇合。过境运输量很大。主要是木材、粮食、煤炭和大豆等。

5. 武汉铁路枢纽

武汉铁路枢纽依托武汉市沿江武昌区、青山区、洪山区、江汉区、江岸区、硚口区、汉阳区、黄陂区等区域内巨大而繁忙的客流、物流和车流而建,并辐射湖北省全境以至华中地区和全国各地。武汉素有“九省通衢”之称,能把铁路枢纽如此集中地布局在一个城市,全国仅有北上广武四城,因而武汉铁路枢纽才能与北上广三城并驾齐驱,成为中国四大铁路枢纽之一。

6. 兰州铁路枢纽

兰州铁路枢纽属环形铁路枢纽,通过环线连接陇海铁路、兰新铁路、包兰铁路、中太铁路、兰渝铁路、成兰铁路、青藏铁路、兰新客运专线、徐兰客运专线等9条铁路干线,以及兰合、兰张、兰天3条城际铁路,形成一环十二射的枢纽格局,是中国西部最大的路网性铁路枢纽,并列为全国性铁路枢纽。

7. 郑州铁路枢纽

郑州铁路枢纽地处我国中原地带,陇海、京广两大干线在此相交,沟通了东西南北十几个省的货物,郑州东站连接徐兰高铁、京广高铁、郑渝高铁、郑合高铁、郑济高铁、郑太高铁,2014年7月1日全国铁路大调整之后,郑州东站又开启了逢车必停的新篇章,郑州北站是亚洲最大的编组站。

8. 沈阳铁路枢纽

沈阳铁路枢纽是连接五个方向的东北南部最大的铁路交通中心。有哈大、京沈、沈丹、沈吉等干线交汇,过境运输量为东北之冠。

9. 广州铁路枢纽

广州铁路枢纽是我国华南的水陆交通中心,京广、广深铁路与珠江航运在此汇合。黄埔港是广州的外港,经这里的海内外旅客和进出口货物流通量很大。

(三) 全国铁路列车的编排

1. 列车车次号

列车运行分下行和上行两种。下行车次编为单号,上行车次编为双号。其编制原则和基本规律如下。

(1) 下行车次(单号)

首都开出的列车统为下行、单号。据此原则派生下列基本规律。

关内北往南、东往西的列车亦为下行、单号。

关外南往北、西往东的列车也是下行、单号。

(2) 上行车次(双号)

开往首都的列车统为上行、双号。据此原则派生下列基本规律。

关内南往北、西往东的列车也是上行、双号。

关外北往南、东往西的列车亦为上行、双号。

2. 车厢的种类

车厢的种类如表5-1所示。

表5-1 车厢种类表

顺号	车厢种类	汉语拼音缩写	顺号	车厢种类	汉语拼音缩写
1	邮政专用火车厢	UZ	7	餐车车厢	CA
2	软座车厢	RZ	8	宿行车厢	YWX
3	软卧车厢	RW	9	硬卧硬座车	YWZ
4	硬卧车厢	YW	10	发电车	KD
5	硬座车厢	YZ	11	软座硬座车厢	RYZ
6	行李车厢	XL	12	软座餐车车厢	RZC

二、公路运输

公路运输具有灵活性大、机动性强、联系面广及方便等特点，在我国交通运输中占有十分重要的地位。2016 年，我国公路里程为 469.63 万千米；其中高速公路为 13.10 万千米，占公路总里程的 2.79%。

公路主骨架是根据国家干线公路网规划(简称国道网，包括首都放射线、南北纵线和东西横线)并考虑其他相关因素确定的。公路主骨架总长约 3.5 万千米，纵贯东西和横穿国境南北的"五纵七横"12 条(表 5-2、表 5-3、表 5-4、表 5-5、表 5-6、表 5-7)。主要由高等级公路组成的国道主干线，其贯通首都和直辖市及各省(自治区)省会城市，将人口在 100 万以上的所有特大城市和 93%的人口在 50 万以上大城市连接在一起，使贯通和连接的城市总数超过 200 个，覆盖的人口约 6 亿，占全国总人口的 50%左右。

表 5-2　首都放射线公路简称、里程表

编　号	路 线 简 称	运 行 路 线	里程/km
G101	京沈线	北京—承德—沈阳	858
G102	京哈线	北京—山海关—沈阳—长春—哈尔滨	1 231
G103	京塘线	北京—天津—塘沽	142
G104	京福线	北京—南京—杭州—福州	2 284
G105	京珠线	北京—南昌—广州—珠海	2 361
G106	京广线	北京—兰考—黄冈—广州	2 497
G107	京深线	北京—郑州—武汉—广州—深圳	2 449
G108	京昆线	北京—太原—西安—成都—昆明	3 356
G109	京拉线	北京—银川—兰州—西宁—拉萨	3 763
G110	京银线	北京—呼和浩特—银川	1 063
G111	京加线	北京—通辽—乌兰浩特—加格达奇	2 034
G112	京环线	北京环线[宣化—唐山(北)天津—涞源(南)]	942

表 5-3　全国主要高速一级公路名称、里程表

路线名称	公里数/km	路线名称	公里数/km
京津塘(北京—天津塘沽)	145	京石(北京—石家庄)	264
京沈(北京—沈阳)	658	津唐(天津—唐山)	139
石太(石家庄—太原)	190	石安(石家庄市—安阳)	216
石黄(石家庄—黄骅)	187	保津(保定—天津)	129
太汾(太原—汾阳)	118	呼包(呼和浩特—包头)	147
宣大(宣化—大同)	196	沈四(沈阳—四平)	167
沈大(沈阳—大连)	358	长四(长春—四平)	133
长哈(长春—哈尔滨)	360	哈佳(哈尔滨—佳木斯)	324
哈大(哈尔滨—大庆)	132.9	京沪(北京—大海)	1 262
哈尔滨至绥芬河	470	沪杭甬(上海—杭州—北仑)	274
宁沪(南京—上海)	274	宁通(南京—南通)	214

续表

路线名称	公里数/km	路线名称	公里数/km
沪太(上海—太仓)	41	合宁(合肥—南京)	134
合芜(合肥—芜湖)	140	福厦(福州—厦门)	236
合蚌(合肥—蚌埠)	112	九景(九江—景德镇)	114
南九(南昌—九江)	148	泰定(泰和—定南)	256
梨温(玉山—进览)	245	潍烟(潍坊—烟台)	240
济青(济南—青岛)	330	济馆(济南—馆陶)	156
烟即(烟台—即墨)	300	洛开(洛阳—开封)	202
东青(东营港—青州)	170	郑驻(郑州—驻马店)	200
郑安(郑州—安阳)	203	洛灵(洛阳—灵宝)	205
开商(开封—商丘芒山)	203	宜黄(武黄段)武汉—黄梅	142
宜黄(汉宜段)武汉—宜昌	279	长宜(长沙—宜章)	349
长常(长沙—常德)	152	深汾(深圳—汾水关)	353
广深(广州—深圳)	122.8	广开(广州—开平)	103
广珠(广州—珠海)	135	桂海(南海段)南宁—北海	239
桂海(南桂段)南宁—桂林	373	海口环绕(海口—三亚—海口)	634
柳宜(柳州—宜州)	113	渝涪(重庆—涪陵)	119
渝达(重庆—达州)	220	成绵(成都—绵阳)	103
成渝(成都—重庆)	340	贵都(贵阳—都匀—新泰)	270
成雅(成都—雅安)	139	贵遵(贵阳—遵义)	135
贵黄(贵阳—黄果树)	137	昆大(昆明—大理)	355
贵毕(贵阳—毕节)	214	昆元(昆明—元江)	201
贵陆(昆明—陆良)	193	西黄(西安—黄陆)	195
西宝(西安—宝鸡)	155	天宝(天水—宝鸡)	185
西潼(西安—潼关)	144	吐乌大(吐鲁番—乌鲁木齐—大黄山)	283
银平(银川—石嘴山)	105	乌奎(乌鲁木齐—奎屯)	265

表 5-4　全国南北纵线公路简称、里程表

编　号	路线简称	运 行 路 线	里程/km
G201	鹤大线	鹤岗—牡丹江—大连	1 822
G202	爱大线	爱辉—大连(原:黑河—哈尔滨—吉林—大连—旅顺)	1 696
G203	明沈线	明水—扶余—沈阳	656
G204	烟沪线	烟台—连云港—上海	918
G205	山深线	山海关—淄博—南京—屯溪—深圳	2 755
G206	烟汕线	烟台—徐州—合肥—景德镇—汕头	2 324
G207	锡海线	锡林浩特—张家口—长治—襄樊—常德—梧州—海安	3 566
G208	二长线	二连浩特—集宁—太原—长治	737
G209	呼北线	呼和浩特—三门峡—柳州—北海	3 315

续表

编号	路线简称	运行路线	里程/km
G210	包南线	包头—西安—重庆—贵阳—南宁	3 005
G211	银陕线	银川—西安	604
G212	兰渝线	兰州—广元—重庆	1 084
G213	兰磨线	兰州—成都—昆明—景洪—磨憨	2 852
G214	西景线	西宁—昌都—景洪	3 008
G215	红格线	红柳园—敦煌—格尔木	645
G216	阿巴线	阿勒泰—乌鲁木齐—巴仑台	826
G217	阿库线	阿勒泰—独山子—库车	1 082
G218	伊若线	伊宁—若羌(原:清水河—伊宁—库尔勒—若羌)	1 129
G219	叶孜线	叶城—狮泉河—拉孜	2 139
G220	北镇线	北镇—郑州(原:东营—济南—郑州)	526
G221	哈同线	哈尔滨—同江	639
G222	伊哈线	哈尔滨—伊春	332
G223	海榆(东)线	海口—榆林(东)	322
G224	海榆(中)线	海口—榆林(中)	296
G225	海榆(西)线	海口—榆林(西)	431
G226	楚墨线	楚雄—墨江	调整后撤销
G227	西张线	西宁—张掖	345
G228	资料暂缺	台湾环线	

表 5-5 全国东西横线公路名称、里程表

编号	路线简称	运行路线	里程/km
G301	绥满线	绥芬河—哈尔滨—满洲里	1 448
G302	珲乌线	珲春—图们—吉林—长春—乌兰浩特	1 024
G303	集锡线	集安—四平—通辽—锡林浩特	1 265
G304	丹霍线	丹东—通辽—霍林河	818
G305	庄林线	庄河—营口—敖汉旗—林东	561
G306	绥克线	绥中—克什克腾	689
G307	歧银线	歧口—银川(原:黄骅—石家庄—太原—银川)	1 193
G308	青石线	青岛—济南—石家庄	659
G309	荣兰线	荣城—济南—宜川—兰州	1 961
G310	连天线	连云港—徐州—郑州—西安—天水	1 153
G311	徐峡线	徐州—许昌—西峡	694
G312	沪霍线	上海—南京—合肥—西安—兰州—乌鲁木齐—霍尔果斯	4 708
G313	安若线	安西—敦煌—若羌	调整后取消
G314	乌红线	乌鲁木齐—喀什—红其甫	2 073
G315	西莎线	西宁—莎车(原:西宁—若羌—喀什)	2 746

续表

编号	路线简称	运行路线	里程/km
G316	福兰线	福州—南昌—武汉—兰州	1 985
G317	成那线	成都—昌都—那曲	1 917
G318	沪聂线	上海—武汉—成都—拉萨—聂拉木	4 907
G319	厦成线	厦门—长沙—重庆—成都	2 631
G320	泸瑞线	上海—南昌—昆明—畹町—瑞丽	3 315
G321	广成线	广州—桂林—贵阳—成都	1 749
G322	衡友路	衡阳—桂林—南宁—凭祥—友谊关	1 045
G323	瑞临线	瑞金—韶关—柳州—临沧	2 316
G324	福昆线	福州—广州—南宁—昆明	2 201
G325	广南线	广州—湛江—南宁	771
G326	秀河线	秀山—毕节—个旧—河口	1 239
G327	连菏线	连云港—济宁—菏泽	395
G328	宁海线	南就—海安(原:南京—扬州—南通)	243
G329	杭沈线	杭州—宁波—沈家门	190
G330	温寿线	温州—寿昌	318

表 5-6　全国“五纵”公路名称、里程表

编号	路线简称	运行路线/km	里程/km
G010	同三线	同江—哈尔滨(含珲春—长春支线)—长春—沈阳—大连—烟台—青岛—连云港—上海—宁波—福州—深圳—广州—湛江—海安—海口—三亚	5 700
G020	京福线	北京—天津—(含天津—塘沽支线)—济南—徐州(含秦安—淮阴支线)—合肥—南昌—福州	2 540
G030	京珠线	北京—石家庄—郑州—武汉—长沙—广州—珠海	3 610
G040	二河线	重庆—贵阳—南宁—湛江	1 430
G050	渝湛线		

表 5-7　全国“七横”公路名称、里程表

编号	路线简称	运行路线	里程/km
G015	绥满线	绥芬河—哈尔滨—满洲里	1 280
G025	丹拉线	丹东—沈阳—唐山(含唐山—天津支线)—北京—集宁—呼和浩特—银川—兰州—拉萨	4 590
G035	青银线	青岛—济南—石家庄—太原—银川	1 610
G045	连霍线	连云港—徐州—郑州—西安—兰州—乌鲁木齐—霍尔果斯	3 980
G055	沪蓉线	上海—南京—合肥—武汉—重庆—成都(含万县—南充—成都支线)	2 970
G065	沪瑞线	上海—杭州(含宁波—杭州—南京支线)—南昌—贵阳—昆明—瑞丽	4 090
G075	衡昆线	衡阳—南宁(含南宁—友谊关支线)—昆明	1 980

三、水上运输

水上运输的特点是投资省、成本低及载重量大。我国有很多江河以及内河和沿海，还有许多良港，为发展水运提供了有利条件。2016 年我国内河航道达到 12.71 万千米。全国水运主通道总体布局规划是发展“两纵三通”共 5 条水运主通道，“两纵”是沿海南北主通道，京杭运河淮河主通道；“三横”是长江及其主要支流主通道，西江及其主要支流主通道，黑龙江、松花江主通道。除沿海南北主通道外，内河主通道由通航千吨级船队的四级航道组成，共 20 条河流，总长 1.5 万千米左右。这些主通道连接了 17 个省会和中心城市、24 个开放城市及 5 个经济特区。主要内河运输航线水运主通道是国家级航道，是全国水运网的主骨架，是国家综合运输大通道的重要组成部分，是高等级的航运基础设施、先进的运输工具、完善的安全保障及后勤服务系统的综合体。它的主要功能是提供通畅、高效、优质的运输条件，现代化的运输管理，舒适的运输环境和综合性的服务设施。

四、航空运输

航空运输是现代化交通运输的重要手段，它具有快速、机动的特点。2016 年我国定期航班航线里程为 634.81 万千米，其中国际航线为 282.80 万千米。

为方便运输和客户，每个航班均编有航班号。中国国际航班的航班号是由执行该航班任务的航空公司的二字代码和 3 个阿拉伯数字组成，其中最后一个数字为奇数者，表示由基地出发的去程航班；最后一个数字为偶数者，表示返回基地的回程航班。如 MF851，则指厦门航空公司承担的自厦门飞往首尔的国际航班。

中国国内航班的航班号由执行航班任务的航空公司的二字代码和 3 个或 4 个阿拉伯数字组成。如有 4 个阿拉伯数字，则其中第一位数字表示执行该航班任务的航空公司基地所在地区；第二位数字表示该航班终点站所在地区（1 为华北，2 为西北，3 为华南，4 为西南，5 为华东，6 为东北，8 为福建，9 为新疆）；第三、四位数字表示班次，即该航班的具体编号，其中第四位数字若为奇数，则表示该航班为去程航班，若为偶数，则为回程航班。如 MF8101，表示由厦门航空公司担任的由厦门至北京的去程航班；MF8306，表示由厦门航空公司担任的由广州至厦门的回程航班。如果是三位的数字，则没有明显规律。

五、干线运输与综合运输枢纽

（一）主干线网

由不同运输方式干线组合而成的主干线，构成综合运输网的骨架，是区际交流的主要通道，连接了各个经济中心城市和主要工业基地。目前已形成七纵六横大通道。在分布上北方多于南方，东部多于西部。

七大纵向通道：

1. 哈尔滨—沈阳—大连—上海—广州通道。由陆路、海上和空中三种交通干线组成。陆路有哈大铁路，以及大庆油田经铁岭分别通向大连港和秦皇岛港的原油管线，公路国道包括 102 线（哈尔滨—沈阳）、202 线（沈大）、204 线（烟台—上海）、324 线（上海—广州）。海上包括沿海南北航线，连接了沿海所有港口。空中航线以上海、广州、大连等沿海航空港基地。该通道既是我国北方煤和原油等大宗物资南运以及关内外、沿海各地互相沟通的一条大动脉，也是我国海路与国际联系的一系列水陆中转枢纽和口岸分布区。

2. 天津—济南—徐州—南京—上海通道。包括津浦、沪宁铁路、公路国道104线、南北大运河、鲁宁输油管道及空中航线。是联系华北和华东两大区的大动脉，在“九五”期间开始建设京沪高速铁路和京沪国道主干线。

3. 北京—郑州—武汉—广州通道。主要由京广铁路、公路国道107线、106国线(韶关—广州)和空中航线组成。该通道是连接华北、华中和华南的交通大动脉，并建成了北京至广州公路国道主干线，以及京广高速铁路。

4. 二连—大同—太原—焦作—枝城—柳州—湛江通道。包括北同蒲、太焦、焦枝、枝柳和黎湛等铁路、公路国道208线(集宁—长治)、207线(长治—枝城—湛江)、209线(怀化—柳州)。是沟通华北西部和中南区西部的交通大动脉。规划建设从石(门)长(沙)线益阳、经娄底、冷水滩、梧州至玉林的新铁路干线。

5. 安康—重庆—贵阳—柳州—南宁—防城与友谊关通道。由襄渝、川黔、黔桂、湘桂和南防等铁路及210国道公路组成。是沟通西南与华南通达北部湾出海口的交通干线。向北已开工建设西(安)(安)康铁路，建成后将与西安—延安—包头的铁路相贯通，将向北连接西北区东部和华北区西部。

6. 中卫—宝鸡—成都—昆明通道。由宝中、宝成、成昆三条铁路干线及108条国道公路组成。是目前连接西北和西南两大区的唯一通道。

7. 北京—衡水—商丘—九江—南昌—深圳—九龙新通道。为迎接香港回归，增强首都北京与香港的陆路直接联系，增强南北方向的动力，京九铁路已经建成通车。

六大横向通道：

1. 绥芬河—哈尔滨—满洲里通道。由滨绥、滨州两铁路及国道公路301线组成，横穿东北区中北部，两端与俄罗斯铁路相连。

2. 丹东—沈阳—北京—包头—兰州通道。由沈丹、京沈、京秦、大秦、京包和包兰等铁路，以及国道公路102(京沈线)、110(北京—银川线)、109(银川—兰州线)组成。是沟通关内外、联系东北、华北和西北的主通道。东连朝鲜、中段通过集二线可通过向蒙古和俄罗斯。

3. 青岛—济南—石家庄—太原—西安通道。由胶济、石德、石太、南同蒲、侯西等铁路及308线(青岛—太原)、108线(太原—西安)国道公路组成。是横贯山东半岛、华北区南部，通达西北区的交通大动脉。

4. 连云港—郑州—兰州—乌鲁木齐—阿拉山口通道。主要由陇海、兰新、北疆等铁路，以及国道公路310线(连云港—西安)、312线(西安—伊宁)组成。在该线北侧已建成与陇海线平行的衮石、新菏衮、新焦、侯月等铁路，成为重要的辅助大干线。该通道东起连云港和日照港，经过中原大地、西北区主要经济集聚地带，西通中国与哈萨克斯坦边界，已开展国际联运。作为一条新的亚欧大陆桥，它将在国际联运和我国同中亚、欧洲的经济交流中逐步发挥重要作用。

5. 上海—武汉—重庆—成都通道。主要由长江干流航道组成。为了建设发达的长江产业带，建设了沿江铁路和上海—成都国道主干公路。

6. 上海—杭州—南昌—株洲—贵阳—昆明通道。由沪杭、浙赣、湘黔和贵昆等铁路及国道公路320线组成。该通道是贯通我国南方的东西向大干线，是华东通向中南和西南的主要通道。

（二）综合运输枢纽

运输枢纽在运输网中占有十分重要的地位，它是一种或几种运输方式干线的交叉与衔接之处，共同为办理旅客与货物中转、发送、到达所建设的大量运输设施的综合体。由多功能的中心站港、专业化站场（码头）和辅助设施组成。由两种以上运输方式组成的枢纽为综合运输枢纽，它是连接各种运输方式的结合部。随着我国综合运输网的发展，干线网上已形成众多的节点。根据设施水平、作业和在运输管理体系中的地位等标准分析，我国已形成 82 个综合运输枢纽。其中 70 个分布于前述干线通道上。按照其组成方式可分为：①陆上型枢纽 30 个。主要分布于北方，除铁路和公路外，其中 19 个有航空线，4 个有管道运输。②水陆运输枢纽 46 个。其中 40 个位于通航江河沿岸，20 个分布于滨海（包括河口港），并有 33 个建有航空港。③五种运输方式兼备型。有天津、大连、哈尔滨、青岛、重庆等 6 个枢纽。根据枢纽在运输干线网中的地位、运输组织上的分工及其所在城市的条件，枢纽可分为主干枢纽（15 个），重要枢纽（34 个）和次要枢纽（33 个）。各个邻近枢纽间存在着内在组合关系，依据其分工和运输联系主导方向，全部综合运输枢纽可划分为 12 个枢纽地域群体：

1. 华北运输枢纽群体：以北京、天津为主枢纽。
2. 东北南部枢纽群体：以大连、沈阳为主枢纽。
3. 东北北部枢纽群体：以哈尔滨为主枢纽。
4. 华东北部（鲁、苏北）枢纽群体：以青岛为主枢纽。
5. 华东中部（皖、江苏西部）枢纽群体：以南京为主枢纽。
6. 华东东部（沪、浙、江苏东南部）枢纽群体：以上海为主枢纽。
7. 华南东部（闽、赣）枢纽群体：以厦门为主枢纽。
8. 华南西部（粤、桂、湘南）枢纽群体：以广州、深圳及香港为主枢纽。
9. 华中南部（鄂、湘）枢纽群体：以武汉为主枢纽。
10. 华中北部（豫、陕）枢纽群体：以郑州为中心。
11. 西北（甘、青、宁、新）枢纽群体：以兰州为中心。
12. 西南（川、黔、滇、渝、藏）枢纽群体：以重庆、成都为中心。

思　考　题

1. 简述我国铁路交通设施概况。
2. 简述我国公路交通设施概况。
3. 简述我国民航交通设施概况。
4. 我国主要铁路干线有哪些？
5. 简述我国主要铁路枢纽的构成。
6. 简述我国铁路列车的编排规律。
7. 简述公路运输的特点。
8. 简述航空运输的特点。
9. 简述我国交通运输的七大纵向通道。
10. 简述我国交通运输的六大横向通道。
11. 简述我国综合运输枢纽的区域分布。

第六章　邮政行业发展的区域特征

第一节　我国邮政业的发展现状及趋势

一、通信能力和服务水平

(一) 机构设备

2016 年，全行业拥有各类营业网点 21.7 万处，其中设在农村的 7.7 万处。全国拥有邮政信筒信箱 12.8 万个，比上年末减少 0.2 万个。全国拥有邮政报刊亭总数 2.4 万处，比上年末减少 0.2 万处。

2016 年全行业拥有国内快递专用货机 86 架，比上年末增加 15 架。全行业拥有各类汽车 28.1 万辆，比上年末增长 15.3%，其中快递服务汽车 21.9 万辆，比上年末增长 15.1%。

快递服务企业 2016 年拥有计算机 45.8 万台，比上年末增长 11.7%；手持终端 94.3 万台，比上年末增长 23.1%。

(二) 邮政网路

2016 年全国邮政邮路总条数 2.6 万条，比上年末增加 1 040 条。邮路总长度(单程)658.5 万千米，比上年末增加 20.9 万千米。全国邮政农村投递路线 9 万条，比上年末减少 666 条；农村投递路线长度(单程)376.8 万千米，比上年末增加 1.2 万千米。全国邮政城市投递路线 6 万条，比上年末增加 0.4 万条；城市投递路线长度(单程)147.5 万千米，比上年末增加 10.4 万千米。全国快递服务网路条数 14.8 万条；快递服务网路长度(单程)2 333.8 万千米。

(三) 服务能力

2016 年全行业平均每一营业网点服务面积为 44.3 平方千米；平均每一营业网点服务人口为 0.6 万人。邮政城区每日平均投递 2 次，农村每周平均投递 5 次。全国年人均函件量为 2.6 件，每百人订有报刊量为 9.8 份，年人均快递使用量为 22.6 件。年人均用邮支出 389 元，年人均快递支出 287.4 元。

二、发展现状

(一) 基础产业作用显著增强

2015 年，邮政业业务收入累计完成 4 039 亿元，占国内生产总值比重达 0.6%，业务收入五年年均增长 26%。普遍服务、快递业务量分别达到 245 亿件、207 亿件。全行业从业人员突破180万人。行业年服务用户超过700亿人次，支撑网络零售交易规模突破3万亿元，带动农副产品进城和工业品下乡超过3 000亿元。邮政、快递企业国际服务能力持续提升，跨境寄递服务规模迅速扩大，促进了跨境电商发展和外贸方式转变。邮政业已成为产业间、区域间的纽带，在服务经济社会发展和民生改善中发挥了重要的基础作用。

（二）行业改革取得重大进展

国内包裹快递市场全面开放，推动内外资公平有序竞争。政企分开改革持续推进，三级邮政管理体系全面确立，县级邮政管理机构组建取得突破。政府职能加快转变，取消和下放一批邮政行政审批项目，持续优化审批流程，强化安全监管，实现执法重心下沉。邮政主业改革稳步推进，顺利完成法人体制调整，邮政企业运营规模进入世界500强。邮政市场体系不断完善。邮政普遍服务价格改革取得突破，邮政业"营改增"平稳实施。行业改革红利持续释放。

（三）产业政策环境不断优化。

邮政业发展重点内容纳入了国家规划纲要，确立了邮政业在国家规划体系中的地位。国务院出台了促进快递业发展的若干意见，为快递业转型升级、健康发展提供了强有力的政策保障。两次修改《中华人民共和国邮政法》，制修订9项部门规章，推动出台邮政地方性法规、地方政府规章38部，发布了《快递服务》等26项国家和行业标准，邮政业法规及标准体系更加健全。包括快递在内的邮政业纳入国家鼓励发展的产业目录。促进与关联产业协同、企业兼并重组、邮政创新发展、快递末端投递、快递车辆通行、寄递安全管理、行业职业教育等一系列重大产业政策相继出台，行业发展环境持续优化。

（四）普遍服务能力稳中有升

邮政普遍服务保障力度不断加大，设施建设成效显著。全国邮政普遍服务营业场所总数达到5.4万处，总体实现"乡乡设所、村村通邮"。西部和农村地区邮政局所标准化、信息化水平稳步提升。建制村直接通邮率提升至94%。邮政普遍服务功能不断完善，服务民生、服务"三农"领域不断拓展。邮政小包等业务快速发展，成为跨境电商寄递主渠道。邮件全程时限水平基本达标，投递频次和深度有所改善。邮政普遍服务满意度逐年提高。

（五）快递转型升级步伐加快

我国快递产业加快结构调整和转型升级，网络覆盖广度和深度大幅提升。2015年，快递服务营业网点达18.3万处，全国乡镇快递服务营业网点覆盖率提升至70%。建成了一批快件分拨中心和快递专业类物流园区。自动化分拣设备、智能手持终端、移动客户端、智能快件箱加快推广，快递自动化、信息化水平显著提升。高铁运快件模式取得突破，电商快递班列投入运营，国内快递专用货机达71架。企业拓展仓配一体化、代收货款、供应链管理等增值服务，跨境电商快递业务持续增长，产品体系不断丰富。时限准时率保持稳定，快递服务满意度稳步提升。

三、发展形势

（一）全球邮政业结构性变革深入推进，转型创新绿色发展成为新趋势

受需求转变影响，全球邮政函件业务萎缩态势难以逆转，而包裹业务增长强劲，邮政业务结构发生深刻变化，增长方式持续调整。传统邮政企业加速向多元化和市场化转型，不断提升邮政网络的开放性和包容度。邮政、快递企业竞争合作渐成趋势。发达国家快递企业整合快

递服务和供应链管理等各业务板块资源,充分发挥协同效应,打造一体化的综合服务能力。受电子商务拉动,新兴经济体国家和亚太地区邮政业需求将迅猛增长。受资源环境承载能力的刚性约束,邮政业绿色发展成为必然选择。

(二)供给侧结构性改革和经济转型升级,为邮政业发展创造新机遇

国家重点实施供给侧结构性改革,着力推动产业结构升级,扩大有效供给,满足有效需求。邮政业连接着生产端和消费端,迫切需要提升服务供给的质量和效率,更好地服务于降成本和补短板。产业结构的持续优化,经济增长动力加速转换,为邮政业有效延伸产业链,充分发挥便民利商的服务功能,开辟了广阔的发展空间。要素市场改革步伐加快,生产要素供给水平提升,有利于邮政业优化资源配置,提高全要素生产率。新型工业化、信息化、城镇化、农业现代化、绿色化协同推进,多元化、多层次、多领域的需求不断涌现,超大规模市场加速形成,行业发展内生动力不断增强。

(三)国家增加公共服务供给,为行业全面实现城乡普惠指明新方向

国家提出要促进基本公共服务均等化,满足多样化公共服务需求,创新提供方式,提高共建能力和共享水平。随着经济社会发展,邮政、快递服务的内涵不断丰富,服务需求泛在性、成长性愈发凸显,迫切需要加大投入、创新供给、拓展范围,提升对市场需求的适应性和灵活性。邮政普遍服务亟需通过提升服务质量和网络资源的利用水平,为承接社会新需求、提升流通效率、促进城乡协调发展创造条件。快递服务亟需强化农村和西部地区的网络基础,补齐短板,创新方式,提升能力,破解农村地区消费设施不足和销售渠道不畅的瓶颈,改善农村地区消费和流通环境。

(四)信息化变革重塑经济产业形态,为邮政业可持续发展注入新动力

科技与经济深度融合,信息化变革持续推进,“互联网+”战略深入实施,深度重塑三次产业形态,为邮政业发展提供了新的动力源。“中国制造 2025”战略加快实施,制造业向数字化、网络化、智能化方向发展,邮政业亟需提升与制造业协同发展水平,有效承接制造业服务外包,拓展服务内涵,增强发展新动能。移动互联网、物联网、大数据等信息技术加速普及,信息化日益成为邮政业改善用户体验、提升运行效率、打造核心竞争力的关键要素。电子商务将进一步拉动快递规模持续增长,快递增长的结构性风险也在增加。

(五)经济全球化和开放型经济体系完善,为邮政业走出去创造新契机

经济全球化深入发展,国内产品、资本在全球范围内流动的规模扩大、速度加快。“一带一路”和自贸区战略协同推进,为邮政、快递企业实施“跟随发展”战略,拓展网络和服务创造了有利条件。我国加速构建开放型经济新体制,放宽商贸物流等外资准入限制,对外商投资实行准入前国民待遇加负面清单管理,邮政、快递企业将面临竞争进一步加剧的挑战。跨境电子商务成为贸易新亮点,促使邮政、快递企业加快提升订单处理、跨境运输、海外仓储、境外配送能力,拓展海外市场。

(六)现代化综合交通运输体系基本形成,为交邮协同发展开辟新空间

我国加快建设现代综合交通运输体系,将助力邮政业拓展服务网络、提高服务效率。国际和区际综合运输大通道和综合交通节点建设,有利于邮政业优化干线运输网络布局,配套建设核心枢纽和城市配送节点。交通运输积极促进现代物流业发展,快件的航空运输规模持续增长,铁路运输渐成趋势,有利于改善邮件快件运输组织方式和扩大寄递物品的收寄范围。农村客运公交化为邮件快件扩大通达范围、实现高效运输提供了保障。运输装备标准化和专业化水平大幅提升，有利于邮政业利用多式联运、甩挂运输、集装箱等先进运输方式，提升运输效率和绿色化水平。城市交通拥堵压力在加大，解决邮政和快递车辆城市通行问题面临客观制约。

第二节　邮政业务与快递业务发展的区域差异

一、邮政业务发展的区域差异

（一）业务总量及构成的变化

从业务总量来看，2011—2015 年邮政业务总量分别是 1 607.70 亿元、2 036.84 亿元、2 725.08 亿元、3 696.08 亿元、5 078.70 亿元 ，从 2011 年到 2015 年各业务总量（图 6-1）中也可以明显地看出邮政业务总量逐渐呈上升趋势，2015 年同比增长 27.2%。发展速度较快。

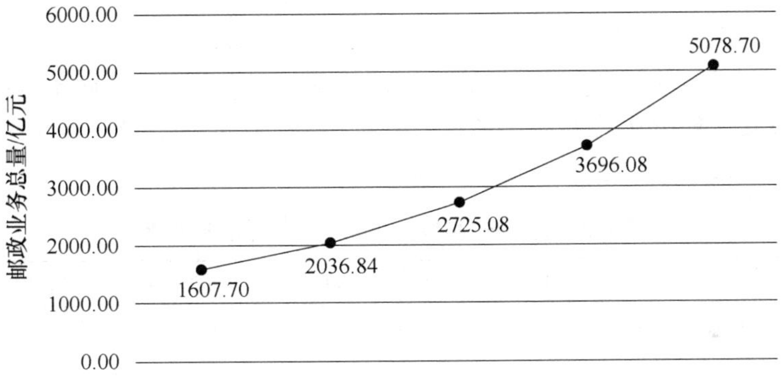

图 6-1　2011—2015 年邮政业务总量

从业务构成来看，在 2011—2015 年邮政各业务量情况（表 6-1）中可以得出，函件业务持续下滑，2015 年全年函件业务量为 45.8 亿件，同比下降 18.3%；包裹业务有所下降，全年包裹业务量为 4243.4 万件，同比下降 29.6%；报刊业务小幅下降，全年订销报纸业务为 188 亿份，同比下降 1.7%；全年订销杂志业务为 10 亿份，同比下降 7.1%；汇兑业务下降明显，全年汇兑业务为 8241.7 万笔，同比下降 34.2%。

表 6-1　2011—2015 年邮政各业务量情况

年份	函件/亿件	包裹/万件	报刊发行数/万份	订销报刊累计数/万份	订销杂志累计数/万份	汇兑/万笔	纪特邮票/万枚	快递/万件	快递业务收入/万元
2011 年	73.8	6 883	15 007.7	1 817 050.7	107 701.6	26 474.3	102 857.5	367 311.1	7 579 878.2
2012 年	70.7	6 875.5	15 401.6	1 892 652.5	112 009.7	22 913.4	118 276	568 548	10 553 324.2
2013 年	63.4	6 924.9	15 140.9	1 942 934.7	113 720	18 520.6	118 335.3	91 674.9	14 416 815.3
2014 年	56.1	6 024.2	14 936.8	1 912 277.3	107 618.1	12 527.4	138 990.4	1 395 925.3	20 453 586.2
2015 年	45.8	4 243.4	15 539.5	1 880 361.3	99 977.1	8 241.7	157 000.8	2 066 636.8	27 696 455.9

之所以出现上述现象，一方面是随着社会的发展，很多方式可以取代信函寄递、报刊预订等邮政普遍服务业务，所以人们越来越少地使用邮政的这些业务。另一方面，邮政提供的服务水平不再能满足人们的需求了。以信件和包裹业务为例，邮政普遍服务的这些业务的配送时效很长。尽管自2016年3月1日起，新修订的《邮政普遍服务》标准有所提升——省际地级以上城市间、省际其他地区之间的信件送达时间由原来的9天和15天，缩短到了7天和8天；普通包裹送达时间则由15天和20天，缩短到了8天和9天。但邮政的这个时效依然远远落后于其他民营快递企业。

(二) 邮政业务发展的差异

1. 各省份邮政业务的发展速度

从2011年到2015年的增长速度来看(表6-2)，除了个别年份、个别省份外，邮政业务量的增长速度均大于10%，超过了国内生产总值的增长速度，增幅较快。但是，年份间差异较大，特别是2014年大多数地方都处于增长最高峰，无论是东部、中部还是西部地区，趋势变化都比较明显。相对来说，北京、天津、河北等省市发展速度在25%左右，江苏、浙江、安徽等东部地区发展速度均在35%左右，而广西、贵州、内蒙古在内的西部地区发展速度均在15%。从这些数据中明显可以看出东部地区的一些城市发展迅速。像浙江、江苏这些省份，从地理位置上看，临近水源，水系发达，并且环境优美，旅游产业旺盛，可以吸引大量游客，增加经济值。从政府政策来看，大力支持旅游业的发展，而“一带一路”项目也带动了当地经济的发展，从不同程度上看，这些都是邮政业务量逐渐增长的因素。

表6-2 各省份2011年到2015年的增长速度 (%)

省份	2011年	2012年	2013年	2014年	2015年	省份	2011年	2012年	2013年	2014年	2015年
北京	9.35	14.54	24.65	27.21	18.94	湖北	22.55	41.10	33.05	39.28	34.00
天津	11.18	14.23	23.14	66.44	28.75	湖南	23.36	23.78	34.74	28.25	27.53
河北	23.43	29.32	26.45	34.92	28.53	广东	45.91	49.81	45.24	42.91	45.97
山西	15.82	12.02	7.18	17.97	13.25	广西	10.33	22.49	22.52	20.45	18.95
内蒙古	9.44	18.06	11.13	19.31	14.49	海南	8.81	14.01	20.41	18.07	15.32
辽宁	12.22	16.93	18.62	26.19	18.49	重庆	20.73	25.06	20.19	29.75	23.93
吉林	21.41	15.93	18.65	17.84	18.46	四川	27.99	15.09	40.91	18.05	25.51
黑龙江	7.67	20.81	13.71	17.06	14.81	贵州	19.77	26.27	22.57	21.69	22.58
上海	28.84	35.54	20.05	24.22	27.17	云南	11.83	28.11	19.55	26.30	21.44
江苏	33.52	31.03	33.17	43.74	35.36	西藏	12.12	12.97	14.83	7.92	11.96
浙江	42.62	52.39	64.28	50.54	52.46	陕西	8.48	18.12	24.10	33.83	21.13
安徽	24.48	25.44	40.49	43.73	33.54	甘肃	-11.39	15.18	18.72	20.80	10.83
福建	32.68	45.00	42.57	33.54	38.45	青海	7.50	13.95	20.41	5.37	11.81
江西	12.36	29.39	25.62	35.52	25.72	宁夏	27.45	3.52	128.03	13.50	43.12
山东	15.63	24.82	24.16	40.96	26.39	新疆	15.85	12.19	7.72	9.99	11.44
河南	10.13	33.69	26.04	40.54	27.60						

从多年平均增长速度看，邮政业务量发展的平均速度浙江、广东、宁夏分别是52.46%、45.97%、43.12%，位于全国的邮政业务发展的前三名，而青海、新疆、甘肃则是11.81%、

11.44％、10.83％，是邮政业务发展平均速度最后三名，浙江发展平均速度是甘肃发展平均速度的 4.5 倍，省份间地域差异明显，且差异较大。从各省份间邮政发展速度的对比中可以发现，浙江、广东分别属于东部地区，而青海、新疆、甘肃属于西部落后地区，其经济水平和消费情况都有很大的地域性差异。但是，宁夏按地理位置来分析的话属于西北地区，但经调查发现，宁夏地区的区位优势较明显，交通便捷，发展邮政的概率和地域特点都比较突出。

2. 邮政发展的空间特征

以 2015 年为例，从 2015 年邮政业务地区差异(图 6-2)中明显可以看出广东、浙江、江苏在 2015 年排全国前三，其业务量分别是 1228.75 亿元、811.01 亿元、516.02 亿元，宁夏、青海、西藏在全国排名最后三位，其邮政业务量分别是 12.19 亿元、3.73 亿元、2.59 亿元，广东是西藏的 474 倍，省份差异明显。东部地区发展最为快速，其次是中部地区，最后是西部地区。东部除个别省份外，邮政业务量都较高，而西部各省邮政业务量普遍较低，这与中国经济的东、中、西部的经济发展状况相吻合。宁夏、青海、西藏等西部地区的业务量基本保持不变，但基本都处于最低水平。东部地区如浙江、江苏有明显的增长，说明虽然各省的业务量都有了大幅度的提升，但邮政业务量各省之间的相对差异仍然呈相对扩大的趋势，尤其是东部省份和中西部省份之间的相对差异更大。广东属于东部沿海地区，经济较发达，对外沟通也比较频繁，所以经济发展速度较快；而西部地区地理位置相对较差，人口众多，再加上国家之前没有想到西部大开发，人们接受的教育水平有限，接触到的观念比较少，水平比较低，所以经济上一直以来都落后于东部地区。广东现在拥有现代化的广州邮件处理中心、广州航空邮件处理中心和深圳邮件处理及物流配送中心，目前电子商务业务发展迅猛，速递板块占比非常重，带来了不少的经济利益。但像西藏这样的西部地区，从地理位置上就不占优势，尽管我国国家政策进行了大力的扶持，西藏的邮政发展慢慢地发生转变，但因为人口较少，所以一定情况下不会出现大幅度的变化。

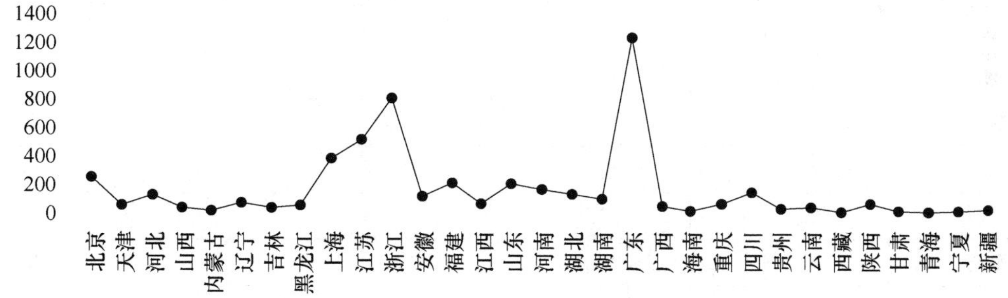

图 6-2　2015 年邮政业务地区差异(单位：亿元)

二、快递业务的区域差异

(一) 增长速度的区域差异

从表 6-3 可以看出，2011—2015 年各省际快递业务量的增长速度整体来说都较为平稳，但 2012 中国 31 个省市的快递量增长速度异常突出，其中天津、山西、海南、宁夏等四个省份的增长速度上下幅度较大。以天津市为例，天津市的快递量增长速度在 2011—2013 年间都在匀速上升(分别为 24.04％、37.00％、42.27％)，到了 2014 年突然增长速度上升到 106.58％，2015 年又降到 52.47％。天津市 2014 年快递量增长速度突增的原因为 2014 年京津冀协同发展的全面启动，经济发展带动了快递量的发展。分析 2012 年中国的快递量增长速度异常突出的原因,发现2012年快递与电商互相渗透,电商市场爆发式增长,主要快递企业也纷纷加码电商领域,这就使得2012年中国快递量的增长速度暴增。行业竞争呈现多元化。以京东为例,2012年6月获得快递业务许可证,2012年11月京东快递向平台卖家开放。

表6-3 2011—2015年各省际快递业务量增长速度 (%)

省际	2011年	2012年	2013年	2014年	2015年
北京	42.81	70.19	35.68	27.42	44.02
天津	24.04	37.00	42.27	106.58	52.47
河北	43.98	66.46	63.90	61.41	58.94
山西	33.68	216.15	2.95	25.70	69.62
内蒙古	22.31	16.35	53.70	23.98	29.09
辽宁	24.89	47.10	45.97	48.14	41.52
吉林	45.60	17.44	46.69	35.79	36.38
黑龙江	18.18	48.86	30.05	80.15	44.31
上海	46.41	58.60	35.10	33.04	43.29
江苏	65.86	54.09	50.83	54.31	56.27
浙江	65.09	73.14	73.12	55.91	66.82
安徽	46.81	41.35	73.45	67.38	57.25
福建	62.35	74.01	46.89	35.72	54.74
江西	47.27	78.19	64.01	46.76	59.06
山东	34.13	26.86	42.42	64.32	41.93
河南	49.24	55.51	51.64	74.50	57.72
湖北	40.42	89.09	50.72	53.41	58.41
湖南	58.02	54.12	47.06	39.93	49.78
广东	76.74	57.49	59.28	49.40	60.73
广西	25.73	53.47	34.25	38.49	37.99
海南	17.84	98.19	0.97	31.33	37.08
重庆	35.14	93.07	30.82	47.81	51.71
四川	25.43	90.42	55.49	28.61	49.99
贵州	17.41	62.76	59.29	50.66	47.53
云南	24.10	82.03	24.39	29.99	40.13
西藏	12.59	18.35	27.83	19.40	19.54
陕西	29.01	87.85	44.08	47.87	52.20
甘肃	29.52	21.65	48.48	33.36	33.25
青海	17.27	45.62	38.89	23.59	31.34
宁夏	337.11	−67.22	55.62	47.41	93.23
新疆	25.34	111.64	16.66	18.69	43.08

从平均发展速度看,快递业务量发展的平均速度最高为宁夏(93.23%),其次是山西(69.62%)、浙江(66.82%)、广东(60.73%),平均速度最后三名为青海(31.34%)、内蒙古自治区(29.09%)和西藏自治区(19.54%)。其中宁夏的平均增长速度是西藏自治区的5倍多,也就是说平均速度最高的省份比之平均增长速度最低的省份高5倍,这体现出了省份间的区域差异。造成这种差异的一部分原因是各省际间经济发展水平参差不齐:浙江和广东位于中国的东部地区,是中国经济发达的地区 ,所以广东、浙江快递业务量在前四名;山西快递业务量的增长速度排第二,山西有"浅内陆、近沿海"区位优势,部分工业发展在全国居于领先地位,有得天独厚的煤炭资源,山西是国家工业化以及煤炭工业建设的重点地区,周边省份经济发展较快,极大地促进了山西的快递业务的发展;宁夏是快递业务量增长速度最高的省份,快递业务量发展的平均速度居于首位,这是因为宁夏的经济发展水平较低,但西部大开发极大地拉动了宁夏的经济发展,经济发展带动快递业务量的发展。快递业务量发展的平均速度最低的三个省份为青海、内蒙古和西藏,这三个省份都属于西部地区的省份,而西部经济发展水平较为落后,人们对快递的需求量并不高。

(二) 业务发展的区域差异

从统计数据分析,东、中、西部地区各项快递业务均保持了较快的增长势头,其中中部地区快递业务量收占比稳步提升。全年东部地区完成快递业务量169.6亿件,同比增长48.1%;实现业务收入2 270.9亿元,同比增长34%。中部地区完成快递业务量23.1亿件,同比增长56.1%;实现业务收入283.9亿元,同比增长48.2%。西部地区完成快递业务量14亿件,同比增长35.9%;实现业务收入214.8亿元,同比增长34.7%。东、中、西部地区快递业务量比重分别为82%、11.2%和6.8%,快递业务收入比重分别为81.9%、10.3%和7.8%。民营快递企业持续快速发展,市场份额进一步提高。全年国有快递企业业务量完成20.4亿件,实现业务收入303.3亿元;民营快递企业业务量完成184.8亿件,实现业务收入2 246亿元;外资快递企业业务量完成1.5亿件,实现业务收入220.3亿元。国有、民营、外资快递企业业务量市场份额分别为9.9%、89.4%和0.7%,业务收入市场份额分别为11%、81.1%和7.9%。快递业务量收入排名前五位的省份在全国占比基本相当,但比上年略有下降。快递业务量排名前五位的省份依次是广东、浙江、江苏、上海和北京,其快递业务量合计占全部快递业务量的比重达到69%。快递业务收入排名前五位的省份依次是广东、上海、浙江、江苏和北京,其快递业务收入合计占全部快递业务收入的比重达到69.6%。

我国快递业务的发展规模存在着明显的区域差异,我国东部地区快递业务的发展规模大,中部、西部、东北地区快递业务的发展规模相对较小,全国快递量高度集中在东部地区,中部、西部与东北地区土地面积占全国陆地面积总量的90.4%,人口总数占全国的61.9%,但快递量仅占全国总量的21.7%。由此可见,我国快递业务不仅在发展规模方面存在明显的区域差异,而且在快递量的地理密度方面差异明显。

三、邮政业省际差异的规律和特点

(一) 邮政经济的地域差异与经济的地域差异呈对应状态

一般来说,经济发达的地区商品化程度高,市场发达,需要大量的信息来维持。而邮政的通信业务量一般较大,在客观程度上要求拥有较完善的邮政系统、邮政设备和网络。我国省份间邮政业务量和收入有巨大的差异,这些都与经济水平的差异性相对应。近年来,随着我国东部地区开放性和市场经济的不断发展,省际和省内联系日益增强,使邮政经济规模不断扩大:即便是在农村,邮政通信也已经成为信息、货币和商品流通的重要渠道。比如说在经济新常态下,新业态发展日趋成为全球经济的新话题。在广东,电子商务与传统产业相结合,催生出以跨境电商、农村电商等为主题的经济新业态,并渐成燎原之势。2015 年,全省电子商务交易额约 3.36 万亿元,其中网络零售交易额 7 668.6 亿元,增长 39.5%,相当于全省社会消费品零售总额的 24.5%。无论是电商交易总额还是网络零售额,广东都稳居全国首位。2015 年"双 11",广东电子商务消费再居榜首,在阿里巴巴平台 912 亿元销售记录中,广东贡献了近百亿。这些数字说明,电子商务已成为广东邮政业务经济发展的新亮点。

(二) 邮政通信业务量受人口的消费量影响显著

在一定的经济水平的基础上,人多就意味着用邮量大:人口数量一定时,人口的文化素质上升为主导因素,而人口的消费水平也对用邮量具有一定的影响。当人口文化水平高、消费能力强时,则用邮量大:城市地区较农村地区人口用邮量明显偏高。在用邮量基本同步于经济发展的普遍规律下,人口与消费情况和邮政经济也存在着一些特殊关系,人口的流动往往引起传递载体走向的变化,导致用邮量增大。如福建省用邮量高,原因是外迁人口多,对外联系频繁。但宁夏、青海、西藏从绝对数量上远远低于东部地区的平均水平。

四、影响省际邮政业务差异的主要因素

(一) 经济条件对省际邮政差异的影响

邮政作为一项基础产业,其发展水平受到经济因素的影响。而邮政通信又是为一个国家的政治、经济和文化服务的。一方面,邮政的发展离不开邮政通信,经济越发达,对邮政通信的需求就越强烈,相对应的对邮政提出的要求也就越高。在经济发达的地区,社会人均用邮量大,邮政收入也高,邮政局所规模大,设置标准高,提供的服务种类也更加齐全,邮政通信具有更加广阔的市场。另一方面,经济的发达程度对邮政的通信质量和基础设施的建造也有直接的影响。经济发达的地区可以为邮政提供雄厚的资金,改善邮政通信的基础设施:经济发达地区的邮政通信设备比较先进,拥有较为完善的交通运输系统和组织管理系统,邮政通信质量也比较高。对邮政的建设和服务质量的提升提供了强有力的保证。

综上所述,经济发达程度和经济行为单位的空间分布对邮政局所的设置和邮政通信质量都有直接或间接的影响。

(二) 人口对省际邮政差异的影响

人口是邮政发展的基本条件。虽然邮政收入的规模并不完全取决于人口的多少,它同商品经济的发展、交通状况、生活水平、城镇化程度等其他因素的关系也很大。但人口的数量对于邮政收入的规模来讲毕竟是一个最基本的因素。特别是解决温饱问题之后,其影响更加显著。人口是用邮的主体,也是邮政发展的基本条件,人口的数量、质量、人口密度对邮政业务量有重要的影响。在用邮水平一定的情况下,人口数量和用邮量是成正比的。特别是随着人们的收入的增加,其影响因素更加显著。在一定的经济水平基础上,人多就意味着用邮量大,人口数量一定时,人口的文化素质则上升为主导因子,人口文化水平高用邮量则大,城市地区较农村地区人口用邮量明显扩大。在用邮量基本同步于经济发展的普遍规律下,人口与邮政经济也存在一些特殊关系。人口的流动往往引起传递载体走向的变化,导致用邮量增大。如福建省用邮量高,究其原因是外迁人口多,对外联系频繁,用邮的总量相对较高。因此,人口分布

的空间差异性是造成我国邮政发展空间差异的重要原因之一。

（三）产业结构对省际邮政差异的影响

产业结构在整个经济中居于主导地位，其变动情况对经济增长和各产业的发展状况有着决定性的影响。我国邮政与三次产业都有密切的联系，尤其是与第二、三产业。这是邮政发展的决定性因素。通过分析2001—2005年我国统计年鉴的有关数据，在三次产业中我国西部第一产业的比重高于东部地区，而第二产业和第三产业的比重与东部地区有比较大的差距。邮政作为第三产业的组成部分，它的发展需要其他产业的支持。广东、上海、北京、浙江、江苏、山东等东部沿海地区第二、三产业发达，促进了当地邮政的发展，而中西部由于不利的区位条件和薄弱的经济基础，第二、三产业不发达，邮政由于受到经济基础和产业规模的限制而不发达，邮政发展源于自发状态较大，从而与东部地区的差距逐渐拉大。因此我国区域产业发展的空间差异也是影响省际间邮政发展空间差异的重要因素。

（四）城市化对省际邮政差异的影响

城市化水平的省际差异是自然、政治、经济等因素在漫长的历史过程中综合作用的结果。在某种程度上经济和社会发展程度反映了这些因素的综合作用。它分别与一个省区的综合经济实力、区域非农化程度、市场发育水平、经济外向型程度、区域现代化水平等众多因素有关。随着社会经济的进步，城镇提供了较多的就业机会和优越的生活条件，大量人口涌向城镇，城镇人口增多，所占比重逐渐升高。城镇广布学校、医院、企业、行政单位等，经济发达，构成了用邮的主体。随着城市人口的不断增加，用邮人口数量上升，邮政收入增加。伴随着工业化进程的加快，城镇化进入了发展的快车道，对邮政的要求也越来越高。人们生活水平提高的同时也要求现代科技的快速和便捷，而城镇化的加速发展也必然会推动经济的进步，这时邮政就会提供更高效便捷的服务。

（五）信息化对省际邮政差异的影响

从信息应用的角度来说，信息技术是指应用信息科学的原理和方法研究信息产生、传递、处理的技术，具体包括信息的产生、提取、控制、加工和利用等技术。在此形势下，邮政企业迫切需要寻找新的途径和手段，尽可能缩短与最终消费者的空间距离，以便充分把握消费者的客观需求，并据此迅速调整企业行为，从而最大限度地满足消费者的需求，在激烈的市场竞争中谋取有利的地位。邮政和其他行业一样，要想求得生存与发展，首先需要的是创新精神。而对企业来说，创新精神是新时代企业的生命，是企业求生存图发展的必然选择。而企业创新要以信息化为基础，利用信息化的功能与手段，获取市场信息与竞争情报。在充分掌握市场信息的情况下，结合企业自身的特点与资源优势，对相关信息与情报进行分析研究和市场考证，产生创新思维并做出创新决策，规划创新目标与方向，确定创新的产品与技术，配置相应的人力、财力、物力和组织管理机制，集中力量对创新项目与技术进行研究开发，并使产品生产规模化和商品化，把邮政产品推向市场。

思　考　题

1. 简述我国邮政业发展现状。
2. 简述我国邮政普遍服务发展情况。

3. 简述我国邮政业通信能力和服务水平。
4. 简述我国邮政业省际差异的规律和特点。
5. 简述影响省际邮政业务差异的主要因素。
6. 简述我国邮政业发展面临的形势。

第七章　邮政服务网点布局

第一节　产业布局的理论与方法

一、产业布局指向

(一) 产业布局指向的内涵

产业布局指向给出了一个产业区位选择的去向,地区对产业的吸引,是将产业吸引到一个具体的地点,有些地区发展生产的条件比较优越,资源集中,环境容量大,供电、供水及交通等基础设施条件均好,这样的地区可能对多种产业的布局来讲,都是合适的地点。特别是这个地点如果能够集市场与原、燃料地于一身,那么各类指向型企业都可能向此地集中。例如,一个大城市,本身就是一个巨大的市场,如果在它的周围有矿产和能源富集,又拥有发达的交通网络和大型的港口,那么它无疑将成为很多企业布局的理想之地。

但是,更多的情况是,一个地区的布局条件具有某些有利的方面,也存在一些不利的或限制性的因素。但只要不是不可克服的因素,我们往往倾向利用一个地区布局的最有利条件,这样可以使在此布局的企业,获得生产成本上的节约超过克服不利条件带来的成本增加。

如果在某些地区,限制性条件可能成为主要的制约因素,企业布局就要考虑其他的途径了。

(二) 产业布局指向的类型

产业布局指向通常有以下几种类型。

1. 燃料、动力指向

这类部门包括:火电站、有色金属冶炼,石油化工等。另外,重型机械制造、水泥、玻璃、造纸业等在有些情况下也属于燃料、动力指向型产业。在这类部门中,燃料、动力的耗费在生产成本中占有很高的比重,一般在35%～60%。能源的供应量、价格和潜在的保证程度是决定布局的重要因素。

2. 原料地指向

这类部门包括:采掘业工业部门,原料用量大或可运性小的部门。原料地指向型产业大多是物耗高的产业部门,一般要考虑资源的数量、质量和开采的年限,还要考虑运输的能力等。

3. 消费地指向

主要包括为当地消费服务的部门,以及产品易腐变质、不耐用、不易储存的部门。布局的要点是考虑产品本身的特性、产品就近销售的比重,以及消费地所能够提供的产业间的协作规模。

4. 劳动力指向

在这一类部门中,劳动力费用的支出在产品成本构成中占有很大的比重,超过其他费用项目的支出。劳动密集型产业的布局,往往考虑地区劳动力的供应情况。

5. 交通运输枢纽指向

由于交通运输枢纽兼有原、燃料地和消费地指向的优点,因此,对布局条件要求不甚严格的那些部门,其布局指向将移向交通运输枢纽。另外,产品耐运性较强、运费在产品成本中所占比重很高的部门,也属于此列。

6. 无固定指向

主要是那些布局指向不很明显的部门。其特点是各个地区基本上都具备发展的条件,原料、燃料与制成品的运费大体相当,布局在任何一个地区,其经济效益和社会效益也基本相似的部门。

7. 高科技指向

高科技指向产业要求运用最先进的科技成果、研发能力强、设备先进、劳动力素质高,多布局在科研单位和大学聚集区附近。

(三) 产业布局指向的新变化

产业区位选择是从微观角度考虑布局问题,是从一个行业的角度来考虑布局问题。产业布局指向的变化与企业区位选择的变化是相互关联的。

1. 企业的规模技术特征

企业规模之所以对产业布局的指向性产生影响,是因为不同规模的企业一般来说采用的生产技术、组织管理都改变了企业布局的指向性。

2. 企业所有权状况

企业的所有权状况也会影响企业布局的指向性。企业为了达到扩大生产、增加利润的目的,会充分发挥其所有权优势,并不断寻求发挥这种优势的外部环境条件。迫使企业指向具有这些条件的地方。

3. 科学技术发展

科学技术决定了企业的技术特征和规模特征,同时,科学技术进步,使这些特性处于不断变化的过程之中。由于科技因素在产品形成中的作用日益明显,企业的布局指向也就随着科技的进步而不断改变。

4. 市场竞争的变化

市场竞争对企业影响很复杂。在产品无差异的情况下,竞争将使布局在空间上趋向分散;在产品有差异的情况下,竞争将使布局在空间上趋于集中,以便有效地利用资源和市场条件。

传统的产业布局主要是对物质产品生产的布局,而现代的产业布局则增加了对知识产品生产的布局。因此其布局指向发生了很大变化。主要表现在无指向性产业增多和集聚型布局指向的出现。

二、产业布局的区位选择

(一) 产业布局的区位理论

区位理论主要研究产业的区位选择问题。区位选择要考虑的主要因素成为区位因素。所谓区位因素也就是在特定的地点或在某几个同类地点进行经济活动比在其他地区进行同种活动可能获得更大利益的各种影响因素的集合。在因素分析的基础之上，区位理论对于区位选择提出了三个标准：成本最低的选择、市场份额最大的选择和获得聚集效益的选择。

1. 成本最低

区位选择要达到成本最低，首先要考虑的是寻求运费的最低点。在一个市场和多个原料、燃料来源地的情况下，运费的最低点可以从区位三角形和区位多边形当中去寻找。其次是寻求劳动费的最低点，因为劳动费对某些产品的生产成本的影响，超过了运费的影响。因此，当劳动费的影响增大时，企业可能会离开运费的最低点，转向去寻求劳动费的最低点。

2. 市场份额最大

把占有市场作为生产的主要目的，区位选择为占有市场服务，是实现生产的利润最大原则。廖什认为，影响企业区位选择的因素除了原材料运输费用因素之外，市场因素、竞争因素、历史因素和政府作用等都十分重要。每一个企业都有自己产品的销售范围，生产者之间存在着竞争，竞争的结果是在企业之间划分市场范围。

3. 聚集效益

聚集是成本和市场两个要素的综合反映。韦伯对聚集和分散因素的定义为："聚集因素是由于把生产按某种规模集中到同一地点进行，因而给生产销售方面带来的利益或造成的节约，分散因素则是因为把生产分散(分布到多个点上)进行而带来的利益或造成的节约。"在特定时期，聚集可以共同享受基础设施建设和公共设施，共享通信信息，共享能源交通，共享辅助企业，共同开发市场，共享优越的生产要素，集中管理，分工协作，带来生产上的便利，直接促成利润增加。导致企业巨大的外部收益，产生聚集效应，所谓聚集效应是指由于某些产业部门，某些企业向某个特定地域集中产生的使生产成本降低的效果，主要是通过企业间的分工协作，扩大生产规模等方法来实现，表现为联合化和协作化，在有些情况下，聚集所带来的效益要大于由于偏离运费最低点和劳动费最低点所增加的运费和劳动费。

美国经济学家克鲁格曼认为，生产者聚集在一个特定区位有许多优势，这些优势反过来又可以解释某种聚集现象。外部经济产生的纯粹的溢出效应，使一个巨大的本地市场能够支持达到有效规模的中间投入的发展，形成劳动市场的优势，产生规模报酬的递增。

实际上，现代的区位选择，是将上述三个方面结合起来，从区域的总体发展的角度去衡量区位选择，即把区域发展的经济目标，社会目标和生态目标的实现，作为产业选择的最后目标，上述三个标准成为实现目标的途径。

(二) 区位选择的基本要素

产业区位选择包括企业选项和选址两个相互联系的活动。企业发展成功与否，区位选择是十分重要的，所以，区位选择是区域经济发展的出发点。

在计划经济时代，我国的投资主体是政府部门，在政府或部门规划的角度，按照指令性计划确定企业的区位，进行产址选择。改革开放后，我国进入社会主义市场经济时代，投资主体多元化，最重要的是企业变成独立的法人，每个企业必须考虑自己的经济效益。因此，区位选择成为企业要考虑的重要问题，也是区域产业发展必须考虑的重要问题。

目前，影响区位选择的因素呈现多样化和复杂化的趋势。

1. 自然因素对区位选择的影响

(1) 自然环境

包括自然条件在内的自然环境，对三次产业的布局都有很大影响。

① 对农业布局的影响。自然条件直接影响农业的区位选择,在各种自然条件中,降水、气温、日照等要素,往往能够决定某种农产品的布局区域。例如,棉花生产对日照的要求很高,日照时数低的地区就无法种植;茶叶对积温的要求很高,积温达不到的地方基本无法种植,热带作物、亚热带作物和温带作物在生产地域上的区别,反映出自然条件是寻找适宜种植地域的最主要标志。在农业区划中进行农作物适宜区选择时,依据的主要也就是这几种自然条件的情况。

② 对工业布局的影响。自然条件对工业布局的影响,主要表现在工业企业对用水、用地及一些特殊环境的要求上。地质、地貌条件、气候的干湿度情况,以及光照、风向等,都能够决定某些工业部门能否在一些特定的地域布局。

③ 对城市建设和第三产业的影响。随着科学技术的进步和可持续发展战略的实施,人类对城市建设的环境要求越来越高。除了满足城市建设中的用地用水等必备条件外,优雅的环境、清澈的河流、美丽的山峦,都成为城市建设必不可少的条件。而第三产业的发展,也依城市的这些变化,形成不同的特色,自然条件是其发展的主要影响因素。

在现代经济条件下,企业区位选择开始摆脱资源的制约,使其自由度增大,主要体现在以下两个方面。

① 技术进步改变了自然资源的经济意义,改善了各类矿产资源的平衡状况和地理分布,距离因素对产业区位选择的影响减弱,运输的制约性在降低,因而扩展了产业布局的地域范围,使产业布局的自由度加大。

② 在工业社会,处于资源经济时代,资源的有效供给决定着企业的命脉而知识经济时代,自然资源不再是产业发展的唯一需要,产业发展更多地需要智力资源和社会资源(包括资金、制度、劳动力、文化、管理等)。因此,在有限的自然资源衰竭和减少的同时,智力资源和社会资源更加丰富,企业区位选择的自由度更大。

2. 社会经济因素对产业区位选择的影响

社会经济因素由于其种类多、情况复杂、本身具有很大的不确定性,对产业区位选择的影响具有灵活、富于变化的特点。在现实中由于地方利益的驱动,除了大型企业在选点时进行多方案比较外,一般性的企业则大多按地区经济发展的要求进行布局。

(1) 人口和劳动力

由于区域产业布局不仅涉及一个部门或一个企业,而是涉及一组企业或几个部门,这些部门或企业对劳动力的要求也不尽相同,对劳动力的数量、质量和价格等方面都提出不同的要求。

(2) 资金因素是现代经济发展的决定性因素之一。经济增长是资金投入函数,对于一个地区来说,其资金来源可能是有多方面的,归结起来,可分为内部积累资金和外部投入资金。

(3) 市场

市场因素对产业区位选择的影响,是产业部门最终确定布局地点的重要依据。市场的需求量和产品的市场价格,决定了市场容量的大小。任何市场的任何产品,都有一个“门槛”需求量,低于这个值,就无法进行规划生产。而需求量的变化,对生产企业产品的数量和品种都会产生新的需求。市场需求量和市场价格,是工业区位选择的宏观前提。市场因素的集中表现是消费区成为产业区位选择的首选地。

第一,由于距离因素对于区位选择的影响减弱,运输的制约性在降低,那么市场就成为对农业和工业指向性最大的因素。第二,市场因素是对第三产业影响最大的因素,目前第三产业越来越发达,发达国家的第三产业产值高达GDP的70%。第三产业也是目前发展最快的产业。第三产业是消费区产业,它的发展是由人口数量和人均收入水平来决定的,它的大部分行业对区位没有任何特殊要求,同时它对环境的污染小,地区容量大,布局的自由度大,因此,第三产业布局是随着市场的扩大而增加的。消费区第三产业的布局,可以依照"中心地理论"的原则来进行。中心地理论的基本内容是:任何企业的任何一种产品或服务,都有一个最大的销售范围,占有一定范围的市场区,只有在这个范围内才可能达到最大的销售额,也就是每一个产品或服务有自己的界限值。各种商品可以按其限界值划分成不同的等级,形成大小不同的层层六边形,在市场区起着商品集散作用的地方就是中心地。因此在考虑布局第三产业具体部门时,如果该中心地的辐射范围内已经有了该种部门时,就不宜再布局同样的部门。

(4) 运输

在农业区位理论和工业区位理论中,距离因素是产业区位选择的最大因素,传统工业运量大,单位重量的价值低,降低运费是降低产品成本的关键,因此距离因素是最主要的区位因素。但是,在知识经济时代,距离因素的作用将减弱,体现在距离的量变和质变两方面。量变方面:由于交通设施的改进,高速公路、高速铁路、国际机场的建设,使运输时间缩短,地球"变小";由于先进技术的应用,可以使原材料提炼得更精致,需要运输的原材料体积和重量变小。运输方式的改进和运输对象体积和重量的减少,减少了运输费用,削弱了距离对企业区位的制约。质变方面:知识经济的基础是无形的智力资源,网络技术的广泛应用,改变了人们的生存空间,网络"无处不在,无时不有",是一个没有地域边界的王国,网络化生存没有距离可言。知识经济时代企业区位选择对距离因素的考虑将会少于工业经济时代。但是,目前运费在产品成本中的作用依然是很重要的。运输线路的构成、走向和站场的位置仍然影响厂址的选择。运输货物的特性,毫无疑问会影响运费的构成。除此之外,我们至少还应强调两点:由于科学技术的突飞猛进,运输手段的日益现代化,运送货物的速度加快,相对成本降低。站场和港口附近对企业区位选择的吸引力加大,说明运输因素本身仍然是吸引企业布局的一个重要因素。

3. 科技因素对产生区位选择的影响

科技对产业区位选择的影响是通过技术进步来体现的。包括:①技术的进步改变了自然资源的经济意义,扩展了产业布局的地域范围,改善了各类矿物资源的平衡状况及其他地理分布,从而改变了产业布局的自由度。②技术进步改善了产业本身的分布状况,由于生产工艺、运输技术、输电技术等的进步,降低了生产成本,扩展了时空范围,从而改变了产业分布的面貌。③技术进步改变了产业内部结构,新的工业部门不断涌现,老的工业部门在新技术武装下被赋予了新内涵,它们所消耗的能源,原材料也发生了很大变化,因此,在产业区位选择上也出现了有别于以前的状况。传统农业和工业以开发利用实物资源和人的体力为主,其区位因素主要是原料、燃料、运费、劳动力、市场、资金等。在当今时代,以高新技术产业为主导产业,主要生产知识产品,以开发利用智能资源和信息资源为主,是知识产品生产和脑力劳动在整个社会生产系统中居于主导地位的时代,无疑,传统的区位因素将发生变化,企业区位选择也会随之发生变化。

三、影响区位选择的主要机制

如果说影响产业区位选择的因素是产业布局的外生变量,那机制则是内生变量。从经济运行的角度来考察布局的机制,可以揭示产业布局变化规律。

1. 目标驱动机制

产业区位选择机制所含内容,包括其对产业布局活动的约束作用和推动作用两个方面。从其约束作用来看,关键是对布局目标的约束。例如,由于我国的改革开放给社会带来了巨大的变化,目前的投资主体也发生了很大变化,国家、地方政府、企业(含外资)之间的投资份额中,企业的比重越来越大。因此,从布局目标来看,政府对国家经济增长选择和区域平衡发展的追求与企业对最大利润的追求目标之间的冲突,制约着产业选择的合理化。两者之间的矛盾更多地反映在资源的配置上。是从国家的角度出发在全国范围内统一配置,还是从企业或产业的角度出发,根据市场变动来进行配置;而从企业来看,则要求相对非均衡的配置。解决这两者之间的矛盾,关键就在于统一目标。从国家发展和经济增长的大目标出发,兼顾区域和企业的利益,制定一系列完整的目标体系,分层次来实现各类目标任务,这就是产业区位选择的目标机制。

2. 利益驱动机制

利益驱动机制是产业区位选择机制中的主体部分。无论杜能、韦伯,还是胡佛、艾萨德的理论当中,所强调的都是如何实现布局利润的最大化,即体现了利益驱动机制布局这一指导思想。地方政府作为地方的代表,所考虑的既不是全局的最优,也不是企业的利益,而是一个地方的最大利益。地方政府行为是介于中央政府和企业之间的一种行为。由于地方政府是中央政府的下级机构,不能服从国家的统一规划,但对牺牲地方利益也不情愿。在更多的时候,地方政府更愿意考虑企业的利益,特别是当企业利益与地方利益相统一的时候。企业作为布局的主体,驱动的机制就是利润。由于企业具有独立的法人地位,经营上只要能够使资本增值,就有热情去做。因此,在布局的区位选择上,企业倾向于那些能够使资本最快增值而风险又小的地方,如果两者相互矛盾,企业将进行多方案比较。然而,由于宏观资源配置格局和国家法律、法规的限制,企业在进行布局区位选择时,也不得不考虑国家的一些宏观政策,诸如环境保护,资源合理利用,社会发展与公益事业等多方面的问题。

3. 宏观调控机制

产业区位选择还必须考虑到国家的宏观调控。宏观调控的有效途径是控制投资的规模和方向。调控的手段主要包括国家的直接投资和财政税收等手段。国家的直接投资虽然目前在社会总投资中的份额很小,但都是投在重大项目上,对改善地区的投资环境起着重大作用。而国家的财政、税收政策,则是从收支上来制约区域的投资行为。其中转移支付等手段,可以用来平衡地区的资金差距。宏观调控机制所要实现的目的是从宏观调控上为产业部门选择最适宜发展的地域,同时为地区选择最需要的产业部门。

4. 市场调控机制

市场机制的特点首先是由企业的独立法人地位所决定的。企业生产的产品、采用的技术、选择的技术、选择的生产地点,都由企业法人来决定。企业法人通过衡量不同地区的收益收入,并对投资进行风险分析,最终确定所选区位。他们衡量的这些内容,必须通过市场来检验,即选择是否合理,以及是否要改变这个选择。

第二节　邮政网点布局理论基础和布局特征

一、影响邮政企业(网点)布局的主要因素

（一）区域地理环境：主要包括地形、水文条件等。

（二）人口条件：主要包括人口数量、人口密度、人口质量(文化程度)。

（三）经济条件：包括经济发展水平，产业结构和产业布局，它直接影响用邮水平和邮政业务结构。

（四）交通条件：运输方式，运网结构，街道分布等。

（五）政治、文化条件：包括管理体制、行政区划、城市规划，以及区域的文化发展水平、生活习惯等。

（六）邮政主观条件：如服务水平、资金投入、业务构成、需求总量等。

二、邮政企业(网点)布局主要理论基础

由于影响邮政营业网点布局的因素很多，具有灵活性的特点。经济行为单位的空间分布对邮政局所等邮政营业网点的分布有直接的影响。农村和城市经济行为单位的空间分布具有明显的不同。一般来说，农村地区经济行为单位的空间分布比较均匀分散，邮政局所的空间分布呈现均匀分散状，城市经济行为单位分布相对集中，再加上人口密集，所以邮政局所的分布也较集中，密度也大。不同性质和不同规模的城市，经济行为单位的空间分布具有不同的形式，例如，一些大中型的工业城市，城市的功能分区如商业区、工业区、居民区、文化区等有明显的界线，根据目前我国用邮情况的调查，工业、商业是用邮大户，所以在工业区、商业区应设置规模大、功能齐全的邮政局所，在居民区、文化区设置的邮政局所规模较小。一些在农村集镇基础上发展起来的小城镇，城市的功能分区很不明显，经济行为单位的空间分布较分散，在这种情况下，则往往在交通方便的地方设置一个规模较大、功能齐全的邮政局所。当然具体到每个城市的情况是非常复杂的，在城市邮政局所布局时，一定要因地制宜，具体情况具体分析，最大限度地满足各类用户的用邮需求。农村情况复杂，地理区域大小、人口状况、交通等诸多因素影响层面不同，布局的灵活性较大，这里着重讨论城市内部邮政网点的布局情况。

(一) 城市邮政企业网点布局的基本要求

1. 最大限度地接近用户，满足用户的用邮需求。
2. 符合城市性质、特点和规划方向。
3. 便于合理组织市内运输。
4. 在提高服务水平的基础上，尽可能降低成本，取得更好的经济效益。

(二) 城市内部邮政网点布局的因素分析

作为邮政企业的决策者，其网点布局一般分为二个层次：一是对城市内特定区域的选择；二是对具体区位地点的决定。邮政网点在选择不同空间的区位时，所面临和解决的关键问题不同，影响其区位选择的因素也有所差异。

在选择某一城市内部区域时，决策者要分析一下几个因素：

(1) 服务区和具体服务设施对顾客的吸引力。

(2) 竞争企业的数量、质量和规模。

(3) 到达服务设施的交通通达性。

(4) 该区域的居民特性、风俗习惯、人口数量和消费偏好。

(5) 总体消费能力和消费量的分配状况。

(6) 该区域的空间发展方向。

(7) 该区域的基本概况。

根据上述因子分析,企业决策者可以做出合理的企业定位,确定要布局企业的规模、服务档次、服务种类、客户群等。上述因素对确定邮政网点在一个城市某个区域布局具有重要的作用,是具有针对性的区位选择分析。

准确确定地点是邮政网点在空间上的具体落实,是区位决策的最终阶段,在选择具体地点时要考虑一下几个因素:

(1) 经过该地点的交通状况和交通发展潜力。

(2) 相邻企、事业单位的基本情况。

(3) 在该地点布局的综合费用,等等。

对于大多数邮政网点而言,“最佳”区位是在市场潜力较高的地方。交通流量和人口密度等条件对邮政网点区位选择具有重要的意义,一般取向于在交叉路口和其他交通便利的地点布局。可达性也同样重要,因为在交易中也存在着距离衰减规律,但接近市场是一个很重要的区位因素。

三、中国邮政服务网点数量分布的区域特征

(一) 邮政服务网点的空间分布

截至2015年年底,全国邮政服务网点总数量为188 637个,网点在各省(自治区、直辖市)数量分布的总体情况如表7-1所示。从网点数量的分布情况来看,各个省份网点数量之间存在较大差异:其中网点数量最多的省份是广东省,邮政网点数量为22 018个,紧随其后的分别是四川省、浙江省、江苏省,这几个省份的邮政网点数量都在10 000个以上;其中网点数量最少的省份是青海省,邮政网点数量为877个,邮政网点数量较少的还有西藏自治区、宁夏回族自治区,邮政网点数量都在1 000个左右。从上述分析情况得出,青海省的网点数量只占了广东省网点数量的4%,由此可见,全国邮政服务网点数量分布存在较大差异。

表7-1 2015年全国邮政服务网点数量分布统计表

省份(自治区、直辖市)	邮政网点数量/个	省份(自治区、直辖市)	邮政网点数量/个	省份(自治区、直辖市)	邮政网点数量/个
广东	22 018	北京	6 121	吉林	4 081
四川	13 220	山西	5 906	甘肃	4 016
浙江	11 959	河北	5 663	重庆	3 725
江苏	10 898	辽宁	5 301	新疆	3 567
湖北	9 198	贵州	4 982	内蒙古	3 562
山东	8 605	广西	4 849	天津	1 831

续 表

省份（自治区、直辖市）	邮政网点数量/个	省份（自治区、直辖市）	邮政网点数量/个	省份（自治区、直辖市）	邮政网点数量/个
上海	7 796	云南	4 802	海南	1 516
河南	7 434	陕西	4 801	宁夏	1 004
湖南	7 249	江西	4 724	西藏	888
安徽	7 229	黑龙江	4 348	青海	877
福建	6 467				

（二）邮政服务服务面积与服务人口的区域差异

如表 7-2 所示，平均每一营业网点服务面积最小的是上海市，为 0.7 km^2。平均每一营业网点服务面积较小的还有北京市、天津市、江苏省、浙江省、广东省，这几个省份（直辖市）的值都低于10 km^2，并且多位于东部沿海地区；平均每一营业网点服务面积最大的是西藏自治区，为 1 351.4 km^2，较大的还有青海省、新疆维吾尔自治区、内蒙古自治区、黑龙江省，这几个省份（自治区）的值都大于 100 km^2，其中大多数都位于西部地区；在中部地区的 9 个省份，平均每一营业网点服务面积基本都在 20～40 km^2 之间，差异较小；平均每一营业网点服务人口比值相对较高的主要有河北省、河南省、山东省，这几个省都是我国的人口大省，平均每一营业网点服务面积相对较高的都位于中东部。通过对以上数据的分析，可以看出，中国邮政服务网点在东部沿海地区分布相对密集，在中部地区分布相对均匀，在西部地区分布相对分散，由此可见，中国邮政服务网点分布由东向西呈递减状态。

表 7-2　2015 年中国邮政服务网点服务面积及人口

省份（自治区、直辖市）	平均每一营业网点服务面积/km^2	平均每一营业网点服务人口/万人	省份（自治区、直辖市）	平均每一营业网点服务面积/km^2	平均每一营业网点服务人口/万人
北京	2.7	0.35	湖北	19.6	0.64
天津	6	0.84	湖南	29	0.94
河北	33.6	1.31	广东	8.2	0.49
山西	25.4	0.62	广西	47.4	0.99
内蒙古	308.8	0.7	海南	22.4	0.6
辽宁	28.3	0.83	重庆	22.1	0.81
吉林	44.1	0.67	四川	36.3	0.62
黑龙江	105.8	0.88	贵州	34.1	0.71
上海	0.7	0.31	云南	79.1	0.99
江苏	9.2	0.73	西藏	1351.4	0.36
浙江	8.4	0.46	陕西	39.6	0.79
安徽	18	0.85	甘肃	97.1	0.65
福建	18.6	0.59	青海	821	0.67
江西	33.9	0.97	宁夏	65.7	0.67
山东	17.4	1.14	新疆	448.6	0.66
河南	21.5	1.28			

思 考 题

1. 简述产业布局指向的类型。
2. 区位理论对于区位选择提出的标准是什么?
3. 阐述区位选择的基本要素。
4. 影响区位选择的主要机制是什么?
5. 影响邮政网点布局的主要因素是什么?
6. 阐述邮政企业在布局上的特征。
7. 城市邮政网点布局的原则是什么?

中篇　中国分区邮政地理

第八章　东北地区

第一节　经济社会概述

一、东北地区概况

东北地区以山海关为分界，包括黑龙江省、吉林省、辽宁省。东北地区在全国经济发展中占有重要地位，实施东北地区等老工业基地振兴战略以来，东北地区经济社会发展加快，以国有企业改组改制为重点的体制机制创新取得重大进展，对外开放水平明显提高。企业技术进步成效显著，结构调整步伐加快。采煤沉陷区治理和棚户区改造进展顺利，资源型城市经济转型试点稳步推进。基础设施不断完善，生态建设和环境保护取得积极成效。城镇社会保障体系初步建立，就业形势有所好转。东北地区老工业基地振兴取得了重大进展。

2016 年东北地区总人口为 10 910 万人，占全国人口比重为 7.9%。

近些年东北地区经济发展速度很快，经济实力不断提高。2016 年地区国内生产总值为 52 409.8亿元，占全国比重的 6.7%；地方一般公共预算收入为 4 612.7 亿元，占全国比重的 5.3%；地方一般公共预算支出为 12 390.9 亿元，占全国比重的 7.7%；全社会固定资产投资额为 31 263.8 亿元，占全国比重的 5.2%；社会消费品零售总额达到 29 127 亿元，占全国比重的 8.8%。2016 年东北地区居民人均可支配收入为 22 351.5 元，其中，城镇居民人均可支配收入为 29 045.1 元，农村居民人均可支配收入为 12 274.6 元。

基础设施稳定增长。2016 年东北地区铁路营业里程 16 845.4 千米，占全国比重的 13.6%；公路里程为 387 599 千米，是全国比重的 8.3%，其中高速公路为 11 658 千米，占全国比重的 8.9%。

二、分省概况

（一）黑龙江省

黑龙江省，简称黑。省会哈尔滨。位于中国东北部，是中国位置最北、纬度最高的省份，西起 121°11′，东至 135°05′，南起 43°26′，北至 53°33′，东西跨 14 个经度，南北跨 10 个纬度。北、东部与俄罗斯隔江相望，西部与内蒙古自治区相邻，南部与吉林省接壤。全省土地总面积 47.3 万平方千米（含加格达奇和松岭区），居全国第 6 位。边境线长 2981.26 千米，是亚洲与太平洋地区陆路通往俄罗斯和欧洲大陆的重要通道，是中国沿边开放的重要窗口。全省现辖 1 个副省级城市，有 12 个地级市、1 个地区行署、128 个县（市、区），省会哈尔滨市。

1. 人口

2016年年末常住总人口为3 799.2万人,比上年减少12.8万人;其中城镇人口2 249.1万人,乡村人口1 550.1万人。常住人口城镇化率为59.2%,比上年提高0.4个百分点;户籍人口城镇化率49.9%。0～14岁人口占全省总人口的比例为11.0%,比上年下降0.1个百分点;65岁以上人口占全省总人口的比例为11.6%,比上年提高0.7个百分点。

2. 国民经济

2016年全年实现地区生产总值(GDP)15 386.1亿元,按可比价格计算,比上年增长6.1%。其中,第一产业增加值2 670.5亿元,增长5.3%;第二产业增加值4 441.4亿元,增长2.5%;第三产业增加值8 274.2亿元,增长8.6%。三次产业结构为17.4∶28.9∶53.7。全省人均地区生产总值实现40 432元,比上年增长6.5%。非公有制经济增加值8 176.6亿元,比上年增长7.7%,占全省地区生产总值的53.1%。全省非公有制经济企业23.1万户,拥有企业从业人员324.4万人,完成固定资产投资7 046.5亿元,实现进出口总值82.3亿美元,实现税收收入942.9亿元。

3. 交通运输

2016年全省各种运输方式共为货物周转量1 715.3亿吨公里,比上年下降0.6%。其中,铁路606.3亿吨公里,增长2.1%;公路904.8亿吨公里,下降2.6%;水运7.3亿吨公里,下降10.2%;航空2.7亿吨公里,增长15.4%;管道194.3亿吨公里,增长1.1%。全年旅客周转量为799.7亿人公里,比上年增长4.9%。其中,铁路264.7亿人公里,增长5.4%;公路200.1亿人公里,下降12.8%;水运3 910.0万人公里,下降4.5%;航空334.5亿人公里,增长18.9%。年末公路线路里程16.5万千米,比上年增长0.8%,其中高速公路4349.6千米,增长0.1%。

4. 邮政电信

2016年全省邮电业务总量为821.4亿元,按可比价格计算,比上年增长60.5%。其中,电信业务总量752.7亿元,增长63.8%;邮政业务总量68.7亿元,增长31.6%。年末长途光缆线路总长度5.0万千米,增长8.0%。年末固定电话用户497.4万户,增长16.5%,其中,城市430.7万户,增长14.5%;农村66.8万户,增长27.6%;移动电话用户3 445.6万户,增长3.5%。全省电话普及率为103.8部/百人,比上年减少1.2部。固定互联网宽带接入用户575.0万户,增长9.0%;移动互联网用户2 510.9万户,增长25.0%。移动短信和移动彩信业务量分别为4.9亿条和0.1亿条,分别比上年下降91.8%和94.7%。

(二)吉林省

吉林省地处中国东北中部,东北亚地理中心,因清初建吉林乌拉城而得名,简称“吉”,省会长春,原省会吉林市。地跨东经121°38′～131°19′、北纬40°50′～46°19′之间。东西长769.62千米,南北宽606.57千米,土地面积18.74万平方千米,占全国面积的2%。现辖省会长春(副省级市)和吉林、四平、通化、白山、辽源、白城、松原8个地级市,延边朝鲜族自治州1个自治州,60个县级行政区划。

1. 人口

2016年总人口为2 733.03万人,比上年末净减少20.29万人,其中城镇常住人口1 529.68万人,占总人口比重(常住人口城镇化率)为55.97%,比上年末提高0.66个百分点。全年出生人口15.28万人,出生率为5.55‰;死亡人口15.42万人,死亡率为5.60‰;自然增长率为－0.05‰。人口性别比为101.95(以女性为100)。全年城镇新增就业52.87万人。年末城镇登记失业率为 3.45%。

2. 国民经济

2016 年全年全省实现地区生产总值 14 886.23 亿元，按可比价格计算，比上年增长6.9%。其中，第一产业增加值 1 498.52 亿元，增长 3.8%；第二产业增加值 7 147.18 亿元，增长6.1%；第三产业增加值 6 240.53 亿元，增长 8.9%。按常住人口计算，全省人均地区生产总值达到 54 266 元(按年平均汇率折合 8 170 美元)，比上年增长 7.3%。三次产业的结构比例为 10.1∶48.0∶41.9，对经济增长的贡献率分别为 6.3%、43.8%和 49.9%。

3. 交通运输

全省铁路营业里程达到 4 877.42 千米。公路总里程 10.25 万千米，其中，等级公路总里程 9.72 万千米，占公路总里程的 94.8%；有等外公路 5 326.12 千米，占公路总里程的 5.2%。全省公路总里程中，有高速公路 3 113.01 千米，占公路总里程的 3.0%。2016 年全省各种运输方式为货物运输周转量 1 630.84 亿吨公里，比上年增长 3.3%；货物发送量 4.97 亿吨，增长 3.8%。全年各种运输方式旅客运输周转量 486.51 亿人公里，增长 0.6%；旅客发送量 3.55 亿人次，下降 3.8%。民航集团全年共保障运输起降航班 9.31 万架次，旅客吞吐量 1158.71 万人次。

4. 邮政电信

2016 年邮电业务总量 575.23 亿元，比上年增长 47.7%。其中，邮政业务总量 46.03 亿元，增长 27.4%；电信业务总量 529.20 亿元，增长 50.1%。邮政业全年为邮政函件业务 1 522.65 万件，下降 20.8%；包裹业务量 62.36 万件，下降 34.2%；快递业务量 13 893.98 万件，增长 54.1%；快递业务收入 25.13 亿元，增长 48.2%；汇兑 107.87 万笔，下降 32.9%；累计订销报刊 2.97 亿份，增长 2.4%；邮政储蓄平均余额 915.07 亿元，增长 6.4%。

(三) 辽宁省

辽宁省南濒黄、渤二海，辽东半岛斜插于两海之间，隔渤海海峡，与山东半岛遥相呼应；西南与河北省接壤；西北与内蒙古自治区毗连；东北与吉林省为邻；东南以鸭绿江为界与朝鲜民主主义人民共和国隔江相望。全省陆地总面积 14.8 万平方千米，占全国陆地总面积的1.5%。在全省陆地总面积中，山地为 8.8 万平方千米，占 59.5%；平地为 4.8 万平方千米，占 32.4%；水域和其他为 1.2 万平方千米，占 8.1%。截至 2016 年底，辽宁省辖 14 个地级市(其中沈阳、大连为副省级城市)、16 个县级市、25 个县(其中 8 个少数民族自治县)、59 个市辖区。

1. 人口

根据 1‰人口抽样调查推算，2016 年常住人口 4 377.8 万人。其中，城镇常住人口 2 949.3 万人，占 67.37%；乡村常住人口 1 428.5 万人，占 32.63%。

2. 国民经济

2016 年全年地区生产总值 22 037.88 亿元，比上年下降 2.5%。其中，第一产业增加值 2 173.04 亿元，下降 4.6%；第二产业增加值 8 504.84 亿元，下降 7.9%；第三产业增加值 11 360.00 亿元，增长 2.4%。

3. 交通运输

2016 年全省铁路营业里程 5 340 千米，其中高速铁路 1 513 千米。年末全省公路里程(不含城管路段)119 688 千米，比上年末增加 326 千米，其中高速公路 4 195 千米。年末民用汽车保有量 666.7 万辆，比上年末增长 11.7%。其中，载客汽车 568.5 万辆，载货汽车 87.1 万辆。在民用汽车保有量中，年末个人汽车保有量 559.8 万辆，比上年末增长 13.8%。

4. 邮政电信

2016年邮电业务总量为1162.5亿元,比上年增长48.7%。其中,邮政行业业务总量101.4亿元,电信业务总量1 061.1亿元。全年邮政业为函件4 420.8万件,比上年下降35.6%;包裹107.3万件,下降33.0%;快递39 825.9万件,增长61.4%;订销报纸52 228.1万份,下降2.6%;订销杂志2490万份,下降13.6%。全年电信业新增移动电话交换机容量340.5万户,达到6 775.2万户。年末电话用户5 317.7万户,其中固定电话用户890.6万户,移动电话用户4427.1万户。年末固定电话普及率20.3部/百人,移动电话普及率101部/百人。年末4G移动电话用户2455.8万户,占移动电话用户的比例为55.5%。年末固定互联网宽带接入用户971.7万户,比上年末增长15.8%。年末移动互联网用户3 529.8万户,比上年末增长11.7%。

第二节　邮政行业发展

一、东北地区邮政业务发展现状

2016年东北地区邮政业务总量共216.17亿元,占全国邮政业务总量的2.93%;邮政行业业务收入(不包括邮政储蓄银行直接营业收入)230.26亿元,占全国4.30%。业务量由高到低的次序为辽宁、黑龙江、吉林,辽宁最高、吉林最低。

1. 邮政普遍服务

2016年东北地区函件量为9 602.63万件,占全国函件总量的2.67%;包裹业务量为235.35万件,占全国包裹业务量的8.58%;订销报纸12.27亿份,占全国报纸顶销量的6.98%;汇兑业务为458.61万笔,占全国总量的8.02%。

2. 快递服务

2016年东北地区快递业务总量为7.57亿件,占全国总量的2.43%;快递业务收入为113.93亿元,占全国总量的3.21%。其中,同城快递业务量为1.83亿件,异地快递业务量为5.7亿件,国际/港澳台快递业务量为381.1万件,分别占全国相应业务量的2.47%、2.45%和0.62%。快递业务总量由高到低的次序是辽宁、黑龙江、吉林,辽宁最高、吉林最低。

从快递业务构成看,东北地区同城快递、异地快递、国际/港澳台快递的比重分别为:24.18%、75.32%、0.5%;异地快递业务量占2/3,是东北地区发展最快、贡献最大的快递业务。

二、各省邮政业状况

(一) 黑龙江省

1. 业务发展情况

2016年黑龙江省邮政行业业务总量为68.7亿元,同比增长31.8%。邮政行业业务收入(不包括邮政储蓄银行直接营业收入)为78.8亿元,同比增长24.5%。

(1) 邮政普遍服务业务

2016年,函件业务持续下降。全年函件业务量为3659.2万件,同比下降20.6%。包裹业务下降明显。全年包裹业务量为 65.69 万件,同比下降 45.8%。报刊业务降幅扩大。全年订销报纸业务为 4.2 亿份,同比下降 5.5%。全年订销杂志业务为 2 086.6 万份,同比下降 31.3%。汇兑业务持续萎缩。全年汇兑业务为 92.15 万笔,同比下降 33.9%。

(2) 快递业务

快递业务快速增长。2016 年全年黑龙江省快递服务企业业务量为 2.2 亿件,同比增长 72.3%;快递业务收入为 33.2 亿元,同比增长 55.4%。快递业务收入在行业中占比继续提升。快递业务收入占行业总收入的比重为 42.1%,比上年提高 8.4 个百分点。

同城快递业务快速增长。2016 年全年同城快递业务量为 3907.8 万件,同比增长 63.4%;实现业务收入 3.5 亿元,同比增长 58.4%。

异地快递业务高速增长。2016 年全年异地快递业务量为 1.8 亿件,同比增长 74.5%;实现业务收入 22.6 亿元,同比增长 57.7%。

国际/港澳台快递业务量增速加快。2016 年全年国际/港澳台快递业务量为 38.2 万件,同比增长 15.3%;实现业务收入 0.8 亿元,同比下降 1.6%。

异地快递业务占比提升。同城、异地、国际/港澳台快递业务量占全部比例分别为17.9%、81.9%和 0.2%,业务收入占全部比例分别为 10.5%、68.2%和 2.5%。

民营快递企业市场份额进一步提升。全年国有快递企业业务量为 5 197.8 万件,实现业务收入 4.7 亿元;民营快递企业业务量为 1.7 亿件,实现业务收入 28.5 亿元;外资快递企业业务量为 0.6 万件,实现业务收入 116.8 万元。国有、民营、外资快递企业业务量市场份额分别为 23.8%、76.1%和 0.1%,业务收入市场份额分别为 14%、85.9%和 0.1%。

快递业务量排名前五位的市(地)依次是哈尔滨市、牡丹江市、大庆市、齐齐哈尔市和绥化市,其快递业务量合计占全省快递业务量的比重达到 88.8%。快递业务收入排名前五位的市(地)依次是哈尔滨市、牡丹江市、大庆市、齐齐哈尔市和佳木斯市,其快递业务收入合计占全省快递业务收入的比重达到 87%。

2. 通信能力和服务水平

(1) 机构设备。全省邮政行业拥有各类营业网点 4 714 处,其中设在农村的 1 769 万处。全省拥有邮政信筒信箱 2 718 个,比上年末减少 20 个。全省拥有邮政报刊亭总数 469 处,比上年末增加 128 处。

全省邮政行业拥有各类汽车 5 074 辆,比上年末增长 19.1%,其中快递服务汽车 3 141 辆,比上年末增长 27.27%。快递服务企业拥有计算机 6 518 台,比上年末增长 25.61%;手持终端 12 840 台,比上年末增长 29.05%。

(2) 邮政网路。全省邮政邮路总条数 546 条,比上年末减少 6 条。邮路总长度(单程)15.3万千米,比上年末减少 0.8 万千米。全省邮政农村投递路线 2 747 条,比上年末减少5 条;农村投递路线长度(单程)22 254 千米,比上年末增加 408 千米。全省邮政城市投递路线 1 986 条,比上年末增加 54 条;城市投递路线长度(单程)44 088.5 千米,比上年末增加 2 798 千米。全省快递服务网路条数 1 603 条;快递服务网路长度(单程)41.7 万千米。

(3) 服务能力。全省邮政行业平均每一营业网点服务面积为 100.3 平方千米;平均每一营业网点服务人口为 0.8 万人。邮政城区每日平均投递 2 次,农村每周平均投递 5 次。全省年人均函件量为 1.0 件,每百人订有报刊量为 6.5 份,年人均快递使用量为 5.7 件。年人均用邮支出 206.6 元,年人均快递支出 86.5 元。

(二)吉林省

1. 业务发展情况

2016年吉林省邮政行业(不包括邮政储蓄银行直接营业收入)业务收入54.22亿元,同比增长26.11%;业务总量46.03亿元,同比增长27.42%。

(1) 邮政普遍服务业务

2016年,函件业务持续下降。2016年函件业务量为1 522.65万件,同比下降20.84%。包裹业务大幅下滑。2016年包裹业务量为62.36万件,同比下降34.19%。报刊业务小幅下降。2016年订销报纸业务为2.85亿份,同比增长3.02%。全年订销杂志业务为1 147.08万份,同比下降10.41%。汇兑业务持续萎缩。2016年汇兑业务为107.87万笔,同比下降32.87%。

(2) 快递业务

快递业务快速增长。全年快递业务量为1.39亿件,同比增长54.09%;快递业务收入为25.13亿元,同比增长48.15%。

快递业务收入占比继续提升。快递业务收入占行业总收入的比重为46.4%,比上年提高7.0个百分点。

同城快递业务增速最快。全年同城快递业务量为2 748.56万件,同比增长117.01%;实现业务收入2.58亿元,同比增长141.12%。

异地快递业务仍占主导地位。全年异地快递业务量为1.11亿件,同比增长44.04%;实现业务收入16.08亿元,同比增长39.10%。

国际/港澳台快递业务增速放缓。全年国际/港澳台快递业务量为49.20万件,同比增长5.31%;实现业务收入1.17亿元,同比增长6.36%。

同城快递业务占比持续提升。同城、异地、国际/港澳台快递业务量占全部比例分别为19.77%、79.86%和0.35%,业务收入占全部比例分别为10.27%、63.99%和4.66%。

快递业务区域集中度有所下降,各市(州)快递业务量的全省占比份额更加均衡。份额排名为长春市、吉林市、延边州、通化市、四平市、松原市、白山市、辽源市、白城市。占比分别为56.62%、13.38%、8.98%、5.35%、4.12%、3.31%、3.04%、2.96%、2.25%。

2. 通信能力和服务水平

(1) 机构设备

全行业拥有各类营业网点3 748处,设在农村的有1 400处。全省拥有邮政信筒信箱1 205个,比上年末减少90个。全省拥有邮政报刊亭总数279处,和上年末持平。

全行业拥有各类汽车4 736辆,比上年末增长31.59%,其中快递服务汽车3 084辆,比上年末增长15.42%。

快递服务企业拥有计算机6 083台,比上年末增长10.68%;手持终端13 403台,比上年末增长63.03%。

(2) 邮政网路

全省邮政邮路总条数303条,比上年末减少9条。邮路总长度(单程)12.61万千米,比上年末增加3.4万千米。全省邮政农村投递路线1 530条,比上年末减少8条;农村投递路线长度(单程)9.28万千米,比上年末减少0.24万千米。全省邮政城市投递路线983条,比上年末减少30条;城市投递路线长度(单程)3.14万千米,比上年末减少2473千米。全省快递服务网路条数2565条;快递服务网路长度(单程)38.09万千米。

(3) 服务能力

全省邮政行业平均每一营业网点服务面积为50平方千米;平均每一营业网点服务人口为0.7万人。邮政城区每日平均投递2次,农村每周平均投递4次。人均函件量为1件,每百人订有报刊量为6份。年人均快递使用量为5.1件。年人均用邮支出198.4元,年人均快递支出91.95元。

(三) 辽宁省

1. 业务发展情况

2016年,全省邮政业务总量为101.44亿元,同比增长35.14%;邮政业务收入(不包括邮政储蓄银行直接营业收入)累计97.24亿元,同比增长26.69%。

(1) 邮政普遍服务业务

函件业务持续下降。2016年函件累计为4 420.78万件,同比下降35.6%。

包裹业务下降明显。2016年包裹累计为107.3万件,同比下降32.98%;

报刊业务小幅下降。2016年订销报纸52 228.13万份,同比下降2.63%;订销杂志2 489.95万份,同比下降13.63%。

汇兑业务持续萎缩。2016年汇兑业务为258.59万笔,同比下降36.05%。

(2) 快递业务

快递业务快速增长。2016年,全省快递企业业务量累计为3.98亿件,同比增长61.41%,全省快递企业业务收入累计为55.69亿元,同比增长40.65%。

同城业务量累计为11 618.32万件,同比增长82.03%,同城业务收入累计为107 889.25万元,同比增长82.45%。

异地业务量累计为27 913.82万件,同比增长54.57%,异地业务收入累计为305 550.47万元,同比增长26.87%。

国际/港澳台业务量累计为293.75万件,同比增长26.56%,国际/港澳台业务收入累计为49 683.65万元,同比增长5.29%;其他业务收入为93 785.88万元,同比增长92.26%。

快递业务量收排名:沈阳、大连、鞍山均居辽宁省前三位。其中沈阳、大连两个城市所占的量收比重均超过全省的55%,比去年减少约14个百分点。

2. 通信能力和服务水平

(1) 机构设备

2016年,邮政行业拥有各类营业网点5 937处,比上年末增长12%,其中,设在农村的1 975处。全省拥有邮政信筒信箱4 002个。全省拥有邮政报刊亭总数293处。邮政行业拥有各类汽车6 286辆,其中快递服务汽车4 587辆。服务企业拥有计算机8 987台,手持终端24 650台。

(2) 邮政网路

2016年邮政邮路总条数669条。邮路总长度(单程)278 423千米。全省邮政农村投递路线2 739条;农村投递路线长度(单程)113 454.39千米。全省邮政城市投递路线2 453条,城市投递路线长度(单程)62 045.79千米。全省快递服务网路条数3 772条,快递服务网路长度(单程)537 224.88千米。

(3) 服务能力

邮政行业平均每一营业网点服务面积为24.9平方千米;平均每一营业网点服务人口为0.74万人。邮政城区每日平均投递2次,农村每周平均投递4次。人均函件量为1件,每百人订有报刊量为8份。年人均快递使用量为9.1件。年人均用邮支出222.1元,年人均快递支出127.2元。

思 考 题

1. 简述东北地区社会经济的主要特征。
2. 简述东北地区邮政普遍服务概况。
3. 简述东北地区邮政普遍服务的构成。
4. 简述东北地区快递服务概况。
5. 简述东北地区快递业务量构成及特点。
6. 试归纳东北地区邮政业发展的社会经济基础。
7. 试分析东北地区邮政普遍服务的省际差异。
8. 试分析东北地区快递服务的省际差异及特点。

第九章　东部地区

第一节　经济社会概述

一、东部地区概况

中国东部地区包括北京、天津、河北、上海、江苏、浙江、福建、山东、广东和海南等10个省(市)，是中国社会经济最发达的区域，北京、天津、上海、南京、广州、深圳等中国大陆的大城市都位于中国东部。东部的率先发展承担着为全国引路、试验的任务，所以东部在发展、转型、改革、转轨走在前面，能够为全面深化改革起到先行先试、搭桥铺路的作用。

2016年东部地区总人口为5 2951万人，占全国人口比重的38.4%。

经济实力。2016年东部地区国内生产总值为410 186.4亿元，占全国的比重为52.6%；其中第一产业产值为21 929.7亿元，占全国的比重为34.4%；第二产业173 445.9亿元，占全国的比重为52%；第三产业为214 810.9亿元，占全国的比重为56.1%。地方一般公共预算收入为50 026.8亿元，占全国比重的57.3%；地方一般公共预算支出为67 884.1亿元，占全国的比重为42.3%；全社会固定资产投资额为252 922.8亿元，占全国的比重为42.1%；社会消费品零售总额达到171 143.2亿元，占全国的比重为51.6%。2016年东部地区居民人均可支配收入为30 654.7元，其中，城镇居民人均可支配收入为39 651元，农村居民人均可支配收入为15 498.3元。

交通设施。2016年东部地区铁路营业里程28 935.2千米，占全国的比重为23.3%；公路里程为1 135 649千米，是全国比重的24.2%，其中高速公路为37 286千米，占全国的比重为28.5%。

二、分省、市概况

(一) 北京市

北京是中华人民共和国首都，全国政治中心、文化中心、国际交往中心、科技创新中心。中心位于北纬39°54′，东经116°23′。位于华北平原西北边缘。北京与天津相邻，并与天津一起被河北省环绕。北京的西、北和东北，群山环绕，东南是缓缓向渤海倾斜的北京平原。北京全市土地面积16 400平方千米。其中平原面积6 339平方千米，占38.6%。山区面积10 072平方千米，占61.4%。城区面积87.1平方千米。

北京辖东城区、西城区、朝阳区、丰台区、石景山区、海淀区、顺义区、通州区、大兴区、房山区、门头沟区、昌平区、平谷区、密云区、怀柔区、延庆区16个区,共147个街道、38个乡和144个镇。

1. 人口

2016年全市常住人口2 172.9万人。其中,常住外来人口807.5万人,占常住人口的比例为37.2%。常住人口中,城镇人口1 879.6万人,占常住人口的比例为86.5%。常住人口出生率9.32‰,死亡率5.20‰,自然增长率4.12‰。常住人口密度为每平方千米1 324人,比上年末增加1人。年末全市户籍人口1 362.9万人,比上年末增加17.7万人。

2. 国民经济

2016年地区生产总值为24 899.3亿元,比上年增长6.7%。其中,第一产业增加值129.6亿元,下降8.8%;第二产业增加值4 774.4亿元,增长5.6%;第三产业增加值19 995.3亿元,增长7.1%。三次产业构成由上年的0.6∶19.7∶79.7,调整为0.5∶19.2∶80.3。按常住人口计算,全市人均地区生产总值达到11.5万元。

3. 交通运输

2016年货运量为24 098.1万吨,比上年增长3.7%;货物周转量671.2亿吨公里,增长7.6%。客运量69 287.6万人,下降1.1%;旅客周转量1 888.4亿人公里,增长8.1%。全市机动车保有量571.8万辆,比上年末增加9.9万辆。民用汽车548.4万辆,增加13.4万辆。其中,私人汽车452.8万辆,增加12.5万辆;私人汽车中轿车316.2万辆,减少0.3万辆。

4. 邮政电信

2016年邮电业务总量为1 782.4亿元,比上年增长50.7%。其中,邮政业务总量386亿元,增长49.3%;电信业务总量1 396.4亿元,增长51.1%。全年发送邮政函件3.9亿件,下降35.8%;特快专递19.6亿件,增长38.6%。年末固定电话用户达到694.9万户,固定电话主线普及率达到32线/百人。年末移动电话用户达到3 869万户,移动电话普及率达到178.1户/百人。年末固定互联网宽带接入用户数达到499.4万户。

(二) 天津市

天津地处华北平原北部,东临渤海、北依燕山,位于东经116°43′～118°04,北纬38°34～40°15之间。市中心位于东经117°10,北纬39°10。天津位于海河下游,地跨海河两岸,北南长189 km,西东宽117 km。陆界长1 137 km,海岸线长153 km。是北京通往东北、华东地区铁路的交通咽喉和远洋航运的港口,有"河海要冲"和"畿辅门户"之称。对内腹地辽阔,辐射华北、东北、西北13个省、市、自治区,对外面向东北亚,是中国北方最大的沿海开放城市。

截至2016年底,天津有16个市辖区(其中1个副省级区),共有乡镇级区划数为245个。市辖区分为中心城区、环城区和远郊区。

1. 人口

截至2016年末,全市常住人口1562.12万人,比上年末增加15.17万人;其中,外来人口507.54万人,增加7.19万人,占常住人口增量的47.4%。常住人口中,城镇人口1 295.47万人,城镇化率为82.93%;65岁及以上人口156.09万人,占10.0%。常住人口出生率7.37‰,死亡率5.54‰,自然增长率1.83‰。年末全市户籍人口1 044.40万人。

2. 国民经济

2016年天津市生产总值(GDP)17 885.39亿元,按可比价格计算,比上年增长9.0%。其中,第一产业增加值220.22亿元,增长3.0%;第二产业增加值8 003.87亿元,增长8.0%;第三产业增加值9 661.30亿元,增长10.0%。三次产业结构为1.2∶44.8∶54.0。

3. 交通运输

2016年全市货运量为51 579.86万吨，其中，公路32 841万吨，铁路8 149.16万吨，水运9 514.53万吨。货物周转量2 116.89亿吨公里，其中，公路372.49亿吨公里，铁路207.36亿吨公里，水运1 530.05亿吨公里。客运量1.99亿人次，旅客周转量481.44亿人公里。港口货物吞吐量5.51亿吨；集装箱吞吐量1 451.90万标准箱。机场旅客吞吐量1 687.19万人次；货邮吞吐量23.71万吨。新辟公交线路48条，优化调整47条，运营线路总计763条，运营公交车12 699辆。全年公交客运量14.99亿人次；地铁客运量2.77亿人次。全市民用汽车保有量273.75万辆，其中私人汽车234.45万辆；民用轿车182.23万辆，其中私人轿车165.41万辆。

4. 邮政电信

2016年邮电业务总量为483.85亿元，增长50.5％。其中，电信业务总量397.33亿元，增长51.9％；邮政业务总量86.52亿元，增长44.1％。全年快递业务量4.10亿件，增长60.0％。年末移动电话用户1 499.82万户，增长6.7％；短信业务总量38.51亿条，下降18.8％。年末互联网宽带接入用户283.90万户，光纤接入用户263.60万户。

（三）河北省

河北省简称“冀”，环抱首都北京，地处东经113°27′～119°50′，北纬36°05′～42°40′之间，横跨华北、东北两大地区，总面积18.85万平方千米，省会石家庄市。北距北京283千米，东与天津市毗连并紧傍渤海，东南部、南部衔山东、河南两省，西倚太行山与山西省为邻，西北部、北部与内蒙古自治区交界，东北部与辽宁省接壤。是中国唯一兼有高原、山地、丘陵、盆地、平原、草原和海滨的省份，属温带季风气候。截止到2016年底，河北省设11个地级市，47个市辖区、20个县级市、95个县、6个自治县，共有1 970个乡镇，50 201个村民委员会。

1. 人口

2016年全省常住总人口7 470.05万人。出生人口92.50万人，人口出生率为12.42‰；死亡人口47.37万人，人口死亡率为6.36‰；人口自然增长率为6.06‰。常住人口城镇化率为53.32％，比上年提高1.99个百分点；户籍人口城镇化率为38.72％，比上年提高2.38个百分点。

2. 国民经济

2016年全省生产总值为31 827.9亿元，比上年增长6.8％。其中，第一产业增加值3 492.8亿元，增长3.5％；第二产业增加值15 058.5亿元，增长4.9％；第三产业增加值13 276.6亿元，增长9.9％。第一产业增加值占全省生产总值的比重为11.0％，第二产业增加值占全省生产总值的比重为47.3％，第三产业增加值占全省生产总值的比重为41.7％。

3. 交通运输

2016年年货物运输总量21.1亿吨，货物周转量12 339.2亿吨公里。旅客运输总量5.1亿人，旅客运输周转量1 238.1亿人公里。机场旅客吞吐量850.1万人。沿海港口货物吞吐量达9.5亿吨，沿海港口集装箱吞吐量305.1万标准箱。全省公路通车里程18.8万千米（包括村路）。其中，新建成高速公路169千米，高速公路通车里程达到6 502千米；农村公路总里程达16.3万千米（包括专用公路）。

4. 邮政电信

2016年邮电业务总量为（2010年不变价）1 545.2亿元。其中，邮政业务总量196.8亿元，增长49.7％；电信业务总量1 348.4亿元，增长55.7％。函件量为0.7亿件，下降51.1％；订阅报刊累计为 8.6 亿份,下降 8.0%;快递业务量为 9.0 亿件,增长 64.6%。2016 年电话用户总数 7 971.6 万户。固定电话用户 850.6 万户,其中,城市电话用户 694.2 万户,农村电话用户 156.5 万户。年末移动电话用户 7 121.0 万户,其中,3G 移动电话用户 775.4 万户,4G 移动电话用户 4 034.7 万户。固定互联网宽带接入用户数 1 612.0 万户,互联网宽带接入端口 3 873.8 万个。

(四) 山东省

山东省位于中国东部沿海、黄河下游,北纬 34°22.9′～38°24.01′、东经 114°47.5′～122°42.3′之间。境域包括半岛和内陆两部分,山东半岛突出于渤海、黄海之中,同辽东半岛遥相对峙;内陆部分自北而南与河北、河南、安徽、江苏 4 省接壤。山东东西长 721.03 千米,南北长 437.28 千米,全省陆域面积 15.58 万平方千米。

山东省有 17 个地级市,以下分为 137 个县级行政区,包括 55 个市辖区、27 个县级市和 55 个县;1869 个乡级行政区,包括 478 个街道办事处、1113 个镇、271 个乡和 7 个其他乡级行政区。

1. 人口

山东省常住人口为 10005.83 万人。其中,0～14 岁人口占总人口的 17.21%,15～64 岁人口占 68.80%,65 岁及以上人口占 13.99%。

2. 国民经济

2016 年,山东省地区生产总值(GDP)为 67 008.2 亿元,按可比价格计算,比上年增长 7.6%。其中,第一产业增加值 4 929.1 亿元,增长 3.9%;第二产业增加值 30 410.0 亿元,增长 6.5%;第三产业增加值 31 669.0 亿元,增长 9.3%。三次产业比例由上年的 7.9∶46.8∶45.3 调整为 7.3∶45.4∶47.3,实现了由“二三一”向“三二一”的历史性转变。人均生产总值 67 706 元,按年均汇率折算为 10 193 美元。

3. 交通运输

铁路、公路、水路共为客运量 6.3 亿人次;货运量 28.2 亿吨。沿海港口货物吞吐量 14.3 亿吨。年末公路通车里程 26.6 万千米,公路密度达到 168 千米/百平方千米。其中,高速公路通车里程 5 710 千米。新开通 5 条洲际直航航线,实现零突破。年末民用汽车拥有量 1 754.3 万辆。其中,私人轿车 1 020.7 万辆。

4. 邮政电信

邮电业务总量 2 191.6 亿元,比上年增长 48.9%。其中,电信业务总量 1 890.0 亿元,增长 49.3%;邮政业务总量 301.6 亿元,增长 46.7%。光缆线路总长度 174.3 万千米,增长 36.8%。年末固定电话用户 970.4 万户,下降 13.1%;移动电话用户 9 594.5 万户,增长 1.9%。电话普及率为每百人 107 部。

(五) 江苏省

江苏简称“苏”,省会南京,以“江宁府”与“苏州府”之首字得名。位于中国大陆东部沿海中心、长江下游,东濒黄海,东南与浙江和上海毗邻,西接安徽,北接山东,地跨长江、淮河,京杭大运河从中穿过。江苏省地跨东经 116°18′～121°57′,北纬 30°45′～35°20′。内陆面积 10.72 万平方千米,占中国土地总面积的 1.12%。江苏海域面积 3.75 万平方千米,共 26 个海岛。江苏省现辖 13 个地级市、21 个县级市、20 个县、55 个市辖区,县(市)中包含昆山、泰兴、沭阳 3 个江苏试点省直管县(市)。

1. 人口

2016年全省常住人口7 998.6万人。其中，男性人口4 025.66万人，女性人口3 972.94万人；0～14岁人口1 080.58万人，15～64岁人口5 896.39万人，65岁及以上人口1 021.63万人。全年人口出生率9.76‰，比上年提高0.71个千分点；人口死亡率为7.03‰，与上年持平；人口自然增长率2.73‰，比上年提高0.71个千分点。

2. 国民经济

2016年地区生产总值为76 086.2亿元。其中，第一产业增加值4 078.5亿元，第二产业增加值33 855.7亿元，第三产业增加值38 152亿元。全省人均生产总值95 259元。全社会劳动生产率持续提高，全年平均每位从业人员创造的增加值达159 934元，比上年增加12 620元。产业结构加快调整。三次产业增加值比例调整为5.4∶44.5∶50.1，全年服务业增加值占GDP比重提高1.5个百分点。

3. 交通运输

全省公路里程15.7万千米，其中高速公路里程4657.4千米。铁路营业里程2 721.9千米，铁路正线延展长度4 676.7千米。年末民用汽车保有量1 435.5万辆。年末个人汽车保有量1 252.2万辆，其中个人轿车保有量892.1万辆。

4. 邮政电信

邮政电信业务总量3 431.2亿元。其中，邮政行业业务总量663.7亿元，电信业务总量2 767.5亿元。邮政电信业务收入1 345.3亿元，其中，邮政行业业务收入463.3亿元，电信业务收入882亿元。年末局用交换机总容量288.6万门。年末固定电话用户1 708.3万户。分城乡看，城市电话用户1 097万户，乡村电话用户611.4万户。年末移动电话用户8 198.8万户。年末电话普及率达124.2部/百人，其中移动电话普及率为102.2部/百人。长途光缆线路总长度4万千米。年末互联网宽带接入用户2 685.2万户。

（六）上海市

上海，简称“沪”或“申”。地处东经120°52′～122°12′，北纬30°40′～31°53′之间，面积6340平方千米，位于太平洋西岸，亚洲大陆东沿，中国南北海岸中心点，长江和黄浦江入海汇合处。北界长江，东濒东海，南临杭州湾，西接江苏和浙江两省。上海市辖16个市辖区。

1. 人口

全市常住人口总数为2 419.70万人。其中，户籍常住人口1 439.50万人，外来常住人口980.20万人。全年常住人口出生21.84万人，出生率为9.0‰；死亡12.08万人，死亡率为5.0‰；常住人口自然增长率为4.0‰。全年户籍常住人口出生12.92万人，出生率为9.0‰；死亡11.4万人，死亡率为7.9‰；户籍常住人口自然增长率为1.1‰。

2. 国民经济

2016年上海市生产总值为27 466.15亿元，比上年增长6.8%。其中，第一产业增加值109.47亿元，下降6.6%；第二产业增加值7 994.34亿元，增长1.2%；第三产业增加值19 362.34亿元，增长9.5%。第三产业增加值占上海市生产总值的比重为70.5%，比上年提高2.7个百分点。按常住人口计算的上海市人均生产总值为11.36万元。

3. 交通运输

上海已形成由铁路、水路、公路、航空、轨道等5种运输方式组成的，具有超大规模的综合交通运输网络。上海港是中国最大的枢纽港之一，共有35个客运站，长途班线1 611条，可抵达全国14个省市的660个地方。上海市已形成了由地面道路、高架道路、越江隧道和大桥以及地铁、高架式轨道交通组成的立体型市内交通网络。2016年各种运输方式为货物运输量88 689.16万吨;旅客发送量19 564.44万人次。上海港口货物吞吐量达到7 0176.56万吨;上海浦东、虹桥两大国际机场全年共起降航班74.19万架次,进出港旅客达到10 646.25万人次;全市轨道交通运营线路达到15条,公交运营车辆达1.67万辆。

4. 邮政电信

2016年为邮政业务总量564.25亿元,电信业务总量1 101.73亿元。邮政业全年为邮政函件业务8.26亿件、包裹业务272.86万件、快递业务26.03亿件,其中,快递业务收入709.51亿元。年末固定电话用户731.62万户,其中住宅电话421.80万户。移动电话用户3 156.14万户,比上年末减少103.79万户。移动电话用户普及率130.7部/百人。

(七) 浙江省

浙江省简称“浙”,省会杭州。地处中国东南沿海长江三角洲南翼,东临东海,南接福建,西与安徽、江西相连,北与上海、江苏接壤。浙江省东西和南北的直线距离均为450千米左右。据全国第二次土地调查结果,浙江土地面积10.55万平方千米,为全国的1.1%,是中国面积较小的省份之一。浙江省现辖11个地级市,下分89个县级行政区,包括37个市辖区、19个县级市、32个县,1个自治县。截至2013年底时共有1 324个,包括639个镇,264个乡(包括14个民族乡)和421个街道办事处。

1. 人口

据2016年全省5‰人口抽样调查推算,年末全省常住人口5 590万人,比上年末增加51万人。其中,男性人口为2 867.7万人,女性人口为2 722.3万人,分别占总人口的51.3%和48.7%。全年出生人口62.4万人,出生率为11.22‰;死亡人口30.7万人,死亡率为5.52‰;自然增长率为5.70‰。城镇化率为67.0%,比上年提高1.2个百分点。

2. 国民经济

2016年地区生产总值为46 485亿元。其中,第一产业增加值1 966亿元,第二产业增加值20 518亿元,第三产业增加值24 001亿元,第三产业对地区生产总值的增长贡献率为62.9%。三次产业增加值结构由上年的4.3 : 45.9 : 49.8调整为4.2 : 44.2 : 51.6,第三产业比重提高1.8个百分点。人均地区生产总值为83 538元(按年平均汇率折算为12 577美元),全员劳动生产率为12.4万元/人。

3. 交通运输

全省公路总里程11.9万千米,其中高速公路4 062千米。共有民航机场7个,旅客发送量2 628万人,吞吐量5 050万人。铁路、公路和水运为货物周转量9 789亿吨公里,旅客周转量1 075亿人公里。港口为货物吞吐量14.1亿吨,其中,沿海港口为11.4亿吨,内河港口为2.7亿吨。2016年民用汽车拥有量1 258万辆,其中个人汽车1 105万辆。民用轿车拥有量810万辆,其中个人轿车750万辆。

4. 邮政电信

2016年邮电业务总量为3 715亿元。其中,邮政业务总量1 251亿元,电信业务总量2 465亿元。年末移动电话交换机容量11 698万户,移动电话用户7 225万户,普及率130.4部/百人。固定互联网宽带接入用户2 160万户,普及率39户/百人;移动互联网用户6366万户。全省快递业务量59.9亿件。

(八) 福建省

福建省简称“闽”,省会福州。福建地处中国东南部、东海之滨,陆域介于北纬23°33′~

28°20′，东经 115°50′～120°40′之间，东隔台湾海峡，与台湾省相望，东北与浙江省毗邻，西北横贯武夷山脉与江西省交界，西南与广东省相连，连接长江三角洲和珠江三角洲，与台湾隔海相望，是中国大陆重要的出海口，也是中国与世界交往的重要窗口和基地。全省陆域面积 12.4 万平方千米，海域面积 13.6 万平方千米。福建省辖 1 个副省级市、8 个地级市，共包括 29 个市辖区，12 个县级市，44 个县（含金门县）。

1. 人口

2016 年全省常住人口 3874 万人，比上年末增加 35 万人，增长 0.91%。其中，城镇常住人口 2 464 万人，占总人口比例为 63.6%，比上年末提高 1.0 个百分点。全年出生人口 56 万人，出生率为 14.5‰；死亡人口 24 万人，死亡率为 6.2‰；自然增长率为 8.3‰。

2. 国民经济

2016 年地区生产总值为 28 519.15 亿元，其中，第一产业增加值 2 364.14 亿元，第二产业增加值 13 912.73 亿元，第三产业增加值 12 242.28 亿元。第一产业增加值占地区生产总值的比重为 8.3%，第二产业增加值占地区生产总值的比重为 48.8%，第三产业增加值占地区生产总值的比重为 42.9%。人均地区生产总值 73 951 元。

3. 交通运输

公路通车里程 106 756.53 千米，其中海西高速公路网通车里程 5 019.78 千米。铁路营业里程 3 196.5 千米。全年沿海港口新增货物通过能力 1 801 万吨；沿海港口为货物吞吐量 5.08 亿吨。其中外贸货物吞吐量 2.03 亿吨，集装箱吞吐量 1 440.16 万标箱。全省汽车保有量 495.09 万辆（含三轮汽车和低速货车），其中私人汽车保有量 436.68 万辆。全省轿车保有量 302.59 万辆，其中私人轿车保有量 281.50 万辆。

4. 邮政电信

2016 年邮电业务总量 1 560.28 亿元，其中，邮政业务总量 300.69 亿元，电信业务总量 1 259.59亿元。邮政业务全年为邮政函件业务 10 867.65 万件，包裹业务 63.15 万件，快递业务量 128 985.77 万件。年末全省电话用户总数 4 975 万户，其中，固定电话用户 816 万户，移动电话用户 4 159 万户（4G 电话用户 2567 万户），移动宽带用户普及率为 78.6%。全省电话普及率为 129.6%，其中，固定电话普及率 21.3%，移动电话普及率 108.3%。全省互联网用户 4 413 万户，其中，固定宽带用户 1 145 万户，固定宽带家庭普及率为 77.2%；移动互联网用户 3268 万户。全省互联网用户普及率为 115%。

（九）广东省

广东，名由岭南东道、广南东路演变而来，简称“粤”，省会广州。广东省陆地面积为 17.98 万平方千米，约占全国陆地面积的 1.87%；岛屿面积 1 592.7 平方千米，约占全省陆地面积的 0.89%。全省沿海共有面积 500 平方米以上的岛屿 759 个，数量仅次于浙江、福建两省，居中国第三位。另有明礁和干出礁 1 631 个。全省大陆岸线长 3368.1 千米。按照《联合国海洋公约》关于领海、大陆架及专属经济区归沿岸国家管辖的规定，全省海域总面积 41.9 万平方千米。广东省现辖 21 个地级市，下分 121 个县级行政区，包括 62 个市辖区、20 个县级市、36 个县、3 个自治县。

1. 人口

2016 年常住人口 10 999 万人，其中城镇人口 7 611.31 万人，城镇化率为 69.2%。从性别构成看，男性人口为 5763.48 万人，占 52.4%；女性人口为 5 235.52 万人，占 47.6%。全年出生人口 129.45 万人，出生率 11.85‰；死亡人口 48.17 万人，死亡率 4.41‰；自然增长人口

81.28万人,自然增长率7.44‰。

2. 国民经济

2016年全省实现地区生产总值79 512.05亿元。其中,第一产业增加值3 693.58亿元,对地区生产总值增长的贡献率为1.9%;第二产业增加值34 372.46亿元,对地区生产总值增长的贡献率为36.8%;第三产业增加值41446.01亿元,对地区生产总值增长的贡献率为61.3%。三次产业结构为4.7∶43.2∶52.1。在现代产业中,高技术制造业增加值8 817.68亿元,先进制造业增加值15 739.78亿元,现代服务业增加值25 568.17亿元。民营经济增加值42 578.76亿元。2016年,广东人均地区生产总值达到72 787元,按平均汇率折算为10 958美元。

3. 交通运输

全年旅客运输总量144 139万人,旅客运输周转量3 816.17亿人公里;港口货物吞吐量为179 924万吨。2016年公路通车里程21.81万千米,其中,高速公路里程7682.75千米。高铁客运量占全部铁路客运量的比重为50.8%。年末全省民用汽车保有量1 675.50万辆,其中,私人汽车1 485.96万辆。民用轿车保有量994.63万辆,其中,私人轿车940.03万辆。

4. 邮政电信

2016年邮电业务总量为6 886.15亿元。其中,邮政业务总量1 879.98亿元,快递业务量76.50亿件,快递业务收入879.52亿元;电信业务总量5 006.16亿元。年末电话总用户1.70亿户。其中,固定电话用户2 610万户,移动电话用户1.43亿户(4G用户9085万户,3G和4G用户合计10664万户,合计占移动电话用户比重达74.3%)。互联网宽带用户2851万户,移动互联网用户11519万户。

(十)海南省

海南,简称“琼”,省会海口。海南省位于中国最南端,北以琼州海峡与广东省划界,西临北部湾与越南相对,东濒南海与台湾省相望,东南和南边在南海中与菲律宾、文莱和马来西亚为邻。海南省的管辖范围包括海南岛和西沙群岛、南沙群岛、中沙群岛的岛礁及其海域。海南省全省陆地总面积3.5万平方千米,海域面积约200万平方千米,其中海南本岛面积3.39万平方千米。海南省现辖4个地级市、5个县级市、4个县、6个自治县、8个区,218个乡镇(含街道办事处),其中21个乡、175个镇、22个街道办事处。

1. 人口

2016年全省人口出生率14.57‰,死亡率6.00‰,自然增长率8.57‰。全省年末常住人口917.13万人,城镇人口比例为56.78%。

2. 国民经济

2016年全省地区生产总值4 044.51亿元。其中,第一产业增加值为970.93亿元,第二产业增加值为901.68亿元,第三产业增加值为2171.90亿元。三次产业增加值占地区生产总值的比重分别为24.0∶22.3∶53.7。按年平均常住人口计算,全省人均地区生产总值44 252元,按现行平均汇率计算为6 664美元,比上年增长6.7%。

3. 交通运输

公路通车里程达1.7万余千米,以“三纵四横”为骨架,有干线直通各港口、市、县,并有支线延伸到全岛318个乡镇和各旅游景点,环岛高速公路已建成通车。海南已建成的铁路有海南环岛快速铁路(海南西环快速铁路、海南东环快速铁路)和粤海铁路海南西环线(包括八所支线和石碌支线)。截至2016年5月15日,海南共有6趟出岛列车运营,包括:海口—西安,海口—上海南，三亚—北京西，海口—郑州，海口—哈尔滨，三亚—长春。海南全省68个天然港湾，已开辟港口24个，其中以海口港、八所港、洋浦港、三亚港四个港口为最大。海口美兰国际机场和三亚凤凰国际机场已实现与39个国内外大中城市通航。

4. 邮电通信

邮电业务总量为303.68亿元，其中，电信业务总量286.79亿元，邮政业务总量16.89亿元。全省固定电话用户169.15万户，其中，城市电话用户116.16万户，农村电话用户52.99万户。移动电话用户942.32万户，互联网用户1003.12万户。固定电话普及率每百人18.72部，移动电话普及率每百人104.30部。

第二节　邮政行业发展

一、东部地区邮政业务发展现状

2016年东部地区邮政业务总量共5 653.4亿元，占全国邮政业务总量的76.66%；邮政行业业务收入(不包括邮政储蓄银行直接营业收入)3829.03亿元，占全国71.54%。是全国邮政业务量和业务收入最高的地区，能够代表我国邮政业发展的态势。邮政业务量由高到低的次序为广东、浙江、江苏、上海、北京、山东、福建、河北、天津、海南。其中广东省为1886.30亿元，占全国水平的25.58%。

1. 邮政普遍服务

2016年东部地区函件量为29.72万件，占全国函件总量的82.52%；包裹业务量为1 458.96万件，占全国包裹业务量的53.19%；订销报纸81.74亿份，占全国报纸订销量的46.52%；汇兑业务为2 741.53万笔，占全国总量的47.93%。

2. 快递服务

2016年东部地区快递业务总量为249.34亿件，占全国总量的79.82%；快递业务收入为2 750.96亿元，占全国总量的77.62%。其中，同城快递业务量为59.84亿件，异地快递业务量为183.69亿件，国际/港澳台快递业务量为5.81亿件，分别占全国相应业务量的80.82%、79.11%和94.27%。快递业务总量由高到低的次序为广东、浙江、江苏、上海、北京、福建、山东、河北、天津、海南。其中广东省为76.7亿件，占全国水平的24.57%，接近1/4。

从快递业务构成看，东部地区同城快递、异地快递、国际/港澳台快递的比重分别为24%、73.67%、2.33%；国内异地快递业务仍然是最重要的业务。

二、各省、市邮政业状况

(一) 北京市

1. 业务发展情况

2016年，北京市邮政企业和快递服务企业业务收入(不包括邮储银行直接营业收入)累计为304.42亿元，同比增长28.32%；业务总量累计为386.00亿元，同比增长49.32%。

(1) 邮政普遍服务

2016年全市普遍服务业务整体下降，其中，函件业务累计为44 083.71万件，同比下降

28.02%;包裹业务累计为257.32万件,同比下降32.92%;报纸业务累计为67 818.66万份,同比下降4.35%;杂志业务累计为2 848.99万份,同比下降19.22%;汇兑业务累计为226.49万笔,同比下降33.36%。

(2) 快递业务

2016年全市快递业务快速增长。全年快递服务企业业务量累计为19.60亿件,同比增长38.59%;业务收入累计为256.57亿元,同比增长41.24%。

快递业务收入在行业中占比继续提升。快递业务收入占邮政行业收入比重达84.28%,较2015年提升7.7个百分点。

同城快递业务增势强劲。同城业务量累计为8.59亿件,同比增长83.71%;实现同城业务收入累计为85.74亿元,同比增长108.63%。

异地快递业务仍占主导地位。全年异地业务量累计为10.69亿件,同比增长14.81%;实现业务收入115.11亿元,同比增长25.77%。

国际/港澳台快递业务稳定增长。全年国际/港澳台快递业务量为0.33亿件,同比增长103.06%;实现业务收入26.99亿元,同比增长0.57%。

同城、异地、国际/港澳台快递业务量分别占全部快递业务量的43.82%、54.52%和1.66%,业务收入分别占全部快递收入的33.42%、44.87%和10.52%。与2015年同期相比,同城快递业务收入的比重上升了10.79个百分点,异地快递业务收入的比重下降了5.52个百分点,国际/港澳台业务快递收入的比重下降了4.25个百分点。

民营快递企业持续快速发展。全年国有快递企业业务量为1.08亿件,实现业务收入26.58亿元;民营快递企业业务量为18.40亿件,实现业务收入215.53亿元;外资快递企业业务量为0.13亿件,实现业务收入14.46亿元。国有、民营、外资快递企业业务量市场份额分别为5.49%、93.86%和0.64%,业务收入市场份额分别为10.36%、84.01%和5.63%,与上年相比,民营快递企业市场份额持续提升。

2. 通信能力和服务水平

(1) 机构设备

全行业拥有各类营业网点7 156处,比2015年末增长16.91%。其中,快递服务营业网点6 395处,比上年末增长23.86%。全市拥有邮政信筒信箱5 403个,拥有邮政报刊亭总数1 725处。全行业拥有各类汽车12 776辆,比2015年末增长44.92%,其中快递服务汽车10 626辆,比2015年末增长58.27%。快递服务企业拥有计算机33 866台,比2015年末增长18.25%;手持终端62 302台,比2015年末增长8.71%。

(2) 服务能力

全行业平均每一营业网点服务面积为2.58平方千米;平均每一营业网点服务人口为2.77万人。邮政城区每日平均投递2次,农村每周平均投递7次。2016年人均函件量约为20.29件,年人均快递使用量为90.22件;年人均用邮支出为1 400.98元,年人均快递支出为1 180.77元。

(二) 天津市

1. 业务发展情况

2016年,全市邮政行业业务总量为86.52亿元,同比增长44.08%。全市邮政行业业务收入(不包括邮政储蓄银行直接营业收入)为82.7亿元,同比增长35.24%。

(1) 邮政普遍服务业务

2016年,函件、包裹、报纸、杂志、汇兑业务均持续下滑,分别同比下降14.89%、23.26%、

11.36%、0.74%、39.96%。

(2) 快递业务

快递业务快速增长。全市快递服务企业业务(收寄)量为4.1亿件,同比增长60.02%,占全国快递业务量的1.3%;快递业务收入为63.49亿元,同比增长45.83%,占全国快递业务收入的1.6%。

快递业务收入在行业中占比继续提升。快递业务收入占行业总收入的比例为76.77%,比2015年上升5个百分点。

同城快递业务高速增长。2016年全年同城快递业务量为12 471.42万件,同比增长73.75%;实现业务收入11.75亿元,同比增长104.97%。

异地快递业务快速增长。2016年全年异地快递业务量为28 239.3万件,同比增长55.19%;实现业务收入36.32亿元,同比增长29.4%。

国际/港澳台快递业务稳定增长。2016年全年国际/港澳台快递业务量为294.63万件,同比增长17.94%;实现业务收入4.17亿元,同比增长0.79%。

同城快递业务占比上升。同城、异地、国际/港澳台快递业务量分别占全部快递业务量的30.41%、68.87%和0.72%;业务收入分别占全部快递收入的18.51%、57.21%和6.57%,其他快递业务收入占比17.71%。与2015年同期相比,同城快递业务量的占有率上升2.4个百分点,同城快递业务收入的占有率上升5.34个百分点;异地快递业务量的占有率下降2.14个百分点,异地快递业务收入的占有率下降7.44个百分点;国际/港澳台快递业务量的占有率下降0.25个百分点,国际/港澳台快递业务收入的占有率下降2.94个百分点。

民营快递企业继续占主导地位。民营快递企业业务量占总业务量的83.05%,同比下降2.01个百分点,业务收入占总业务收入的78.15%,同比下降0.26个百分点;国有企业快递市场占有率继续下滑,业务量占总业务量的9.5%,同比下降1.58个百分点,业务收入占总业务收入的10.69%,同比下降0.79个百分点;外资企业市场占有率有所提升,业务量占总业务量的7.45%,同比上升3.59个百分点;业务收入占总业务收入的11.16%,同比上升1.05个百分点。

2. 通信能力和服务水平

(1) 机构设备

全市邮政业拥有各类营业场所1 956处,设在农村的有376处。全市拥有邮政邮筒(箱)3 478个,比2015年末减少306个。全市拥有邮政报刊亭总数371处,比2015年末减少178处。全行业拥有各类汽车5 155辆,比2015年末增长9.56%,其中快递服务汽车3 626辆,比2015年末增长5.04%。快递服务企业拥有计算机6 028台,比2015年末减少9.04%;手持终端14198台,比2015年末增加9.56%。

(2) 服务能力

全市邮政业平均每一营业场所服务面积为6.09平方千米,营业场所平均服务半径为1.39千米;平均每一营业场所服务人口为0.8万人。邮政城区每日平均投递2次,农村每周平均投递6次。全市年人均函件量约为3件,每百人订有报刊量为9份,年人均快递使用量为26.2件;年人均用邮支出为529.4元,年人均快递支出为406.43元。

(三) 河北省

1. 业务发展情况

2016年,全年邮政行业业务总量为196.79亿元,在全国排名第10位,业务总量同比增长

49.7%。全年邮政行业业务收入(不包括邮政储蓄银行直接营业收入)为144.15亿元,在全国排名第11位,业务收入同比增长38.2%。

(1) 邮政普遍服务业务

2016年,函件业务下降明显。全年函件业务量为7 005.67万件,同比下降51.07%。包裹业务持续下降。全年包裹业务量为132.53万件,同比下降32.32%。报刊业务降幅扩大。全年订销报纸业务为8.24亿份,同比下降7.10%。全年订销杂志业务为3 528.23万份,同比下降24.54%。汇兑业务持续萎缩。全年汇兑业务为115.21万笔,同比下降32.52%。

(2) 快递业务

快递业务继续快速增长。2016年全年全省快递服务企业业务量为9.04亿件,在全国排名第8位,快递业务量同比增长64.6%;快递业务收入为94.26亿元,在全国排名第10位,快递业务收入同比增长67.8%。

快递业务收入在行业中占比继续提升。快递业务收入占行业总收入的比重为65.39%,比去年提高11.55个百分点。

同城快递业务增长迅猛。2016年全年同城快递业务量为1.25亿件,同比增长92.19%;实现业务收入10.62亿元,同比增长129.37%。

异地快递业务增势显著。2016年全年异地快递业务量为7.76亿件,同比增长60.88%;实现业务收入67.65亿元,同比增长58.22%。

国际/港澳台快递业务快速增长。2016年全年国际/港澳台快递业务量为295.62万件,同比增长66.56%;实现业务收入3亿元,同比增长28.47%。

快递业务结构基本稳定。同城、异地、国际/港澳台快递业务量占全部比例分别为13.86%、85.81%和0.33%,业务收入占全部比例分别为11.26%、71.78%和3.18%。

民营快递企业发展迅速。全年国有快递企业业务量为1.6亿件,比2015年增加0.4亿件,实现业务收入11.34亿元,比2015年增加3.33亿元;民营快递企业业务量为7.40亿件,比2015年增加3.12亿件,实现业务收入81.29亿元,比2015年增加34.2亿元;外资快递企业业务量为338.16万件,比2015年增加301.04万件,实现业务收入1.63亿元,比2015年增加0.56亿元。国有、民营、外资快递企业业务量市场份额分别为17.73%、81.9%和0.37%,业务收入市场份额分别为12.03%、86.24%和1.73%,与2015年相比,民营快递企业市场份额显著提升。

快递业务量排名前三位的市依次是石家庄、保定、廊坊,其快递业务量合计占全部快递业务量的比重达到64.92%。快递业务收入排名前三位的市依次是石家庄、保定、廊坊,其快递业务收入合计占全部快递业务收入的比重达到64.75%。

快递市场集中度略有下降。2016年全年快递服务品牌集中度指数(CR_8)为86.79,较2015年下降4.45个百分点。

2. 通信能力和服务水平

(1) 机构设备

2016年,全行业拥有各类营业网点6 537处,比2015年增加874处,其中设在农村的2 581处。全省拥有邮政信筒信箱2 788个,比2015年增加70个。全省拥有邮政报刊亭总数1666处,比2015年减少100处。

2016年,全行业拥有各类汽车8 430辆,比2015年增加1083辆,其中快递服务汽车5771辆,比2015年增加758辆。

快递服务企业拥有计算机 1.33 万台,比 2015 年增长 20.93%;手持终端 3.36 万台,比 2015 年增长 54.28%。

(2) 邮政网路

全省邮政邮路总条数 854 条,比 2015 年增加 78 条。邮路总长度(单程)15 万千米,比 2015 年减少 8.55 万千米。全省邮政农村投递路线 3 414 条,比 2015 年增加 20 条;农村投递路线长度(单程)19.15 万千米,比 2015 年增加 1.1 万千米。全省邮政城市投递路线 2 553 条,比 2015 年增加 88 条;城市投递路线长度(单程)6.33 万千米,比 2015 年增加 0.17 万千米。全省快递服务网路条数 3 784 条;快递服务网路长度(单程)36.21 万千米。

(3) 服务能力

2016 年平均每一营业网点服务面积为 28.88 平方千米,比 2015 年减少 4.46 平方千米;平均每一营业网点服务人口为 1.14 万人,比 2015 年减少 0.17 万人。邮政城区每日平均投递 2 次,农村每周平均投递 6 次。年人均使用函件量为 0.94 件,比 2015 年减少 0.99 件,年人均订有报刊量为 11.51 份。年人均使用快递量约为 12.10 件,比 2015 年增加 4.7 件。年人均用邮支出 192.97 元,比 2015 年增加 52.44 元,年人均快递支出 126.18 元,比 2015 年增加50.52 元。

(四) 山东省

1. 业务总体发展情况

2016 年,全省邮政行业业务总量为 301.61 亿元,同比增长 46.75%;业务收入(不包括邮政储蓄银行直接营业收入)为 230.30 亿元,同比增长 29.78%。其中,全省快递业业务量为 120 533.85 万件,同比增长 64.16%;业务收入为 138.98 亿元,同比增长 43.19%。从全国排名情况来看,山东省邮政行业业务量收均位居全国第 6 位。邮政普遍服务和快递服务满意度稳步提升,消费者对邮政管理部门申诉处理满意率达 98%。

2. 邮政普遍服务业务发展情况

邮政普遍服务业务量持续萎缩,各项业务下降明显。全年函件业务量为 10 627.13 万件,同比下降 45.48%。全年包裹业务量为 193.16 万件,同比下降 23.81%。全年订销报纸业务为 117 786.84 万份,同比下降 3.78%。全年订销杂志业务为 6 347.76 万份,同比下降 10.60%。全年汇兑业务为 256.15 万笔,同比下降 17.51%。

3. 快递业务发展情况

快递业务量收继续保持高速增长。2016 年全年快递服务企业业务量为 120 533.85 万件,同比增长 64.16%;快递业务收入为 138.98 亿元,同比增长 43.19%。

快递业务收入在行业中占比继续提升。快递业务收入占行业总收入的比重为 60.36%,比 2015 年提高 5.66 个百分点。

同城快递业务高速增长。2016 年全年同城快递业务量为 23 762.67 万件,同比增长 60.42%;实现业务收入 17.66 亿元,同比增长 58.98%。

异地快递业务增速强劲。2016 年全年异地快递业务量为 95 745.55 万件,同比增长 65.77%;实现业务收入 92.40 亿元,同比增长 40.97%。

国际/港澳台快递业务快速增长。2016 年全年国际/港澳台快递业务量为 1 025.63 万件,同比增长 20.18%;实现业务收入 12.54 亿元,同比增长 3.82%。

异地快递业务量占比小幅提升 0.77 个百分点。同城、异地、国际/港澳台快递业务量占全部比例分别为 19.71%、79.43%和 0.85%,业务收入占全部比例分别为 12.71%、66.48%和 9.02%。

民营快递企业市场份额进一步提升。全年国有快递企业业务量为13 279.99万件,实现业务收入18.61亿元;民营快递企业业务量为106 844.02万件,实现业务收入111.18亿元;外资快递企业业务量为409.85万件,实现业务收入9.19亿元。国有、民营、外资快递企业业务量市场份额分别为11.02%、88.64%和0.34%,业务收入市场份额分别为13.39%、80.00%和6.61%。全年快递服务品牌集中度指数(CR_8)为83.46。

快递业务量收排名前五位的地市依次是济南、青岛、临沂、潍坊和烟台,其快递业务量合计占全部快递业务量的比重达到69.60%。快递业务收入排名前五位的地市依次是青岛、济南、烟台、潍坊和临沂,其快递业务收入合计占全部快递业务收入的比重达到73.03%。

(五)江苏省

1. 业务发展情况

江苏省2016年邮政行业业务总量为663.7亿元,同比增长28.6%,邮政行业业务收入(不包括邮政储蓄银行直接营业收入)为463.3亿元,同比增长13.8%。

(1) 邮政普遍服务业务

2016年,函件业务持续下滑。全年函件业务量为33 290.8万件,同比下降31.7%。包裹业务同比下降。全年包裹业务量为165.3万件,同比下降25.0%。报刊业务小幅下降。全年订销报纸业务为14.7亿份,同比下降5.2%。全年订销杂志业务为6 942.2万份,同比下降3.9%。汇兑业务同比下降。全年汇兑业务为522.9万笔,同比下降21.3%。

(2) 快递业务

快递业务增幅放缓。2016年全年快递服务企业业务量为28.4亿件,同比增长23.9%;快递业务收入为339.2亿元,同比增长16.7%。

快递业务收入在行业中占比继续提升。快递业务收入占行业总收入的比重为73.2%,比上年提高1.8个百分点。

同城快递业务增幅呈现负增长。2016年全年同城快递业务量为6.1亿件,同比下降18.4%;实现业务收入43.5亿元,同比下降35.3%。

异地快递业务快速增长。2016年全年异地快递业务量为21.8亿件,同比增长44.8%;实现业务收入216.0亿元,同比增长28.8%。

国际及港澳台快递业务稳定增长。2016年全年国际/港澳台快递业务量为0.5亿件,同比增长32.0%;实现业务收入43.3亿元,同比增长14.5%。

异地快递业务占比上升。同城、异地、国际/港澳台快递业务量占比分别为21.5%、76.8% 和1.7%,业务收入占比分别为12.8%、63.7%和12.8%。与2015年相比,异地快递业务量占比上升了11.1个百分点,异地快递业务收入占比上升了6.0个百分点。

苏南、苏中、苏北市场占比基本稳定。2016年全年苏南地区(南京、苏州、无锡、常州、镇江)为快递业务量19.1亿件,同比增长26.7%;实现业务收入252.0亿元,同比增长24.3%。苏中地区(南通、扬州、泰州)为快递业务量3.9亿件,同比增长50.0%;实现业务收入42.5亿元,同比增长38.0%。苏北地区(徐州、连云港、淮安、盐城、宿迁)为快递业务量5.4亿件,同比增长1.9%;实现业务收入44.6亿元,同比下降22.0%。苏南、苏中、苏北地区快递业务量比重分别为67.1%、13.7%和19.2%,快递业务收入比重分别为74.3%、12.5%和13.2%。

国有快递企业市场份额占比上升。2016全年国有快递企业业务量为3.3亿件,实现业务收入46.1亿元;民营快递企业业务量为24.9亿件,实现业务收入264.4亿元;外资快递企业业务量为0.2亿件,实现业务收入28.7亿元。国有、民营、外资快递企业业务量市场份额分别为 11.5%、87.9%和 0.6%，业务收入市场份额分别为 13.6%、78.0%和 8.5%，与 2015 年相比，国有快递企业市场份额占比提升。

快递业务量从大到小排名的城市依次是苏州、南京、无锡、南通、徐州、常州、宿迁、扬州、淮安、盐城、连云港、镇江和泰州。

快递业务收入从大到小排名的城市依次是苏州、南京、无锡、常州、南通、徐州、扬州、淮安、镇江、泰州、盐城、宿迁和连云港。

快递服务品牌集中度下降。全年快递服务品牌集中度指数(CR_8)为 75.3，较去年下降了 2.6。

2. 通信能力和服务水平

(1) 机构设备

2016 年，全行业拥有各类营业网点 12 951 处，其中设在农村的 4 006 处。全省拥有邮政信筒信箱 9 236 个，比 2015 年末增加了 1 171 个。全省拥有邮政报刊亭总数 2 169 处，比 2015 年末减少 112 处。

全行业拥有各类汽车 24 737 辆，比 2015 年末增长 10.8%，其中快递服务汽车 21 720 辆，比 2015 年末增长 10.5%。

快递服务企业拥有计算机 34952 台，同比增长 20.4%；手持终端 83 572 台，同比增长 33.3%。

(2) 邮政网路

2016 年，全省邮政邮路总条数 1 069 条，比 2015 年末增加了 332 条。邮路总长度(单程) 20.5 万千米，比上年末增加 11.4 万千米。全省邮政农村投递路线 4 801 条，比 2015 年末减少 94 条；农村投递路线长度(单程)25.6 万千米，比 2015 年末减少了 0.5 万千米。全省邮政城市投递路线 3 362 条，比 2015 年末增加 119 条；城市投递路线长度(单程)10.4 万千米，比 2015 年末增加 0.9 万千米。全省快递服务网路条数 10 090 条；快递服务网路长度(单程)149.7 万千米。

(3) 服务能力

全行业平均每一营业网点服务面积为 8.3 平方千米；平均每一营业网点服务人口为 0.6 万人。邮政城区每日平均投递 2 次，农村每周平均投递 7 次。全省年人均函件量为 4 件，每百人订有报刊量为 13 份，年人均快递使用量为 35.5 件。年人均用邮支出 579.3 元，年人均快递支出 424.0 元。

(六) 上海市

1. 业务发展情况

2016 年，全年邮政行业业务总量为 564.2 亿元，同比增长 46.3%。全年邮政行业业务收入(不包括邮政储蓄银行直接营业收入)为 766.0 亿元，同比增长 50.9%。

(1) 邮政普遍服务业务

2016 年，函件业务降幅扩大。全年函件业务量为 8.2 亿件，同比下降 17.9%。包裹业务下降明显。全年包裹业务量为 274.9 万件，同比下降 19.5%。报刊业务持续下降。全年订销报纸业务为 8.8 亿份，同比下降 7.1%。全年订销杂志业务为 2 686.1 万份，同比下降 15.9%。汇兑业务降幅收窄。全年汇兑业务为 325.3 万笔，同比下降 19.2%。

(2) 快递业务

快递业务快速增长。2016 年，全年快递服务企业业务量为 26.0 亿件，同比增长 52.4%；快递业务收入为 709.5 亿元，同比增长 55.9%。

快递业务收入在行业中占比继续提升。快递业务收入占行业总收入的比重为92.6%,比2015年提高了3个百分点。

同城快递业务快速增长。2016年全年同城快递业务量为8.9亿件,同比增长41.0%;实现业务收入66.3亿元,同比增长35.1%。

异地快递业务高速增长。全年异地快递业务量为16.5亿件,同比增长60.2%;实现业务收入167.1亿元,同比增长34.1%。

国际/港澳台快递业务增速加快。2016年全年国际/港澳台快递业务量为6732.1万件,同比增长34.7%;实现业务收入49.9亿元,同比增长12.8%。

异地快递业务占比提升。同城、异地、国际/港澳台快递业务量占全部比例分别为34.1%、63.4%和2.6%,业务收入占全部比例分别为9.3%、23.6%和7.0%。

民营快递企业市场份额进一步提升。全年国有快递企业业务量为1.7亿件,实现业务收入29亿元;民营快递企业业务量为24亿件,实现业务收入637.7亿元;外资快递企业业务量为0.3亿件,实现业务收入42.8亿元。国有、民营、外资快递企业业务量市场份额分别为6.6%、92.1%和1.3%,业务收入市场份额分别为4.1%、89.9%和6.0%。

快递市场集中度有所提高。全年快递服务品牌集中度指数(CR_8)为85.3,较2015年上升1.6。

2. 通信能力和服务水平

(1) 机构设备

全行业拥有各类营业网点7 628处,其中设在农村的298处。全市拥有邮政信筒信箱3 075个,邮政报刊亭总数758处。全行业拥有各类汽车17 009辆,其中快递服务汽车15 050辆。快递服务企业拥有计算机45 228台,手持终端75 985台。

(2) 邮政网路

2016年,全市邮政邮路总条数487条,比上年末增加20条。邮路总长度(单程)5.7万千米,比上年末减少0.2万千米。全市邮政农村投递路线719条,比上年末增加100条;农村投递路线长度(单程)2.7万千米,比上年末增加0.4万千米。全市邮政城市投递路线4 179条,比2015年末减少57条;城市投递路线长度(单程)6.9万千米,比2015年末增加0.1万千米。全市快递服务网路条数1.3万条;快递服务网路长度(单程)80万千米。

(3) 服务能力

2016年,全行业平均每一营业网点服务面积为0.8平方千米;平均每一营业网点服务人口为0.3万人。邮政城区每日平均投递2次,农村每周平均投递11次。全市年人均函件量为34件,每百人订有报刊量为29份,年人均快递使用量为108件。年人均用邮支出3 165.5元,年人均快递支出2 932.2元。

(七) 浙江省

1. 业务发展情况

2016年浙江省全年邮政行业业务总量为1 250.7亿元,同比增长54.2%,占全国的16.9%;全年邮政行业业务收入(不包括邮政储蓄银行直接营业收入)为618.8亿元,同比增长36.5%,占全国的11.5%。

(1) 邮政普遍服务业务

2016年,函件业务持续下滑。全年函件业务量为3.4亿件,同比下降25.3%。包裹业务同比下降。全年包裹业务量为140.2万件,同比下降50.1%。报刊业务小幅下降。全年订销报纸业务为13.0亿份，同比下降21.8%。全年订销杂志业务为5 527万份，同比下降19.7%。汇兑业务大幅下降。全年汇兑业务为342.3万笔，同比下降35.6%。

（2）快递业务

快递业务快速增长。2016年全年快递服务企业业务量为59.9亿件，同比增长56.3%，占全国的19.1%；快递业务收入为541.3亿元，同比增长41.0%，占全国的13.6%。

快递业务收入在行业中占比小幅下降。快递业务收入占行业总收入的比重为87.5%，比2015年下降0.9个百分点。

同城快递业务快速增长。2016年全年同城快递业务量为10.5亿件，同比增长31.5%；实现业务收入58.3亿元，同比增长23.7%。

异地快递业务增势强劲。2016年全年异地快递业务量为48.7亿件，同比增长63.3%；实现业务收入353.7亿元，同比增长44.7%。

国际/港澳台快递业务稳定增长。2016年全年国际/港澳台快递业务量为0.7亿件，同比增长36.4%；实现业务收入53.3亿元，同比增长19.7%。

异地快递业务占比上升。全省同城、异地、国际/港澳台快递业务收入和其他快递业务收入分别占全部快递收入的10.8%、65.4%、9.8%和14.0%；同城、异地、国际/港澳台快递业务量分别占全部快递业务量的17.5%、81.3%和1.2%。与2015年相比，异地快递业务比例有所上升，同城快递业务比例稍显下降。

民营快递企业稳定发展。全年国有快递企业业务量为3.7亿件，实现业务收入41.2亿元；民营快递企业业务量为56.1亿件，实现业务收入474.2亿元；外资快递企业业务量为0.1亿件，实现业务收入25.9亿元。国有、民营、外资快递企业业务量市场份额分别为6.2%、93.7%和0.1%，业务收入市场份额分别为7.6%、87.6%和4.8%，与往年相比，民营快递企业业务量市场份额有所下降，业务收入份额持续提升。

全省快递业务量排名前三位的城市依次是杭州、金华（义乌）、温州，其快递业务量合计占全省快递业务量的比重达到68.2%。

快递业务收入排名前三位的城市依次是杭州、金华、宁波，其快递业务收入合计占全省快递业务收入的比重达到69.0%。

快递市场集中度小幅下降。全年快递服务品牌集中度指数（CR_8）为83.6，较上年下降1.9。

2. 通信能力和服务水平

（1）机构设备

截至2016年年底，全行业拥有各类营业网点11 948处，其中设在农村的有3 061处。全省拥有邮政信筒信箱26 489个，比上年末减少1.5%。全省拥有邮政报刊亭总数2 183处，比上年末减少133处。

全行业拥有各类汽车3.6万辆，同比增长18.1%，其中快递服务汽车3.2万辆，同比增长16.2%。

快递服务企业拥有计算机4.9万台，同比增长23%；手持终端9.4万台，同比增长23%。

（2）邮政网路

2016年，全省邮政邮路总条数1 094条，比2015年年末增加98条。邮路总长度（单程）69.4万千米。全省邮政农村投递路线4 057条，比2015年年末增加15条；农村投递路线长度（单程）18.5万千米，比2015年年末增加0.3万千米。全省邮政城市投递路线3176条，比

2015年年末增加282条;城市投递路线长度(单程)9.6万千米,比2015年年末增加0.9万千米。全省快递服务网路条数1.5万条,比2015年年末增长12.1%;快递服务网路长度(单程)241.4万千米。

(3) 服务能力

全行业平均每一营业网点服务面积为8.5平方千米;平均每一营业网点服务人口为4 657人。邮政城区每日平均投递2次,农村每周平均投递7次。全省人均函件量为6件,每百人订有报刊量为19份。年人均快递使用量为107.6件。年人均用邮支出1 112.1元,年人均快递支出972.7元。

(八) 福建省

1. 业务发展情况

2016年,全年邮政行业业务总量为300.69亿元,同比增长38.42%。全年邮政行业业务收入(不包括邮政储蓄银行直接营业收入)为178.54亿元,同比增长26.76%。

(1) 邮政普遍服务业务

2016年,函件业务持续下降。全年函件业务量为10867.65万件,同比下降15.9%。包裹业务下降明显。全年包裹业务量为63.15万件,同比下降41%。报刊业务降幅趋稳。全年订销报纸业务为69 728.85万份,同比下降2.34%。全年订销杂志业务为3 133.49万份,同比下降7.84%。汇兑业务持续萎缩。全年汇兑业务为167.06万笔,同比下降33.28%。

(2) 快递业务

快递业务快速增长。2016年全年快递服务企业业务量为12.9亿件,同比增长45.28%;快递业务收入为134.83亿元,同比增长33.7%。

快递业务收入在行业中占比继续提升。快递业务收入占行业总收入的比重为75.52%,比2015年提高3.92个百分点。

同城快递业务快速增长。2016年全年同城快递业务量为1.77亿件,同比增长44.38%;实现业务收入13.38亿元,同比增长48.51%。

异地快递业务高速增长。2016年全年异地快递业务量为10.87亿件,同比增长45.97%;实现业务收入85.69亿元,同比增长26.34%。

国际/港澳台快递业务增速放缓。2016年全年国际/港澳台快递业务量为0.25亿件,同比增长25.2%;实现业务收入18.09亿元,同比增长21.49%。

异地快递业务占比提升。同城、异地、国际/港澳台快递业务量占全部比例分别为13.74%、84.29%和1.97%,业务收入占全部比例分别为9.92%、63.55%和13.42%。

民营快递企业市场份额进一步提升。2016年全年国有快递企业业务量为1.6亿件,实现业务收入22.94亿元;民营快递企业业务量为11.27亿件,实现业务收入103.05亿元;外资快递企业业务量为0.04亿件,实现业务收入8.85亿元。国有、民营、外资快递企业业务量市场份额分别为12.37%、87.34%和0.29%,业务收入市场份额分别为17.01%、76.43%和6.56%。

快递市场集中度有所下降。全年快递服务品牌集中度指数(CR_8)为83.2,较上年下降2.4。

2. 通信能力和服务水平

(1) 机构设备

2016年,全行业拥有各类营业网点7 418处,其中设在农村的2 379处。全省拥有邮政信筒信箱 8 386 个，比上年末减少 344 个。全省拥有邮政报刊亭总数 938 处，比上年末减少 57 处。

全行业拥有各类汽车 7 393 辆，比 2015 年年末增长 7.35%，其中快递服务汽车 6 255 辆，比 2015 年年末增长 7.35%。

快递服务企业拥有计算机 16 529 台，比 2015 年年末增长 3.94%；手持终端 38 986 台，比 2015 年年末增长 14.9%。

(2) 邮政网路

2016 年，全省邮政邮路总条数 1032 条，比上年末增加 225 条。邮路总长度（单程）227 354 千米，比上年末增加 23 576 千米。全省邮政农村投递路线 3 224 万条，比上年末减少 60 条；农村投递路线长度（单程）93 164 千米，比上年末增加 902 千米。全省邮政城市投递路线 1 840 条，比上年末增加 105 条；城市投递路线长度（单程）37 707 千米，比上年末增加 4 560 千米。全省快递服务网路条数 5 160 条；快递服务网路长度（单程）652 205 千米。

(3) 服务能力

全行业平均每一营业网点服务面积为 16.72 平方千米；平均每一营业网点服务人口为 0.52 人。邮政城区每日平均投递 2 次，农村每周平均投递 5 次。全省年人均函件量为 3 件，每百人订有报刊量为 12 份，年人均快递使用量为 33 件。年人均用邮支出 461 元，年人均快递支出 348 元。

(九) 广东省

1. 业务发展情况

2016 年，全年邮政行业业务总量为 1 886.3 亿元，同比增长 53.5%。全年邮政行业业务收入（不包括邮政储蓄银行直接营业收入）为 1 021.1 亿元，同比增长 38.5%。

(1) 邮政普遍服务业务

2016 年函件业务增幅平稳。全年函件业务量为 7.0 亿件，同比上升 9.1%。包裹业务下降明显。全年包裹业务量为 149 万件，同比下降 52.2%。报刊业务降幅扩大。全年订销报纸业务为 7.8 亿份，同比下降 7.4%。全年订销杂志业务为 5 596 万份，同比下降 18.6%。汇兑业务持续萎缩。全年汇兑业务为 707.9 万笔，同比下降 48.8%。

(2) 快递业务

2016 年快递业务快速增长。全年快递服务企业业务量为 76.7 亿件，同比增长 53%；快递业务收入为 880.3 亿元，同比增长 42.9%。

快递业务收入在行业中占比继续提升。快递业务收入占行业总收入的比重为 86.2%，比 2015 年提高 2.7 个百分点。

同城快递业务快速增长。2016 年全年同城快递业务量为 19 亿件，同比增长 25.6%；实现业务收入 135.5 亿元，同比增长 33.6%。

异地快递业务高速增长。2016 年全年异地快递业务量为 54.6 亿件，同比增长 65.8%；实现业务收入 462.8 亿元，同比增长 45.1%。

国际/港澳台快递业务增速加快。2016 年全年国际/港澳台快递业务量为 3.2 亿件，同比增长 50.7%；实现业务收入 185.8 亿元，同比增长 19.3%。

异地快递业务占比提升。同城、异地、国际/港澳台快递业务量占全部比例分别为 24.7%、71.1%和 4.2%，业务收入占全部比例分别为 15.4%、52.6%和 21.1%。

珠三角、粤东、粤西、粤北部地区各项快递业务均保持了较快的增长势头，其中粤东、粤西和粤北地区快递业务量收占比提升。2016年全年珠三角地区为快递业务量68.4亿件,同比增长46.8%;实现业务收入805.8亿元,同比增长38.2%。粤东地区为快递业务量6.7亿件,同比增长154.3%;实现业务收入51.6亿元,同比增长160.6%。粤西地区为快递业务量0.9亿件,同比增长80.9%;实现业务收入11.2亿元,同比增长71.5%。粤北地区为快递业务量0.7亿件,同比增长74.2%;实现业务收入11.6亿元,同比增长77.3%。珠三角、粤东、粤西、粤北地区快递业务量比重分别为82.9%、8.8%、1.1%和1.0%,快递业务收入比重分别为91.5%、5.9%、1.3%和1.3%。

民营快递企业市场份额进一步提升。2016年全年国有快递企业业务量为3.8亿件,实现业务收入70亿元;民营快递企业业务量为72.3亿件,实现业务收入721.3亿元;外资快递企业业务量为0.5亿件,实现业务收入89亿元。国有、民营、外资快递企业业务量市场份额分别为5%、94.3%和0.7%;业务收入市场份额分别为7.9%、81.9%和10.1%。

快递业务量收排名前五位的城市合计在全省占比较2015年略有下降。快递业务量排名前五位的城市依次是广州、深圳、东莞、揭阳和佛山,其快递业务量合计占全部快递业务量的比重达到86.6%。快递业务收入排名前五位的城市依次是深圳、广州、东莞、佛山和中山,其快递业务收入合计占全部快递业务收入的比重达到86.6%。

快递业务量排名前十位的城市依次是广州、深圳、东莞、揭阳、佛山、中山、汕头、惠州、江门、珠海,其快递业务量合计占全部快递业务量的比重达到96.5%。

快递业务收入排名前十位的城市依次是深圳、广州、东莞、佛山、中山、揭阳、汕头、惠州、江门、珠海,其快递业务收入合计占全部快递业务收入的比重达到96.1%。

2016年,快递市场集中度有所下降。全年快递服务品牌集中度指数(CR_8)为66.1,较上年下降2.6。

2. 通信能力和服务水平

(1) 机构设备

2016年,全行业拥有各类营业网点21 602处,其中设在农村的5 821处。全省拥有邮政信筒信箱5 965个,比上年末减少1 329个。全省拥有邮政报刊亭总数2 317处,比上年末减少177处。

全省快递企业拥有飞机50架,比上年末增加8架。全行业拥有各类汽车3.9万辆,比上年末增长11.4%,其中快递服务汽车3.4万辆,比上年末增长9.7%。

快递服务企业拥有计算机7.7万台,比上年末下降7.2%;手持终端17万台,比上年末增长15.6%。

(2) 邮政网路

2016年,全省邮政邮路总条数1 961条,比上年末增加598条。邮路总长度(单程)44.8万千米,比上年末增加3.4万千米。全省邮政农村投递路线4 213条,比上年末增加117条;农村投递路线长度(单程)23.5万千米,比上年末增加0.6万千米。全省邮政城市投递路线4 532条,比上年末增加670条;城市投递路线长度(单程)14.4万千米,比上年末增加2万千米。全省快递服务网路条数2.5万条;快递服务网路长度(单程)710.4万千米。

(3) 服务能力

全行业平均每一营业网点服务面积为8.2平方千米;平均每一营业网点服务人口为0.5万人。邮政城区每日平均投递2次,农村每周平均投递8次。全省年人均函件量为6件,每百人订有报刊量为6份,年人均快递使用量为69.8件。年人均用邮支出928.4元,年人均快递支出800.3元。

（十）海南省

1. 业务发展情况

2016年海南省邮政行业业务总量为16.89亿元，同比增长33.95％。全年邮政行业业务收入（不包括邮政储蓄银行直接营业收入）为19.72亿元，同比增长29.87％。

(1) 邮政普遍服务业务

2016年，函件业务持续下降。全年函件业务量为489.16万件，同比下降9.74％。包裹业务同比下降。全年包裹业务量11.10万件，同比下降60.71％。报刊业务降幅扩大。全年订销报纸业务为17 949.97万件，同比下降2.61％。全年订销杂志业务为539.26万件，同比下降11.73％。汇兑业务大幅下降。全年汇兑为28.62万件，同比下降36.81％ 。

(2) 快递业务

2016年，快递业务稳步发展。全年快递服务企业业务量（收寄量）为4869.35万件，同比增长64.89％；快递业务收入为10.03亿元，同比增长58.15％。

快递业务收入在行业中占比继续提升。快递业务收入占行业总收入的比重为50.86％，比2015年提高9.09％。

同城快递业务大幅上升。2016年全年同城快递业务量为1 108.16万件，同比增长103.16％；实现业务收入1.01亿元，同比增长166.69％。

异地快递业务稳步增长。2016年全年异地快递业务量为3 755.54万件，同比增长56.36％；实现业务收入6.56亿元，同比增长42.43％。

国际/港澳台快递业务稳定运行。2016年全年国际/港澳台快递业务量为5.65万件，同比下降0.69％；实现业务收入1 200万元，同比下降1.35％。

同城、异地、国际/港澳台业务量占全部比例分别为22.76％、77.12％和0.12％，业务收入占全部比例分别为10.04％、65.37％和1.24％。与2015年相比，各项快递业务占比基本保持稳定。

东、中、西部市场占比基本稳定。2016年全年东部地区为快递业务量4 443.53万件，同比上升66.58％；实现业务收入8.94亿元，同比增长59.39％。中部地区为快递业务量129.88万件，同比增长38.91％；实现业务收入0.35亿元，同比增长45.90％。西部地区为快递业务量295.95万件，同比增长54.08％；实现业务收入0.74亿元，同比增长51.38％。东、中、西部地区快递业务量比重分别为91.25％、2.67％和6.08％，快递业务收入比重分别为89.12％、3.49％、7.39％。

民营快递企业持续快速发展。2016年全年国有快递企业业务量为668.91万件，实现业务收入11 669.68万元；民营快递企业业务量为4 197.92万件，实现业务收入87 969.39万元；外资快递企业业务量为2.52万件，实现业务收入699.48万元。国有、民营、外资快递企业业务量市场份额分别为13.74％、86.21％和0.05％，业务收入市场份额分别为11.63％、87.67％和0.70％，与2015年相比，民营快递企业市场份额持续提升。

快递业务量排名前五位的市县依次是海口、三亚、文昌、儋州和琼海，其快递业务量合计占全部快递业务量的比重达到90.37％。快递业务收入排名前五名的市县依次是海口、三亚、儋州、琼海和文昌，其快递业务收入合计占全部快递业务收入的比重达到87.45％。

快递市场集中度下降幅度加大。全年快递服务品牌集中度指数（CR_8）为71.98，较2015年下降5.25。

2. 通信能力和服务水平

(1) 机构设备

海南省全行业拥有各类营业网点1 740处,设在农村的有594处。全省拥有邮政信筒信箱3 240个,比2015年末减少19个。全省拥有邮政报刊亭总数378处,比2015年末减少27处。

全省全行业拥有国内快递专用货机0架。全行业拥有各类汽车1 911辆,同比增加1.59%,其中快递服务汽车1 166辆,同比下降13.24%。

快递服务企业拥有计算机2332台,同比下降3.99%;手持终端5854台,同比增长5.16%。

(2) 通信网络

全省邮政邮路总条数195条,邮路总长度(单程)91 151千米。全省邮政农村投递路线576条,同比增加21条;农村投递路线长度(单程)28 860.5千米,同比减少34.75千米。全省邮政城市投递路线613条,同比增加161条;城市投递路线长度(单程)16 426.90千米,同比增加1 450.45千米。全省快递服务网路条数847条,快递服务网路长度(单程)148 480.8千米。

(3) 服务能力

全省全行业平均每一营业网点服务面积为20.32平方千米;平均每一营业网点服务人口为0.53万人。邮政城区每日平均投递2次,农村每周平均投递7次。人均函件量为1件,每百人订有报刊量为11份。按收寄量计算,年人均快递使用量为5.31件。年人均用邮支出215.02元,年人均快递支出109.36元。

思 考 题

1. 简述东部地区在我国经济格局中的地位。
2. 简述东部地区社会经济的主要特征。
3. 简述东部地区邮政普遍服务概况。
4. 简述东部地区邮政普遍服务的构成。
5. 简述东部地区快递服务概况。
6. 简述东部地区快递业务量构成及特点。
7. 试归纳东部地区邮政业发展的社会经济基础。
8. 试分析东部地区邮政普遍服务的省际差异。
9. 试分析东部地区快递服务的省际差异及特点。
10. 总结东部各省邮政通信和服务水平能力特征。

第十章　中部地区

第一节　经济社会概述

一、中部地区概况

中部地区，东接沿海，西接内陆，按自北向南、自东向西排序包括山西、河南、安徽、湖北、江西、湖南六个相邻省份。中部地区历史厚重，资源丰富，交通便利，经济发达，工农业基础雄厚，现代服务业发展迅速，是中国经济发展的第二梯队，是我国的人口大区、交通枢纽、经济腹地和重要市场，在中国地域分工中扮演着重要角色。2016 年 12 月 26 日，国家发改委印发《促进中部地区崛起"十三五"规划》将中部地区定位为"全国重要先进制造业中心、全国新型城镇化重点区、全国现代农业发展核心区、全国生态文明建设示范区、全方位开放重要支撑区。"

2016 年中部地区总人口为 36 709 万人，占全国人口比重为 26.6%。

经济实力。2016 年中部地区国内生产总值为 160 645.6 亿元，占全国的比重为20.6%。其中，第一产业产值为 16 780.9 亿元，占全国的比重为 26.4%；第二产业 72 951.5 亿元，占全国的比重为 21.9%；第三产业为 70 913.2 亿元，占全国的比重为 18.5%。地方一般公共预算收入为 15 334.7 亿元，占全国的比重为 18.6%；地方一般公共预算支出为 33 785.1 亿元，占全国的比重为 21.1%；全社会固定资产投资额为 159 705.6 亿元，占全国的比重为26.6%；社会消费品零售总额达到 69 819.4 亿元，占全国的比重为 21.1%。2016 年中部地区居民人均可支配收入为 20 006.2 元，其中，城镇居民人均可支配收入为 28 879.3 元，农村居民人均可支配收入为 11 794.3 元。

交通设施。2016 年中部地区铁路营业里程 27 975.3 千米，占全国的比重为 22.6%；公路里程为 1 267 456 千米，占全国的比重为 27%，且高速公路为 34 434 千米，占全国的比重为 26.3%。

二、分省情况

(一) 山西省

山西省简称"晋"，省会太原市。位于黄河中游东岸，华北平原西面的黄土高原上。东以太行山为界，与河北为邻；西、南隔黄河与陕西、河南相望；北以外长城为界与内蒙古毗连。疆域轮廓呈东北斜向西南的平行四边形，南北间距较长，纵长约 682 千米，东西宽约 385 千米，介于东经 110°14′～114°33′、北纬 34°34′～40°44′之间，总面积 15.67 万平方千米，占中国总面积的

1.6%。全省辖 11 个地级市,包括 119 个县(市、区),1 398 个镇、乡、街道(564 个镇、632 个乡、202 个街道),建制村 28 079 个。

1. 人口

2016 全省常住人口 3681.64 万人。全年全省出生人口 37.79 万人,人口出生率 10.29‰;死亡人口 20.27 万人,死亡率 5.52‰;自然增长率 4.77‰。其中,城镇人口为 2 070 万人,占 56.21%;乡村人口为 1 612 万人,占 43.79%。从性别构成看,男性人口为 1 886 万人,占 51.23%;女性人口 1796 万人,占 48.77%。

2. 国民经济

2016 年全省生产总值为 12 928.3 亿元。其中,第一产业增加值 784.6 亿元,占生产总值的比重为 6.1%;第二产业增加值 4 926.4 亿元,占生产总值的比重为 38.1%;第三产业增加值 7217.4 亿元,占生产总值的比重为 55.8%。人均地区生产总值 35199 元,按 2016 年平均汇率计算为 5299 美元。

3. 交通运输

山西省公路线路里程 14.3 万千米。其中,高速公路 5335 千米,108 个县(市、区)通了高速公路;96.3%的国道、85.5%的省道达到二级以上公路标准。民用航空航线 211 条,共有 7 个民用机场。山西省是华北重要交通枢纽,为同蒲、京包、大秦、石太、太中银、太焦、神黄、石太客专、大西客专等重要干线交会处。

4. 邮电通信

2016 年邮电业务总量为 794.8 亿元。其中,邮政业务总量 56.9 亿元,电信业务总量 737.9 亿元。年末移动电话用户 3 365.7 万户,其中,3G 移动电话用户 374.2 万户,4G 移动电话用户 1 885.4 万户。全省宽带接入用户 747.2 万户。

(二) 河南省

河南,古称中原、中州、豫州,简称“豫”,省会郑州市。河南位于中国中东部、黄河中下游,全省介于北纬 31°23′~36°22′、东经 110°21′~116°39′之间。河南共下辖 17 个地级市、1 个省直辖县级行政单位、52 个市辖区、20 个县级市、85 个县。

1. 人口

2016 年全省总人口 10 788.14 万人,常住人口 9 532.42 万人,其中城镇常住人口 4 623.22 万人,城镇化率 48.5%。从性别构成看,男性人口为 4 841.96 万人,占 50.8%;女性人口 4 690.46万人,占 49.2%。出生人口 142.61 万人,出生率 13.26‰;死亡人口 76.47 万人,死亡率 7.11‰;自然变动净增人口 66.14 万人,自然增长率 6.15‰。

2. 国民经济

2016 年全省生产总值为 40 160.01 亿元,其中,第一产业增加值 4 286.30 亿元,第二产业增加值 19 055.44 亿元,第三产业增加值 16 818.27 亿元,三次产业结构为 10.7∶47.4∶41.9。人均生产总值 42 247 元。

3. 交通运输

河南是中国承东启西、连南贯北的综合交通枢纽中心和战略腹地,拥有发达的铁路、高铁、公路、航空、地铁、水运、管道等综合交通枢纽体系,京广、京九、太焦、焦柳、陇海、宁西、侯月、新月、新菏等数十条国家干线铁路及京广、郑西、郑徐、商杭、郑合、郑渝、郑济、郑太、京雄商、京九、呼南等数十条国家高铁干线在河南交汇,以郑州为中心的中原城市群城际轨道交通网系统构成了河南密集的城际轨道交通网络体系。全省铁路营业里程 5 466.22 千米,高速公路通车里程 6 448 千米，有 6 座民用航空机场。

4. 邮电通信

2016 年邮电业务总量 2 065.90 亿元，其中，邮政行业业务总量(含快递)233.22 亿元，电信业务总量 1 832.67 亿元。快递业务总量 8.39 亿件。年末本地固定电话用户 798.60 万户，移动电话用户 8 164.60 万户。电话普及率 94.50 部/百人。年末互联网用户 8 145.50 万户。

(三) 湖北省

湖北省简称"鄂"，省级行政区，省会武汉，因位于长江中游、洞庭湖以北，故名湖北。地处中国中部，东邻安徽，西连重庆，西北与陕西接壤，南接江西、湖南，北与河南毗邻，介于东经 108°21′42″～116°07′50″、北纬 29°01′53″～33°6′47″之间。全省国土总面积 18.59 万平方千米。湖北省下辖 12 个地级市，1 个自治州，39 个市辖区，24 个县级市(其中 3 个省直管市)，38 个县，2 个自治县，1 个林区。

1. 人口

2016 年省常住人口 5 885 万人。其中，城镇 3 419.19 万人，乡村 2 465.81 万人。城镇化率达到 58.1%。全年出生人口 70.65 万人，出生率为 12.04‰；死亡人口 40.9 万人，死亡率为 6.97‰；人口自然增长率为 5.07‰。

2. 国民经济

2016 年地区国内生产总值为 32 297.91 亿元。其中，第一产业增加值 3 499.3 亿元，第二产业增加值 14 375.13 亿元，第三产业增加值 14 423.48 亿元。三次产业结构为 10.8∶44.5∶44.7。在第三产业中，交通运输仓储和邮政业、批发和零售业、住宿和餐饮业、金融业、房地产业、营利性服务业及非营利性服务业增加值分别增长 3.5%、5.7%、6.9%、12.4%、7.7%、18.4%和 6.8%。

3. 交通运输

截至 2016 年年末，湖北省公路总里程 26.02 万千米、公路密度 139.96 千米/百平方千米，已建和在建高速公路总里程达 7193 千米，已通车里程 6204 千米。湖北省境内的铁路线有京广线、京九线、武九铁路、襄渝线、汉丹线、焦柳线、长荆线、宜万铁路、渝利铁路；高铁有京广高铁、汉宜客运专线等。武汉市是中国航空运输中心之一，位于武汉市黄陂区的武汉天河国际机场是华中地区规模最大、功能最齐全的现代化航空港，是全国十大机场之一，空中航线共 200 余条。省内有航线通往省内及省外和国际航线共 20 余条。

4. 邮电通信

2016 年全省邮电业务总量 1400.01 亿元，增长 44.5%。长途光缆线路总长度达到 3.23 万千米，局用交换机达到 493.8 万门，固定电话用户 731.65 万户，移动电话用户达到 4 683.75 万户，全省电话普及率为 92.02 部/百人，计算机宽带互联网用户 1 131.88 万户。

(四) 湖南省

湖南为省级行政区，地处我国中南部、长江中游南部，省内最大河流湘江流贯南北而被简称为"湘"，也称潇湘，省会长沙市。湖南东临江西，西接重庆、贵州，南毗广东、广西，北与湖北相连。湖南东西宽 667 千米，南北长 774 千米。土地面积 21.18 万平方千米，占国土面积的 2.2%，在各省、市、自治区面积中居第 10 位。

1. 人口

截至 2016 年末，湖南省常住人口 6 822.0 万人。其中，城镇人口 3 598.6 万人，城镇化率

52.75%。全年出生人口92.3万人,出生率13.57‰;死亡人口47.7万人,死亡率7.01‰;人口自然增长率6.56‰。0~15岁(含不满16周岁)人口占常住人口的比重为19.71%,16~59岁(含不满60周岁)人口占常住人口的比重为62.68%,60岁及以上人口占常住人口的比重为17.61%。

2. 国民经济

2016年全省地区生产总值31 244.7亿元,同比增长7.9%。其中,第一产业增加值3 578.4亿元,同比增长3.3%;第二产业增加值13 181.0亿元,同比增长6.6%;第三产业增加值14 485.3亿元,同比增长10.5%。按常住人口计算,人均地区生产总值45 931元,同比增长7.3%。

3. 交通运输

2016年,湖南省客货运输换算周转量5 052.5亿吨公里,货物周转量4 056.8亿吨公里。其中,铁路周转量735.0亿吨公里,公路周转量2 686.6亿吨公里。旅客周转量1 669.3亿人公里,其中,铁路周转量924.4亿人公里,公路周转量577.0亿人公里,民航周转量164.7亿人公里。至2016年年末,湖南省公路通车里程23.8万千米,其中,高速公路通车里程6 080千米;铁路营业里程4 716千米,其中高速铁路1 374千米。民用汽车保有量603.0万辆,私人汽车保有量551.1万辆;轿车保有量328.1万辆。

4. 邮电通信

2016年,湖南省邮电业务总量1 347.9亿元,其中,邮政业务总量143.4亿元,电信业务总量1 204.5亿元。固定电话用户682.7万户,移动电话用户4 909.1万户,互联网宽带用户1 044.2万户。

(五) 江西省

江西简称“赣”(gàn),又称江右、别称赣鄱大地,省会是南昌市。地处中国东南部,北纬24°29′14″~30°04′41″、东经113°34′36″~118°28′58″之间。东邻浙江省、福建省,南连广东省,西接湖南省,北毗湖北省、安徽省而共接长江,是长江经济带重要组成部分。江西辖境面积共16.69万平方千米,辖11个设区的市、100个县级行政区(县、不设区的市(县级)、市辖区)、1个国家级新区。

1. 人口

2016年常住人口4 592.3万人,比上年末增加26.6万人。其中,城镇人口2 438.5万人,占总人口的比重(常住人口城镇化率)为53.1%,比上年末提高1.5个百分点。户籍人口城镇化率为35.7%,比上年末提高3.5个百分点。全年出生人口61.6万人,出生率13.45‰,比上年提高0.25个千分点;死亡人口28.2万人,死亡率6.16‰,下降0.08个千分点;自然增长率7.29‰,提高0.33个千分点。

2. 国民经济

2016年全年实现地区生产总值18 364.4亿元。其中,第一产业增加值1 904.5亿元,第二产业增加值9 032.1亿元,第三产业增加值7 427.8亿元。三次产业结构为10.4∶49.2∶40.4,三次产业对地区生产总值增长的贡献率分别为4.8%、47.4%和47.8%。人均生产总值40 106元,按年均汇率折算为6 038美元。

3. 交通运输

2016年公路通车里程161 909千米,其中,高速公路通车里程5 894千米;铁路营运里程3 909.3千米。民用汽车保有量407.4万辆,民用轿车保有量225.2万辆,其中,私人轿车212.6万辆。全年货物运输量138 061.6万吨,货物周转量3 897.6亿吨公里;旅客运输量62 874.0万人，旅客周转量 970.6 亿人公里。机场旅客吞吐量 1 050.1 万人。

4. 邮电通信

2016 年邮电业务总量 984.1 亿元，其中，邮政业务总量 100.3 亿元，电信业务总量 883.8 亿元。快递业务量 3.8 亿件，快递业务收入 41.3 亿元。固定电话用户 517.5 万户，其中，城市电话用户 337.4 万户，乡村电话用户 180.1 万户。移动电话用户 3 140.7 万户，3G 移动电话用户 360.0 万户，4G 移动电话用户 1 861.1 万户。

（六）安徽省

安徽简称“皖”，省会合肥市，经济上属于中国东部经济区。地理位置位于东经 114°54′～119°37′、北纬 29°41′～34°38′之间。地处长江、淮河中下游，长江三角洲腹地，居中靠东、沿江通海，东连江苏、浙江，西接湖北、河南，南邻江西，北靠山东，东西宽 450 千米，南北长 570 千米。辖境面积 14.01 万平方千米，土地面积 13.94 万平方千米，占全国的 1.45%。地跨长江、淮河、新安江三大流域，形成淮北平原、江淮丘陵、皖南山区三大自然区域。安徽省共辖 16 个地级市，包括共辖 44 个市辖区、6 个县级市、55 个县，255 个街道办事处，1249 个乡镇。

1. 人口

2016 年全省户籍人口 7 027 万人，比上年增加 77.9 万人；常住人口 6195.5 万人，比上年增加 51.9 万人。城镇化率 52%，比上年提高 1.5 个百分点。全年人口出生率 13.02‰，比上年上升 0.1 个千分点；死亡率 5.96‰，上升 0.02 个千分点；自然增长率 7.06‰，上升 0.08 个千分点。

2. 国民经济

2016 年全年生产总值为 24 117.9 亿元，其中，第一产业增加值 2 567.7 亿元，第二产业增加值 11 666.6 亿元，第三产业增加值 9 883.6 亿元。三次产业结构为 10.6∶48.4∶41，其中工业增加值占生产总值的比重为 41.1%。全员劳动生产率 55 420 元/人，人均生产总值 39 092 元（折合 5885 美元）。

3. 交通运输

2016 年全省高速公路达 4 543 千米，一级公路达 3 833 千米；铁路营业里程达 4 124.4 千米，其中高速铁路营业里程 1354 千米。2016 年旅客运输量 8.1 亿人，货物运输量 36.5 亿吨。旅客运输周转量 1 231.4 亿人公里，货物运输周转量 10 883.2 亿吨公里。全年港口货物吞吐量 5.1 亿吨，其中外贸货物吞吐量 1 616.7 万吨。全省民航机场旅客吞吐量 912.9 万人次，其中合肥新桥机场旅客吞吐量 739.2 万人次。

4. 邮电通信

2016 年邮电业务总量为 1274.1 亿元，其中，电信业务总量 1099.2 亿元，邮政业务总量 174.9 亿元。快递业务量 6.9 亿件，快递业务收入 70.6 亿元。年末本地固定电话用户 613.9 万户，移动电话用户 4 426.5 万户。每百人拥有电话（含移动）82 部，年末基础电信运营企业计算机互联网宽带接入用户 1 075 万户。

第二节　邮政业务构成及发展

一、中部地区邮政业务发展现状

2016 年中部地区 6 省份邮政业务总量共 900.79 亿元，占全国邮政业务总量的 12.21%；

邮政行业业务收入(不包括邮政储蓄银行直接营业收入)706.67亿元,占全国13.2%。邮政业务量由高到低的次序为河南、湖北、安徽、湖南、江西、山西,其中河南省最高,为233.22亿元。

1. 邮政普遍服务

2016年中部地区函件量为3.08亿件,占全国函件总量的8.56%;包裹业务量为443.85万件,占全国包裹业务量的16.18%;订销报纸41.36亿份,占全国报纸顶销量的23.54%;汇兑业务为970.11万笔,占全国汇总业务量的16.96%。

2. 快递服务

2016年中部地区快递业务总量为33.57亿件,占全国总量的10.75%;快递业务收入为367.13亿元,占全国总量的10.36%。其中,同城快递业务量为5.91亿件,异地快递业务量为27.43亿件,国际/港澳台快递业务量为2316.29万件,分别占全国相应业务量的7.98%、11.81%和3.75%。快递业务总量由高到低的次序为河南、湖北、安徽、湖南、江西、山西,其中河南省最高,为8.39亿件;山西省最低,为1.87亿件。

从快递业务构成看,中部地区同城快递、异地快递、国际/港澳台快递的比重分别为:17.61%、81.71%、0.68%;国内异地快递业务比重最高,是最重要的业务。

二、各省邮政业状况

(一)山西省

1. 业务发展情况

2016年全省邮政行业业务总量为56.87亿元,同比增长31.87%。全年全省邮政行业业务收入(不包括邮政储蓄银行直接营业收入)为54.25亿元,同比增长18.67%。

(1) 邮政普遍服务业务

函件业务大幅下降。全年函件业务量为2 649.83万件,同比下降31.91%。包裹业务同比下降。全年包裹业务量为46.11万件,同比下降25.24%。报刊业务同比下降。全年订销报纸业务为51 796.83万份,同比下降1.73%。全年订销杂志业务为1701.34万份,同比下降27.98%。汇兑业务大幅下降。全年汇兑业务为98.42万笔,同比下降32.28%。

(2) 快递业务

快递业务快速增长。2016年全年快递服务企业业务量为18 665.25万件,同比增长62.63%;快递业务收入为22.14亿元,同比增长44.81%。

同城快递业务持续增长。2016年全年同城快递业务量为2 939.91万件,同比增长166.97%;实现业务收入2.97亿元,同比增长217.25%。

异地快递业务快速增长。2016年全年异地快递业务量为15 704.68万件,同比增长51.6%;实现业务收入12.92亿元,同比增长22.86%。

国际/港澳台快递业务稳定增长。2016年全年国际/港澳台快递业务量为20.66万件,同比增长23.46%;实现业务收入0.41亿元,同比增长0.7%。

同城快递业务占比上升。同城、异地、国际/港澳台快递业务量占全部比例分别为15.75%、84.14%和0.11%,业务收入占全部比例分别为13.4%、58.36%和1.83%。

快递业务量排名前三位的地市依次是太原、运城、大同,快递业务量合计占全省快递业务量的比重达到75.29%。快递业务收入排名前三位的地市依次是太原、运城、大同,快递业务收入合计占全省快递业务收入的比重达到67.35%。

2. 通信能力和服务水平

(1) 机构设备

2016 年,全行业拥有各类营业网点 5 972 处,比上年末增长 1.12%,全省拥有邮政信筒信箱 1 362 个,比上年末增加 42 个。全省拥有邮政报刊亭总数 327 处,比上年末减少 13 处。

全行业拥有各类汽车 5 100 辆,比 2015 年末增长 27.12%,其中快递服务汽车 3 136 辆,比 2015 年末增长 28.74%。

快递服务企业拥有计算机 6 744 台,比 2015 年末增长 13.33%;手持终端 14 481 台,比 2015 年末增长 38.57%。

(2) 邮政网路

2016 年,全省邮政邮路总条数 496 条,比上年末增加 36 条。邮路总长度(单程)46 662 千米,比上年末增加 3 189 千米。全省邮政农村投递路线 2 211 条,比上年末减少 188 条;农村投递路线长度(单程)108 813.42 千米,比上年末增加 6 317.12 千米。全省邮政城市投递路线 1 638 条,比上年末增加 109 条;城市投递路线长度(单程)36 276.41 千米,比上年末增加 2 592.93 千米。全省快递服务网路条数 3 746 条,比上年末增长 15.08%;快递服务网路长度(单程)36 9861.41 千米,比上年末下降 26.98%。

(3) 服务能力

全行业平均每一营业网点服务人口为 6 千人。邮政城区每日平均投递 2 次,农村每周平均投递 6 次。人均函件量为 1 件,每百人订有报刊量为 8 份。年人均快递使用量为 5 件。年人均用邮支出 147 元,年人均快递支出 60 元。

(二) 河南省

1. 业务发展情况

2016 年河南省邮政行业业务总量为 233.22 亿元,同比增长 42.4%。全年邮政行业业务收入(不包括邮政储蓄银行直接营业收入)为 191.38 亿元,同比增长 29.48%。

(1) 邮政普遍服务业务

函件业务持续下降。全年函件业务量为 9 496.43 万件,同比下降 20.93%。包裹业务下降明显。全年包裹业务量为 160.39 万件,同比下降 19.08%。报刊业务降幅扩大。全年订销报纸业务为 11.12 亿份,同比下降 5.38%。全年订销杂志业务为 4 554.09 万份,同比下降 12.82%。汇兑业务持续萎缩。全年汇兑业务为 490.35 万笔,同比下降 9.45%。

(2) 快递业务

快递业务快速增长。2016 年全年快递服务企业业务量为 8.39 亿件,同比增长 63.02%;快递业务收入为 94.37 亿元,同比增长 49.53%。

快递业务收入在行业中占比继续提升。快递业务收入占行业总收入的比重为 49.31%,比上年提高 6.61 个百分点。

同城快递业务快速增长。2016 年全年同城快递业务量为 1.47 亿件,同比增长 91.66%;实现业务收入 10.88 亿元,同比增长 99.97%。

异地快递业务增长速度逐步平稳。2016 年全年异地快递业务量为 6.84 亿件,同比增长 58.01%;实现业务收入 64.13 亿元,同比增长 44.08%。

国际/港澳台快递业务增速加快。2016 年全年国际/港澳台快递业务量为 773.59 万件,同比增长 56.43%;实现业务收入 4.06 亿元,同比增长 30.39%。

异地快递业务占比提升。同城、异地、国际/港澳台快递业务量占全部业务量的比例分别为17.57%、81.51%和0.92%,业务收入占全部业务收入的比例分别为11.53%、67.96%和4.3%。

民营快递企业市场份额进一步提升。2016年全年国有快递企业业务量为8 874.02万件,实现业务收入12.7亿元;民营快递企业业务量为74 801.33万件,实现业务收入80.17亿元;外资快递企业业务量为199.97万件,实现业务收入1.5亿元。国有、民营、外资快递企业业务量市场份额分别为1.06%、89.18%和0.24%,业务收入市场份额分别为13.46%、84.95%和1.59%。

2. 通信能力和服务水平

(1) 机构设备

全省全行业拥有各类营业网点10 827处,其中设在农村的4 560处。全省拥有邮政信筒信箱4 271个。全省拥有邮政报刊亭总数1 802处。

2016年,全行业拥有各类汽车13 049辆,比上年末增长30.82%,其中快递服务汽车8 261辆,比上年末增长44.6%。

2016年,快递服务企业拥有计算机15 462台,比上年末增长35.13%;手持终端31 770台,比上年末增长27.14%。

(2) 邮政网路

全省邮政邮路总条数920条。邮路总长度(单程)153 230.94千米。全省邮政农村投递路线3 973条;农村投递路线长度(单程)190 287.5千米。全省邮政城市投递路线2 930条;城市投递路线长度(单程)63 882千米。全省快递服务网路条数6 765条;快递服务网路长度(单程)902 356.25千米。

(3) 服务能力

全省全行业平均每一营业网点服务面积为15.42平方千米;平均每一营业网点服务人口为1万人。邮政城区每日平均投递2次,农村每周平均投递5次。全省年人均函件量为0.88件,每百人订有报刊量为10.73份,年人均快递使用量为7.77件。年人均用邮支出177.4元,年人均快递支出87.48元。

(三) 湖北省

1. 业务发展情况

2016年湖北省邮政行业业务总量为192.10亿元,同比增长39.8%,排名全国第11位。全年邮政行业业务收入(不包括邮政储蓄银行直接营业收入)为150.48亿元,同比增长30.62%,排名全国第10位。

(1) 邮政普遍服务业务

2016年,函件业务继续下降。全年函件业务量为6 318.24万件,同比下降6.49%。包裹业务下降明显。全年包裹业务量为71.94万件,同比下降32.01%。报纸业务小幅下滑。全年订销报纸业务为64 434.16万份,同比下降1.87%。杂志业务降幅扩大。全年订销杂志业务为3 016.76万份,同比下降42.46%。汇兑业务持续萎缩。全年汇兑业务为73.02万笔,同比下降30.52%。

(2) 快递业务

快递业务快速增长。2016年全年快递服务企业业务量为7.73亿件,同比增长52.12%,排名全国第11位。快递业务收入为87.17亿元,同比增长46.34%,排名全国第11位。

快递业务收入在行业中占比持续提升。快递业务收入占行业总收入的比重为57.9%，比上年提高了6.2个百分点。

同城快递业务快速增长。2016年全年同城快递业务量为17 193.64万件，同比增长45.44%；实现业务收入13.25亿元，同比增长49.57%。

异地快递业务高速增长。2016年全年异地快递业务量为59 856.87万件，同比增长54.16%；实现业务收入53.19亿元，同比增长33.77%。

国际/港澳台快递业务增速加快。2016年全年国际及港澳台快递业务量为297.61万件，同比增长50.4%；实现业务收入2.82亿元，同比增长23.39%。

同城、异地、国际/港澳台快递业务量占全部业务量的比例分别为22.23%、77.39%和0.38%，业务收入占全部业务收入的比例分别为15.21%、61.02%和3.23%。与上年相比，同城业务收入占比持续提升，异地快递业务收入比例有所下降，国际/港澳台业务收入比例基本持平。

各市(州)均呈现出较快发展态势，武汉市快递业务量收在全省的占比较2015年略有下降。快递业务量收的比例分别占全省快递业务量收的70.8%和68.91%，比2015年分别下降了3.5%和3.6%。

民营快递企业持续快速发展。全年国有快递企业业务量为10 605.2万件，实现业务收入11.4亿元；民营快递企业业务量为66 625.2万件，实现业务收入74.1亿元；外资快递企业业务量为117.7万件，实现业务收入1.7亿元。国有、民营、外资快递企业业务量市场份额分别为13.71%、86.14%和0.15%，业务收入市场份额分别为13.12%、84.97%和1.91%。

快递市场集中度下降。全年快递服务品牌集中度指数(CR_8)为78.04，较2015年下降4.6。

2. 通信能力和服务水平

(1) 机构设备

2016年，全行业拥有各类营业网点11 812处，比上年末增加了2 614处。其中设在农村的4 444处，比上年末增加了1 290处。全省拥有邮政信筒信箱2 575个，比上年末增加158个。全省拥有邮政报刊亭总数516处，比上年末增加337处。

2016年，全行业拥有各类汽车10 375辆，比上年末增加了1 573辆。其中快递服务汽车8 312辆，比上年末增长16.25%。

2016年，快递服务企业拥有计算机15 581台，比上年末增长16.11%；手持终端26 627台，比上年末增长4.54%。

(2) 邮政网路

2016年，全省邮政邮路总条数726条，比上年末增加73条。邮路总长度(单程)74 637.5千米，比上年末增加12 478.5千米。全省邮政农村投递路线3 539条，比上年末减少23条；农村投递路线长度(单程)194 241.3千米，比上年末减少11 260.7千米。全省邮政城市投递路线2 185条，比上年末增加84条；城市投递路线长度(单程)52 423.4千米，比上年末增加856.4千米。全省快递服务网路条数6 024条，快递服务网路长度(单程)996 390.2千米。

(3) 服务能力

全行业平均每一营业网点服务面积为15.8平方千米；平均每一营业网点服务人口为0.5万人。邮政城区每日平均投递2次，农村每周平均投递5次。人均函件量为1件，每百人订有报刊量为7份。年人均快递使用量为13.1件。年人均用邮支出255.1元，年人均快递支出148.1元。

(四) 湖南省

1. 业务发展情况

2016年全省邮政行业业务总量为143.37亿元,同比增长30.82%。全年邮政行业业务收入(不包括邮政储蓄银行营业收入)为109.55亿元,同比增长39.23%。

(1) 邮政普遍服务业务

函件业务下降明显。全年函件业务量为3 040.08万件,同比下降33.24%。包裹业务持续下降。全年包裹业务量为40.48万件,同比下降54.64%。报刊业务下降明显。全年订销报纸业务为66 138.48万份,同比下降1.21%。全年订销杂志业务为4 527.24万份,同比下降58.14%。汇兑业务持续萎缩。全年汇兑业务为135.10万笔,同比下降25.22%。

(2) 快递业务

快递业务快速增长。2016年全年快递服务企业业务量为4.86亿件,同比增长52.91%;快递业务收入为51.60亿元,同比增长52.23%。

快递业务收入在行业中占比继续提升。快递业务收入占行业总收入的比重为47.10%,比上年提高6.5个百分点。

同城快递业务快速增长。2016年全年同城快递业务量为8 035.46万件,同比增长41.84%;实现业务收入5.71亿元,同比增长23.96%。

异地快递业务高速增长。2016年全年异地快递业务量为3.99亿件,同比增长55.85%;实现业务收入31.97亿元,同比增长52.23%。

国际/港澳台快递业务增速加快。2016年全年国际/港澳台快递业务量为665.72万件,同比增长28.49%;实现业务收入2.96亿元,同比增长27.95%。

异地快递业务占比提升。同城、异地、国际/港澳台快递业务量占全部业务量的比例分别为17.19%、81.57%和1.24%,业务收入占全部业务收入的比例分别为12.87%、59.21%和5.09%。

快递业务量排名前五位的依次是长沙、株洲、衡阳、益阳和邵阳,其快递业务量合计占全省全部快递业务量的比重达到78.87%。快递业务收入排名前五位的依次是长沙、株洲、衡阳、岳阳、郴州,其快递业务收入合计占全省全部快递业务收入的76.57%。

2. 通信能力和服务水平

(1) 机构设备

2016年,全省全行业拥有各类营业网点8 004处,其中设在农村的4 027处。全省拥有邮政信筒信箱2470个,比上年末减少19个。全国拥有邮政报刊亭总数2 244处,比上年末减少216处。

2016年,全省全行业拥有各类汽车6 168辆,比上年末增长27.15%,其中快递服务汽车4 318辆,比上年末增长29.09%,新能源汽车47台,比上年末增长176.47%。

2016年,全省快递服务企业拥有计算机8 868台,比上年末增长4.07%;手持终端16 329台,比上年末增长39.47%。

(2) 邮政网路

2016年,全省邮政邮路总条数899条,比上年末增加89条。邮路总长度(单程)9.68万千米,比上年末增加0.52万千米。全省邮政农村投递路线4 962条,比上年末减少238条;农村投递路线长度(单程)21.24万千米,比上年末减少0.2万千米。全省邮政城市投递路线2 262条,比上年末增加151条;城市投递路线长度(单程)6.19万千米,比上年末增加0.32万千米。

全省快递服务网路条数 2 319 条；快递服务网路长度(单程)34.64 万千米。

(3) 服务能力

全省平均每一营业网点服务面积为 26.46 平方千米；平均每一营业网点服务人口为 0.85 万人。邮政城区每日平均投递 2 次，农村每周平均投递 4 次。每百人订阅报刊量为 8.20 份。年人均快递使用量为 7.12 件。年人均用邮支出 160.58 元，年人均快递支出 75.64 元。

(五) 江西省

1. 业务发展情况

2016 年江西省邮政行业业务总量为 100.32 亿元，同比增长 43.92%。全年邮政行业业务收入(不包括邮政储蓄银行直接营业收入)为 77.11 亿元，同比增长 30.67%。

(1) 邮政普遍服务业务

函件业务持续下滑。全年函件业务量为 3 243.81 万件，同比下降 10.69%。包裹业务降幅扩大。全年包裹业务量为 56.53 万件，同比下降 32.25%。报刊业务升中有降。全年订销报纸业务为 54 995.35 万份，同比增长 0.6%。全年订销杂志业务为 2 348.58 万份，同比下降 12.50%。汇兑业务持续萎缩。全年汇兑业务为 111.49 万笔，同比下降 14.17%。

(2) 快递业务

快递业务快速增长。2016 年全年快递服务企业业务量为 38 304.64 万件，同比增长 63.19%；快递业务收入为 41.29 亿元，同比增长 49.23%。

异地快递业务增势强劲。2016 年全年异地快递业务量为 32 385.48 万件，同比增长 60.97%；实现业务收入 27.30 亿元，同比增长 43.99%。

同城快递业务快速增长。2016 年全年同城快递业务量为 5 663.13 万件，同比增长 78.74%；实现业务收入 4.55 亿元，同比增长 104.50%。

国际/港澳台快递业务持续发展。2016 年全年国际/港澳台快递业务量为 256.03 万件，同比增长 39.16%；实现业务收入 1.61 亿元，同比增长 26.96%。

同城快递业务占比上升。同城、异地、国际及港澳台快递业务量占全部业务量的比例分别为 14.78%、84.55%和 0.67%，业务收入占全部业务收入的比例分别为 11.02%、66.11%和 3.89%。

快递业务量排名前五位的依次是南昌、赣州、上饶、九江和景德镇，其快递业务量合计占全省全部快递业务量的比重达到 78.49%。快递业务收入排名前五位的依次是南昌、赣州、九江、上饶和宜春，其快递业务收入合计占全省全部快递业务收入的 78.64%。

2. 通信能力和服务水平

(1) 机构设备

全行业拥有各类营业网点 6 561 处，其中设在农村的 2 362 处。邮政企业全省拥有邮筒(箱)2 181 个，邮政报刊亭 921 个。

2016 年，全行业拥有各类汽车 5 168 辆，比上年末增长 22.35%，其中快递服务汽车 3 509 辆，比上年末增长 19.80%。

快递服务企业拥有计算机 8 465 台，比上年末增长 15.94%；手持终端 14 648 台。

(2) 邮政网路

全省邮政邮路总条数 602 条，邮路总长度(单程)94 040.6 千米。其中邮政企业农村投递路线 3 081 条，农村投递路线长度(单程)89 872.2 千米；全省邮政企业城市投递路线 1 553 条，城市投递路线长度(单程)33 435.85 千米。

全省快递服务网路条数2 187条,快递服务网路长度(单程)232 058.58千米。

(3) 服务能力

全行业平均每一营业网点服务面积为25.44平方千米;平均每一营业网点服务人口为0.7万人。

邮政企业城区每日平均投递2次,农村每周平均投递5次。人均函件量为0.71件,每百人订有报刊量为8.9份。

年人均快递使用量为8.34件。年人均用邮支出167.91元,年人均快递支出89.91元。

(六) 安徽省

1. 业务发展情况

2016年,全省邮政企业和快递服务企业业务收入累计为123.90亿元,同比增长34.34%;业务总量累计为174.91亿元,同比增长50.54%。

(1) 邮政普遍服务情况

函件业务持续下滑。全年函件业务累计为6 062.19万件,同比下降27.76%。包裹业务下降明显。累计为68.40万件,同比下降25.58%。报刊业务继续下降。报纸业务累计为65 063.23万份,同比下降3.51%;杂志业务累计为4 010.31万份,同比下降9.38%。汇兑业务持续萎缩。汇兑业务累计为61.73万笔,同比下降26.19%。

(2) 快递服务情况

快递业务快速增长,全省快递业务量累计为6.89亿件,同比增长72.47%;全省快递业务收入累计为70.56亿元,同比增长53.02%。

快递业务收入在行业中占比继续提升。快递业务收入占行业总收入的比重为56.95%,比2015年提高6.95个百分点。

同城快递业务快速增长。2016年全年同城业务量累计10 551.19万件,同比增长50.40%;同城业务收入累计7.27亿元,同比增长47.37%。

异地快递业务高速增长。2016年全年异地业务累计58 024.39万件,同比增长77.57%;异地业务收入累计47.37亿元,同比增长44.57%。

国际/港澳台快递业务增速加快。国际/港澳台累计302.68万件,同比增长24.37%;国际/港澳台业务收入累计2.91亿元,同比增长18.40%。

其他收入累计13.04亿元,同比增长118.23%。

同城、异地、国际/港澳台快递业务量占全部业务量的比例分别为15.32%、84.24%和0.44%,业务收入占全部业务收入的比例分别为10.30%、67.09%和4.13%。

2016年全年皖北、皖中、皖南地区各项快递业务均保持了较快的增长势头。皖北地区:快递业务量14 230.25万件,同比增长77.10%;实现业务收入14.20亿元,同比增长63.97%。皖中地区:快递业务量39 095.30万件,同比增长66.69%;实现业务收入40.12亿元,同比增长46.70%。皖南地区:快递业务量15 552.71万件,同比增长84.13%;实现业务收入16.25亿元,同比增长60.89%。皖北、皖中、皖南地区快递业务量的比重分别为20.66%、56.76%和22.58%。快递业务收入的比重分别为20.13%、56.84%和23.03%。与2015年同期相比,皖北地区快递业务收入比重上升了1.35个百分点,快递业务量比重上升了0.54个百分点;皖中地区快递业务收入比重下降了2.48个百分点,快递业务量比重下降了1.97个百分点,皖南地区快递业务收入比重上升了1.13个百分点,快递业务量比重上升了1.43个百分点。

民营快递企业市场份额进一步提升。2016年全年国有快递企业业务量为6 674.30万件,实现业务收入 10.31 亿元；民营快递企业业务量为 62 128.19 万件，实现业务收入 58.76 亿元；外资快递企业业务量为 75 万件，实现业务收入 1.49 亿元。国有、民营、外资快递企业业务量市场份额分别为 9.69%、90.20%和 0.11%，业务收入市场份额分别为 14.61%、83.27%和 2.11%。

快递业务量排名前 8 位的城市依次是合肥、芜湖、蚌埠、安庆、滁州、阜阳、亳州和六安，其快递业务量合计占全部快递业务量的比重达到 84.17%。快递业务收入排名前 8 位的城市依次是合肥、芜湖、蚌埠、安庆、阜阳、亳州、滁州和六安，其快递业务收入合计占全部快递业务收入的比重达到 84.36%。

2016 年，快递服务品牌集中度指数(CR_8)为 85.09。

2. 通信能力和服务水平

(1) 机构设备

2016 年，全行业拥有各类营业网点 7 528 处，其中设在农村的 3 261 处。全省拥有邮政信筒信箱 2 511 个，比上年末增加 110 个。全省拥有邮政报刊亭总数 1192 处，比上年末增加 6 处。

2016 年，全行业拥有各类汽车 6 498 辆，比上年末增加 674 辆，其中快递服务汽车 4 826 辆，比上年末增加 303 辆。

2016 年，快递服务企业拥有计算机 9 842 台，比上年末增加 2 177 台；手持终端 28 492 台，比上年末增加 10 985 台。

(2) 邮政网路

2016 年，全省邮政邮路总条数 709 条。邮路总长度(单程)61 375.50 千米，比上年末增加 15 979.40 千米。全省邮政农村投递路线 2 944 条，比上年末减少 12 条；农村投递路线长度(单程)141 849.17 千米，比上年末减少 6 995.71 千米。全省邮政城市投递路线 1 794 条，比上年末减少 4 条；城市投递路线长度(单程)37 724.15 千米，比上年末减少 3 173.67 千米。全省快递服务网路条数 3 333 条；快递服务网路长度(单程)281 684.95 千米。

(3) 服务能力

全行业平均每一营业网点服务面积为 18.52 平方千米；平均每一营业网点服务人口为0.8 万人。邮政城区每日平均投递 2 次，农村每周平均投递 6 次。全省年人均函件量为 1 件，每百人订有报刊量为 8.5 份，年人均使用快递业务量为 11.1 件。年人均用邮支出 200 元，年人均快递支出 113.9 元。

思考题

1. 简述中部地区在我国经济格局中的地位。
2. 简述中部地区社会经济的主要特征。
3. 简述中部地区邮政普遍服务概况。
4. 简述中部地区邮政普遍服务的构成。
5. 简述中部地区快递服务概况。
6. 简述中部地区快递业务量构成及特点。
7. 试归纳中部地区邮政业发展的社会经济基础。

8. 试分析中部地区邮政普遍服务的省际差异。

9. 试分析中部地区快递服务的省际差异及特点。

10. 总结中部各省邮政通信和服务水平能力特征。

第十一章　西部地区

第一节　经济社会概述

一、西部地区概况

中国西部地区包括陕西、四川、云南、贵州、广西、甘肃、青海、宁夏、西藏、新疆、内蒙古、重庆等十二个省、自治区和直辖市。西部地区疆域辽阔，大部分地区是我国经济欠发达、需要加强开发的地区。同时，西部地区与蒙古、俄罗斯、塔吉克斯坦、哈萨克斯坦、吉尔吉斯斯坦、巴基斯坦、阿富汗、不丹、尼泊尔、印度、缅甸、老挝、越南 12 个国家接壤，陆地边境线长达 1.8 万余千米，约占全国陆地边境线的 91％；与东南亚许多国家隔海相望，有大陆海岸线 1 595 千米，约占全国海岸线的 1/11。中国的西部民族众多、地域广袤，有 44 种少数民族，是中国少数民族分布最集中的地区。在长期的历史变迁中孕育了灿烂的文化。西部文化具有地域性、多元性和原生态性，是中华文化的重要组成部分。西部大开发战略的实施，给西部民族文化的发展提供了广阔的舞台。抓住有利机遇，不断整合西部民族文化资源，对于推动西部区域经济和社会发展具有十分重要的意义。

2016 年西部地区总人口为 37 414 万人，占全国人口比重为 27.1％。

经济实力。2016 年西部地区国内生产总值为 156 828.2 亿元，占全国的比重为 20.1％；其中第一产业产值为 18 612.8 亿元，占全国的比重为 29.2％；第二产业 67 355.7 亿元，占全国的比重为 20.2％；第三产业为 70 859.6 亿元，占全国的比重为 18.5％。地方一般公共预算收入为 17 265.2 亿元，占全国的比重为 19.8％；地方一般公共预算支出为 46 291.3 亿元，占全国的比重为 28.9％；全社会固定资产投资额为 157 195.4 亿元，占全国的比重为 26.2％；社会消费品零售总额达到 61 488 亿元，占全国的比重为 18.5％。2016 年西部地区居民人均可支配收入为 18 406.8 元，其中，城镇居民人均可支配收入为 28 609.7 元，农村居民人均可支配收入为 9 918.4 元。

交通设施。2016 年西部地区铁路营业里程 50 236 千米，占全国的比重为 40.5％；公路里程为 1 905 561 千米，占全国的比重为 40.6％，其中高速公路为 47 592 千米，占全国的比重为 36.3％。

二、分省(自治区、直辖市)情况

(一) 陕西省

陕西,简称“陕”或“秦”,省会古都西安市。地理位置介于东经105°29′～111°15′、北纬31°42′～39°35′之间,自然区划上因秦岭-淮河一线而横跨北方与南方。位于西北内陆腹地,横跨黄河和长江两大流域中部,是连接中国东、中部地区和西北、西南的重要枢纽。全省设10个省辖市和杨凌农业高新技术产业示范区,有4个县级市、74个县和29个市辖区;1 140个镇、74个乡、206个街道办事处。

1. 人口

2016年末,全省常住人口3 812.62万人。其中,男性1 969.22万人,占51.65%;女性1 843.40万人,占48.35%,性别比为106.83。出生人口40.46万人,出生率10.64‰;死亡人口23.69万人,死亡率6.23‰;自然增长率4.41‰。城镇人口2 109.90万人,占55.34%;乡村人口1 702.72万人,占44.66%。人口年龄构成为0～14岁人口占14.13%,15～64岁人口占75.51%,65岁及以上人口占10.36%。

2. 国民经济

2016年生产总值为19 165.39亿元,其中,第一产业增加值1 693.84亿元,占生产总值的比重为8.8%;第二产业增加值9 390.88亿元,占生产总值的比重为49.0%;第三产业增加值8 080.67亿元,占生产总值的比重为42.2%。人均生产总值50 395元。

3. 交通运输

全省航线里程达到898 628千米。航线条数373,国际航线44,港澳航线8条。通航城市165个,国际航线通航城市44个,港澳航线通航城市5个。运输网密度4.367千米/平方千米。2016年全年货运量14.90亿吨;货物周转量3 445.91亿吨公里。客运量7.08亿人,旅客周转量886.84亿人公里。

4. 邮电通信

2016年邮电业务总量1 203.81亿元。其中,邮政业务总量92.03亿元,快递业务量3.69亿件;电信业务总量1 111.78亿元。固定电话用户679.86万户,其中城市524.15万户,农村155.71万户;移动电话用户3 913.29万户,其中3G移动电话用户441.67万户,4G移动电话用户2 496.71万户。电话普及率117.85部/百人。互联网年末用户4 119.15万户,其中互联网宽带用户802.96万户。

(二) 四川省

四川,简称川或蜀,省会成都,位于中国内陆西南部,北连陕西、甘肃、青海,南接云南、贵州,东邻重庆,西衔西藏。是西南、西北和中部地区的重要结合部,是承接华南华中、连接西南西北、沟通中亚南亚东南亚的重要交汇点和交通走廊,是长江经济带组成部分,也是国宝大熊猫的故乡。四川省总面积48.6万平方千米,辖1个副省级市、17个地级市、3个自治州,其中包括53个市辖区、17个县级市、109个县、4个自治县。

1. 人口

2016年全省常住人口8 262万人,其中城镇人口4 065.7万人,乡村人口4 196.3万人,常住人口城镇化率49.21%。全年出生人口86.1万人,人口出生率10.48‰;死亡人口57.4万人,人口死亡率6.99‰;人口自然增长率3.49‰。

2. 国民经济

2016年地区生产总值为32 680.5亿元，其中，第一产业增加值3 924.1亿元，第二产业增加值13 924.7亿元，第三产业增加值14 831.7亿元。三次产业对经济增长的贡献率分别为6.0%、42.5%和51.5%；三次产业结构为12.0∶42.6∶45.4。人均地区生产总值39 695元。

3. 交通运输

2016年公路、铁路、航空和水路等运输方式为货物周转量2 403.8亿吨公里，旅客周转量1 686.7亿人公里。铁路营运里程4 623千米；高速公路通车里程6 519千米；内河港口年集装箱吞吐能力为233万标箱。

4. 邮电通信

2016年邮电业务总量1 870.5亿元，其中，邮政业务总量199亿元，电信业务总量1 671.5亿元。拥有局用交换机容量(含接入网)751.7万门；移动电话交换机容量16 408.3万户。年末固定电话用户1 490.1万户，移动电话用户7 294.5万户。固定电话普及率18.2%，移动电话普及率88.9%。固定互联网用户1 851.2万户，移动互联网用户6 358.4万户，长途光缆线路长度6.0万千米，本地网中继光缆线路长度64.2万千米。

(三) 重庆市

重庆，简称渝或巴，位于中国西南部、长江上游地区，是西部大开发重要的战略支点、"一带一路"和长江经济带重要联结点以及内陆开放高地。地处中国西南部，东邻湖北、湖南，南靠贵州，西接四川，北连陕西。总面积8.24万平方千米，辖26个区、8个县、4个自治县；204个街道、611个镇、193个乡、14个民族乡。

1. 人口

2016年全市常住人口3 048.43万人，其中城镇人口1 908.45万人，占常住人口的比重(常住人口城镇化率)为62.60%。全年外出市外人口500.78万人，外来市外人口157.10万人。人口出生率为11.77‰，死亡率为7.24‰，人口自然增长率为4.53‰。全市常住人口性别比为102.45，出生婴儿性别比为108.8。

2. 国民经济

2016年实现地区生产总值17 558.76亿元。按产业分，第一产业增加值1 303.24亿元，第二产业增加值7 755.16亿元，第三产业增加值8 500.36亿元。三次产业结构比为7.4∶44.2∶48.4。非公有制经济实现增加值10 728.77亿元，占全市经济的61.1%。其中，民营经济实现增加值8 760.49亿元，占全市经济的49.9%。全市人均地区生产总值达到57 902元(8717美元)。

3. 交通运输

2016年全市高速公路通车总里程2 818千米，路网密度3.4千米/百平方千米。全市铁路营运里程达到2 231千米。轨道交通营运里程213.3千米，日均客运量189.97万人次。全年货物运输为10.79亿吨，旅客运输量为6.34亿人次。内河港口货物吞吐量为17 372.80万吨。空港旅客吞吐量为3 659.30万人次；空港货物吞吐量为36.34万吨。国际标准集装箱吞吐量126.94万标准箱。全市民用车辆拥有量510.25万辆，其中私人汽车拥有量279.20万辆。民用轿车拥有量167.52万辆，其中私人轿车152.85万辆。

4. 邮电通信

2016年邮电业务总量898.80亿元，其中，邮政业务总量79.22亿元，电信业务总量819.58亿元。邮政函件业务2 301.09万件，包裹业务38.64万件，快递业务量2.84亿件，快递业务收入38.96亿元。电信业移动电话交换机容量4 037.0万户。全市电话用户3 421.72万户，其中,固定电话用户541.62万户,移动电话用户2 880.10万户。固定电话普及率下降到18.00部/百人;移动电话普及率上升至95.50部/百人。固定互联网宽带接入用户873.50万户,手机上网用户2 359.76万户。互联网用户3 255.13万户,其中移动互联网用户(不含Wi-Fi用户)2 550.41万户。

(四)云南省

云南省简称云(滇),省会昆明,位于中国西南的边陲,北回归线横贯云南省南部,属低纬度内陆地区,东部与贵州省、广西壮族自治区为邻,北部与四川省相连,西北部紧依西藏自治区,西部与缅甸接壤,南部和老挝、越南毗邻,云南有25个边境县分别与缅甸、老挝和越南交界,国境线长4 060千米,是中国通往东南亚、南亚的窗口和门户。云南国土总面积39.41万平方千米,占全国国土总面积的4.1%,居全国第8位,是中国民族种类最多的省份。

1. 人口

2016年,全省常住人口为4 770.5万人。全年出生人口62.6万人,出生率为13.16‰;死亡人口31.2万人,死亡率为6.55‰;自然增长率为6.61‰。年末全省城镇人口2 148.2万人,乡村人口2 622.3万人,全省城镇化率达45.03%。

2. 国民经济

2016年,云南地区生产总值达14869.95亿元,其中,第一产业增加值为2 195.04亿元,第二产业增加值为5 799.34亿元,第三产业增加值为6 875.57亿元。三次产业结构比为14.8∶39.0∶46.2。全省人均生产总值达31 265元。

3. 交通运输

2016年,云南全省运营民用运输机场14个,其中1个枢纽机场、13个干支线机场。境内铁路里程2 229千米。云南公路总里程达23.8万千米,高速公路通车里程达到4 134千米;高等级公路里程达到1.7万千米,农村公路里程超过20万千米,全省建制村88%通硬化路。云南主要有金沙江、澜沧江、红河、南盘江、怒江等5条干流及其支流63条,长14 200千米,其中可开发利用的航道有8 000多千米。2016年,云南货物运输总量12.19亿吨,货物运输周转量1 569.20亿吨公里。全年旅客运输总量4.76亿人,旅客运输周转量585.55亿人公里。

4. 邮电通信

2016年,云南邮电业务总量1 286.4亿元,其中,邮政业务总量50.05亿元,电信业务总量1 236.35亿元。邮政函件业务3 647.56万件,包裹业务91.62万件,快递业务量17 445.8万件;快递业务收入28.96亿元。固定电话用户335万户。其中,城市电话用户267.1万户,农村电话用户67.9万户。固定及移动电话用户总数达到4 277.8万户。固定互联网宽带接入用户655.3万户;移动互联网用户3 302.06万户(含无线上网用户和手机上网用户)。

(五)贵州省

贵州省简称"黔"或"贵",地处中国西南腹地,与重庆、四川、湖南、云南、广西接壤,是西南交通枢纽。全国首个国家级大数据综合试验区,国家生态文明试验区,内陆开放型经济试验区。全省总面积17.61万平方千米,共有9个地级行政区划单位(6个地级市、3个自治州),88个县级行政区划单位(15个市辖区、8个县级市、53个县、11个自治县、1个特区)。

1. 人口

2016年常住人口3 555.00万人。其中,城镇人口1 569.53万人、乡村人口1 985.47万人,城镇人口占年末常住人口比重为44.15%;60周岁及以上人口554.22万人,占年末常住人口比重为15.59%；男女性别比（以女性为100）为106.5。人口出生率13.43‰，死亡率6.93‰，自然增长率6.50‰。

2. 国民经济

2016年全省地区生产总值11 734.43亿元，按产业分，第一产业增加值1 846.54亿元，第二产业增加值4 636.74亿元，第三产业增加值5 251.15亿元。第一产业、第二产业、第三产业增加值占地区生产总值的比重分别为15.8%、39.5%、44.7%。人均地区生产总值33 127元。

3. 交通运输

2016年公路通车里程19.15万千米，其中高速公路通车里程5 434.41千米。铁路里程3 269.70千米，其中高速铁路通车里程834.80千米，增加274.80千米。高等级航道740千米。铁路、公路、水运货物周转量分别为460.96亿吨公里、873.23亿吨公里、42.37亿吨公里，占货物周转量的比重分别为33.5%、63.4%、3.1%。铁路、公路、水运旅客周转量分别为205.14亿人公里、443.10亿人公里、5.76亿人公里，占旅客周转量的比重分别为31.4%、67.8%、0.9%。民航货邮吞吐量9.86万吨，民航旅客吞吐量1873.83万人次。

4. 邮电通信

2016年邮电业务总量839.27亿元，其中，电信业务总量796.58亿元，邮政业务总量42.69亿元，快递业务总量11 260.13万件，快递业务收入21.79亿元。互联网出省带宽4 580 Gbit/s；光缆线路长度80.64万千米；互联网宽带接入端口1 094.98万个；移动电话用户数3 262.43万户，其中4G用户1 806.98万户。电话普及率101.5部/百人，移动电话基站数16.81万个，其中4G基站7.18万个。

（六）广西壮族自治区

广西壮族自治区简称“桂”，首府南宁市，南临北部湾，是中国唯一沿海的自治区。地处中国华南地区，介于北纬20°54′～26°24′、东经104°26′～112°04之间，与广东、湖南、贵州、云南相邻，并与海南隔海相望，南濒北部湾、面向东南亚，西南与越南毗邻，大陆海岸线长约1 595千米，是西南地区最便捷的出海通道，在中国与东南亚的经济交往中占有重要地位。全自治区总面积23.67万平方千米，辖14个地级市，县级行政区111个（包括40个市辖区、7个县级市、52个县、12个自治县），乡级行政区1247个（包括120个街道、722个镇、346个乡、59个民族乡）。

1. 人口

2016年全自治区常住人口4838万人，其中城镇人口2 326万人，占总人口的48.08%。全年出生人口77万人，出生率13.82‰；死亡人口29万人，死亡率5.95‰；自然增长率7.87‰。

2. 国民经济

2016年全自治区生产总值为18 245.07亿元。其中，第一产业增加值2 798.61亿元，第二产业增加值8 219.86亿元，第三产业增加值7 226.60亿元。第一、二、三产业增加值占地区生产总值的比重分别为15.3%、45.1%和39.6%，对经济增长的贡献率分别为7.2%、47.0%和45.8%。按常住人口计算，人均地区生产总值37 876元。

3. 交通运输

2016年，全自治区公路总里程12.05万千米，其中，高速公路里程4 603千米。铁路营业总里程5 141千米，其中，高速铁路营业里程1 751千米。全自治区港口货物吞吐量为3.21亿吨，其中外贸货物吞吐量1.22亿吨。港口集装箱吞吐量251.49万标准箱。全自治区民用汽车保有量427.34万辆,其中轿车208.76万辆。年末私人汽车保有量378.12万辆。

4. 邮电通信

2016年全自治区邮电业务总量为1 000.57亿元,其中,邮政业务总量63.70亿元,电信业务总量936.87亿元。全年局用交换机(含接入网设备)总容量1 158万门。固定及移动电话用户4 123.09万户。固定电话用户348.94万户,其中,城市电话用户244.36万户,农村电话用户104.58万户。移动电话用户3 774.15万户。电话普及率85.59部/百人。年末互联网用户3 953.9万户。

(七) 甘肃省

甘肃省简称甘或陇,省会兰州市。甘肃地处中国西北地区,东通陕西,南瞰四川、青海,西达新疆,北扼宁夏、内蒙古,西北端与蒙古国接壤,境内为黄土高原、青藏高原和内蒙古高原三大高原的交汇地带。东西蜿蜒1 600多千米,全省面积约45.37平方千米,占全国总面积的4.72%;辖12个地级市、2个自治州(合计14个地级行政区划单位),17个市辖区、4个县级市、58个县、7个自治县(合计86个县级行政区划单位)。

1. 人口

2016年常住人口2 609.95万人,其中,城镇人口1 166.39万人,占常住人口比重为44.69%。全年出生人口31.79万人,人口出生率为12.18‰,比上年下降0.18个千分点;死亡人口16.13万人,人口死亡率为6.18‰,上升0.03个千分点;人口自然增长率为6.00‰,下降0.21个千分点。

2. 国民经济

2016年全省生产总值为7152.04亿元,其中,第一产业增加值973.47亿元,第二产业增加值2 491.53亿元,第三产业增加值3 687.04亿元。三次产业结构为13.61∶34.84∶51.55。按常住人口计算,人均生产总值27 458元。

3. 交通运输

2016年全省新建铁路投产里程264.10千米,增、新建铁路复线投产里程371.70千米,电气化铁路投产里程425.60千米。公路里程14.31万千米,其中等级公路12.52万千米。新建二级以上公路648.00千米。全年各种运输方式为货物周转量2 170.23亿吨公里,比上年下降2.50%;旅客周转量635.68亿人公里,下降0.69%。

4. 邮电通信

邮电业务总量为559.23亿元,其中,电信业务总量537.04亿元,邮政业务总量22.19亿元。邮政函件业务1 028.97万件,包裹业务50.70万件。快递业务量6 065.10万件,快递业务收入12.50亿元。电信业2016年年末局用电话交换机总容量116.51万门,移动电话交换机容量3 127.99万户。固定电话用户312.26万户,其中,城市241.19万户,农村71.07万户。年末移动电话用户2 203.84万户,其中4G移动电话用户1 332.49万户。固定电话普及率12.03部/百人,移动电话普及率84.78部/百人。互联网宽带接入用户数392.86万户,互联网宽带接入端口944.67万个。

(八) 青海省

青海省简称青,省会西宁市。北部和东部同甘肃省相接,西北部与新疆维吾尔自治区相邻,南部和西南部与西藏自治区毗连,东南部与四川省接壤。全省东西长1 200多千米,南北宽800多千米,总面积72.23万平方千米,占全国总面积的十三分之一,面积排在新疆、西藏、内蒙古之后，列全国各省、市、自治区的第四位。青海省现辖2个地级市，6个民族自治州，27个县，7个民族自治县，3个县级市，6个市辖区，5个行政委员会。基层行政单位有：369个乡，34个民族乡，36个镇。

1. 人口

2016年全省常住人口593.46万人。按城乡分，城镇常住人口306.40万人，占常住总人口的51.63%，乡村常住人口287.06万人，占常住总人口的48.37%。少数民族人口283.14万人，占常住总人口的47.71%。全年人口出生率14.70‰，人口死亡率6.18‰，全年人口自然增长率8.52‰。全省人户分离的人口为100.73万人，其中流动人口83.81万人。全省户籍人口579.66万人，其中城镇户籍人口238.01万人，占总户籍人口的41.06%；乡村户籍人口341.65万人，占58.94%。

2. 国民经济

2016年全省地区生产总值为2 572.49亿元。第一产业增加值221.19亿元，第二产业增加值1 249.98亿元，第三产业增加值1101.32亿元。第一产业增加值占全省地区生产总值的比重为8.6%，第二产业增加值占全省地区生产总值的比重为48.6%，第三产业增加值占全省地区生产总值的比重为42.8%。人均地区生产总值43 531元。

3. 交通运输

全省铁路营运里程2 274千米，其中高速铁路218千米；公路通车里程78 579千米，其中高速公路3 500千米；民航通航里程120 057千米。全省民用汽车保有量89.61万辆，其中私人汽车保有量73.90万辆。民用轿车保有量43.95万辆，其中私人轿车保有量38.26万辆。

4. 邮电通信

2016年邮电业务总量为155.20亿元。其中，邮政业务量为4.83亿元，电信业务量为150.37亿元。邮政业全年为函件业务321.53万件，包裹业务15.93万件，快递业务量1 078.56万件，快递业务收入3.00亿元。电话用户总数641.80万户，其中移动电话用户539.80万户，固定电话用户102.07万户。电话普及率109.07部/百人。固定互联网宽带接入用户99.66万户。移动宽带用户384.00万户，其中，4G移动电话用户279.30万户。

（九）宁夏回族自治区

宁夏回族自治区，简称宁，通称宁夏，首府为银川市。宁夏回族自治区处在中国西部的黄河上游，东邻陕西省，西、北部接内蒙古自治区，西南、南部和东南部与甘肃省相连。南北相距约456千米，东西相距约250千米，总面积为6.64万多平方千米，是全国最大的回族聚居区。宁夏回族自治区现辖5个地级市，9个市辖区、2个县级市、11个县。

1. 人口

2016年全自治区常住人口674.90万人，其中，城镇人口379.87万人。人口出生率为13.69‰，死亡率为4.72‰，人口自然增长率为8.97‰。

2. 国民经济

2016年实现生产总值3 150.06亿元，其中，第一产业增加值239.96亿元，第二产业增加值1 475.51亿元，第三产业增加值1 434.59亿元。按常住人口计算，全自治区人均生产总值46 919元。

3. 交通运输

2016年全区铁路营业里程1 059.9千米；公路通车里程33 940.46千米，高速公路里程1 571.49千米。全年货物运输总量4.44亿吨，货物运输周转量873.72亿吨公里。全年旅客运输总量0.89亿人,旅客运输周转量153.03亿人公里。机场旅客吞吐量655.17万人次。

4. 邮电通信

2016年邮电业务总量为253.75亿元,其中,邮政业务总量15.20亿元,电信业务总量238.56亿元。邮政业全年为邮政函件业务484.47万件,包裹业务11.43万件,快递业务量3 241.47万件,快递业务收入5.90亿元。电信业全年局用交换机总容量90.6万门,移动电话交换机容量1 414万户。全自治区固定电话用户70.5万户;移动电话用户716.4万户,其中,3G移动电话用户83.3万户,每百人拥有移动电话106.7部。电话普及率达到117.2部/百人。互联网宽带接入用户111.9万户,移动互联网用户602.1万户。互联网普及率达到50.7%。

(十) 内蒙古自治区

内蒙古自治区,简称"蒙",通称内蒙古,自治区首府为呼和浩特市。位于中国的北部边疆,由东北向西南斜伸,呈狭长形。全区总面积118.3万平方千米,占中国土地面积的12.3%,是中国第三大省区。东、南、西依次与黑龙江、吉林、辽宁、河北、山西、陕西、宁夏和甘肃毗邻,跨越三北(东北、华北、西北),靠近京津;北部同蒙古国和俄罗斯联邦接壤,国境线长4 200千米。内蒙古自治区现辖9个地级市、3个盟、2个计划单列市(县级市);52个旗,17个县,11个盟(市)辖县级市,23个市辖区。

1. 人口

2016年全区常住人口为2 520.1万人。其中,城镇人口为1 542.1万人,乡村人口为978.1万人,城镇化率达61.2%。男性人口为1 302.5万人,女性人口为1 217.6万人。全年出生人口为22.7万人,出生率为9.0‰;死亡人口为14.3万人,死亡率为5.7‰;人口自然增长率为3.3‰。

2. 国民经济

2016年全自治区实现地区生产总值18 632.6亿元。其中,第一产业增加值1 628.7亿元,第二产业增加值9 078.9亿元,第三产业增加值7 925.1亿元,三次产业比例为8.8∶48.7∶42.5。第一、二、三产业对生产总值增长的贡献率分别为3.8%、49.0%和47.2%。人均生产总值达到74 069元,按年均汇率计算折合为11 151美元。

3. 交通运输

2016年全区铁路营业里程为12 338.8千米;内河航道2 403千米;公路里程为196 061千米,其中等级公路为196 061千米。2016年货物运输总量为20.0亿吨,货物运输周转量为4 453.2亿吨公里。全年旅客运输总量为17 625.5万人,旅客运输周转量为375.2亿人公里。

4. 邮电通信

2016年邮电业务总量为(2010年不变价)593.6亿元。其中,电信业务总量566.3亿元,邮政业务总量27.3亿元。本地固定电话用户268.1万户,移动电话用户2 470.8万户。全自治区电话普及率(包括固定和移动电话)达到110部/百人。固定互联网宽带接入用户417.2万户,移动互联网用户2 045.2万户。

(十一) 新疆维吾尔自治区

新疆维吾尔自治区,简称新,通称新疆。位于中国西北边陲,首府乌鲁木齐市,是中国五个少数民族自治区之一,也是中国陆地面积最大的省级行政区,面积166万平方千米,占中国国土总面积六分之一。新疆维吾尔自治区地处亚欧大陆腹地,陆地边境线5 600多千米,周边与俄罗斯、哈萨克斯坦、吉尔吉斯斯坦、塔吉克斯坦、巴基斯坦、蒙古、印度、阿富汗八国接壤,在历史上是古丝绸之路的重要通道，现在是第二座“亚欧大陆桥”的必经之地，战略位置十分重要。新疆维吾尔自治区辖 4 个地级市、5 个地区、5 个自治州，13 个市辖区、22 个县级市（注：9 个自治区直辖县级市）、62 个县、6 个自治县。

1. 人口

2016 年末常住总人口 2 398.08 万人，其中，城镇人口 1 159.47 万人，乡村人口 1 238.61 万人。城镇人口占总人口比重（常住人口城镇化率）为 48.35%。全年人口出生率 15.34‰，死亡率 4.26‰，自然增长率 11.08‰。

2. 国民经济

2016 年实现地区生产总值 9 617.23 亿元，按可比价计算，比上年增长 7.6%。其中，第一产业增加值 1 648.97 亿元，增长 5.8%；第二产业增加值 3 585.22 亿元，增长 5.9%；第三产业增加值 4 383.04 亿元，增长 9.7%。三次产业结构为 17.1∶37.3∶45.6。按常住人口计算，全年人均地区生产总值 40 427 元，增长 5.3%，按 2016 年全年平均汇率折算为 6 086 美元。

3. 交通运输

2016 年铁路营业里程 6 166.40 千米。民航通航里程 22.99 万千米。公路线路年末里程 18.21 万千米，其中，高速公路 4 395 千米。全年货运量为 79 104.84 万吨。其中，铁路货运量 6 901 万吨，公路货运量 65 140 万吨，民航货运量 18.22 万吨，管道货运量 7 045.62 万吨。客运量为 34 961.74 万人。其中，铁路客运量 3 188 万人，公路客运量 28 993 万人，民航客运量 2 780.74 万人。

4. 邮电通信

2016 年邮电业务总量为 564.50 亿元，其中，邮政业务总量 27.50 亿元，电信业务总量 537 亿元。固定电话用户 491 万户，固定电话普及率为每百人 10.8 部。移动电话用户 2 132.10 万户，其中，移动电话普及率为每百人 90.30 部。互联网宽带接入用户 468.40 万户。

（十二）西藏自治区

西藏自治区，简称藏，通称西藏。位于中国西南边陲，首府拉萨市，是中国五个少数民族自治区之一。西藏自治区位于青藏高原西南部，地处北纬 26°50′～36°53′、东经 78°25′～99°06′之间，平均海拔在 4 000 米以上，素有“世界屋脊”之称。全自治区面积 120.223 万平方千米，约占全国总面积的 1/8，在全国各省、市、自治区中仅次于新疆。西藏北邻新疆，东接四川，东北紧靠青海，东南连接云南；周边与缅甸、印度、不丹、尼泊尔、克什米尔等国家及地区接壤，陆地国界线 4 000 多千米，是中国西南边陲的重要门户。西藏自治区现辖 6 个地级市、1 个地区和 72 个县（区）。

1. 人口

2016 年全自治区常住人口总数为 330.54 万人，其中，城镇人口 97.71 万人，占总人口的 29.56%；乡村人口 232.83 万人，占总人口的 70.44%。人口出生率为 15.79‰，死亡率为 5.11‰，自然增长率为 10.68‰。

2. 国民经济

2016 年全自治区实现生产总值 1 150.07 亿元，其中，第一产业增加值 104.98 亿元，第二产业增加值 429.92 亿元，第三产业增加值 615.17 亿元；第一、二、三产业增加值所占比重分别为 9.1%、37.4%、53.5%。人均地区生产总值 35 143 元。

3. 交通运输

2016 年铁路营业里程 786.3 千米；公路总通车里程 82 096 千米，比上年增加 4 096 千米。

全年货运量为 2 478.19 万吨。其中,公路运输为 1973 万吨,铁路运输为 494.22 万吨,民航运输为 2.86 万吨,管道运输为 8.11 万吨。客运总量为 2 072.72 万人次。其中,公路运输为 1 490 万人次,铁路运输为 219.66 万人次,民航运输为 363.06 万人次。

4. 邮电通信

2016 年邮电业务总量为 69.01 亿元。其中,邮政业务总量 2.11 亿元,电信业务总量 66.9 亿元。局用交换机总容量 10.4 万门。固定电话用户 38.9 万户,其中,城市电话用户 38.8 万户,乡村电话用户 0.1 万户。移动电话交换机容量 2 423.0 万户。全区固定及移动电话用户总数达到 323.2 万户,电话普及率达到 99.8 部/百人。

第二节 邮政业务构成及发展

一、西部地区邮政业务发展现状

2016 年西部地区 12 省区邮政业务总量为 604.63 亿元,占全国邮政业务总量的 8.2%;邮政行业业务收入(不包括邮政储蓄银行直接营业收入)586.21 亿元,占全国的 10.95%。邮政业务量由高到低的次序为四川、陕西、重庆、广西、云南、贵州、新疆、内蒙古、甘肃、宁夏、青海、西藏,其中四川省最高,为 199.04 亿元。

1. 邮政普遍服务

2016 年西部地区函件量为 2.25 亿件,占全国函件总量的 6.26%;包裹业务量为 604.77 万件,占全国包裹业务量的 22.05%;订销报纸 40.36 亿份,占全国报纸订销量的 22.97%;汇兑业务为 1549.68 万笔,占全国总量的 27.09%。

2. 快递服务

2016 年西部地区快递业务总量为 21.92 亿件,占全国总量的 7%;快递业务收入为 312.32 亿元,占全国总量的 8.81%。其中,同城快递业务量为 6.46 亿件,异地快递业务量为 15.38 亿件,国际/港澳台快递业务量为 837.21 万件,分别占全国相应业务量的 8.73%、6.62%和 1.36%。快递业务总量由高到低的次序为四川、陕西、重庆、广西、云南、贵州、新疆、内蒙古、甘肃、宁夏、青海、西藏,其中四川省最高,为 8.01 亿件。

从快递业务构成看,西部地区同城快递、异地快递、国际/港澳台快递的比重分别为 29.47%、70.15%、0.38%。

二、分省(自治区、直辖市)邮政业发展

(一) 陕西省

1. 总体发展情况

(1) 全行业总体情况

2016 年,全省邮政、快递企业业务总量累计为 92.03 亿元(按 2010 年不变单价折算),同比增长 49.70%;业务收入累计为 81.58 亿元(不含邮政储蓄银行直接营业收入部分),同比增长 38.13%。

(2) 邮政普遍服务情况

2016 年,函件业务同比下降。函件业务量累计为 2 176.49 万件,同比下降 12.92%。包裹业务同比下降。包裹业务量累计为 95.94 万件,同比下降 29.62%。报刊业务总量略增。报纸销量累计为 47 212.66 万份,同比增长 0.46%。杂志销量同比下降。杂志销量累计为 2 478.94 万份,同比下降 10.15%。汇兑业务大幅下降。汇兑业务量累计为 74.41 万笔,同比下降 34.49%。

(3) 快递业务情况

2016 年,全省快递服务企业业务量累计为 36 901.62 万件,同比增长 81.33%;业务收入累计为 45.65 亿元,同比增长 67.33%。

同城快递业务增势强劲。2016 年全年同城快递业务量为 14 143.54 万件,同比增长 103.12%;实现业务收入 11.87 亿元,同比增长 118.68%。

异地快递业务快速增长。2016 年全年异地快递业务量为 22 570.24 万件,同比增长 69.55%;实现业务收入 24.19 亿元,同比增长 48.23%。

国际/港澳台快递业务持续增长。2016 年全年国际/港澳台快递业务量为 187.85 万件,同比增长 146.49%;实现业务收入 1.89 亿元,同比增长 27.36%。

同城快递业务占比上升。同城、异地、国际/港澳台快递业务量占全部比例分别为 38.33%、61.16%和 0.51%,业务收入占全部比例分别为 26.00%、52.99%和 4.13%。与上年相比,同城快递业务比例继续上升。

民营快递持续扩张,业务市场额持续攀升。2016 年,全省民营快递企业业务量为 32 257.33 万件,实现业务收入 38.80 亿元,快递行业中,民营快递企业量收占比分别达到了 87.46%和 85.01%。

关中、陕南、陕北市场份额基本稳定。全年关中地区快递业务量为 34 145.49 万件,同比增长 80.38%;实现业务收入 40.63 亿元,同比增长 65.90%。陕南地区快递业务量为 1 503.47 万件,同比增长 80.46%;实现业务收入 2.75 亿元,同比增长 78.57%。陕北地区快递业务量为 1 252.66 万件,同比增长 112.90%;实现业务收入 2.27 亿元,同比增长 81.6%。关中、陕南、陕北地区快递业务量比重分别为 92.53%、4.07%和 3.39%,快递业务收入比重分别为 89%、6%和 5%。

快递业务量排名依次是西安、咸阳、渭南、宝鸡、汉中、榆林、安康、延安、商洛、铜川。快递业务收入排名依次是西安,咸阳,宝鸡,渭南,榆林,汉中,安康,延安,商洛,铜川。

2. 通信能力和服务水平

(1) 机构设备

2016 年,全行业拥有各类营业网点 6 435 处,比上年末增长 34.03%,设在农村的 2 528 处,同比增长 20.21%。其中,邮政局所 1 803 处(邮政支局 592 处,自营 427 处,代办 784 处);快递服务营业网点 4 335 处(自营 2 757 处,合营 1 878 处,含邮政速递物流营业网点),比上年末增长 6.92%;全省拥有邮政信筒信箱 1 719 个。

2016 年,全行业拥有各类汽车 3 961 辆,比上年末增长 6.48%,其中快递服务汽车 2 678 辆,比上年末增长 6.02%。

2016 年,快递服务企业拥有计算机 7 026 台,手持终端 15 467 台,年培训 44 635 人。

(2) 邮政网路

全省邮政邮路条数 722 条,邮路长度 6.54 万千米,其中城市投递线路条数 1 473 条,同步增长,农村投递路线条数 2 875 条,同比增长 2.2%;快递服务网路条数 1 881 条,快递服务网路长度41.44万千米。

(3) 人员构成

2016年末,全行业从业人员41 846人,同比增长15%。其中邮政公司从业人员17 266人,快递服务企业从业人员24 580人。按学历分类:研究生及以上学历人员308人,本科学历5 062人,大专学历12 108人,高中学历16 043人,初中及以下学历8325人。按人员类别分类:经营管理人员3 925人、专业技术人员2 795人、技能人员21 698人、其他人员13 428人。

(4) 服务能力

全行业平均每一营业网点服务面积为31.98平方千米,平均每一营业网点服务人口为0.59万人。年人均函件量为1.00件,年每百人订有报刊量13件,人均快递使用量为9.68件,年人均快递支出119.73元。

(二) 四川省

1. 业务发展情况

2016年邮政行业业务总量为199.04亿元,同比增长43.64%。全年邮政行业业务收入(不包括邮政储蓄银行直接营业收入)为162.82亿元,同比增长33.55%。

(1) 邮政普遍服务业务

2016年,函件业务持续下滑。全年函件业务量为3 755.32万件,同比下降40.7%。包裹业务同比下降。全年包裹业务量为102.65万件,同比下降39.54%。全年订销报纸业务为96 050.29万份,同比增长4.72%。全年订销杂志业务为4 128.64万份,同比下降11.64%。汇兑业务持续下降。全年汇兑业务为190.71万笔,同比下降34.33%。

(2) 快递业务

快递业务增速较快。2016年全年快递业务量为8.01亿件,同比增长64.25%;快递业务收入为96.36亿元,同比增长53.21%。

同城快递业务增势较强。2016年全年同城快递业务量为2.62亿件,同比增长80.36%;实现业务收入20.78亿元,同比增长82.93%。

异地快递业务较快增长。2016年全年异地快递业务量为5.36亿件,同比增长57.29%;实现业务收入57.08亿元,同比增长42.41%。

2016年,全年国际/港澳台快递业务量为370.02万件,同比增长77.97%;实现业务收入3.13亿元,同比增长17.1%。

同城、异地、国际/港澳台快递业务量占全部比例分别为32.71%、66.83%和0.46%,业务收入占全部比例分别为21.56%、59.24%和3.25%。

全年国有企业业务量为8 013.19万件,实现业务收入11.56亿元;民营快递企业业务量为71 988.42万件,实现业务收入82.71亿元;外资快递企业业务量为146.23万件,实现业务收入2.09亿元。国有、民营、外资快递企业业务量市场份额分别为10%、89.82%和0.18%,业务收入市场份额分别为11.99%、85.84%和2.17%。

快递业务量排名前五位的依次是成都市、绵阳市、眉山市、南充市和泸州市。快递业务收入排名前五位的是成都市、绵阳市、南充市、眉山市和泸州市。

2. 通信能力和服务水平

(1) 机构设备

2016年,全行业拥有各类营业网点16 532处,比上年末增长25.05%,设在农村的有8 158处。全省拥有邮政信筒信箱11 062个,比上年末增加0.23%。全省拥有邮政报刊亭总数

2 187处，比上年末增长 0.05%。

2016 年，全行业拥有各类汽车 12 255 辆，比上年末增长 19.91%，其中快递服务汽车 8 773 辆，比上年末增长 25.99%。

2016 年，快递服务企业拥有计算机 19 323 台，比上年末增长 33.61%；手持终端 33 517 台，比上年末增长 27.19%。

（2）邮政网路

2016 年，全省邮政邮路总条数 1 867 条。邮路总长度（单程）272 760.60 千米。全省邮政农村投递路线 10 485 条，比上年末同比下降 1.77%；农村投递路线长度（单程）182 810.40 千米，比上年末同比增加 0.67%。全省邮政城市投递路线 2 764 条，比上年末同比增加12.45%；城市投递路线长度（单程）45 740.30 千米，比上年末同比增加 4.97%。全省快递服务网路条数 7 975 条，比上年末同比增长 0.1%；快递服务网路长度（单程）1 048 200.71 千米。

（3）服务能力

全行业平均每一营业网点服务面积为 29.4 平方千米；平均每一营业网点服务人口为 4 998 人。邮政城区每日平均投递 2 次，农村每周平均投递 4 次。人均函件量为 0.45 件，每百人订有报刊量为 8 份，年人均快递使用量为 9.70 件。年人均用邮支出 197.07 元，年人均快递支出 116.63 元。

（三）重庆市

1. 业务发展情况

2016 年重庆市邮政行业业务总量为 79.22 亿元，同比增长 29.84%。全年邮政行业业务收入（不包括邮政储蓄银行直接营业收入）为 76.69 亿元，同比增长 26.99%。

（1）邮政普遍服务业务

2016 年，函件业务量持续下滑。全年函件业务量为 2301.1 万件，同比下降 26.22%。包裹业务量下降幅度较大。全年包裹业务量为 38.64 万件，同比大幅下降 52.08%。报刊业务量有所上升。全年订销报纸为 38 050 万份，同比增长 12.14%。全年订销杂志为 3 223.44 万份，同比增长 34.11%。汇兑业务量持续下降。全年汇兑业务为 45.9 万笔，同比下降 31.48%。

（2）快递业务

快递业务持续增长。2016 年全年快递业务量为 2.8 亿件，同比增长 38.28%；快递业务收入为 38.96 亿元，同比增长 35.98%。

2016 年，快递业务收入占比继续提升。快递业务收入占行业总收入的比重为 50.8%，比上年末上升 3.4 个百分点。其中：

同城快递业务增速最快。全年同城快递业务量为 9 869.05 万件，同比增长 18.72%；实现业务收入 8.12 亿元，同比增长 17.13%。

异地快递业务仍占主导地位。全年异地快递业务量为 18 398.6 万件，同比增长 52.38%；实现业务收入 19.91 亿元，同比增长 30.45%。

国际/港澳台快递业务有所下降。全年国际/港澳台快递业务量为 114.92 万件，同比下降 17.01%；实现业务收入 2.71 亿元，同比上升 16.24%。

同城快递业务占比提升。同城、异地、国际/港澳台快递业务量占全部比例分别为 32.36%、67.12%和 0.58%，业务收入占全部比例分别为 19.43%、51.63%和 4.25%。

民营快递企业市场份额扩大。全年国有快递企业业务量为 5 324.27 万件，实现业务收入 6 亿元；民营快递企业业务量为 22 976.14 万件，实现业务收入 30.6 亿元；外资快递企业业务量为82.12万件,实现业务收入2.38亿元。国有、民营、外资快递企业业务量市场份额分别为20.19%、79.09%和0.72%,业务收入市场份额分别为15.29%、80.95%和3.770%。

2016年,快递市场集中度下降明显。全年快递服务品牌集中度指数(CR_8)为77,较上年末下降0.5。

2. 通信能力和服务水平

(1) 机构设备

2016年,全市拥有各类营业网点4 955处,其中设在农村的有2 223处。全市设有邮政信筒信箱1 993个,比上年末减少191个。全市设有邮政报刊亭总数482处,比上年末减少224处。

2016年,全市邮政行业拥有各类汽车4531辆,比上年末增长7.3%,其中快递服务汽车3 156辆,与上年保持一致。

2016年,快递服务企业配备计算机6 671台,比上年末增长22.2%;手持终端12 213台,比上年末增长10.2%。

(2) 邮政网路

2016年,全市邮政邮路总条数403条,比上年末增加5条。邮路总长度(单程)5.0万千米,比上年末增加0.4万千米。全市邮政农村投递路线1 685条,比上年末减少80条;农村投递路线长度(单程)5.1万千米,比上年末减少0.3万千米。全市邮政城市投递路线1 123条,比上年末增加71条;城市投递路线长度(单程)2.9万千米,比上年末增加0.3万千米。全市快递服务网路条数2 541条,快递服务网路长度(单程)28.5万千米。

(3) 服务水平

2016年,全市邮政行业平均每一营业网点服务面积为16.6平方千米;平均每一营业网点服务人口为0.6万人。邮政企业城区每日平均投递2次,农村每周平均投递4次。人均函件量为1件,每百人订有报刊量为11份。年人均快递使用量约为24件。年人均用邮支出251.6元。年人均快递支出127.8元。

(四) 云南省

1. 业务发展情况

2016年邮政行业业务总量为50.05亿元,同比增长41.79%。全年邮政行业业务收入(不包括邮政储蓄银行直接营业收入)为51.09亿元,同比增长28.09%。

(1) 邮政普遍服务业务

2016年,函件业务持续下降。全年函件业务量为3 647.56万件,同比下降45.27%。包裹业务同比降幅大。全年包裹业务量为91.62万件,同比下降32.57%。报刊业务降幅增大。全年订销报纸业务为46 836.33万份,同比下降5.34%。全年订销杂志业务为1 697.79万份,同比下降10.84%。汇兑业务同比下降。全年汇兑业务为354.91万笔,同比下降6.85%。

(2) 快递业务

快递业务增长较快。2016年全年快递服务企业业务量为17 445.80万件,同比增长57.04%;快递业务收入为28.96亿元,同比增长43.95%。

快递业务收入在行业中占比继续提升。快递业务收入占行业总收入的比重为56.68%,比上年提高6.14个百分点。

同城快递业务同比增长。2016年全年同城快递业务量为3 600.63万件,同比增长81.73%;实现业务收入3.70亿元,同比增长83.08%。

异地快递业务快速增长。2016 年全年异地快递业务量为 13 816.83 万件，同比增长 51.79%；实现业务收入 18.34 亿元，同比增长 32.63%。

国际/港澳台快递业务稳定增长。2016 年全年国际及港澳台快递业务量为 28.34 万件，同比增长 11.78%；实现业务收入 0.43 亿元，同比增长 6.80%。

异地快递业务占比上升。同城、异地、国际/港澳台快递业务量占全部比例分别为 20.64%、79.20%和 0.16%，业务收入占全部比例分别为 12.79%、63.34%和 1.48%。

民营快递企业持续快速发展。全年国有快递企业业务量为 3 346.17 万件，实现业务收入 5.43 亿元；民营快递企业业务量为 14 097.2 万件，实现业务收入 23.44 亿元；外资快递企业业务量为 2.43 万件，实现业务收入 0.09 亿元。国有、民营、外资快递企业业务量市场份额分别为 19.18%、80.81%和 0.01%，业务收入市场份额分别为 18.75%、80.94%和 0.31%，与 2015 年相比，民营快递企业市场份额持续提升。

快递业务量排名前五位的州(市)依次是昆明、大理、红河、西双版纳和曲靖，其快递业务量合计占全部快递业务量的比重达到 81.88%。快递业务收入排名前五位的州(市)依次是昆明、大理、红河、曲靖和西双版纳，其快递业务收入合计占全部快递业务收入的比重达到 78.55%。

2. 通信能力和服务水平

(1) 机构设备

2016 年，全省邮政行业拥有各类营业网点 6 306 处，比上年末增长 31.32%，设在农村的有 2 508 处。其中，快递服务营业网点 3 270 处，比上年末增长 36.14%。全省拥有邮政信筒信箱 1 904 个，比上年末增加 19 个。全省拥有邮政报刊亭总数 470 处，比上年末减少 21 处。

2016 年，全行业拥有各类汽车 5 543 辆，比上年末增长 19.28%，其中快递服务汽车 3 640 辆，比上年末增长 23.01%。

2016 年，快递服务企业拥有计算机 8 899 台，比上年末增长 43.72%；手持终端 12 770 台，比上年末增长 23.61%。

(2) 邮政网路

2016 年，全省邮政邮路总条数 1 538 条，比上年末增长 10.49%。邮路总长度(单程)115 029 千米，比上年末增长 4.32%。全省邮政农村投递路线 5 448 条，比上年末增长 1.06%；农村投递路线长度(单程)170 917.10 千米，比上年末增长 0.32%。全省邮政城市投递路线 1557 条，比上年末增长 11.13%；城市投递路线长度(单程)33 121.3 千米，比上年末增长 21.2%。全省快递服务网路条数 2 325 条，比上年末降低 5.53%；快递服务网路长度(单程)502 981.42 千米，比上年末降低 10.41%。

(3) 服务能力

邮政城区每日平均投递 2 次，农村每周平均投递 3 次。人均函件量为 1 件，每百人订有报刊量为 6 份。

(五) 贵州省

1. 业务发展情况

2016 年，贵州省邮政行业业务总量为 42.69 亿元，同比增长 26.40%。全年邮政行业业务收入(不包括邮政储蓄银行直接营业收入)为 46.36 亿元，同比增长 32.38%。

(1) 邮政普遍服务

2016 年，函件业务增长明显。全年函件业务量为 4 321.41 万件，同比增长 13.86%。包裹业务降幅扩大。全年包裹业务量为11.38万件,同比下降69.66%。报刊业务降幅进一步扩大。全年订销报纸业务为34 039.16万份,同比下降11.29%。全年订销杂志业务为1 843.13万份,同比下降25.09%。汇兑业务小幅下降。全年汇兑业务为244.60万笔,同比下降5.87%。

(2) 快递业务

快递业务快速增长。2016年全年快递服务企业业务量为11 260.13万件,同比增长60.08%;快递业务收入为21.79亿元,同比增长64.56%。

快递业务收入在行业中占比继续提升。快递业务收入占行业总收入的比重为47%,比上年提高9.19个百分点。

同城快递业务高速增长。2016全年同城快递业务量为2 854.89万件,同比增长102.80%;实现业务收入2.94亿元,同比增长115.4%。

异地快递业务快速增长。2016年全年异地快递业务量为8397.20万件,同比增长49.4%;实现业务收入11.94亿元,同比增长47.36%。

国际/港澳台快递业务较快增长。2016年全年国际/港澳台快递业务量为8.04万件,同比增长33.61%;实现业务收入2274万元,同比增长14.78%。

同城、异地、国际/港澳台快递业务量占全部比例分别为25.35%、74.58%和0.07%,业务收入占全部比例分别为13.47%、54.80%和1.04%。

民营快递企业市场份额进一步提升。全年国有快递企业业务量为1 795.96万件,实现业务收入31 003.13万元;民营快递企业业务量为9 401.77万件,实现业务收入185 375.20万元;外资快递企业业务量为62.41万件,实现业务收入1 540.81万元。国有、民营、外资快递企业业务量市场份额分别为15.95%、83.50%和0.55%,业务收入市场份额分别为14.23%、85.06%和0.71%。

快递业务量排名前三的市(州)依次是贵阳市、遵义市、黔南州,其快递业务量合计占全省快递业务量的比重为73.05%。快递业务收入排名前三位市(州)亦是贵阳市、遵义市、黔南州,其快递业务收入合计占全部快递业务收入的比重为73.87%。

快递市场集中度下降,全年快递服务品牌集中度指数(CR_8)为82.92,较上年下降5.7。

2. 通信能力和服务水平

(1) 机构设备

2016年,全省拥有各类营业网点6 074处,其中设在农村的2 611处。全省拥有邮政信筒信箱2 048个,比上年末减少303个。全省拥有邮政报刊亭总数835处,比上年末减少41处。

2016年,全省拥有各类汽车4 067辆,比上年末增长19.51%,其中快递服务汽车2 566辆,比上年末增长27.03%。

2016年,全省快递服务企业拥有计算机6 032台,比上年末增长27.66%;手持终端15 666台,比上年末增长73.53%。

(2) 通信网络

2016年,全省邮政邮路总条数677条,比上年末减少64条。邮路总长度(单程)100 812.6千米,比上年末增加1 866.1千米。全省邮政农村投递路线2 888条,比上年末减少134条;农村投递路线长度(单程)67 222.38千米,比上年末增加877.93千米。全省邮政城市投递路线1 165条,比上年末增加233条;城市投递路线长度(单程)26 131.36千米,比上年末增加3 887.6千米。全省快递服务网路条数2 580条;快递服务网路长度(单程)310 049.88千米。

（3）服务能力

全行业平均每一营业网点服务面积为 29 平方千米；平均每一营业网点服务人口为 0.58 万人。邮政城区每日平均投递 2 次，农村每周平均投递 4 次。全省年人均函件量为 1.23 件，每百人订有报刊量为 6.46 份，年人均快递使用量为 3.22 件。年人均用邮支出 132.46 元，年人均快递支出 62.26 元。

（六）广西壮族自治区

1. 业务发展情况

2016 年，全自治区邮政行业业务总量 63.70 亿元，同比增长 45.95%；全区邮政行业业务收入（不包括邮政储蓄银行直接营业收入）为 66.29 亿元，同比增长 31.12%。

（1）邮政普遍服务业务

2016 年，函件业务持续下降。全年全自治区邮政函件业务为 2 784.70 万件，同比下降 22.70%。包裹业务下降明显。全年全自治区包裹业务累计为 72.72 万件，同比下降 24.18%。报刊业务降幅扩大。全年全自治区订销报纸累计为 35 236.58 万份，同比下降 2.28%；订销杂志累计为 2781.21 万份，同比下降 15.59%。汇兑业务持续萎缩。汇兑业务累计为 134.46 万笔，同比下降 32.77%。

（2）快递业务

快递业务快速增长。2016 年全年全自治区快递服务企业业务量为 2.28 亿件，同比增长 82.09%；投递量为 5.56 亿件，同比增长 62.89 %；快递业务收入为 33.89 亿元，同比增长 55.60%。

快递业务收入在行业中占比继续提升。2016 年全年全区快递业务收入占行业总收入的比重为 51.12%，比上年提高 8.04%。

同城快递业务高速增长。2016 年全年全自治区同城快递业务量为 3 833.87 万件，同比增长 131.50 %；实现业务收入 3.86 亿元，同比增长 184.34%。

异地快递业务快速增长。2016 年全年全自治区异地快递业务量为 18 912.78 万件，同比增长 74.53%；实现业务收入 19.75 亿元，同比增长 33.01%。

国际/港澳台快递业务增速加快。2016 年全年全自治区国际/港澳台快递业务量为 88.74 万件，同比增长 82.59%；实现业务收入 0.88 亿元，同比增长 26.60%。

同城快递业务占比提升。2016 年全年全自治区同城、异地、国际/港澳台快递业务量占全部比例分别为 16.79%、82.82% 、0.39%，比上年分别上涨 3.58 个百分点、下降 3.58 个百分点、下降0.00 个百分点；业务收入分别占全部比例分别为 11.40%、58.27%、2.60%，比上年分别上涨 5.16 个百分点、下降9.90 个百分点、下降 0.60 个百分点。

14 个地市的快递业务发展情况有新变化。快递业务量和快递业务收入排名前五位的城市分别是南宁、玉林、桂林、柳州、贵港。

民营快递企业市场份额进一步提升。全年全自治区国有快递企业业务量为 5 061.61 万件，实现业务收入 5.70 亿元；民营快递企业业务量为 17 767.98 万件，实现业务收入 27.98 亿元；外资快递企业业务量为 5.80 万件，实现业务收入 0.21 亿元。国有、民营、外资快递企业业务量市场份额分别为 22.17%、77.81%、0.03%，业务收入市场份额分别为 16.81%、82.56%、0.63%。

快递市场集中度有所下降。2016 年全年全区快递服务品牌集中度指数（CR_8）为 85.39，较上年下降 6.92。

2. 通信能力和服务水平

（1）机构设备

2016年，全区全行业拥有各类营业网点6 166处，其中设在农村的2 728处。全区拥有邮政信筒信箱4 765个，比上年末减少40个。全区拥有邮政报刊亭总数674处，比上年末减少5处。

2016年，全区全行业拥有各类汽车5 436辆，比上年末增长25.98%。其中快递服务汽车3 286辆，比上年末增长25.71%。

2016年，快递服务企业拥有计算机8 804台，比上年末增长11.94%；拥有手持终端17 887台，比上年末增长43.54%。

（2）邮政网路

2016年，全区邮政邮路总条数762条，比上年末减少50条。邮路总长度（单程）66 466千米，比上年末增加1 589千米。全区邮政农村投递路线3 983条，比上年末增加107条；农村投递路线长度（单程）107 555.56千米，比上年末增加3 375.44千米。全区邮政城市投递路线1 503条，比上年末增加267条；城市投递路线长度（单程）28 155.96千米，比上年末增加2 157.84千米。

全区快递服务网路条数2 740条；快递服务网路长度（单程）575 958.30千米。

（3）服务能力

全行业平均每一营业网点服务面积为38.39平方千米；平均每一营业网点服务人口为7 846人。邮政城区每日平均投递2次，农村每周平均投递4次。全区年人均函件量为1件，每百人订有报刊量为7份，年人均快递使用量为4.72件。年人均用邮支出137.02元，年人均快递支出70.05元。

（七）甘肃省

1. 业务发展情况

2016年邮政行业业务总量为22.19亿元，同比增长35.92%。2016年邮政行业业务收入（不包括邮政储蓄银行直接营业收入）为27.01亿元，同比增长34.51%。

（1）邮政普遍服务业务

2016年，全年函件业务量为1 028.97万件，同比下降34.97%。全年包裹业务量为50.7万件，同比下降24.94%。全年订销报纸业务为31 014.47万份，同比增长8.15%。全年订销杂志业务为1 295.98万份，同比下降7.66%。全年汇兑业务为84.52万笔，同比下降35.16%。

（2）快递业务

快递业务快速增长。2016年全年快递服务企业业务量为6 065.10万件，同比增长71.26%；快递业务收入为12.50亿元，同比增长72.38%。

2016年快递业务收入在行业中占比继续提升。快递业务收入占行业总收入的比重为46.28%，比上年提高31个百分点。

异地快递业务快速增长。2016年全年异地快递业务量为4 665.98万件，同比增长56.49%；实现业务收入7.83亿元，同比增长45.23%。

2016年全年国际/港澳台快递业务量为5.18万件，同比增长7.41%；实现业务收入0.15亿元，同比增长6.58%。

民营快递企业持续快速发展。2016年全年国有快递企业业务量为1 177.89万件，实现业务收入2.16亿元；民营快递企业业务量为4 887.21万件，实现业务收入10.35亿元；国有、民营快递企业业务量市场份额分别为19.42%和80.58%，业务收入市场份额分别为17.23%和82.77%，与上年相比，民营快递企业市场份额持续提升。

快递业务量排名前五位的市州依次是兰州市、天水市、庆阳市、酒泉市和定西市，快递业务量合计占全部快递业务量的比重达到76.54%；快递业务收入排名前五位的市州依次是兰州市、天水市、庆阳市、酒泉市和定西市，快递业务收入合计占全部快递业务收入的比重达到75.30%。

2. 通信能力和服务水平

（1）机构设备

2016年，全行业拥有各类营业网点4 635处，比上年末增长15.41%。全省拥有邮政信筒信箱2 081个，比上年末减少522个。全省拥有邮政报刊亭总数177处，比上年末减少8处。

2016年，全行业拥有各类汽车3017辆，比上年末增长13.46%。其中快递服务汽车1 818辆，比上年末增长17.82%。

2016年，快递服务企业拥有计算机5047台，比上年末增长19.20%；拥有手持终端8 614台，比上年末增长40.20%。

（2）邮政网路

2016年，全省邮政邮路总条数768条，比上年末下降34.3%。邮路总长度（单程）192 556.8千米，同比增长0.11%。全省邮政农村投递路线2 870条，比上年末减少55条；农村投递路线长度（单程）144 651.80千米，比上年末减少4 220.33千米。全省邮政城市投递路线1 292条，比上年末增加68条；城市投递路线长度（单程）35 920.28千米，比上年末减少3 467.23千米。全省快递网路长度（单程）308 145.20千米，同比下降11.16%，全省快递服务网路条数1 709条，比上年末下降29.55%。

（3）服务能力

全行业平均每一营业网点服务面积为0.011万平方千米；平均每一营业网点服务人口为1.78万人。邮政城区每日平均投递2次，农村每周平均投递4次。每百人订阅报刊量为7份。年人均快递使用量为2.33件。年人均用邮支出92.51元，年人均快递支出48.1元。

（八）青海省

1. 业务发展情况

2016年，全省邮政行业业务总量为48 320.6万元，同比增长29.7%；邮政行业业务收入（不包括邮政储蓄银行直接营业收入）为65 450万元，同比增长29.8%。

（1）邮政普遍服务业务

2016年，全省邮政企业累计业务总量为34 860.44万元，同比增长20.8%；累计业务总收入为4 2314万元，同比增长11.77%。其中：函件业务持续下滑。全年函件业务量为321.5万件，同比下降13.3%。包裹业务同比下降。全年包裹业务量为15.9万件，同比下降17.8%。报刊业务略有增长。全年订销报纸业务为9 924万份，同比增长4.3%。全年订销杂志业务为264.2万份，同比下降8.6%。汇兑业务大幅下降。全年汇兑业务为30.4万笔，同比下降43.6%。

（2）快递业务

快递业务快速增长。截至2016年年底，快递业务量累计为1 078.6万件，同比增长50.5%；快递业务收入累计为30 040.5万元，同比增长64.7%。

分专业来看，同城快递业务量收回升。2016年全年同城快递业务量为173.1万件，同比增长13.7%;实现业务收入2 151.3万元,同比增长27.7%。

异地快递业务持续增长。2016年全年异地快递业务量为904.8万件,同比增长60.5%;实现业务收入19 289.6万元,同比增长43.4%。

国际/港澳台快递业务有所上升。2016年全年国际/港澳台快递业务量为0.6万件,同比增长0.2%;实现业务收入311.1万元,同比增长3.7%。

同城、异地、国际及港澳台快递业务量占全部比例分别为16.05%、83.89%和0.06%;同城、异地、国际/港澳台、其他业务收入占全部比例分别为7.17%、64.22%、1.04%和27.59%。

民营快递企业持续快速发展。2016年全年国有快递企业业务量为343.16万件,实现业务收入6 904.47万元;民营快递企业业务量为735.34万件,实现业务收入23 093.27万元;外资快递企业业务量为0.06万件,实现业务收入42.73万元。国有、民营、外资快递企业业务量市场份额分别为31.82%、68.18%和0.01%,快递业务收入市场份额分别为22.99%、76.88%和0.15%,与上年相比,民营快递企业市场份额持续提升。

全省快递服务机构集中在省会西宁市,西宁市的快递业务量及业务收入的占比分别为78.16%和76.22%。

2. 通信能力和服务水平

(1) 机构设备

2016年,全行业拥有各类营业网点986处,其中设在农村的366处。邮政局所455处,快递服务营业网点623处。全省拥有邮政信筒信箱351个,同比增长9.01%。全省拥有邮政报刊亭总数10处,与上年末保持一致。

2016年,全行业拥有各类汽车1 134辆,比上年末增长17.27%,其中快递服务汽车577辆,比上年末增长29.37%。

2016年,快递服务企业拥有计算机1 151台,比上年末增长57.46%;拥有手持终端1 591台,比上年末增长46.64%。

(2) 邮政网路

2016年,全省邮政邮路总条数428条。邮路总长度(单程)9.51万千米,同比下降59.34%。全省邮政农村投递路线822条,比上年末下降0.24%;农村投递路线长度(单程)3.5万千米,比上年末增长0.74%。全省邮政城市投递路线354条,比上年末增加10.28%;城市投递路线长度(单程)0.74万千米,比上年末增加9.78%。全省快递服务网路条数653条,比上年末增长10.68%;快递服务网路长度(单程)11.36万千米,比上年末下降43.60%。

(3) 人员构成

2016年,全省邮政行业从业人员6 146人,同比增长20%。按岗位类别分为管理人员967人、专业技术人员265人、技能人员2 383人、其他人员2 531人;按学历分类则为研究生及以上学历31人、本科学历1 023人、大专学历2 137人、高中学历2 012人、初中及以下学历943人。

其中,邮政公司从业人员3 117人,按岗位类别分为营业人员1 042人、投递人员451人、其他人员1 624人;按学历分类则为研究生及以上学历17人、本科学历736人、大专学历1 193人、高中学历774人、初中及以下学历397人。快递企业从业人员3 029人,同比增长48.63%,按岗位类别分为管理人员539人、专业技术人员212人、技能人员852人、其他人员1 426人;按学历分类则为研究生及以上学历14人、本科学历287人、大专学历944人、高中学历1 238人、初中及以下学历546人。

(4) 服务能力

全省邮政企业平均每一营业网点服务面积为 1 582.42 平方千米;平均每一营业网点服务人口为 1.30 万人。邮政城区每日平均投递 1 次,农村每周平均投递 2 次。人均函件量为 1 件,每百人订有报刊量为 3 份。

(九) 宁夏回族自治区

1. 业务发展情况

2016 年,全年邮政行业业务总量为 15.2 亿元,同比增长 24.7%。全年邮政行业业务收入(不包括邮政储蓄银行直接营业收入)为 15.2 亿元,同比增长 12.4%。

(1) 邮政普遍服务业务

2016 年,函件业务持续下降。全年函件业务量为 484.5 万件,同比下降 15.7%。包裹业务下降明显。全年包裹业务量为 11.4 万件,同比下降 30.8%。报刊业务降幅扩大。全年订销报纸业务为 6 322.3 万份,同比下降 28.8%。全年订销杂志业务为 340.1 万份,同比下降 31.6%。汇兑业务持续萎缩。全年汇兑业务为 25.3 万笔,同比下降 13.8%。

(2) 快递业务

快递业务快速增长。2016 年全年快递服务企业业务量为 3 241.5 万件,同比增长45.2%;快递业务收入为 5 8591.2 万元,同比增长 21.2%。

快递业务收入在行业中占比继续提升。快递业务收入占行业总收入的比重为 38.55%,比上年提高 2.7 个百分点。

同城快递业务快速增长。2016 年全年同城快递业务量为 661.9 万件,同比增长 113.6%;实现业务收入 6 840 万元,同比增长 114.8%。

异地快递业务平稳增长。2016 年全年异地快递业务量为 2 576.4 万件,同比增长34.2%;实现业务收入 39 302.8 万元,同比增长 2.5%。

国际/港澳台快递业务量增速加快,收入有所下降。2016 年全年国际/港澳台快递业务量为 3.2 万件,同比增长 29.3%;实现业务收入 639.7 万元,同比下降 7.2%。

异地快递业务占比提升。同城、异地、国际/港澳台快递业务量占比分别为 20.42%、79.48%和 0.1%,业务收入占比分别为 11.67%、67.08%和 1.09%。

民营快递企业市场份额进一步提升。2016 年全年国有快递企业业务量为 441.38 万件,实现业务收入 10 693.76 万元;民营快递企业业务量为 3 241.47 万件,实现业务收入 58 591.15 万元;国有和民营快递企业业务量市场份额分别为 13.62%和 86.38%,业务收入市场份额分别为 18.25%和 81.75%。

2. 通信能力和服务水平

(1) 机构设备

2016 年,全行业拥有各类营业网点 1297 处,其中设在农村的 333 处。全区拥有邮政信筒信箱 328 个,比上年末下降 1.5 个百分点。全区拥有邮政报刊亭总数 150 处,比上年末下降 40.9 个百分点。

2016 年,全行业拥有各类汽车 1038 辆,比上年末增长 13.2%。

2016 年,快递服务企业拥有计算机 1 772 台,比上年末增长 18.61%;手持终端 2 976 台,比上年末增长 11.29%。

(2) 邮政网路

2016 年,全自治区邮政邮路总条数 240 条。邮路总长度(单程)64 101 千米。全自治区邮政农村投递路线 334 万条,比上年末下降 4.57 个百分点;农村投递路线长度(单程)18 015 千米,比上年末下降 8.13 个百分点。全自治区邮政城市投递路线 606 条,比上年末下降 3.81 个百分点;城市投递路线长度(单程)20 518.8 千米,比上年末下降 0.27 个百分点。全自治区快递服务网路条数 812 条;快递服务网路长度(单程)32 972.1 千米。

(3) 服务能力

全行业平均每一营业网点服务面积为 51.2 平方千米;平均每一营业网点服务人口为 5150 人。邮政城区每日平均投递 2 次,农村每周平均投递 5 次。全区年人均函件量为 1 件,每百人订有报刊量为 7 份,年人均快递使用量为 4.9 件。年人均用邮支出 227 元,年人均快递支出 89.21 元。

(十) 内蒙古自治区

1. 业务发展情况

2016 年,全自治区邮政行业业务总量为 27.25 亿元,同比增长 17.29%。邮政行业业务收入(不包括邮政储蓄银行直接营业收入)为 37.12 亿元,同比增长 26.96%。

(1) 邮政普遍服务业务

2016 年,函件业务持续下滑。全年函件业务量为 871.22 万件,同比下降 40%。包裹业务同比下降。全年包裹业务量为 26 万件,同比下降 53.99%。报纸业务小幅下降。全年订销报纸业务为 32 818.63 万份,同比下降 2%。刊物业务小幅下降。全年订销刊物业务为 1 115.14 万份,同比下降 16%。汇兑业务大幅下降。全年汇兑业务为 139.75 万笔,同比下降 46.15%。

(2) 快递业务

快递业务快速增长。2016 年全自治区快递服务企业业务量为 8470.64 万件,同比增长 56.57%;快递业务收入为 18.5 亿元,同比增长 50.35%。

快递业务收入在行业中占比继续提升。快递业务收入占行业总收入比重为 49.84%,比上年提高 7.83%。

同城快递业务快速增长。2016 年全年同城快递业务量为 1 578.80 万件,同比增长 201.26%;实现业务收入 2.02 亿元,同比增长 211.72%。

异地快递业务增势稳定。2016 年全年异地快递业务量为 6 879.43 万件,同比增长 41.11%;实现业务收入 12.01 亿元,同比增长 29.85%。

国际/港澳台快递业务小幅上升。2016 年全年国际/港澳台快递业务量为 12.4 万件,同比下降 13.72%;实现业务收入 0.31 亿元,同比增长 13.03%。

同城、异地、国际/港澳台快递业务量占全部比例分别为 18.64%、81.22%和 0.15%,业务收入占全部比例分别为 10.93%、64.94%和 1.66%。

民营快递企业持续快速发展。全自治区国有快递企业业务量为 2 303.23 万件,实现业务收入 4.84 亿元;民营快递企业业务量为 6 150.24 万件,实现业务收入 13.51 亿元;外资快递企业业务量为 17.16 万件,实现业务收入 0.14 亿元。国有、民营、外资快递企业业务量市场份额分别为 27.19%、72.61%和 0.2%,业务收入市场份额分别为 26.18%、73.04%和 0.78%,与 2015 年相比,民营快递企业市场份额持续提升。

快递业务量排名前五位的盟市依次是呼和浩特市、赤峰市、包头市、通辽市和鄂尔多斯市,其快递业务量合计占全部快递业务量的比重达到 78.41%。快递业务收入排名前五位的盟市依次是呼和浩特市、包头市、赤峰市、鄂尔多斯市和通辽市,其中快递业务收入合计占全部快递业务收入比重的 78.11%。

2. 通信能力和服务水平

(1) 机构设备

2016年,全行业拥有各类营业网点4 150处,比上年末增长16.51%;全行业拥有各类汽车4 738辆,比上年末增长14.56%,其中快递行业拥有各类汽车3 038辆,比上年末增长17.39%。快递服务企业拥有电动三轮车5 405辆,比上年末增长9.1%;计算机5 393台,比上年末增长6.1%;手持终端9 403台,比上年末增长25.93%。

(2) 邮政网路

2016年,全区邮政邮路总条数783条,比上年末减少0.89%;邮路总长度(单程)7.3万千米,比上年末减少4.41%。全区邮政农村投递路线1 469条,比上年末下降1.14%;农村投递路线长度(单程)11.44万千米,比上年末增加0.28%。全区邮政城市投递路线1703条,比上年末增加21.38%;城市投递路线长度(单程)5.35万千米,比上年末增加24.68%。

(3) 服务能力

全区全行业平均每一营业网点服务面积为285.06平方千米;平均每一营业网点服务人口为0.60万人。年人均快递使用量为3.36件。年人均用邮支出147.3元,年人均快递支出73.41元。

(十一) 新疆维吾尔自治区

1. 业务发展情况

2016年邮政行业业务总量为27.50亿元,同比增长23.59%。全年邮政行业业务收入(不包括邮政储蓄银行直接营业收入)为37.91亿元,同比增长17.16%。

(1) 邮政普遍服务业务

2016年,函件业务持续下降。全年函件业务量为1 548.12万件,同比下降24.45%。包裹业务下降明显。全年包裹业务量为129.33万件,同比下降21.27%。报刊业务小幅下降。全年订销报纸业务为46 667.85万份,同比下降0.57%。全年订销杂志业务为1 703.30万份,同比上升2.51%。汇兑业务持续萎靡。全年汇兑业务为269.98万笔,同比下降24.77%。

(2) 快递业务

快递业务快速增长。2016年全年快递服务企业业务量为8 661.91万件,同比增长22.85%; 快递业务收入为17.34亿元,同比增长34.13%。

快递业务收入在行业中占比继续提升。快递业务收入占行业总收入的比重为45.74%,比2015年提高5.78%。

同城快递业务增势强劲。2016年全年同城快递业务量为1 542.38万件,同比增长251.56%; 实现业务收入1.93亿元,同比增长198.61%。

异地快递业务快速增长。2016年全年异地快递业务量为7 096.68万件,同比增长7.42%; 实现业务收入11.32亿元,同比增长17.03%。

国际/港澳台快递业务增速加快。2016年全年国际/港澳台快递业务量为22.86万件,同比增长311.68%;实现业务收入0.26亿元,同比增长32.59%。

同城快递业务占比提升。同城、异地、国际/港澳台快递业务量占全部比例分别为17.81%、81.93%和0.26%,业务收入占全部比例分别为11.14%、65.31%和1.51%。

北疆、南疆、东疆和自治区直辖地区各项快递业务均保持了较快的增长势头。全年北疆地区快递业务量为6 718.11万件,同比增长12.23%;实现业务收入12.79亿元,同比增长34.00%。南疆地区快递业务量为1383.60万件,同比增长89.84%;实现业务收入3.03亿元,同比增长29.73%。东疆地区快递业务量为237.84万件,同比增长59.22%;实现业务收入0.65亿元,同比增长53.81%。自治区直辖地区快递业务量为322.37万件,同比增长73.06%;实现业务收入0.87亿元,同比增长39.24%。北疆、南疆、东疆和自治区直辖地区快递业务量比重分别为77.56%、15.97%、2.75%和3.72%,快递业务收入比重分别为73.77%、17.46%、3.76%和5.01%。

民营快递企业持续快速发展。全自治区国有快递企业业务量为4 288.36万件,实现业务收入4.11亿元;民营快递企业业务量为4 164.38万件,实现业务收入12.50亿元;外资快递企业业务量为1.09万件,实现业务收入0.05亿元。国有、民营、外资快递企业业务量市场份额分别为49.51%、48.08%和0.01%,业务收入市场份额分别为23.68%、72.12%和0.29%,与2015年相比,民营快递企业市场份额持续提升。

快递业务量排名前五位的地州市依次是乌鲁木齐市、巴音郭楞蒙古自治州、伊犁哈萨克自治州、昌吉回族自治州、阿克苏地区,其快递业务量合计占全部快递业务量的比重达到84.10%。快递业务收入排名前五位的地州市依次是乌鲁木齐市、巴音郭楞蒙古自治州、伊犁哈萨克自治州、昌吉回族自治州、喀什地区,其快递业务收入合计占全部快递业务收入的比重达到77.35%。

快递业务量排名前十五位的县(市)依次是乌鲁木齐市、库尔勒市、昌吉市、伊宁市、石河子市、阿克苏市、喀什市、克拉玛依市、哈密市、和田市、高昌区、奎屯市、塔城市、博乐市、阿勒泰市,其快递业务量合计占全部快递业务量的比重达到93.71%。

快递业务收入排名前十五位的县(市)依次是乌鲁木齐市、昌吉市、库尔勒市、伊宁市、石河子市、喀什市、阿克苏市、哈密市、和田市、奎屯市、塔城市、博乐市、高昌区、阿拉尔市、阿勒泰市,其快递业务收入合计占全部快递业务收入的比重达到89.67%。

2. 通信能力和服务水平

(1) 机构设备

2016年,全行业拥有各类营业网点3 946处,比上年末增长10.63%,其中设在农村的有1 258处。自有快递服务营业网点2 185处,合作快递营业网点217处。

2016年,全行业拥有各类汽车4 882辆,比上年末增长5.08%,其中快递服务汽车2 912辆,比上年末增长7.61%。

2016年,快递服务企业拥有计算机4 732台,比上年末增长14.00%;手持终端6 417台,比上年末增长17.72%。

(2) 邮政网路

2016年,全自治区邮政邮路总条数418条,比上年末增加1.21%。邮路总长度(单程)7.84万千米,比上年末增加9.70%。全自治区邮政农村投递路线1 702条,比上年末增加3.78%;农村投递路线长度(单程)5.56万千米,比上年末增加4.59%。全自治区邮政城市投递路线1 375条,比上年末增加25.46%;城市投递路线长度(单程)3.12万千米,比上年末增加16.58%。全区快递服务网路条数2 714条,比上年末增长30.36%;快递服务网路长度(单程)55.23万千米,比上年末减少9.81%。

(3) 服务能力

全行业平均每一营业网点服务面积为421.92平方千米;平均每一营业网点服务人口为6 077人。人均函件量为0.65件,每人订报刊量为20.17份。年人均快递使用量为3.61件。年人均用邮支出158.10元,年人均快递支出72.29元。

（十二）西藏自治区

1. 业务发展情况

（1）行业运行符合预期，渐趋平稳发展

2016年，全自治区邮政企业和规模以上快递服务企业业务总量累计为3.12亿元，同比增长20.48%；业务收入（不包括邮政储蓄银行直接营业收入）累计为4.60亿元，同比增长11.26%。

（2）邮政普遍服务业务情况

2016年全自治区函件、包裹、报纸、杂志、汇兑业务量分别累计为322.39万件、9.19万件、10 466.19万份、331.50万份、39.26万笔。同期相比，函件、报纸、杂志业务量分别增长49.26%、4.11%、0.56%。包裹、汇兑业务量同比下降58.11%、32.57%；函件、包裹、报刊发行、代理汇兑业务累计收入分别为1 868.00万元、509.00万元、3 038.00万元、749.00万元。

（3）快递业务发展情况

快递发展态势良好，保持稳步增长。2016年，全自治区快递服务企业业务量累计为734.39万件，同比增长27.01%。其中同城业务量累计为167.82万件，同比增长70.11%；异地业务量累计为566.33万件，同比增长18.18%；国际/港澳台业务量累计为0.24万件，同比下降34.04%。

2. 通信能力和服务水平

（1）机构人员设备

全自治区快递服务营业网点888处，其中自有营业场所141处，合作快递营业场所747处。全自治区快递服务从业人员780人，比2015年末下降3.47%。非管理人员为652人，占全自治区快递从业人员的83.58%。

2016年，全自治区全行业拥有各类汽车778辆，比上年末增长4.99%，其中快递服务汽车193辆，比上年末增长2.12%。

2016年，快递服务企业拥有计算机342台，比上年末增长44.92%；手持终端463台，比上年末增长88.21%。

（2）通邮网路

2016年，全自治区邮政邮路总条数477条。邮路总长度（单程）53 479千米，比上年末增长200.42%，其中农村邮路条数477条，比上年末下降14.67%。全自治区快递服务网路条数388条，比上年末下降17.62%；快递服务网路长度（单程）67 736.84千米，比上年末增长2.91%。

（3）服务能力

平均每一快递营业网点服务面积为1 353.86平方千米；平均每一快递营业网点服务人口为3648人。年人均用邮支出127.79元，年人均快递使用量为1.78件，年人均快递支出51.86元。

思考题

1. 简述西部地区在我国经济格局中的地位。
2. 简述西部地区社会经济的主要特征。

3. 简述西部地区邮政普遍服务概况。
4. 简述西部地区邮政普遍服务的构成。
5. 简述西部地区快递服务概况。
6. 简述西部地区快递业务量构成及特点。
7. 试归纳西部地区邮政业发展的社会经济基础。
8. 试分析西部地区邮政普遍服务的省际差异。
9. 试分析西部地区快递服务的省际差异及特点。
10. 总结西部地区邮政通信和服务水平能力特征。

下篇　世界邮政通信地理

第十二章　世界地理概述

第一节　地球区域的划分

在地球表面，大部分是海洋，小部分是陆地。地球表面面积约 5.1 亿平方千米，其中海洋面积为 3.61 亿平方千米，约占全球总面积的 71%；陆地面积 1.49 亿平方千米，约占全球总面积的 29%。如图 12-1 所示为世界地图。

一、七大洲

地球上的陆地和海洋总称为地表，即地球表面。地球表面未被水淹没的部分称为陆地。其中，面积广大的陆地称为大陆，散布在海洋中的小块陆地称为岛屿。大陆按面积大小依次为亚欧大陆、非洲大陆、北美大陆、南美大陆、南极大陆、澳大利亚大陆。大陆和它附近的岛屿总称为洲。全球有七大洲，按面积大小依次为亚洲、非洲、北美洲、南美洲、南极洲、欧洲和大洋洲。

亚洲、非洲、欧洲和大洋洲主要分布在东半球。北美洲和南美洲位于西半球，有时又被合称为美洲。

南极洲几乎在南极圈内，四周被太平洋、大西洋、印度洋所包围，是一个冰雪覆盖的高原大陆。

亚洲与欧洲的分界线是乌拉尔山、乌拉尔河和高加索山脉；亚洲与非洲的分界线是苏伊士运河；亚洲与北美洲的分界线是白令海峡。欧洲与非洲的分界线是直布罗陀海峡、地中海。北美洲与南美洲的分界线是巴拿马运河。

二、四大洋

地球上广阔连续的水域称为海洋。海洋被大陆分开呈彼此相遇的四大部分，称作四大洋。四大洋按面积大小依次为太平洋、大西洋、印度洋和北冰洋。

太平洋位于亚洲、北美洲、南美洲、大洋洲和南极洲之间，它的面积最大，约为 1.79 亿平方千米，太平洋是地球上四大洋中最大、最深和岛屿、珊瑚礁最多的海洋。大西洋位于欧洲、非洲、北美洲、南美洲和南极洲之间，是世界第二大洋，面积为 9 300 多万平方千米。印度洋位于亚洲、非洲、南极洲和大洋洲之间，面积约为 7 500 万平方千米。北冰洋位于亚洲、北美洲和欧洲之间，面积为 1 300 多万平方千米。

海洋的边缘部分为海。两端连接海洋的狭窄水道称海峡，如白令海峡、马六甲海峡等。海峡在交通和战略上往往具有重要地位。

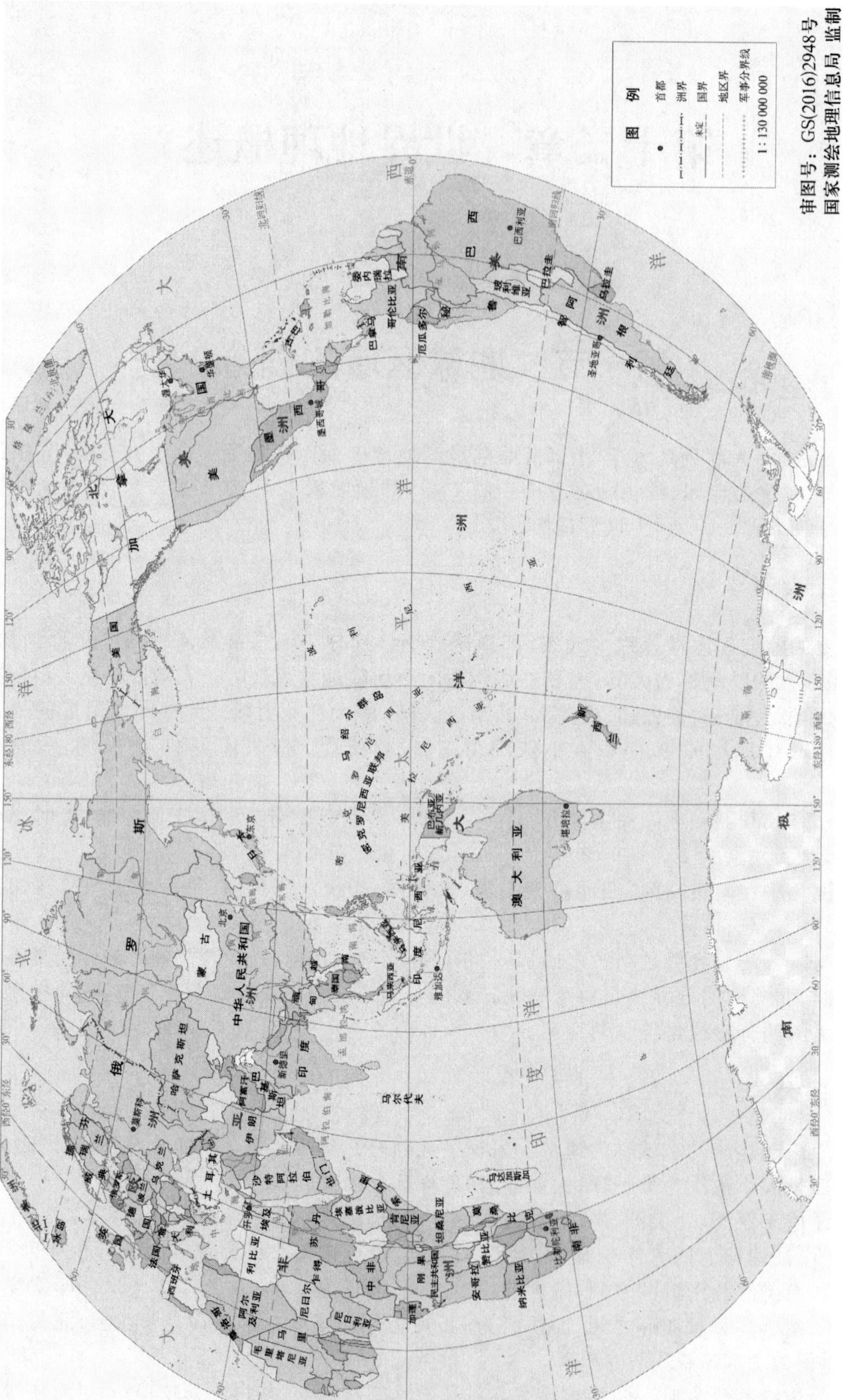
图例
首都
洲界
国界
未定国界
地区界
军事分界线
1:130 000 000
审图号：GS(2016)2948号
国家测绘地理信息局 监制
北冰洋
大西洋
太平洋
印度洋
南极洲
北美洲
南美洲
大洋洲
亚洲
欧洲
非洲
中华人民共和国
北京
俄罗斯
莫斯科
蒙古
日本
东京
印度
新德里
澳大利亚
堪培拉
新西兰
加拿大
美国
华盛顿
墨西哥
墨西哥城
巴西
巴西利亚
阿根廷
智利
圣地亚哥
秘鲁
哥伦比亚
委内瑞拉
厄瓜多尔
玻利维亚
巴拉圭
乌拉圭
南非
埃及
苏丹
利比亚
阿尔及利亚
马里
尼日尔
尼日利亚
乍得
安哥拉
纳米比亚
坦桑尼亚
肯尼亚
埃塞俄比亚
沙特阿拉伯
伊朗
土耳其
哈萨克斯坦
巴基斯坦
阿富汗
芬兰
瑞典
挪威
冰岛
英国
法国
德国
西班牙
乌克兰
马尔代夫
马达加斯加
印度尼西亚
马来西亚
巴布亚新几内亚
密克罗尼西亚联邦
马绍尔群岛

图 12-1 世界地图

第二节　世界人口和国家

一、世界的人口

人口是世界社会经济生活的主体，掌握生产工具并具有劳动技能的人——劳动者是生产力中最积极、最活跃的因素。人口劳动力也是劳动地域分工(即人的职业分工在地域上体现)的主体。因此，世界的人口分布与世界产业分布有着密切关系，两者在地域上的分布基本上是一致的。

(一) 世界人口的增长

截止到2016年6月，全世界人口已达74.42亿人，人口增长率为1.18%，人口密度为57人/平方千米；仅从1990—2016年的26年间就增加了21亿人，每年增加8 000多万人。撒哈拉沙漠以南国家和西亚国家的增长速度最快。相反，许多工业化国家人口增长缓慢，甚至负增长。

世界人口增长主要受生产力发展水平所制约，同时也受许多其他社会、经济与自然因素的影响。

在世界人口急剧增长过程中，世界各个地区之间、各个国家之间，人口增长速度是有差别的。世界人口增长速度出现的这种不平衡，主要是由于各个国家的人口再生产类型不同，从而使人口自然增长率相差悬殊。

从各洲的人口增长情况看，非洲、拉丁美洲、亚洲、大洋洲人口增长较快，北美洲次之，欧洲最慢。

(二) 世界人口的分布

目前，全世界的人口已达74亿多，散布在六大洲之中(南极洲尚无定居人口)。其中以亚洲、欧洲人口为最多，同时人口密度也最大；大洋洲人口最少，仅占世界人口总数的0.5%，人口密度每平方千米仅3人。除各大洲间人口分布不平衡外，在世界上又形成了人口密集地带和人烟稀少地区，其间的差异更为明显。

从世界人口分布上看，有三个稠密地带。世界上人口最密集的地带是南亚、东南亚、中国东部地区、朝鲜半岛和日本列岛(不包括北海道)等。第二个人口稠密地带是欧洲(不包括北欧及东欧的一些地区)，人口密度每平方千米在50～200人之间，尤其是利物浦—汉堡—巴塞尔—巴黎四边形囊括的大部分地区。第三个人口密集地带是北美洲的大西洋沿岸及五大湖地区，其中尤以波士顿到华盛顿一线的城市群和克利夫兰—底特律—芝加哥一线(即所谓美国经济地理上的两大枢轴)的人口最为密集。

其他，如非洲的尼罗河下游，北非地中海沿岸、几内亚湾沿岸、坦噶尼喀湖与维多利亚湖之间的地域、美国西南海岸以及澳大利亚东南部等，人口也较为稠密。

与上述地区相反，世界上还有大片人烟稀少的地带，如北极圈地带(加拿大北部、美国阿拉斯加、俄罗斯的西伯利亚与远东北部、斯堪的纳维亚半岛的北半部与格陵兰岛)以及撒哈拉、中亚戈壁和澳大利亚西部的沙漠地区等。

(三)世界人口的迁移

人口移动是人类社会普遍存在着的一种社会经济现象,它与人口增长一直是影响人口分布的两个基本因素,并对国际和国内劳动地域分工、生产力分布以及经济地域的形成与发展有着重要影响。

进入资本主义时代后,随着生产力的发展,商品经济的活跃以及交通运输条件的不断改善,造成了世界范围的和一国内部的大规模的人口移动,进而促进了国际、国内的劳动地域分工,并对世界生产力分布产生了强烈影响。就世界范围看,大规模的人口移动主要有:欧洲向美洲、向澳大利亚、新西兰的移民,非洲大陆向美洲的移民以及亚洲各国向外的移民等。

第二次世界大战以后,大规模国际人口移动具有一些新的特点:移民的规模没有以前那样大;对移民的选择性,尤其对文化技术水平的要求加强了;劳动力输出即外籍劳工这样一种新的移民形式发展很快;由于地区性战争频繁,国际政治难民问题显得比较突出。

除上述大规模国际间人口移动外,在一些国家内部也存在着规模较大的人口移动,如近代俄国由其西部欧洲地区向东部亚洲地区,美国由其东北部地区向西部地区,我国由山东、河北等地向东北和内蒙古地区的大规模移民等,这些对各国移入地区的经济发展和人口分布均有重要影响。

二、世界上的国家

全世界约有200多个行政区单位,其中独立的国家有170多个,其余的主要是一些尚未独立的地区。面积在100万平方千米以上的国家和地区共有29个。其中,俄罗斯、中国、美国、加拿大的面积都超过900万平方千米。

亚洲有41个国家和地区,面积在100万平方千米以上的国家有:中国、蒙古、印度尼西亚、印度、伊朗、沙特阿拉伯等六国。欧洲共有34个国家和地区,面积在100万平方千米以上的只有俄罗斯一个国家。大洋洲共有25个国家和地区,其中澳大利亚的面积在100万平方千米以上。北美洲共有36个国家和地区,其中面积超过100万平方千米的国家和地区有加拿大、美国、墨西哥和格陵兰(内部自治)。南美洲共有13个国家和地区,面积在100万平方千米以上的有5个:哥伦比亚、秘鲁、巴西、玻利维亚、阿根廷。

世界各国各地区的情况十分复杂,不仅其面积、人口、领土构成、地形、气候条件等多种多样,经济发展水平也千差万别。

第三节　世界交通

交通运输是主要物质生产部门之一,正是依靠世界运输这个环节,国际间的和世界性的生产活动与经济联系才得以实现,才能为各国、各地区的社会生产与社会生活提供必要的保证。

一、世界铁路运输

铁路是近代机械动力应用于交通运输最早的部门之一,具有运量大、速度较快、运价较低等优点,在世界上有许多国家,如俄罗斯、印度、中国等大国,铁路依然是交通运输的主要部门。到19世纪末,世界铁路营业里程已达60万千米,20世纪30年代,又达到122万千米。

现代世界各国铁路已从增加数量逐渐转向采用新技术、改善质量的方向发展。牵引动力中，内燃机和电力机车的比重逐年增加，蒸汽机比重不断下降，在全世界铁路通车里程123万多千米中，电气化里程达到16万多千米，约占13%。各国铁路的技术装备和运输生产过程的机械化、自动化程度日益提高。高速铁路(如日本的新干线)、磁悬浮铁路、高速火车和全自动无人驾驶的火车已经在一些发达国家出现。

世界铁路网的地理分布，主要集中在经济发达国家。有三个最大的铁路系统：

(一) 北美系统，包括美国和加拿大南部地区。其铁路网长度约占全世界铁路总里程的近1/3。

(二) 西欧系统，包括西欧、北欧和西南欧诸国，路网联系密切；英国和北欧国家也通过海底隧道与该系统连接，铁路线路长度占世界近1/6。

(三) 东欧中亚系统，包括俄罗斯、东欧和中亚各国，为半封闭式体系，横跨亚欧大陆腹地，铁路长度占世界近1/6。

在世界铁路网中，有1/3以上的长度，分散在世界其他地区，其中绝大多数为发展中国家，少数属于发达国家。最重要者有：(1)日本列岛铁路网；(2)中国大陆东部铁路网；(3)南亚铁路网；(4)澳大利亚东南部铁路网；(5)非洲南部铁路网；(6)阿根廷经济重心地区潘帕斯铁路网；(7)巴西东南部里约热内卢—圣保罗—贝洛奥里藏特经济三角区的铁路网。除上述地区外，世界上的其他广大地区基本上没有现代化的铁路网，或者只处在形成的初级阶段。总之，世界铁路网的地理分布是极不平衡的，而且在相当时期内又难以改变。

二、世界公路运输

第二次世界大战以后，汽车产量骤增，行车速度加快，还出现了高速公路、快速公路、能供超重车辆行驶的公路等。1945年时，全世界汽车保有量还不到5 000万辆，1972年增加到2.7亿辆，1991年客、货汽车总数已达到5亿多辆。与此同时，公路本身也在车道、信号、交叉等方面作了现代化的改进。发达国家由于公路网早已建成，因此为适应运输量增长的要求，一般都把重点从增加数量转向提高质量；一些发展中国家，则加速公路建设进程，为建成全国的公路网而努力。公路目前已成为世界许多国家和地区客货运输的重要渠道，在客运和短途货运中地位尤其重要。经济发达国家的国内交通运输发展上有一个共同的规律，即内河、铁路运输发展在先，公路运输后来居上。20世纪60年代以来，公路运输的发展已远远超过铁路，跃居各种运输方式的首位，成为这些国家客、货运输的主力。在货运方面，欧、美、日各国公路货运量比重，均已达到80%以上；公路货物周转量比重，日本为41%，德国为52%，英国为67.5%。在客运方面，日本公路客运量为65%，旅客周转量达55%；德国公路客运量为85.5%，旅客周转量达60%。目前，俄罗斯公路的客货运量和旅客周转量均已超过铁路居第一位。美国的城间公路货运的实际平均距离，也已从20世纪50年代的397千米，延长到目前的509千米；即使是幅员较小的法国其20世纪70年代中期的城间公路货运平均运距，也达到350千米。

目前，世界上公路里程最长的是美国，为630多万千米，铺装率达85%，其中铺装沥青路面和其他高级路面的公路为300万千米，其公路密度平均每百平方千米国土面积有公路67千米。世界公路密度较大的英国、法国均在140千米以上。

全世界的公路网，主要分布在以下三大地区：(1)美国和加拿大南部；(2)西欧、包括南欧和北欧各国；(3)南亚，包括印度、巴基斯坦、孟加拉国和斯里兰卡。其他公路较密集的地区还有：俄罗斯和东欧、中国东部、澳大利亚东南部、巴西东南沿海和阿根廷的潘帕斯平原。

目前各洲的国际公路网以欧洲为最密,已基本建成了国际公路干线网,连接各国首都和重要城市。其中,东欧、南欧和西亚的10国通力合作,拟修建一条从波罗的海至中东的“欧洲纵向国际高速公路”。非洲正在大力建设撒哈拉公路、西非公路、南非公路和东非干线等4条国际公路网。现在正在修建的最长的国际公路是纵贯南、北美洲大路的“泛美公路”和西起地中海东岸,经伊朗、南亚次大陆,达东南亚的横贯南亚的“亚细亚公路”。

目前,世界上约50余个国家共修建了15万多千米高速公路,其中美国最长,达7万多千米,德国1万多千米,意大利和法国各7 000千米,日本3.9万千米,英国4 000千米。就建设标准来说,德国和日本名列前茅。20世纪70年代以后,俄罗斯和东欧各国的高速公路开始起步。亚洲的新加坡、泰国、马来西亚、印度、菲律宾、韩国等国家与地区,也采取适合于本国国情的办法建设高速公路。

三、世界水上交通运输

海洋运输(包括沿海和远洋运输)是世界各国对外贸易的主要运输方式,而在印度尼西亚、菲律宾等一些群岛国家,也是国内岛间运输的主要方式。世界上的大洋航线,除北冰洋季节性航线外,均集中于太平洋、印度洋和大西洋三大海域。

1. 太平洋诸航线

太平洋大洋航线联结着亚洲、美洲大陆和大洋洲,西部通过马六甲海峡同印度洋各国相接,东部则通过巴拿马运河或麦哲伦海峡同大西洋沟通。太平洋沿岸国家和地区聚居着世界上约半数的人口,这里是全球农、矿原料的主要供应者,并有美、俄、日三个经济发达国家毗邻或位于此海域。还有亚洲“四小龙”等新兴工业化国家和地区,沿岸地区已逐渐成为世界经济的重心。因此,太平洋航线的地位日益重要。现在,其经济联系和货物运输的规模已超过昔日地位最重要的大西洋航线。太平洋的主要航线有:(1)北太平洋航线,自北美经夏威夷到日本、中国和东南亚;(2)南太平洋航线,自北美经新西兰、澳大利亚到印度尼西亚;(3)亚洲东部近海航线,自俄罗斯远东经朝鲜、中国,南下中南半岛至印度尼西亚或新加坡;(4)美洲西岸近海航线;(5)澳大利亚、日本航线;等等。

2. 印度洋诸航线

印度洋是联系亚洲南部、非洲东部和澳大利亚西部的海上通道,也是中东石油输出的主要路径。中国通往南亚、西亚、非洲和欧洲的航线,均必经印度洋。印度洋的航线主要有:(1)横断印度洋航线,由澳大利亚、东南亚、南亚、红海过苏伊士运河至欧洲和北美洲;(2)波斯湾的对外航线,东去日本,西绕好望角达欧美各国,是目前世界上运输最繁忙的航线;(3)南亚各国的对外航线等。

3. 大西洋诸航线

大西洋东西两岸分布着世界上主要资本主义发达国家,这里是世界最大的经济地带,是传统的世界经济活动的重心,其他大洋的航线也多同大西洋航线有联系,因而过去素有海上航线枢纽之称。大西洋主要航线有:(1)欧洲同北美各国间的北大西洋航线,这里是“二战”前船舶周转量最大的航线,目前已相对衰落;(2)西欧经西非几内亚湾或南美东岸的航线;(3)北美通往加勒比海和南美各国的航线;(4)地中海航线,西欧、南欧各国通往中近东的航线,中经直布罗陀海峡、苏伊士运河和亚丁湾,再同印度洋航线相接,这就是过去称谓的“大英帝国生命线”。

集装箱运输,是指将一定数量的单件货物装入标准规格的金属箱内,以集装箱作为运送单位所进行的运输。海上集装箱运输已成为当今国际贸易货物运输的一种主要方式,世界海上集装箱运输于1986年从北美—欧洲航线上揭开序幕以后，世界主要航线已迅速实现了集装箱化。现在，世界上有近100个国家和地区的400多个港口，共10 000多个泊位开展了集装箱运输。全世界有10个大集装箱港口，按装卸量计，它们依次是鹿特丹港、纽约、香港、神户、高雄、新加坡、基隆、洛杉矶、安特卫普、汉堡。目前，经济发达国家的海运航线已基本实现了集装箱化，发展中国家也有较大的发展。目前世界各港口进出口和中转的集装箱总量达5 000多万只标准箱。我国全国港口集装箱的吞吐能力达到70万只标准箱，沿海港口完成国际集装箱吞吐量500多万吨。

世界内河航运(包括湖运)也在逐年发展，功效较高的顶推运输和自航货轮发展较快，拖驳运输逐渐减少。世界上江河干流长度超过3 000千米的大河有15条，但内河航道长度仅有50万千米，只相当于现在公路长度的1/40和不足铁路的2/5。从内河航道的通航长度来看，主要河运国家有：俄罗斯(11万余千米)、中国(近11万千米)、美国(近5万千米)、法国(近9000千米)、德国(7453千米)、荷兰(近6000千米)、波兰(近4000千米)等。

四、世界航空运输

航空运输发展历史较短，世界进入航空交通时代还不到100年。但在世界客货运输中，已日益发挥重要作用。

2012—2017年中国民航始终坚持扩大对外开放，国际市场空间不断拓展，国际影响力日益提升，与我国签署航空运输协定的国家和地区由114个增至122个；国际航线由381条增至784条，国际定期航班通航国家由52个增至61个，通航城市由121个增至167个；国际航空运输总周转量、旅客运输量和货邮运输量年均分别增长14.8%、18.8%和7.1%。

五、世界管道运输

管道运输业至今已有100多年历史。“二战”后，随着石油、天然气生产和消费的速度增长，特别是由于美国1943年建成直径分别为610毫米、500毫米两条全长2000多千米的大型原油和成品油输送管道以来，在经济上吸引力愈来愈大。截至2010年底，全球管道干线总长度超过200万千米。美国是世界最大的油气消费国，干线总长度近100万千米，超过世界管道长度的40%。近几十年内，世界上已建成的输送煤炭的管道总长度达900多千米。其他固体散装物料如煤炭、铜矿石、铁矿石、石灰石、钾矿石、木片浆等的输送管道，也已被证明技术上可行、经济上合理。迄今，世界上已有27条输送固体的管道运行，年运输能力约6 000万吨，总长度为2 735千米，主要分布在美国、英国、法国、波兰、巴西、印度和德国等。总之，随着固体物料液化技术和管道技术的发展，管道运输方式必将会有更大的发展。我国自20世纪70年代开始，直到目前已建成各类输油、输气管道线316条(其中输油管线153条)，总长1.6万多千米；长距离大量输送煤炭等固体散装物料的干线管道，也在建设之中。

六、国际多式联合运输与大陆桥运输

随着科学技术的不断深入和国际贸易的日益发展，在集装运输基础上产生并发展起来一种新型的运输方式——国际多式联合运输(简称多式联运)。它是指按照合同以至少两种不同的运输方式，由经营人将货物从一国境内接收货物的地点，运至另一国境内指定的交货地点所进行的一种货物运输。多式联运一般是以集装箱为媒介，把海洋、铁路、航空、公路、内河等传统的单一的运输方式有机地结合起来,构成一种跨国界的高级组织形式。它汇总了各种运输方式的特长,可收到相当完美的运输效果,同时由于有统一承运人,统一运价,责任统一,手续简便,又能做到安全迅速,并且可以及早结汇实现"门到门"的合理运输,因而具有巨大的优越性。国际多式联运方式20世纪50年代发端于美国,至今已被世界广泛采用并且迅速发展。中国于20世纪80年代初期开始创办这项业务。目前,北京地区承办的多式联运范围主要有北京至美、加,至澳、新,至日本,至中国香港,至欧洲地中海及波斯湾地区等。

在国际多式联运中,有一种特殊的运输方式,就是大陆桥运输,所谓大陆桥运输是指利用横贯于大陆的铁路(公路或航空运输)系统作为中间桥梁,通过诸种运输方式的相互衔接,把大陆两端的海洋(港口)连接起来的一种多式联合运输方式,即海-陆-海的连续运输。由于大陆桥运输是以集装箱为媒介,多采用铁路同集装箱的联合运输方式,因此它既具有铁路运输速度快、货运量大、安全可靠、受气候条件影响小及高度的连续性特点,又兼有集装箱运输的装卸速度快、保证货物安全、节省包装材料与减少货损货差等优点,加之可采用"门到门"的服务方式,货主一次委托,一个总承运人负责全程运输的多式运输方式,所以大陆桥运输的优越性十分明显。世界大陆桥运输诞生于20世纪60年代中期。目前,世界营运中的大陆桥运输的主要线路有:(1)西伯利亚大陆桥;(2)新亚欧大陆桥;(3)北美大陆桥等。

第四节　国际邮政通信

一、国际邮政通信概述

国际邮政通信是社会基础设施的重要组成部分,是联系我国人民与各国人民的纽带,它可以促进社会政治、经济、文化的交流和发展。所有国际邮件的通信需要两个或两个以上的国家或地区邮政按照万国邮政统一的章程和规则,相互协作配合,共同完成。

国际邮政各业务的开办一方面是为满足国内外用户的需要,另一方面得遵循各通邮国的有关业务规定,它们随着经济的发展时有变化。目前,我国开办了国际邮件寄递业务和国际邮政金融业务。

1. 国际邮件寄递业务

国际邮件寄递业务是指邮政部门将用户交寄的邮件,通过国际间的处理和运输,迅速、安全、准确地投交指定收件人的一种生产过程。邮政部门不仅要给用户提供优质的产品(邮件转移过程),还应提供良好的售后服务。

国际邮件寄递业务包括函件、包件、特快专递邮件和电子信函等业务。

2. 国际邮政金融业务

国际邮政金融业务是国际间收受寄送和兑付汇款的业务,包括邮政汇票业务、邮政支票业务和代收货价邮件业务。截止到2000年3月份,与中国通汇的国家有美国、日本、芬兰、瑞士、意大利、比利时、巴西、韩国、泰国、新加坡、马来西亚、西班牙、法国、奥地利、丹麦、南斯拉夫、秘鲁、罗马尼亚、越南、哈萨克斯坦。

二、国际邮政通信的国际组织机构

国际邮政通信的组织机构为万国邮政联盟。

1. 万国邮政联盟的由来

1863 年，根据美国邮政总局长蒙哥马利·布莱尔的倡议，在法国召开了一届有 15 个国家参加的国际邮政大会，旨在加强国际邮政的协同发展。因无国际组织来统一管理国际邮政事务和指定约束所有参加国的集体协议，协作进行得并不顺利。1874 年 9 月 15 日—10 月 9 日，德国、奥地利、瑞士等 22 个国家的代表在瑞士伯尔尼集会，签订了第一个世界性邮政公约《伯尔尼公约》，并成立了“邮政总联盟”。1978 年 5 月，在巴黎召开的该联盟第二次代表大会上，将《伯尔尼公约》定名为《万国邮政公约》，并将“邮政总联盟”改称为“万国邮政联盟”。从 1948 年 7 月起，根据邮联与联合国的协定，万国邮政联盟成为联合国的一个处理国际邮政事务的专门机构，同时也是联系国与国之间的唯一国际性邮政组织。

2. 万国邮联的宗旨及法规

万国邮联的宗旨是组成一个邮政领域，以便互相交换函件，使自由转运在整个邮政领域内得到保证；组织和改善国际邮政业务，并在这方面便利国际合作的发展；在力所能及的范围内，参与会员国所要求给予的邮政技术援助。

万国邮联法规包括组织法、总规则、万国邮联公约及其实施细则。它们对所有邮联成员国具有约束力。

组织法为万国邮联最重要、最基本的法规，主要内容为组织条例、邮联法规和最后条款及万国邮政联盟组织法最后协定书。

总规则是为了保证组织法的实施和邮联工作的进行，由邮联各会员国全权代表根据邮联组织法的有关条款签署的法规。

万国邮政公约适用于国际邮政业务的共同规则，其实施细则为有关邮政业务的具体协定。

3. 万国邮联的会员国

凡是联合国成员国，只要声明承认万国邮联组织法和具有约束力的各项法规，即可成为万国邮联会员国。非联合国成员的主权国家，也可申请加入，但需要得到至少三分之二的会员国同意。至 1999 年，邮联已有会员国 189 个。

4. 区域性邮联

根据万国邮联组织法规定，邮联会员国可以组织与邮联不相统属的区域性邮联，签订有关国际邮政业务的特别协定，以此促进合作和改善邮政业务。目前，已与万国邮联建立联系的有 14 个区域性邮联，它们是亚洲太平洋邮政联盟、阿拉伯邮政常设委员会、地区邮电联合体、中部非洲邮电主管部门会议、欧洲邮电主管部门会议、非洲邮电联盟，美洲、西班牙和葡萄牙邮政联盟，非洲邮政联盟、泛非邮政联盟、北欧国家邮政联盟、西南亚邮政联盟、欧洲公共邮政经营者协会、欧洲邮政金融业务委员会、波罗的海邮政联盟。

我国于 1995 年 11 月 17 日加入亚洲太平洋邮政联盟。

三、我国主要国际航空、水陆路邮政网路

为了迅速、准确、安全地完成国际邮政通信任务，我国邮政部门主要采用航空、海运和陆运三种运输方式，组成以北京、上海、广州为中心的通往世界各地的邮政网路，以保证把邮件运递到指定的任何地点。

国际邮件运输所用的运输工作，主要是飞机、远洋轮船和国际火车。

（一）航空邮路

国际邮件由于运输距离长，为了达到运递快速，采用航空运输正在日益发展，空运邮件比

例日渐上升。目前,我国的国际航线已通往亚、非、欧、美和大洋洲。

进出口国际航空邮件主要邮路有:

1. 沪港线:上海—香港
2. 穗港线:广州—香港
3. 中朝线:北京—平壤
4. 中日线:北京—上海—东京
   北京—上海—大阪
   广州—东京—大阪
   大连—东京—大阪—福岗
5. 中缅线:昆明—仰光
6. 中泰线:北京—广州—曼谷
7. 中菲线:北京—广州—马尼拉
8. 中新线:北京—上海—新加坡
   北京—广州—新加坡
9. 中马(马来西亚)线:北京—广州—吉隆坡
10. 中印(印度尼西亚)线:北京—雅加达
11. 中巴线:北京—卡拉奇
12. 中伊(伊朗)线:北京—德黑兰
13. 中伊(伊拉克)线:北京—沙迦—巴格达
14. 中巴(巴林)线:北京—巴达
15. 中科线:北京—卡拉奇—科威特
16. 中土线:北京—卡拉奇—伊斯坦布尔
17. 中埃线:北京—开罗
18. 中俄线:北京—莫斯科
19. 中芬线:北京—赫尔辛基
20. 中瑞(瑞典)线:北京—斯德哥尔摩
21. 中丹线:北京—哥本哈根
22. 中波线:北京—华沙
23. 中南线:北京—加尔各答—贝尔格莱德
24. 中法线:北京—沙迦—巴黎
    上海—巴黎
25. 中英线:北京—伦敦
26. 中德线:北京—法兰克福
    上海—法兰克福
27. 中意线:北京—沙迦—罗马
28. 中比线:上海—北京—巴林—布鲁塞尔
29. 中瑞(瑞士)线:北京—沙迦—苏黎世—伦敦
    北京—苏黎世
30. 中美线:北京—上海—东京—旧金山—纽约
    北京—上海—旧金山—洛杉矶

31. 中加线：北京—上海—温哥华—多伦多
32. 中澳线：北京—墨尔本—悉尼
33. 中汉线：北京—汉城(现更名为首尔)、沈阳—汉城(现更名为首尔)
34. 北京以及沈阳、大连、南京、青岛、杭州、福州和厦门至香港

(二) 铁道邮路

铁路运输运量大、运价较低，是陆路运输的主要运邮方式。我国国际铁路运输挂有邮政车厢的邮路有：

中越线：北京—凭祥—河内

(三) 远洋邮路

海轮运载量大、运费低，但运行速度慢，而且班期较少。我国接收海运邮件的口岸主要有上海、天津、广州、青岛和大连。对于出口邮件，我国开辟了远洋集装箱船邮路。

1. 中日线：上海—神户(横滨、大阪)
　　天津—神户
2. 中美线：上海—欧克兰
　　天津—欧克兰
3. 中澳线：上海—悉尼
4. 中新线：上海—新加坡
5. 中荷线：上海—鹿特丹

四、我国国际交换局、交换站名单

我国国际邮件互换局、交换局共67个，如表3-1-1所示。

表12-1　我国国际邮件互换局、交换站

	互换局兼交换站	互换局	交换站
全国	49个	8个	10个
北京市	北京		
天津市		天津	塘沽
河北省			
山西省			
内蒙古自治区	二连、满洲里、呼和浩特		
辽宁省	丹东、大连、沈阳		
吉林省	长春、图们、长白、集安、延吉、珲春		
黑龙江省	黑河、绥芬河、哈尔滨		
陕西省	西安		
甘肃省			
宁夏回族自治区			
青海省			
新疆维吾尔自治区	乌鲁木齐	塔城、喀什、伊宁	霍尔果斯、红旗拉甫、吐尔嘎特、巴克图、阿拉山口

续表

	互换局兼交换站	互换局	交换站
上海市	上海		
江苏省	南京	苏州	
浙江省	杭州、温州、义乌、宁波		
安徽省	合肥		
福建省	厦门、福州		
江西省			
山东省	济南、青岛、烟台、威海		
广东省	广州、拱北、深圳、汕头、江门、东莞		
广西壮族自治区	南宁、东兴(暂停)、水口(暂停)	凭祥(暂停)	凭祥
湖南省	长沙		
湖北省	武汉		
河南省	郑州		
四川省	成都		
云南省	昆明、河口、磨憨(有批复未建立)		天保(暂停)、畹町(暂停)
贵州省			
西藏自治区	亚东	拉萨	聂拉木
海南省		海口	
重庆市	重庆		

思 考 题

1. 世界上有哪些大洲和大洋?
2. 简述世界人口的增长、迁移和分布状况。
3. 世界上有多少个国家和地区?国土面积超过900万平方千米的国家是哪些?
4. 简述世界上铁路运输状况。
5. 简述世界上公路运输状况。
6. 简述世界上海运状况。
7. 简述世界上航空运输状况。
8. 集装箱多式联运的概念和特征。
9. 世界上主要大陆桥有哪些?
10. 我国主要国际航空、水陆路邮政网路有哪些?
11. 我国国际交换局、交换站有哪些?

第十三章　亚　　洲

第一节　概　　况

亚洲总面积为 4 400 万平方千米，约占世界陆地面积的 29.4%。亚洲人口约 41.6 亿，约占世界人口的 60.5%。无论就面积，还是就人口来说，亚洲都是世界上最大的洲。

亚洲开发历史悠久，黄河流域、印度河流域、幼发拉底和底格里斯两河流域，都是人类文明的发祥地。16 世纪以后，西方殖民主义者和帝国主义者相继侵入亚洲，占领或控制了绝大部分国家和地区。第二次世界大战后亚洲政治地图发生了巨大变化，绝大多数国家先后摆脱了殖民统治，取得政治上的独立，使独立国家由战前的 13 个，扩大到现在的 48 个，在经济上也取得一定的发展。特别是中华人民共和国的出现，使亚洲面貌大为改观。亚洲从 20 世纪 60 年代开始，经济发展就引人注目，进入 70 年代后经济得到持续发展，特别是亚太地区更为突出。如“亚洲四小龙”(新加坡、中国台湾、中国香港和韩国)已发展成为新兴的工业化国家和地区。中国自经济发展开放以来，发展更为迅速，东盟诸国也取得瞩目成就。但是，由于亚洲曾长期遭受殖民主义和帝国主义的侵略掠夺，战后虽取得惊人变化，目前除日本和以色列外，都尚属发展中国家。由于亚太地区的崛起和发展，将对世界经济格局产生重大影响，亚洲在世界上的地位愈加重要。

亚洲的种族、民族构成复杂。蒙古人种(黄种人)约占全洲人口的 60%，主要分布在东亚、东南亚和西亚的土耳其。其次为欧罗巴人种(白种人)，约占全洲人口的 1/3 多，主要集中在南亚和西亚地区。此外还有少数澳大利亚人种和两大人种的混合类型。亚洲地域广、人口多，地理环境和历史进程差异极大，人数各异的民族共有 1 000 多个，约占世界民族总数的一半。亚洲又是世界三大宗教——佛教、伊斯兰教和基督教的发源地。

一般习惯上把亚洲分为：东亚、东南亚、南亚、西亚、中亚和北亚六个大地区。其中北亚为俄罗斯的西伯利亚和远东地区。

第二节　主要国家和城市

一、日本

(一) 日本概况

日本是亚洲大陆东缘、太平洋西北部的一个群岛国家。东濒太平洋，北沿鄂霍茨克海，西隔东海、黄海、日本海与中国、韩国、俄罗斯相望,同中国是一衣带水的邻邦。日本列岛由北海道、本州、四国、九州四个大岛和几百个小岛组成,总面积为37.7819万平方千米。

日本是多山的国家,山地约占总面积的76%,美丽又著名的富士山,海拔3776米,为日本最高峰。日本气候有明显的差异,具有以下特征:季节风的影响;大陆性气候;气温的地区差异;多雨多雪;急剧的气候变化和明显的季节变化。

(二)主要城市

1. 东京

东京是日本的首都和政治、经济、文化中心,是世界最大城市之一,位于本州关东平原南端,东南濒临东京湾,通连太平洋,面积2187平方千米,人口9003892人(2016年)。东京西部的台地称为"山手"、东部的低地部分称为"下町"。东京是日本最大的工业城市,工业产值居全国第一位。东京是日本商业、金融中心。

2. 大阪市

大阪市是大阪府的首府,地处本州岛西南部的大阪湾畔。全市面积221平方千米,人口2641893人(2016年),是日本人口第三多的城市(次于东京、横滨)。大阪经济实力雄厚,仅次于东京,居全国第二位。大阪也是全国水陆交通中心。

3. 横滨市

横滨市是仅次于东京、大阪的第三大工业城市,也是全国最大的海港,神奈川县的首府和政治、经济、文化、交通中心,面积437.00平方千米,人口3680503人(2016年)。横滨市是京浜工业区的中心之一,工业产值仅次于东京、大阪,居全国第三位。

4. 名古屋市

名古屋市是爱知县的首府,是仅次于东京、大阪、横滨的第四大工业城市。位于本州中部地区的西侧,濒临伊势湾。名古屋商业也很发达,是全国三大批发商业中心之一。该市的爱知丰田汽车销售公司和松坂屋百货公司是全国闻名的大商业企业。

二、朝鲜

(一)朝鲜概况

朝鲜民主主义人民共和国位于亚洲东部,朝鲜半岛北部。东北与俄罗斯接壤,北部与中国为邻。面积12万多平方千米。人口2536.9万(2016年)。通用朝鲜语。全国划分3个直辖市和9个道。首都平壤。矿产资源丰富,工业门类齐全,机械设备国内自给率高。农业以水稻和玉米为主。

(二)主要城市

平壤是朝鲜的首都。全国政治、经济、文化、交通中心。全国最大工业中心。

三、韩国

(一)韩国概况

韩国是大韩民国的简称,大韩民国位于亚洲东北朝鲜半岛的南半部。东临日本海,西南隔海与中国山东相望。面积9.9万多平方千米。人口45041.85万(2014年),通用韩国语。全国分为1个特别市和9个道。经济水平在亚洲国家中居前列,经济增长速度居世界前列。钢铁、汽车、造船、电子、纺织工业发达。农业在经济中的比重不大。

(二) 主要城市

1. 首尔

首尔是韩国的首都。全国政治、经济、文化中心。朝鲜半岛最大城市

2. 仁川

全国著名的港口城市。

四、印度

(一) 印度概况

印度共和国位于南亚次大陆。濒临孟加拉湾和阿拉伯海。面积 297 万平方千米。人口 13.24 亿多(2016 年)。为多民族国家,主要民族有 10 个,其中印度斯坦族占人口的一半。全国划分 25 个邦和 7 个中央直辖区。农业能满足全国的需求,工业体系完整。

(二) 主要城市

1. 新德里

新德里是印度的首都,也是全国的行政中心。

2. 孟买

孟买是全国的棉纺织中心和深水良港。

五、伊朗

(一) 伊朗概论

伊朗伊斯兰共和国位于亚洲西南部,面积 164 万多平方千米。人口 8 028 万(2016 年)。主要民族为波斯人,官方语言为波斯语,主要宗教为伊斯兰教。全国划分为 27 个省。石油储量丰富,是伊朗经济的命脉。

(二) 主要城市

首都德黑兰,是全国政治、经济、文化中心。西亚最大的城市。

第三节 中国与亚洲主要国家的邮政通信

一、国际 EMS 直封关系一览表

序号	原寄互换局	发运口岸	发运口岸代码	洲	国家	寄达互换局	寄达口岸代码
1	北京	北京	PEK	亚洲	日本	大阪	KIX
2	大连	北京	PEK	亚洲	日本	大阪	KIX
3	哈尔滨	北京	PEK	亚洲	日本	大阪	KIX
4	天津	北京	PEK	亚洲	日本	大阪	KIX

续 表

序号	原寄互换局	发运口岸	发运口岸代码	洲	国家	寄达互换局	寄达口岸代码
5	武汉	北京	PEK	亚洲	日本	大阪	KIX
6	大连	大连	DLC	亚洲	日本	大阪	KIX
7	福州	福州	FOC	亚洲	日本	大阪	KIX
8	广州	广州	CAN	亚洲	日本	大阪	KIX
9	珠海	广州	CAN	亚洲	日本	大阪	KIX
10	哈尔滨	哈尔滨	HRB	亚洲	日本	大阪	KIX
11	济南	济南	TNA	亚洲	日本	大阪	KIX
12	青岛	青岛	TAO	亚洲	日本	大阪	KIX
13	烟台	青岛	TAO	亚洲	日本	大阪	KIX
14	厦门	厦门	XMN	亚洲	日本	大阪	KIX
15	杭州	上海	PVG	亚洲	日本	大阪	KIX
16	合肥	上海	PVG	亚洲	日本	大阪	KIX
17	南京	上海	PVG	亚洲	日本	大阪	KIX
18	宁波	上海	PVG	亚洲	日本	大阪	KIX
19	上海	上海	PVG	亚洲	日本	大阪	KIX
20	苏州	上海	PVG	亚洲	日本	大阪	KIX
21	温州	上海	PVG	亚洲	日本	大阪	KIX
22	义乌	上海	PVG	亚洲	日本	大阪	KIX
23	沈阳	沈阳	SHE	亚洲	日本	大阪	KIX
24	天津	天津	TSN	亚洲	日本	大阪	KIX
25	深圳	香港	HKG	亚洲	日本	大阪	KIX
26	烟台	烟台	YNT	亚洲	日本	大阪	KIX
27	延吉	延吉	YNJ	亚洲	日本	大阪	KIX
28	长春	长春	CGQ	亚洲	日本	大阪	KIX
29	长沙	长沙	CSX	亚洲	日本	大阪	KIX
30	郑州	郑州	CGO	亚洲	日本	大阪	KIX
31	北京	北京	PEK	亚洲	日本	东京/川崎	TYO
32	哈尔滨	北京	PEK	亚洲	日本	东京/川崎	TYO
33	天津	北京	PEK	亚洲	日本	东京/川崎	KWS/TYO
34	西安	北京	PEK	亚洲	日本	东京/川崎	KWS/TYO
35	烟台	北京	PEK	亚洲	日本	东京/川崎	KWS/TYO
36	成都	成都	CTU	亚洲	日本	东京/川崎	TYO
37	大连	大连	DLC	亚洲	日本	东京/川崎	NRT
38	福州	福州	FOC	亚洲	日本	东京/川崎	TYO
39	广州	广州	CAN	亚洲	日本	东京/川崎	TYO
40	汕头	广州	CAN	亚洲	日本	东京/川崎	TYO
41	深圳	广州	CAN	亚洲	日本	东京/川崎	TYO

续表

序号	原寄互换局	发运口岸	发运口岸代码	洲	国家	寄达互换局	寄达口岸代码
42	珠海	广州	CAN	亚洲	日本	东京/川崎	TYO
43	济南	济南	TNA	亚洲	日本	东京/川崎	NRT
44	昆明	昆明	KMG	亚洲	日本	东京/川崎	KWS/TYO
45	青岛	青岛	TAO	亚洲	日本	东京/川崎	NRT
46	厦门	厦门	XMN	亚洲	日本	东京/川崎	TYO
47	杭州	上海	PVG	亚洲	日本	东京/川崎	TYO
48	合肥	上海	PVG	亚洲	日本	东京/川崎	TYO
49	南京	上海	PVG	亚洲	日本	东京/川崎	TYO
50	宁波	上海	PVG	亚洲	日本	东京/川崎	TYO
51	上海	上海	PVG	亚洲	日本	东京/川崎	TYO
52	苏州	上海	PVG	亚洲	日本	东京/川崎	NRT
53	温州	上海	PVG	亚洲	日本	东京/川崎	TYO
54	义乌	上海	PVG	亚洲	日本	东京/川崎	TYO
55	沈阳	沈阳	SHE	亚洲	日本	东京/川崎	NRT
56	武汉	武汉	WUH	亚洲	日本	东京/川崎	NRT
57	延吉	延吉	YNJ	亚洲	日本	东京/川崎	NRT
58	长春	长春	CGQ	亚洲	日本	东京/川崎	NRT
59	长沙	长沙	CSX	亚洲	日本	东京/川崎	TYO
60	郑州	郑州	CGO	亚洲	日本	东京/川崎	TYO
61	北京	北京	PEK	亚洲	日本	福冈	FUK
62	福州	福州	FOC	亚洲	日本	福冈	FUK
63	福州	上海	PVG	亚洲	日本	福冈	FUK
64	上海	上海	PVG	亚洲	日本	福冈	FUK
65	天津	天津	TSN	亚洲	日本	福冈	FUK
66	北京	北京	PEK	亚洲	日本	名古屋	NGO
67	广州	广州	CAN	亚洲	日本	名古屋	NGO
68	杭州	杭州	HGH	亚洲	日本	名古屋	NGO
69	杭州	上海	PVG	亚洲	日本	名古屋	NGO
70	南京	上海	PVG	亚洲	日本	名古屋	NGO
71	宁波	上海	PVG	亚洲	日本	名古屋	NGO
72	上海	上海	PVG	亚洲	日本	名古屋	NGO
73	苏州	上海	PVG	亚洲	日本	名古屋	NGO
74	义乌	上海	PVG	亚洲	日本	名古屋	NGO
75	天津	天津	TSN	亚洲	日本	名古屋	NGO
76	武汉	武汉	WUH	亚洲	日本	名古屋	NGO

二、国际函件直封关系一览表

序号	原寄局	原寄局名	寄达局	洲	国家	寄达局名	总包种类	运输方式
1	CNCANA	广州	JPKWSA	亚洲	日本	川崎	UN	A
2	CNCANA	广州	SAJEDA	亚洲	沙特阿拉伯	吉达	UN	A
3	CNCANA	广州	PKKHIA	亚洲	巴基斯坦	卡拉奇	UN	A
4	CNZUHA	拱北	MOMFMA	亚洲	中国	澳门	UN	C
5	CNCKGA	重庆	KZALAA	亚洲	哈萨克斯坦	阿拉木图	UN	C
6	CNSZHA	苏州	JPKWSA	亚洲	日本	川崎	UN	C
7	CNBJSA	北京	IRTHRA	亚洲	伊朗	德黑兰	UN	C
8	CNBJSA	北京	LAVTEA	亚洲	老挝	万象	UN	C
9	CNURCA	乌鲁木齐	KGFRUA	亚洲	吉尔吉斯斯坦	比什凯克	UN	C
10	CNSHEA	沈阳	KPKP03	亚洲	朝鲜	满浦	UN	C
11	CNBJSA	北京	NPKTMA	亚洲	尼泊尔	加德满都	UN	C
12	CNBJSA	北京	MNULNA	亚洲	蒙古	乌兰巴托	UN	C
13	CNSHEA	沈阳	KPKP04	亚洲	朝鲜	惠山	UN	C
14	CNSHEA	沈阳	KPFNJA	亚洲	朝鲜	平壤	UN	C
15	CNSHEA	沈阳	KPKP01	亚洲	朝鲜	新义州	UN	C
16	CNSHEA	沈阳	KPKP02	亚洲	朝鲜	南阳	UN	C
17	CNFOCA	福州	HKHKGG	亚洲	中国香港	香港	UN	C
18	CNBJSA	北京	HKHKGA	亚洲	中国香港	香港 AMC	UT	C
19	CNCANA	广州	ILTLVA	亚洲	以色列	特拉维夫	UN	A
20	CNBJSA	北京	LKCMBA	亚洲	斯里兰卡	科伦坡	UN	C
21	CNXMNA	厦门	PHMNLA	亚洲	菲律宾	马尼拉	UN	C
22	CNXMNA	厦门	TWKELA	亚洲	中国台湾	基隆	UN	C
23	CNXMNA	厦门	TWKNHC	亚洲	中国台湾	金门	UN	C
24	CNXMNA	厦门	HKHKGL	亚洲	中国香港	香港	UN	C
25	CNSZXA	深圳	HKHKGA	亚洲	中国香港	香港 AMC	UN	C
26	CNSHAA	上海	HKHKGA	亚洲	中国香港	香港 AMC	UN	C
27	CNSHAA	上海	HKHKGG	亚洲	中国香港	香港	UN	C
28	CNSHAA	上海	TWKELA	亚洲	中国台湾	基隆	UN	C
29	CNBJSA	北京	KRSELA	亚洲	韩国	首尔	UN	B
30	CNSHAA	上海	JPKWSA	亚洲	日本	川崎	UN	C
31	CNURCA	乌鲁木齐	KZALAA	亚洲	哈萨克斯坦	阿拉木图	UN	C
32	CNYINA	伊宁国际	KZALAA	亚洲	哈萨克斯坦	阿拉木图	UN	C
33	CNYINA	伊宁国际	UZTASA	亚洲	乌兹别克斯坦	塔什干	UN	C
34	CNYINA	伊宁国际	KGFRUA	亚洲	吉尔吉斯斯坦	比什凯克	UN	C
35	CNYINA	伊宁国际	TJDYUA	亚洲	塔吉克斯坦	杜尚别	UN	C

续表

序号	原寄局	原寄局名	寄达局	洲	国家	寄达局名	总包种类	运输方式
36	CNYINA	伊宁国际	TMASBA	亚洲	土库曼斯坦	阿什哈巴德	UN	C
37	CNTSNA	天津	HKHKGA	亚洲	中国香港	香港 AMC	UN	C
38	CNDDGA	丹东	KPKP01	亚洲	朝鲜	新义州	UN	C
39	CNCKGA	重庆	JPKWSA	亚洲	日本	川崎	UN	B
40	CNKNCA	集安	KPKP03	亚洲	朝鲜	满浦	UN	C
41	CNLXAA	拉萨	NRKDIA	亚洲	尼泊尔	科达里	UN	C
42	CNKMGA	昆明	VNHANA	亚洲	越南	河内	UN	C
43	CNFOCA	福州	TWKELA	亚洲	中国台湾	基隆	UN	C
44	CNSWAA	汕头	SGSINA	亚洲	新加坡	新加坡	UN	C
45	CNSWAA	汕头	HKHKGA	亚洲	中国香港	香港 AMC	UN	C
46	CNTMEA	图们	KPKP02	亚洲	朝鲜	南阳	UN	C
47	CNNNGA	南宁	VNHANC	亚洲	越南	河内	UN	C
48	CNKHGA	喀什	KGFRUA	亚洲	吉尔吉斯斯坦	比什凯克	UN	C
49	CNKHGA	喀什	KZALAA	亚洲	哈萨克斯坦	阿拉木图	UN	C
50	CNKHGA	喀什	PKGILA	亚洲	克什米尔	吉尔吉特	UN	C
51	CNCANA	广州	HKHKGG	亚洲	中国香港	香港	UN	C
52	CNCANA	广州	JPKWSA	亚洲	日本	川崎	UN	C
53	CNCANA	广州	AEDXBA	亚洲	阿联酋	迪拜	UN	C
54	CNCANA	广州	BDCGPA	亚洲	孟加拉国	吉大港	UN	C
55	CNCANA	广州	IDJKTB	亚洲	印度尼西亚	雅加达	UN	C
56	CNCANA	广州	ILHFAA	亚洲	以色列	海法	UN	C
57	CNCANA	广州	INCCUF	亚洲	印度	加尔各答	UN	C
58	CNCANA	广州	TWTPEA	亚洲	中国台湾	台北	UN	C
59	CNCANA	广州	SGSINL	亚洲	新加坡	新加坡	UN	C
60	CNCANA	广州	THBKKA	亚洲	泰国	曼谷	UN	C
61	CNCANA	广州	SAJEDA	亚洲	沙特阿拉伯	吉达	UN	C
62	CNCANA	广州	KWKWIA	亚洲	科威特	科威特	UN	C
63	CNCANA	广州	LKCMBA	亚洲	斯里兰卡	科伦坡	UN	C
64	CNCANA	广州	MMRGNA	亚洲	缅甸	仰光	UN	C
65	CNCANA	广州	BHBAHA	亚洲	巴林王国	巴林	UN	C
66	CNCANA	广州	MYKULA	亚洲	马来西亚	吉隆坡	UN	C
67	CNCANA	广州	PHMNLF	亚洲	菲律宾	马尼拉	UN	C
68	CNCANA	广州	QADOHA	亚洲	卡塔尔	多哈	UN	C
69	CNSHAA	上海	TRISTE	亚洲	土耳其	伊斯坦布尔	UN	C
70	CNCANA	广州	MOMFMA	亚洲	中国	澳门	UN	C
71	CNZUHA	拱北	HKHKGA	亚洲	中国香港	香港 AMC	UN	C
72	CNURCA	乌鲁木齐	TMASBA	亚洲	土库曼斯坦	阿什哈巴德	UN	A

续表

序号	原寄局	原寄局名	寄达局	洲	国家	寄达局名	总包种类	运输方式
73	CNURCA	乌鲁木齐	TMASBA	亚洲	土库曼斯坦	阿什哈巴德	UN	B
74	CNURCA	乌鲁木齐	KGFRUA	亚洲	吉尔吉斯斯坦	比什凯克	UN	B
75	CNURCA	乌鲁木齐	TJDYUA	亚洲	塔吉克斯坦	杜尚别	UN	B
76	CNURCA	乌鲁木齐	UZTASA	亚洲	乌兹别克斯坦	塔什干	UN	A
77	CNURCA	乌鲁木齐	UZTASA	亚洲	乌兹别克斯坦	塔什干	UN	B
78	CNURCA	乌鲁木齐	KGFRUA	亚洲	吉尔吉斯斯坦	比什凯克	UN	A
79	CNURCA	乌鲁木齐	KZALAA	亚洲	哈萨克斯坦	阿拉木图	UN	A
80	CNURCA	乌鲁木齐	TJDYUA	亚洲	塔吉克斯坦	杜尚别	UN	A
81	CNBJSA	北京	TWTPEA	亚洲	中国台湾	台北	UN	A
82	CNBJSA	北京	ILTLVA	亚洲	以色列	特拉维夫	UN	A
83	CNBJSA	北京	LAVTEA	亚洲	老挝	万象	UN	A
84	CNBJSA	北京	MNULNA	亚洲	蒙古	乌兰巴托	UN	A
85	CNBJSA	北京	HKHKGA	亚洲	中国香港	香港 AMC	UN	A
86	CNBJSA	北京	PKISBA	亚洲	巴基斯坦	伊斯兰堡	UN	A
87	CNBJSA	北京	TRISTE	亚洲	土耳其	伊斯坦布尔	UN	A
88	CNCANA	广州	LKCMBA	亚洲	斯里兰卡	科伦坡	UN	A
89	CNCANA	广州	THBKKD	亚洲	泰国	曼谷	UN	A
90	CNSHAA	上海	JPKWSA	亚洲	日本	川崎	UN	A
91	CNFOCA	福州	TWTPEA	亚洲	中国台湾	台北	UN	A
92	CNCANA	广州	JOAMMA	亚洲	约旦	安曼	UN	A
93	CNCANA	广州	ILTLVA	亚洲	以色列	特拉维夫	UN	A
94	CNWUHA	武汉	HKHKGA	亚洲	中国香港	香港 AMC	UN	A
95	CNBJSA	北京	MOMFMA	亚洲	中国	澳门	UN	A
96	CNBJSA	北京	IQBGWA	亚洲	伊拉克	巴格达	UN	A
97	CNBJSA	北京	AZBAKA	亚洲	阿塞拜疆共和国	巴库	UN	A
98	CNBJSA	北京	BHBAHA	亚洲	巴林王国	巴林	UN	A
99	CNBJSA	北京	JPKWSA	亚洲	日本	川崎	UN	A
100	CNBJSA	北京	BDDACA	亚洲	孟加拉国	达卡	UN	A
101	CNBJSA	北京	IRTHRA	亚洲	伊朗	德黑兰	UN	A
102	CNSIAA	西安	HKHKGA	亚洲	中国香港	香港 AMC	UN	A
103	CNBJSA	北京	INCCUA	亚洲	印度	加尔各答	UN	A
104	CNBJSA	北京	PKKHIA	亚洲	巴基斯坦	卡拉奇	UN	A
105	CNCGOA	郑州国际	THBKKD	亚洲	泰国	曼谷	UN	A
106	CNBJSA	北京	JPTYOA	亚洲	日本	东京	UT	A
107	CNBJSA	北京	LYTIPA	亚洲	利比亚	的黎波里	UT	A
108	CNBJSA	北京	IDJKTA	亚洲	印度尼西亚	雅加达	UT	C
109	CNBJSA	北京	TWTPEK	亚洲	中国台湾	台北	UT	A

续表

序号	原寄局	原寄局名	寄达局	洲	国家	寄达局名	总包种类	运输方式
110	CNBJSA	北京	KZALAB	亚洲	哈萨克斯坦	阿拉木图	UT	C
111	CNBJSA	北京	TWTPEA	亚洲	中国台湾	台北	UT	C
112	CNBJSA	北京	PKKHIA	亚洲	巴基斯坦	卡拉奇	UT	C
113	CNBJSA	北京	MVMLEA	亚洲	马尔代夫	马累	UN	A
114	CNBJSA	北京	PHMNLA	亚洲	菲律宾	马尼拉	UN	A
115	CNBJSA	北京	THBKKD	亚洲	泰国	曼谷	UN	A
116	CNBJSA	北京	JPKWSA	亚洲	日本	川崎	UT	C
117	CNBJSA	北京	TWTPEA	亚洲	中国台湾	台北	UT	C
118	CNBJSA	北京	JOAMMC	亚洲	约旦	安曼	UT	A
119	CNBJSA	北京	IQBGWA	亚洲	伊拉克	巴格达	UT	A
120	CNBJSA	北京	CYLCAA	亚洲	塞浦路斯	拉纳卡	UT	A
121	CNBJSA	北京	IRTHRA	亚洲	伊朗	德黑兰	UT	A
122	CNBJSA	北京	SARUHA	亚洲	沙特阿拉伯	利雅得	UT	A
123	CNBJSA	北京	LAVTEA	亚洲	老挝	万象	UT	A
124	CNBJSA	北京	PKKHIA	亚洲	巴基斯坦	卡拉奇	UT	A
125	CNBJSA	北京	PKKHIA	亚洲	巴基斯坦	卡拉奇	UT	C
126	CNCANA	广州	SGSINA	亚洲	新加坡	新加坡	UN	A
127	CNCANA	广州	IDJKTA	亚洲	印度尼西亚	雅加达	UN	A
128	CNCANA	广州	MMRGNA	亚洲	缅甸	仰光	UN	A
129	CNCANA	广州	TRISTE	亚洲	土耳其	伊斯坦布尔	UN	A
130	CNHGHA	杭州	JPKWSA	亚洲	日本	川崎	UN	A
131	CNSHAA	上海	SGSINA	亚洲	新加坡	新加坡	UN	A
132	CNBJSA	北京	TRISTE	亚洲	土耳其	伊斯坦布尔	UT	A
133	CNBJSA	北京	INBOMA	亚洲	印度	孟买	UT	C
134	CNBJSA	北京	MMRGNA	亚洲	缅甸	仰光	UT	C
135	CNBJSA	北京	MNULNA	亚洲	蒙古	乌兰巴托	UT	C
136	CNBJSA	北京	AEDXBA	亚洲	阿联酋	迪拜	UT	A
137	CNSHAA	上海	MOMFMA	亚洲	中国	澳门	UT	C
138	CNBJSA	北京	KWKWIA	亚洲	科威特	科威特	UT	A
139	CNSHAA	上海	JPKWSA	亚洲	日本	川崎	UT	C
140	CNBJSA	北京	KRSELA	亚洲	韩国	首尔	UT	A
141	CNURCA	乌鲁木齐	KZALAA	亚洲	哈萨克斯坦	阿拉木图	UN	C
142	CNCGBA	长白	KPKP04	亚洲	朝鲜	惠山	UN	C
143	CNCGBA	长白	KPKP04	亚洲	朝鲜	惠山	UR	C
144	CNTSNA	天津	KRBUSA	亚洲	韩国	釜山	UN	C
145	CNCANA	广州	TWKELA	亚洲	中国台湾	基隆	UN	C
146	CNBJSA	北京	BDCGPA	亚洲	孟加拉国	吉大港	UN	C

续 表

序号	原寄局	原寄局名	寄达局	洲	国家	寄达局名	总包种类	运输方式
147	CNBJSA	北京	HKHKGA	亚洲	中国香港	香港 AMC	UN	C
148	CNBJSA	北京	TRISTE	亚洲	土耳其	伊斯坦布尔	UN	C
149	CNBJSA	北京	TWKELA	亚洲	中国台湾	基隆	UN	C
150	CNBJSA	北京	PKKHIA	亚洲	巴基斯坦	卡拉奇	UN	C
151	CNBJSA	北京	JPKWSA	亚洲	日本	川崎	UN	C
152	CNBJSA	北京	PHMNLA	亚洲	菲律宾	马尼拉	UN	C
153	CNBJSA	北京	SGSINA	亚洲	新加坡	新加坡	UN	C
154	CNXMNA	厦门	PHMNLA	亚洲	菲律宾	马尼拉	UN	A
155	CNSZXA	深圳	ILTLVA	亚洲	以色列	特拉维夫	UN	A
156	CNBJSA	北京	VNHANA	亚洲	越南	河内	UT	C
157	CNBJSA	北京	AFKBLA	亚洲	阿富汗	喀布尔	UT	C
158	CNBJSA	北京	MOMFMA	亚洲	中国	澳门	UT	C
159	CNBJSA	北京	SGSINA	亚洲	新加坡	新加坡	UT	C
160	CNBJSA	北京	BHBAHQ	亚洲	巴林王国	巴林(空)	UT	C
161	CNDDGA	丹东	KPFNJA	亚洲	朝鲜	平壤	UN	C
162	CNBJSA	北京	JPTYOD	亚洲	日本	东京	UT	C
163	CNBJSA	北京	TWKELA	亚洲	中国台湾	基隆	UT	C
164	CNBJSA	北京	KRSELA	亚洲	韩国	首尔	UT	C
165	CNBJSA	北京	KPFNJA	亚洲	朝鲜	平壤	UT	C
166	CNBJSA	北京	LKCMBA	亚洲	斯里兰卡	科伦坡	UT	C
167	CNBJSA	北京	SYDAMA	亚洲	叙利亚	大马士革	UT	C
168	CNBJSA	北京	NPKTMQ	亚洲	尼泊尔	加德满都(空)	UT	C
169	CNBJSA	北京	KPFNJA	亚洲	朝鲜	平壤	UN	C
170	CNBJSA	北京	MMRGNA	亚洲	缅甸	仰光	UN	C
171	CNBJSA	北京	UZTASA	亚洲	乌兹别克斯坦	塔什干	UT	C
172	CNSHAA	上海	IQBGWA	亚洲	伊拉克	巴格达	UN	A
173	CNSHAA	上海	AEDXBA	亚洲	阿联酋	迪拜	UN	A
174	CNSZXA	深圳	TRISTE	亚洲	土耳其	伊斯坦布尔	UN	A
175	CNBJSA	北京	INCCUA	亚洲	印度	加尔各答	UN	C
176	CNBJSA	北京	JOAMMA	亚洲	约旦	安曼	UN	C
177	CNBJSA	北京	TWTPEA	亚洲	中国台湾	台北	UN	C
178	CNBJSA	北京	VNHANA	亚洲	越南	河内	UN	C
179	CNURCA	乌鲁木齐	TJDYUA	亚洲	塔吉克斯坦	杜尚别	UN	C
180	CNURCA	乌鲁木齐	UZTASA	亚洲	乌兹别克斯坦	塔什干	UN	C
181	CNURCA	乌鲁木齐	TMASBA	亚洲	土库曼斯坦	阿什哈巴德	UN	C
182	CNBJSA	北京	HKKOWC	亚洲	中国香港	九龙	UN	C
183	CNBJSA	北京	LKCMBD	亚洲	斯里兰卡	科伦坡(转)	UN	C

续表

序号	原寄局	原寄局名	寄达局	洲	国家	寄达局名	总包种类	运输方式
184	CNXMNA	厦门	HKHKGA	亚洲	中国香港	香港 AMC	UN	C
185	CNXMNA	厦门	HKHKGG	亚洲	中国香港	香港	UN	C
186	CNHGHA	杭州	ILTLVA	亚洲	以色列	特拉维夫	UN	A
187	CNURCA	乌鲁木齐	KZALAA	亚洲	哈萨克斯坦	阿拉木图	UN	A
188	CNNKGA	南京	ILTLVA	亚洲	以色列	特拉维夫	UN	A
189	CNSWAA	汕头	THLMCA	亚洲	泰国	拉格西	UN	A
190	CNCANA	广州	KRSELB	亚洲	韩国	首尔	UN	A
191	CNBJSA	北京	LKCMBA	亚洲	斯里兰卡	科伦坡	UN	A
192	CNSHAA	上海	TRISTE	亚洲	土耳其	伊斯坦布尔	UN	A
193	CNCANA	广州	ILTLVA	亚洲	以色列	特拉维夫	UN	A
194	CNXMNA	厦门	JPKWSA	亚洲	日本	川崎	UN	A
195	CNDLCA	大连	KRSELB	亚洲	韩国	首尔	UN	A
196	CNSHAA	上海	MYKULA	亚洲	马来西亚	吉隆坡	UN	A
197	CNCANA	广州	TWTPEA	亚洲	中国台湾	台北	UN	A
198	CNFOCA	福州	JPKWSA	亚洲	日本	川崎	UN	A
199	CNCANA	广州	JPKWSA	亚洲	日本	川崎	UN	A
200	CNCANA	广州	PHMNLA	亚洲	菲律宾	马尼拉	UN	A
201	CNCANA	广州	MYKULA	亚洲	马来西亚	吉隆坡	UN	A
202	CNSHAA	上海	ILTLVA	亚洲	以色列	特拉维夫	UN	A
203	CNSHAA	上海	IRTHRA	亚洲	伊朗	德黑兰	UN	A
204	CNSZHA	苏州	JPKWSA	亚洲	日本	川崎	UN	A
205	CNNGBA	宁波国际	JPKWSA	亚洲	日本	川崎	UN	A
206	CNSZHA	苏州	KRSELB	亚洲	韩国	首尔	UN	A
207	CNSZXA	深圳	ILTLVA	亚洲	以色列	特拉维夫	UN	A
208	CNSZXA	深圳	TRISTE	亚洲	土耳其	伊斯坦布尔	UN	A
209	CNCANA	广州	JPKWSA	亚洲	日本	川崎	UN	A
210	CNCANA	广州	TRISTE	亚洲	土耳其	伊斯坦布尔	UN	A
211	CNCKGA	重庆	HKHKGA	亚洲	中国香港	香港 AMC	UN	A
212	CNSHAA	上海	MOMFMA	亚洲	中国	澳门	UN	A
213	CNBJSA	北京	MMRGNA	亚洲	缅甸	仰光	UN	A
214	CNXMNA	厦门	ILTLVA	亚洲	以色列	特拉维夫	UN	A
215	CNFOCA	福州	JPKWSA	亚洲	日本	川崎	UN	A
216	CNSZXA	深圳	ILTLVA	亚洲	以色列	特拉维夫	UN	A
217	CNCANA	广州	TRISTE	亚洲	土耳其	伊斯坦布尔	UN	A
218	CNNKGA	南京	TRISTE	亚洲	土耳其	伊斯坦布尔	UN	A
219	CNFOCA	福州	ILTLVA	亚洲	以色列	特拉维夫	UN	A
220	CNSZHA	苏州	ILTLVA	亚洲	以色列	特拉维夫	UN	A

续 表

序号	原寄局	原寄局名	寄达局	洲	国家	寄达局名	总包种类	运输方式
221	CNTAOA	青岛	KRSELB	亚洲	韩国	首尔	UN	A
222	CNSHAA	上海	SAJEDA	亚洲	沙特阿拉伯	吉达	UN	A
223	CNSHAA	上海	KRSELB	亚洲	韩国	首尔	UN	A
224	CNSHAA	上海	TWTPEA	亚洲	中国台湾	台北	UN	A
225	CNBJSA	北京	KRSELA	亚洲	韩国	首尔	UN	A
226	CNNGBA	宁波国际	KRSELB	亚洲	韩国	首尔	UN	A
227	CNWNZA	温州	KRSELA	亚洲	韩国	首尔	UN	A
228	CNCANA	广州	VNHANA	亚洲	越南	河内	UN	A
229	CNBJSA	北京	KWKWIA	亚洲	科威特	科威特	UN	A
230	CNSHAA	上海	SARUHA	亚洲	沙特阿拉伯	利雅得	UN	A
231	CNSHAA	上海	OMMCTA	亚洲	阿曼	马斯喀特	UN	A
232	CNYIWA	义乌国际	KRSELB	亚洲	韩国	首尔	UN	A
233	CNDGGA	东莞国际	JPKWSA	亚洲	日本	川崎	UN	A
234	CNDLCA	大连	JPKWSA	亚洲	日本	川崎	UN	A
235	CNCGOA	郑州国际	TRISTE	亚洲	土耳其	伊斯坦布尔	UN	A
236	CNNKGA	南京	JPKWSA	亚洲	日本	川崎	UN	B
237	CNSZHA	苏州	JPKWSA	亚洲	日本	川崎	UN	B
238	CNDGGA	东莞国际	THBKKD	亚洲	泰国	曼谷	UN	A
239	CNDGGA	东莞国际	SGSINA	亚洲	新加坡	新加坡	UN	A
240	CNDGGA	东莞国际	ILTLVA	亚洲	以色列	特拉维夫	UN	A
241	CNDGGA	东莞国际	IDJKTA	亚洲	印度尼西亚	雅加达	UN	A
242	CNCANA	广州	SGSINA	亚洲	新加坡	新加坡	UN	A
243	CNDGGA	东莞国际	SGSINA	亚洲	新加坡	新加坡	UN	A
244	CNSZXA	深圳	TRISTE	亚洲	土耳其	伊斯坦布尔	UN	A
245	CNCGOA	郑州国际	SGSINA	亚洲	新加坡	新加坡	UN	A
246	CNDGGA	东莞国际	JPKWSA	亚洲	日本	川崎	UN	A
247	CNSZXA	深圳	THBKKD	亚洲	泰国	曼谷	UN	A
248	CNCANA	广州	JPKWSA	亚洲	日本	川崎	UN	A
249	CNSHAA	上海	INCCUA	亚洲	印度	加尔各答	UN	A
250	CNHFEA	合肥国际	ILTLVA	亚洲	以色列	特拉维夫	UN	A
251	CNSZXA	深圳	THBKKD	亚洲	泰国	曼谷	UN	A
252	CNSHAA	上海	IDJKTA	亚洲	印度尼西亚	雅加达	UN	A
253	CNYIWA	义乌国际	JPKWSA	亚洲	日本	川崎	UN	A
254	CNSZXA	深圳	ILTLVA	亚洲	以色列	特拉维夫	UN	A
255	CNSZHA	苏州	TWTPEA	亚洲	中国台湾	台北	UN	A
256	CNBJSA	北京	CYLCAA	亚洲	塞浦路斯	拉纳卡	UN	A
257	CNSZXA	深圳	IDJKTA	亚洲	印度尼西亚	雅加达	UN	A

续表

序号	原寄局	原寄局名	寄达局	洲	国家	寄达局名	总包种类	运输方式
258	CNSZXA	深圳	ILTLVA	亚洲	以色列	特拉维夫	UN	A
259	CNYIWA	义乌国际	TRISTE	亚洲	土耳其	伊斯坦布尔	UN	A
260	CNNGBA	宁波国际	TRISTE	亚洲	土耳其	伊斯坦布尔	UN	A
261	CNWNZA	温州	TRISTE	亚洲	土耳其	伊斯坦布尔	UN	A
262	CNCANA	广州	MYKULA	亚洲	马来西亚	吉隆坡	UN	A
263	CNCANA	广州	JPKWSA	亚洲	日本	川崎	UN	A
264	CNXMNA	厦门	JPKWSA	亚洲	日本	川崎	UN	A
265	CNBJSA	北京	JPKWSA	亚洲	日本	川崎	UN	A
266	CNHGHA	杭州	KRSELB	亚洲	韩国	首尔	UN	A
267	CNNKGA	南京	HKHKGA	亚洲	中国香港	香港 AMC	UN	A
268	CNSZHA	苏州	HKHKGA	亚洲	中国香港	香港 AMC	UN	A
269	CNSHAA	上海	HKHKGA	亚洲	中国香港	香港 AMC	UN	A
270	CNBJSA	北京	KHPNHA	亚洲	柬埔寨	金边	UN	A
271	CNSHAA	上海	THBKKD	亚洲	泰国	曼谷	UN	A
272	CNSZXA	深圳	JPKWSA	亚洲	日本	川崎	UN	A
273	CNSHAA	上海	SADMMA	亚洲	沙特阿拉伯	达曼	UN	A
274	CNCANA	广州	SARUHA	亚洲	沙特阿拉伯	利雅得	UN	A
275	CNCANA	广州	SADMMA	亚洲	沙特阿拉伯	达曼	UN	A
276	CNCANA	广州	ILTLVA	亚洲	以色列	特拉维夫	UN	A
277	CNSZXA	深圳	KRSELB	亚洲	韩国	首尔	UN	A
278	CNHGHA	杭州	TRISTE	亚洲	土耳其	伊斯坦布尔	UN	A
279	CNSZXA	深圳	KRSELB	亚洲	韩国	首尔	UN	A
280	CNCANA	广州	THBKKD	亚洲	泰国	曼谷	UN	A
281	CNCANA	广州	JPKWSA	亚洲	日本	川崎	UN	A
282	CNTSNA	天津	JPKWSA	亚洲	日本	川崎	UN	A
283	CNCANA	广州	TRISTE	亚洲	土耳其	伊斯坦布尔	UN	A
284	CNSZXA	深圳	JPKWSA	亚洲	日本	川崎	UN	A
285	CNSZXA	深圳	JPKWSA	亚洲	日本	川崎	UN	A
286	CNCANA	广州	THBKKD	亚洲	泰国	曼谷	UN	A
287	CNNGBA	宁波国际	KRSELQ	亚洲	韩国	首尔(空)	UN	A
288	CNSZXA	深圳	JPKWSA	亚洲	日本	川崎	UN	A
289	CNCANA	广州	KRSELB	亚洲	韩国	首尔	UN	A
290	CNSZXA	深圳	IDJKTA	亚洲	印度尼西亚	雅加达	UN	A
291	CNHGHA	杭州	ILTLVA	亚洲	以色列	特拉维夫	UN	A
292	CNSWAA	汕头	SGSINA	亚洲	新加坡	新加坡	UN	A
293	CNBJSA	北京	KPFNJA	亚洲	朝鲜	平壤	UN	A
294	CNCANA	广州	KPFNJA	亚洲	朝鲜	平壤	UN	A

续 表

序号	原寄局	原寄局名	寄达局	洲	国家	寄达局名	总包种类	运输方式
295	CNCANA	广州	JPKWSA	亚洲	日本	川崎	UN	A
296	CNXMNA	厦门	JPKWSA	亚洲	日本	川崎	UN	A
297	CNCANA	广州	PKKHIA	亚洲	巴基斯坦	卡拉奇	UN	A
298	CNXMNA	厦门	ILTLVA	亚洲	以色列	特拉维夫	UN	A
299	CNXMNA	厦门	TWTPEA	亚洲	中国台湾	台北	UN	A
300	CNSIAA	西安	JPKWSA	亚洲	日本	川崎	UN	A
301	CNCANA	广州	JPKWSA	亚洲	日本	川崎	UN	A
302	CNHAKA	海口	HKHKGA	亚洲	中国香港	香港 AMC	UN	A
303	CNCANA	广州	MOMFMA	亚洲	中国	澳门	UN	A
304	CNWNZA	温州	JPKWSA	亚洲	日本	川崎	UN	A
305	CNSWAA	汕头	THLMCA	亚洲	泰国	拉格西	UN	A
306	CNSZXA	深圳	SGSINA	亚洲	新加坡	新加坡	UN	A
307	CNSHAA	上海	BDDACA	亚洲	孟加拉国	达卡	UN	A
308	CNCANA	广州	JPKWSA	亚洲	日本	川崎	UN	B
309	CNBJSA	北京	JOAMMA	亚洲	约旦	安曼	UN	A
310	CNNKGA	南京	ILTLVA	亚洲	以色列	特拉维夫	UN	A
311	CNCANA	广州	HKHKGA	亚洲	中国香港	香港 AMC	UN	A
312	CNNGBA	宁波国际	ILTLVA	亚洲	以色列	特拉维夫	UN	A
313	CNSZXA	深圳	TRISTE	亚洲	土耳其	伊斯坦布尔	UN	A
314	CNYIWA	义乌国际	SGSINA	亚洲	新加坡	新加坡	UN	A
315	CNNGBA	宁波国际	SGSINA	亚洲	新加坡	新加坡	UN	A
316	CNSZHA	苏州	SGSINA	亚洲	新加坡	新加坡	UN	A
317	CNCANA	广州	LKCMBA	亚洲	斯里兰卡	科伦坡	UN	A
318	CNSZXA	深圳	JPKWSA	亚洲	日本	川崎	UN	A
319	CNBJSA	北京	SGSINA	亚洲	新加坡	新加坡	UN	A
320	CNSZXA	深圳	THBKKD	亚洲	泰国	曼谷	UN	A
321	CNSZXA	深圳	THBKKD	亚洲	泰国	曼谷	UN	A
322	CNSHAA	上海	ILTLVA	亚洲	以色列	特拉维夫	UN	A
323	CNYIWA	义乌国际	ILTLVA	亚洲	以色列	特拉维夫	UN	A
324	CNBJSA	北京	TRISTE	亚洲	土耳其	伊斯坦布尔	UN	A
325	CNSHAA	上海	JPKWSA	亚洲	日本	川崎	UN	A
326	CNDGGA	东莞国际	TRISTE	亚洲	土耳其	伊斯坦布尔	UN	A
327	CNCANA	广州	IDJKTA	亚洲	印度尼西亚	雅加达	UN	A
328	CNCANA	广州	IDJKTA	亚洲	印度尼西亚	雅加达	UN	A
329	CNCANA	广州	ILTLVA	亚洲	以色列	特拉维夫	UN	A
330	CNXMNA	厦门	ILTLVA	亚洲	以色列	特拉维夫	UN	A
331	CNCGOA	郑州国际	IDJKTA	亚洲	印度尼西亚	雅加达	UN	A

续表

序号	原寄局	原寄局名	寄达局	洲	国家	寄达局名	总包种类	运输方式
332	CNDGGA	东莞国际	ILTLVA	亚洲	以色列	特拉维夫	UN	A
333	CNSHEA	沈阳	KRSELB	亚洲	韩国	首尔	UN	A
334	CNTNAA	济南	ILTLVA	亚洲	以色列	特拉维夫	UN	A
335	CNSZXA	深圳	TRISTE	亚洲	土耳其	伊斯坦布尔	UN	A
336	CNCANA	广州	KRSELB	亚洲	韩国	首尔	UN	A
337	CNDGGA	东莞国际	KRSELB	亚洲	韩国	首尔	UN	A
338	CNDGGA	东莞国际	PKKHIA	亚洲	巴基斯坦	卡拉奇	UN	A
339	CNDGGA	东莞国际	PHMNLA	亚洲	菲律宾	马尼拉	UN	A
340	CNWUHA	武汉	ILTLVA	亚洲	以色列	特拉维夫	UN	A
341	CNSZXA	深圳	SGSINA	亚洲	新加坡	新加坡	UN	A
342	CNSHAA	上海	JPKWSA	亚洲	日本	川崎	UN	B
343	CNFOCA	福州	TWKELA	亚洲	中国台湾	基隆	UN	C
344	CNFOCA	福州	JPKWSA	亚洲	日本	川崎	UN	B
345	CNXMNA	厦门	JPKWSA	亚洲	日本	川崎	UN	A
346	CNFOCA	福州	JPKWSA	亚洲	日本	川崎	UB	A
347	CNBJSA	北京	PSRMHA	亚洲	巴勒斯坦	拉马拉	UN	A
348	CNBJSA	北京	QADOHA	亚洲	卡塔尔	多哈	UN	A
349	CNCKGA	重庆	JPKWSA	亚洲	日本	川崎	UN	A
350	CNSZXA	深圳	JPKWSA	亚洲	日本	川崎	UN	A
351	CNBJSA	北京	NPKTMA	亚洲	尼泊尔	加德满都	UN	A
352	CNBJSA	北京	IDJKTC	亚洲	印度尼西亚	雅加达	UN	A
353	CNBJSA	北京	ILTLVA	亚洲	以色列	特拉维夫	UN	A
354	CNCGOA	郑州国际	JPKWSA	亚洲	日本	川崎	UN	A
355	CNCANA	广州	KRSELB	亚洲	韩国	首尔	UN	A
356	CNCANA	广州	INCCUA	亚洲	印度	加尔各答	UN	A
357	CNDGGA	东莞国际	INCCUA	亚洲	印度	加尔各答	UN	A
358	CNSZXA	深圳	KRSELB	亚洲	韩国	首尔	UN	A
359	CNKMGA	昆明	MMRGNA	亚洲	缅甸	仰光	UN	A
360	CNCGOA	郑州国际	KRSELA	亚洲	韩国	首尔	UN	A
361	CNSHAA	上海	OMMCTA	亚洲	阿曼	马斯喀特	UN	A
362	CNHGHA	杭州	SGSINA	亚洲	新加坡	新加坡	UN	A
363	CNBJSA	北京	INCCUA	亚洲	印度	加尔各答	UN	A
364	CNFOCA	福州	ILTLVA	亚洲	以色列	特拉维夫	UN	A
365	CNTAOA	青岛	ILTLVA	亚洲	以色列	特拉维夫	UN	A
366	CNFOCA	福州	ILTLVA	亚洲	以色列	特拉维夫	UN	A
367	CNYNJA	延吉	JPKWSA	亚洲	日本	川崎	UN	A
368	CNYNJA	延吉	KRSELB	亚洲	韩国	首尔	UN	A

续 表

序号	原寄局	原寄局名	寄达局	洲	国家	寄达局名	总包种类	运输方式
369	CNBJSA	北京	AMEVNA	亚洲	亚美尼亚	耶烈万	UN	A
370	CNCANA	广州	INCCUA	亚洲	印度	加尔各答	UN	A
371	CNBJSA	北京	JPKWSA	亚洲	日本	川崎	UN	B
372	CNSZXA	深圳	IDJKTA	亚洲	印度尼西亚	雅加达	UN	A
373	CNDGGA	东莞国际	KRSELB	亚洲	韩国	首尔	UN	A
374	CNHGHA	杭州	HKHKGA	亚洲	中国香港	香港 AMC	UN	A
375	CNWNZA	温州	ILTLVA	亚洲	以色列	特拉维夫	UN	A
376	CNNKGA	南京	ILTLVA	亚洲	以色列	特拉维夫	UN	A
377	CNSHAA	上海	ILTLVA	亚洲	以色列	特拉维夫	UN	A

三、国际包裹直封关系一览表

序号	原寄局	原寄局名	寄达局	洲	国家	寄达局名	总包种类	运输方式
1	CNCANA	广州	PHMNLA	亚洲	菲律宾	马尼拉	CN	A
2	CNCANA	广州	TWTPEA	亚洲	中国台湾	台北	CN	A
3	CNCANA	广州	SGSINA	亚洲	新加坡	新加坡	CN	A
4	CNCANA	广州	MMRGNA	亚洲	缅甸	仰光	CN	A
5	CNHGHA	杭州	JPKWSA	亚洲	日本	川崎	CN	A
6	CNHGHA	杭州	JPKIXA	亚洲	日本	大阪	CN	A
7	CNHGHA	杭州	JPKIXA	亚洲	日本	大阪	CN	A
8	CNTAOA	青岛	KRSELB	亚洲	韩国	首尔	CN	A
9	CNSHAA	上海	JPKIXA	亚洲	日本	大阪	CN	A
10	CNSHAA	上海	AEDXBA	亚洲	阿联酋	迪拜	CN	A
11	CNTSNA	天津	HKHKGH	亚洲	中国香港	HK OPS	CN	C
12	CNZUHA	拱北	MOMFMB	亚洲	中国	澳门	CN	C
13	CNDLCA	大连	JPKWSA	亚洲	日本	川崎	CN	C
14	CNSZHA	苏州	JPKWSA	亚洲	日本	川崎	CN	C
15	CNSHEA	沈阳	KPKP04	亚洲	朝鲜	惠山	CN	C
16	CNSHEA	沈阳	KPKP03	亚洲	朝鲜	满浦	CN	C
17	CNSHEA	沈阳	KPKP01	亚洲	朝鲜	新义州	CN	C
18	CNSHEA	沈阳	KPKP02	亚洲	朝鲜	南阳	CN	C
19	CNSHEA	沈阳	JPKWSA	亚洲	日本	川崎	CN	C
20	CNSHEA	沈阳	KPFNJA	亚洲	朝鲜	平壤	CN	C
21	CNBJSA	北京	MNULNA	亚洲	蒙古	乌兰巴托	CN	C
22	CNBJSA	北京	LAVTEA	亚洲	老挝	万象	CN	C
23	CNBJSA	北京	KPFNJA	亚洲	朝鲜	平壤	CN	C
24	CNBJSA	北京	HKHKGH	亚洲	中国香港	HK OPS	CN	C

续表

序号	原寄局	原寄局名	寄达局	洲	国家	寄达局名	总包种类	运输方式
25	CNBJSA	北京	BDCGPA	亚洲	孟加拉国	吉大港	CN	C
26	CNSHAA	上海	JPKIXA	亚洲	日本	大阪	CN	B
27	CNSHEA	沈阳	JPKWSA	亚洲	日本	川崎	CN	B
28	CNSZHA	苏州	JPKIXA	亚洲	日本	大阪	CN	B
29	CNTSNA	天津	KRSELA	亚洲	韩国	首尔	CN	B
30	CNSHAA	上海	CYLCAA	亚洲	塞浦路斯	拉纳卡	CN	A
31	CNXMNA	厦门	TWKNHC	亚洲	中国台湾	金门	CN	C
32	CNSHAA	上海	SGSINA	亚洲	新加坡	新加坡	CN	A
33	CNSZHA	苏州	JPKIXA	亚洲	日本	大阪	CN	A
34	CNSZHA	苏州	HKHKGA	亚洲	中国	香港 AMC	CN	A
35	CNSZHA	苏州	SGSINA	亚洲	新加坡	新加坡	CN	A
36	CNURCA	乌鲁木齐	KZALAA	亚洲	哈萨克斯坦	阿拉木图	CN	A
37	CNWUHA	武汉	HKHKGA	亚洲	中国	香港 AMC	CN	A
38	CNSIAA	西安	HKHKGA	亚洲	中国	香港 AMC	CN	A
39	CNCKGA	重庆	HKHKGA	亚洲	中国	香港 AMC	CN	A
40	CNSHAA	上海	BEANRA	亚洲	比利时	安特卫普	CN	C
41	CNSHAA	上海	HKHKGH	亚洲	中国香港	HK OPS	CN	C
42	CNSHAA	上海	JPKWSA	亚洲	日本	川崎	CN	C
43	CNBJSA	北京	JPKWSA	亚洲	日本	川崎	CN	B
44	CNBJSA	北京	JPKIXA	亚洲	日本	大阪	CN	B
45	CNCGBA	长白	KPKP04	亚洲	朝鲜	惠山	CN	C
46	CNURCA	乌鲁木齐	KZALAA	亚洲	哈萨克斯坦	阿拉木图	CN	C
47	CNURCA	乌鲁木齐	TMASBA	亚洲	土库曼斯坦	阿什哈巴德	CN	C
48	CNKMGA	昆明	VNHANA	亚洲	越南	河内	CN	C
49	CNYINA	伊宁国际	KZALAA	亚洲	哈萨克斯坦	阿拉木图	CN	C
50	CNYINA	伊宁国际	UZTASA	亚洲	乌兹别克斯坦	塔什干	CN	C
51	CNYINA	伊宁国际	KZALAA	亚洲	哈萨克斯坦	阿拉木图	CN	C
52	CNYINA	伊宁国际	KGFRUA	亚洲	吉尔吉斯斯坦	比什凯克	CN	C
53	CNYINA	伊宁国际	TJDYUA	亚洲	塔吉克斯坦	杜尚别	CN	C
54	CNYINA	伊宁国际	TMASBA	亚洲	土库曼斯坦	阿什哈巴德	CN	C
55	CNDDGA	丹东	KPKP01	亚洲	朝鲜	新义州	CN	C
56	CNURCA	乌鲁木齐	TJDYUA	亚洲	塔吉克斯坦	杜尚别	CN	C
57	CNDDGA	丹东	KPFNJA	亚洲	朝鲜	平壤	CN	C
58	CNTSNA	天津	KRBUSA	亚洲	韩国	釜山	CN	C
59	CNKNCA	集安	KPKP03	亚洲	朝鲜	满浦	CN	C
60	CNBJSA	北京	BHBAHA	亚洲	巴林王国	巴林	CN	A
61	CNBJSA	北京	BDDACA	亚洲	日本	达卡	CN	A

续表

序号	原寄局	原寄局名	寄达局	洲	国家	寄达局名	总包种类	运输方式
62	CNBJSA	北京	IRTHRA	亚洲	伊朗	德黑兰	CN	A
63	CNBJSA	北京	AEDXBA	亚洲	阿联酋	迪拜	CN	A
64	CNKNCA	集安	KPKP03	亚洲	朝鲜	满浦	CN	C
65	CNYNJA	延吉	KRBUSA	亚洲	韩国	釜山	CN	C
66	CNLXAA	拉萨	NRKDIA	亚洲	尼泊尔	科达里	CN	C
67	CNLXAA	拉萨	NPKTMA	亚洲	尼泊尔	加德满都	CN	C
68	CNFOCA	福州	JPKWSA	亚洲	日本	川崎	CN	C
69	CNURCA	乌鲁木齐	UZTASA	亚洲	乌兹别克斯坦	塔什干	CN	C
70	CNTMEA	图们	KPKP02	亚洲	朝鲜	南阳	CN	C
71	CNNNGA	南宁	VNHANC	亚洲	越南	河内	CN	C
72	CNNNGA	南宁	VNLNSA	亚洲	越南	谅山	CN	C
73	CNYNJA	延吉	KRBUSA	亚洲	韩国	釜山	CN	C
74	CNKHGA	喀什	KGFRUA	亚洲	吉尔吉斯斯坦	比什凯克	CN	C
75	CNKHGA	喀什	KZALAA	亚洲	哈萨克斯坦	阿拉木图	CN	C
76	CNKHGA	喀什	PKGILA	亚洲	克什米尔	吉尔吉特	CN	C
77	CNURCA	乌鲁木齐	KGFRUB	亚洲	吉尔吉斯斯坦	BICHKEK PI-2	CN	C
78	CNBJSA	北京	PKKHIA	亚洲	巴基斯坦	卡拉奇	CN	A
79	CNBJSA	北京	TWTPEA	亚洲	中国台湾	台北	CN	A
80	CNBJSA	北京	MNULNA	亚洲	蒙古	乌兰巴托	CN	A
81	CNBJSA	北京	HKHKGA	亚洲	中国	香港 AMC	CN	A
82	CNSHAA	上海	KRBUSA	亚洲	韩国	釜山	CN	C
83	CNCANA	广州	BDCGPA	亚洲	孟加拉国	吉大港	CN	C
84	CNCANA	广州	HKHKGH	亚洲	中国香港	HK OPS	CN	C
85	CNCANA	广州	KRBUSA	亚洲	韩国	釜山	CN	C
86	CNCANA	广州	MOMFMB	亚洲	中国	澳门	CN	C
87	CNCANA	广州	MYKULA	亚洲	马来西亚	吉隆坡	CN	C
88	CNCANA	广州	PHMNLF	亚洲	菲律宾	马尼拉	CN	C
89	CNCANA	广州	IDJKTB	亚洲	印度尼西亚	雅加达	CN	C
90	CNCANA	广州	SGSINL	亚洲	新加坡	新加坡	CN	C
91	CNCANA	广州	MMRGNA	亚洲	缅甸	仰光	CN	C
92	CNCANA	广州	THBKKA	亚洲	泰国	曼谷	CN	C
93	CNBJSA	北京	PKKHIA	亚洲	巴基斯坦	卡拉奇	CN	C
94	CNBJSA	北京	KRBUSA	亚洲	韩国	釜山	CN	C
95	CNBJSA	北京	VNHANA	亚洲	越南	河内	CN	C
96	CNBJSA	北京	JPKWSA	亚洲	日本	川崎	CN	C
97	CNFOCA	福州	TWTPEA	亚洲	中国台湾	台北	CN	A
98	CNURCA	乌鲁木齐	TJDYUA	亚洲	塔吉克斯坦	杜尚别	CN	A

续表

序号	原寄局	原寄局名	寄达局	洲	国家	寄达局名	总包种类	运输方式
99	CNURCA	乌鲁木齐	KGFRUB	亚洲	吉尔吉斯斯坦	BICHKEK PI-2	CN	A
100	CNURCA	乌鲁木齐	KZALAA	亚洲	哈萨克斯坦	阿拉木图	CN	A
101	CNURCA	乌鲁木齐	UZTASA	亚洲	乌兹别克斯坦	塔什干	CN	A
102	CNURCA	乌鲁木齐	TJDYUA	亚洲	塔吉克斯坦	杜尚别	CN	A
103	CNURCA	乌鲁木齐	KGFRUB	亚洲	吉尔吉斯斯坦	BICHKEK PI-2	CN	A
104	CNURCA	乌鲁木齐	UZTASA	亚洲	乌兹别克斯坦	塔什干	CN	A
105	CNURCA	乌鲁木齐	TMASBA	亚洲	土库曼斯坦	阿什哈巴德	CN	A
106	CNURCA	乌鲁木齐	TMASBA	亚洲	土库曼斯坦	阿什哈巴德	CN	A
107	CNSHAA	上海	YESAHA	亚洲	也门	萨那	CN	A
108	CNYNJA	延吉	JPKIXA	亚洲	日本	大阪	CN	A
109	CNBJSA	北京	JOAMMA	亚洲	约旦	安曼	CN	A
110	CNYNTA	烟台	KRSELB	亚洲	韩国	首尔	CN	A
111	CNSZHA	苏州	KRSELB	亚洲	韩国	首尔	CN	A
112	CNSHAA	上海	IRTHRA	亚洲	伊朗	德黑兰	CN	A
113	CNBJSA	北京	MMRGNA	亚洲	缅甸	仰光	CN	A
114	CNYNJA	延吉	JPKWSA	亚洲	日本	川崎	CN	A
115	CNSIAA	西安	JPKWSA	亚洲	日本	川崎	CN	A
116	CNSHEA	沈阳	KRSELB	亚洲	韩国	首尔	CN	A
117	CNSHEA	沈阳	JPKIXA	亚洲	日本	大阪	CN	A
118	CNCANA	广州	ILHFAA	亚洲	以色列	海法	CN	C
119	CNBJSA	北京	LKCMBC	亚洲	斯里兰卡	科伦坡	CN	A
120	CNCGQA	长春	KRSELB	亚洲	韩国	首尔	CN	A
121	CNSHAA	上海	JPKIXA	亚洲	日本	大阪	CN	A
122	CNSHAA	上海	SAJEDA	亚洲	沙特阿拉伯	吉达	CN	A
123	CNSHAA	上海	JPKIXA	亚洲	日本	大阪	CN	B
124	CNSHAA	上海	KRSELB	亚洲	韩国	首尔	CN	A
125	CNSHAA	上海	TWTPEA	亚洲	中国台湾	台北	CN	A
126	CNBJSA	北京	KWKWIA	亚洲	科威特	科威特	CN	A
127	CNBJSA	北京	AZBAKB	亚洲	阿塞拜疆	巴库	CN	A
128	CNBJSA	北京	AZBAKB	亚洲	阿塞拜疆	巴库	CN	B
129	CNCANA	广州	IDJKTC	亚洲	印度尼西亚	雅加达	CN	A
130	CNCANA	广州	JPKIXA	亚洲	日本	大阪	CN	B
131	CNSHAA	上海	JPKWSA	亚洲	日本	川崎	CN	A
132	CNSHAA	上海	JPKWSA	亚洲	日本	川崎	CN	B
133	CNSZHA	苏州	JPKWSA	亚洲	日本	川崎	CN	A
134	CNSZHA	苏州	JPKWSA	亚洲	日本	川崎	CN	B
135	CNDLCA	大连	JPKIXA	亚洲	日本	大阪	CN	A

续表

序号	原寄局	原寄局名	寄达局	洲	国家	寄达局名	总包种类	运输方式
136	CNDLCA	大连	JPKWSA	亚洲	日本	川崎	CN	A
137	CNBJSA	北京	KPFNJA	亚洲	朝鲜	平壤	CN	A
138	CNDLCA	大连	JPKWSA	亚洲	日本	川崎	CN	C
139	CNCANA	广州	HKHKGA	亚洲	中国	香港 AMC	CN	A
140	CNCANA	广州	MOMFMB	亚洲	中国	澳门	CN	A
141	CNCANA	广州	KRSELB	亚洲	韩国	首尔	CN	A
142	CNCANA	广州	JPKWSA	亚洲	日本	川崎	CN	A
143	CNCANA	广州	JPKWSA	亚洲	日本	川崎	CN	B
144	CNCANA	广州	THBKKA	亚洲	泰国	曼谷	CN	A
145	CNCANA	广州	VNHANA	亚洲	越南	河内	CN	A
146	CNCANA	广州	MYKULA	亚洲	马来西亚	吉隆坡	CN	A
147	CNXMNA	厦门	JPKIXA	亚洲	日本	大阪	CN	A
148	CNXMNA	厦门	TWTPEA	亚洲	中国台湾	台北	CN	A
149	CNDLCA	大连	KRSELB	亚洲	韩国	首尔	CN	A
150	CNDLCA	大连	JPKIXA	亚洲	日本	大阪	CN	A
151	CNCKGA	重庆	JPKWSA	亚洲	日本	川崎	CN	A
152	CNBJSA	北京	LAVTEA	亚洲	老挝	万象	CN	A
153	CNBJSA	北京	TRISTB	亚洲	土耳其	伊斯坦布尔	CN	A
154	CNCGQA	长春	JPKWSA	亚洲	日本	川崎	CN	A
155	CNCANA	广州	KRBUSA	亚洲	韩国	釜山	CN	C
156	CNCANA	广州	JPKIXA	亚洲	日本	大阪	CN	A
157	CNFOCA	福州	JPKWSA	亚洲	日本	川崎	CN	A
158	CNFOCA	福州	JPKWSA	亚洲	日本	川崎	CN	B
159	CNDLCA	大连	JPKWSA	亚洲	日本	川崎	CN	B
160	CNBJSA	北京	KRSELB	亚洲	韩国	首尔	CN	A
161	CNBJSA	北京	JPKWSA	亚洲	日本	川崎	CN	A
162	CNBJSA	北京	KRSELA	亚洲	韩国	首尔	CN	B
163	CNYNJA	延吉	KRSELB	亚洲	韩国	首尔	CN	A
164	CNCANA	广州	JPKWSA	亚洲	日本	川崎	CN	C
165	CNBJSA	北京	IRTHRC	亚洲	伊朗	德黑兰	CN	C
166	CNCKGA	重庆	HKHKGA	亚洲	中国	香港 AMC	CN	A
167	CNBJSA	北京	IDJKTC	亚洲	印度尼西亚	雅加达	CN	A
168	CNBJSA	北京	QADOHA	亚洲	卡塔尔	多哈	CN	A
169	CNCANA	广州	IRTHRC	亚洲	伊朗	德黑兰	CN	C
170	CNSHAA	上海	HKHKGA	亚洲	中国	香港 AMC	CN	A
171	CNBJSA	北京	KRSELB	亚洲	韩国	首尔	CN	A
172	CNSHAA	上海	OMMCTA	亚洲	阿曼	马斯喀特	CN	A

续表

序号	原寄局	原寄局名	寄达局	洲	国家	寄达局名	总包种类	运输方式
173	CNSHEA	沈阳	JPKWSA	亚洲	日本	川崎	CN	A
174	CNSZHA	苏州	TWTPEA	亚洲	中国台湾	台北	CN	A
175	CNCGQA	长春	JPKIXA	亚洲	日本	大阪	CN	A
176	CNCTUA	成都	HKHKGA	亚洲	中国	香港 AMC	CN	A
177	CNFOCA	福州	KRSELB	亚洲	韩国	首尔	CN	A
178	CNBJSA	北京	AMEVNA	亚洲	亚美尼亚	耶烈万	CN	A
179	CNHGHA	杭州	HKHKGA	亚洲	中国	香港 AMC	CN	A
180	CNKMGA	昆明	MMRGNA	亚洲	缅甸	仰光	CN	A

思　考　题

1. 简述亚洲的基本概况。
2. 日本的主要城市有哪些？
3. 简述韩国、印度、伊朗、朝鲜各个国家的主要城市。
4. 简述中国与东亚主要国家的邮政通信状况。
5. 简述中国与东南亚主要国家的邮政通信状况。
6. 简述中国与南亚主要国家的邮政通信状况。
7. 简述中国与西亚主要国家的邮政通信状况。
8. 简述中国与中亚主要国家的邮政通信状况。

第十四章 欧　　洲

第一节 概　　况

欧洲位于东半球的西北部，三面临海，北滨北冰洋，西临大西洋，南隔地中海和直布罗陀海峡与非洲相望，西北隔格陵兰海、丹麦海峡与北美洲相对，东部以乌拉尔山、乌拉尔河、大高加索山脉、达达尼尔海峡与亚洲分界。

东面与亚洲大陆连为一体，欧洲实际是亚欧大陆西部伸向大西洋的一个大半岛。面积1 016万平方千米，略大于大洋洲，是世界上面积较小的洲。人口有7.3亿(2001年)，仅次于亚洲居世界第二位。欧洲是资本主义的发祥地，对近代世界经济发展和生产分布的变化影响很大。在当代，欧洲是“资本主义心脏”地区，在世界政治经济生活中起着重要作用。欧洲共有48个国家。皆属经济发达国家。

一、人口、民族和语言

欧洲是世界人口密度最大的洲，每平方千米平均约66人(未计独联体亚洲部分的国家)。在人口分布上也较其他大洲相对均匀，绝大部分国家人口密度每平方千米都在50人以上。其中西欧的荷兰、比利时、英国、德国、法国等人口更为稠密。荷兰、比利时人口密度每平方千米达300人以上。纬度偏北的斯堪的纳维亚半岛的北部和俄罗斯的北部，以及南欧的山地人口分布相对较稀疏，每平方千米人口在10人以下。欧洲民族构成和语言系统比较复杂。居民绝大多数属欧罗巴人种(白种人)。根据语言系统，欧洲的民族主要分属于印欧语系、乌拉尔语系和高加索语系。95%的欧洲人属印欧语系，根据彼此接近的程度，又可分为拉丁语族(罗马语族)、日耳曼语族、斯拉夫语族及波罗的语族等。

二、欧洲在世界的地位

欧洲，特别是西欧，是世界资本主义的发源地，也是近代科学文化与技术发展最早的地区。进入资本主义时代以后，西欧长期在世界政治、经济上居统治地位。直到20世纪初期，欧洲还是世界的经济、政治中心。

进入20世纪以后，欧洲的地位开始发生变化。欧洲是两次世界大战的策源地和主要战场，战争中遭到严重破坏。美国则后来居上，实力日益赶上并超过欧洲，亚洲的日本发展成为仅次于美国的世界上第二个资本主义强国，独立后的广大亚非拉发展中国家正在兴起，欧洲已不再是世界唯一的中心了。

但是，目前欧洲仍不失为世界上一个关键性地区。其约占世界工业产值的近1/2，农业产值的40%。欧洲有世界上著名的大工业带，它西起英格兰中部和东南部，向东经荷兰、比利时、卢森堡、法国北部、德国中部，直到捷克并延伸至波兰南部，东达独联体。

欧洲在世界商品贸易中所占的比重较高。欧洲许多国家由海外进口原料、燃料、粮食，向外出口工业制成品；同时，欧洲各国之间不同工业品和半成品的交换也很频繁。目前，欧洲对外贸易总额占世界1/2以上。欧洲在银行、保险业务以及旅游业等方面，都长期保持绝对优势。欧洲的科学技术居世界前列。

三、欧洲经济共同体

欧洲经济共同体又称欧洲共同市场。它是第二次世界大战后西欧主要资本主义国家适应生产国际化与资本国际化的趋势，在资本主义经济和政治发展不平衡和欧洲形成美、苏两个超级大国对峙的形势下，为了在国际市场激烈竞争中维护自身经济利益，增强国际地位而组成的。实质上它是建立在私人与国家垄断资本主义高度发达基础上的国际联盟，同时又是西欧国家政治上联合的国家集团。

四、欧洲经济区

为了谋求更大的区域合作，欧共体12国和欧洲自由贸易联盟7国于1991年10月22日在卢森堡达成协议，决定共同建立“欧洲经济区”。欧洲经济区的范围从北极的冰岛一直延伸到地中海，横跨19个国家，人口达3.8亿。欧洲经济区的建立具有重大的意义。

五、欧洲区域

欧洲在地理上分为西欧、北欧、中欧、东欧和南欧五个地区。五个地区在自然、历史、经济，以及诸多人文现象等方面都具有明显的不同特点。

第二节 主要国家和城市

一、英国

(一) 英国概况

英国全称“大不列颠及北爱尔兰联合王国”，简称英国。英国面积24.25万平方千米，人口6564多万(2016年)，是欧洲最大的岛国。英国东濒北海，南隔狭窄的英吉利海峡、多佛尔海峡与欧洲大陆相望，西濒辽阔的大西洋与北美洲遥遥相对。

英国有较密的河流，流量稳定；有波状起伏的地势，夏凉冬暖，气候温湿多雨，适宜于畜牧业和农业的发展。英国也是欧盟中能源最丰富的国家。

(二) 主要城市

1. 伦敦

英国的首都，全国政治、经济、文化中心。伦敦地跨泰晤士河南、北岸，是英国最大的海港和对外贸易窗口。有航空、铁路、公路、内河航运通往全国各地,形成四通八达的交通枢纽。

2. 伯明翰

伯明翰是英国第二大城市,制造业发达,是英国最老的重工业基地,有"黑乡"的称号。现在发展了多种机械制造工业,成为仅次于伦敦的第二大工业区。

二、法国

(一) 概况

法国位于欧洲西部,西临大西洋,西北面对英吉利海峡和北海,东北比邻比利时,卢森堡和德国,东与瑞士相依,东南与意大利相连,南与地中海并和西班牙接壤。法国面积为55万平方千米,人口6 690万(2016年),是西欧大国,法国南部属地中海亚热带气候,其他为大西洋温带气候地区。

法国境内河流纵横交错,水道四通八达,可通航河流总长度达8 500多千米,形成遍布全国的水路交通网。

法国经济发达,国内生产总值居世界前列。主要工业部门有矿业、冶金、钢铁、汽车制造、造船、机械制造、纺织、化学、电器、动力、日常消费品、食品加工和建筑业等。核能、石油化工、海洋开发、航空和宇航等新兴工业部门近年来发展较快,在工业产值中所占比重不断提高。核电设备能力、石油和石油加工技术居世界第二位,仅次于美国。

(二) 主要城市

1. 巴黎

巴黎是法国的首都,全国政治、经济、文化中心,世界著名的繁华大都市。巴黎是世界文化中心之一,拥有许多世界闻名的历史遗迹和艺术建筑。

2. 马赛

全国第二大城市和最大海港。

三、德国

(一) 概述

德国位于欧洲中部。东邻波兰、捷克,南毗奥地利、瑞士,西界荷兰、比利时、卢森堡、法国,北接丹麦,濒临北海和波罗的海。面积35万多平方千米,人口8 267万(2016年)。德国是高度发达的工业国。经济总量位居欧洲首位,仅次于美国、日本,为世界第三大经济强国。德国交通运输业十分发达。公路、水路和航空运输全面发展。特别是公路密度为世界之冠。

(二) 主要城市

1. 柏林

柏林是德国的首都,全国政治、经济、文化中心,是全国第一大城市,工业发达,是德国最重要的交通枢纽和最大的大学城。

2. 科隆

科隆是德国历史名城、重工业城市,位于北莱茵-威斯特法伦州,坐落在莱茵河两岸,地处欧洲东西南北交通要冲。

四、俄罗斯

(一)概述

俄罗斯国土面积 1 709.8 万平方千米,居世界第一位,人口 14 434 万(2016 年),是一个多民族的国家。俄罗斯横跨欧亚大陆,东西最长 9 000 千米,南北最宽 4 000 千米。邻国西北面有挪威、芬兰,西面有爱沙尼亚、拉脱维亚、立陶宛、波兰、白俄罗斯,西南面是乌克兰,南面有格鲁吉亚、阿塞拜疆、哈萨克斯坦,东南面有中国、蒙古和朝鲜。东面与日本和美国隔海相望。海岸线长 33 807 千米。

(二)主要城市

1. 莫斯科

俄罗斯的首都,位于俄罗斯平原中部、莫斯科河畔,跨莫斯科河及其支流亚乌扎河两岸。是世界最大的城市之一,也是俄罗斯政治、经济、科学文化及交通中心。1995 年 5 月 16 日,莫斯科与北京结为友好城市。

2. 圣彼得堡

俄罗斯第二大城市,坐落在波罗的海芬兰湾东岸,涅瓦河河口。

五、意大利

(一)意大利概述

意大利位于欧洲南部,包括亚平宁半岛及西西里、撒丁等岛屿。北以阿尔卑斯山为屏障与法国、瑞士、奥地利、斯洛文尼亚接壤,东、南、西三面临海。面积 30 多万平千米,人口 6 060 万(2016 年)。全国划分为 20 个行政区和 103 个省。

(二)主要城市

1. 罗马

首都,全国政治、经济、文化的中心。

2. 米兰

第二大城市,全国最大工商业中心和金融中心。

3. 威尼斯

著名水城。

第三节 中国与欧洲主要国家的邮政通信

一、国际 EMS 直封关系一览表

序号	原寄互换局	发运口岸	发运口岸代码	洲	国家	寄达互换局	寄达口岸代码
1	北京	北京	PEK	欧洲	法国	巴黎	CDG
2	武汉	北京	PEK	欧洲	法国	巴黎	CDG

续 表

序号	原寄互换局	发运口岸	发运口岸代码	洲	国家	寄达互换局	寄达口岸代码
3	西安	北京	PEK	欧洲	法国	巴黎	CDG
4	郑州	北京	PEK	欧洲	法国	巴黎	CDG
5	重庆	北京	PEK	欧洲	法国	巴黎	CDG
6	福州	福州	FOC	欧洲	法国	巴黎	CDG
7	福州	福州	FOC	欧洲	法国	巴黎	CDG
8	广州	广州	CAN	欧洲	法国	巴黎	CDG
9	汕头	广州	CAN	欧洲	法国	巴黎	CDG
10	深圳	广州	CAN	欧洲	法国	巴黎	CDG
11	青岛	青岛	TAO	欧洲	法国	巴黎	CDG
12	厦门	厦门	XMN	欧洲	法国	巴黎	CDG
13	杭州	上海	PVG	欧洲	法国	巴黎	CDG
14	南京	上海	PVG	欧洲	法国	巴黎	CDG
15	上海	上海	PVG	欧洲	法国	巴黎	CDG
16	苏州	上海	PVG	欧洲	法国	巴黎	CDG
17	温州	上海	PVG	欧洲	法国	巴黎	CDG
18	义乌	上海	PVG	欧洲	法国	巴黎	CDG
19	沈阳	沈阳	SHE	欧洲	法国	巴黎	CDG
20	武汉	武汉	WUH	欧洲	法国	巴黎	CDG
21	长沙	长沙	CSX	欧洲	法国	巴黎	CDG
22	郑州	郑州	CGO	欧洲	法国	巴黎	CDG
23	北京	北京	PEK	欧洲	英国	考文垂/兰利/伦敦	LHR
24	成都	北京	PEK	欧洲	英国	考文垂/兰利/伦敦	LHR
25	大连	北京	PEK	欧洲	英国	考文垂/兰利/伦敦	LHR
26	济南	北京	PEK	欧洲	英国	考文垂/兰利/伦敦	LHR
27	沈阳	北京	PEK	欧洲	英国	考文垂/兰利/伦敦	LHR
28	郑州	北京	PEK	欧洲	英国	考文垂/兰利/伦敦	LHR
29	成都	成都	CTU	欧洲	英国	考文垂/兰利/伦敦	LHR
30	福州	福州	FOC	欧洲	英国	考文垂/兰利/伦敦	LHR
31	广州	广州	CAN	欧洲	英国	考文垂/兰利/伦敦	LHR
32	汕头	广州	CAN	欧洲	英国	考文垂/兰利/伦敦	LHR
33	深圳	广州	CAN	欧洲	英国	考文垂/兰利/伦敦	LHR
34	珠海	广州	CAN	欧洲	英国	考文垂/兰利/伦敦	LHR
35	济南	济南	TNA	欧洲	英国	考文垂/兰利/伦敦	LHR
36	青岛	青岛	TAO	欧洲	英国	考文垂/兰利/伦敦	LHR
37	厦门	厦门	XMN	欧洲	英国	考文垂/兰利/伦敦	LHR
38	杭州	上海	PVG	欧洲	英国	考文垂/兰利/伦敦	LHR
39	南京	上海	PVG	欧洲	英国	考文垂/兰利/伦敦	LHR

续表

序号	原寄互换局	发运口岸	发运口岸代码	洲	国家	寄达互换局	寄达口岸代码
40	宁波	上海	PVG	欧洲	英国	考文垂/兰利/伦敦	LHR
41	上海	上海	PVG	欧洲	英国	考文垂/兰利/伦敦	LHR
42	苏州	上海	PVG	欧洲	英国	考文垂/兰利/伦敦	LHR
43	义乌	上海	PVG	欧洲	英国	考文垂/兰利/伦敦	LHR
44	天津	天津	TSN	欧洲	英国	考文垂/兰利/伦敦	LHR
45	武汉	武汉	WUH	欧洲	英国	考文垂/兰利/伦敦	LHR
46	郑州	郑州	CGO	欧洲	英国	考文垂/兰利/伦敦	LHR
47	北京	北京	PEK	欧洲	俄罗斯	莫斯科	MOW
48	成都	北京	PEK	欧洲	俄罗斯	莫斯科	MOW
49	福州	北京	PEK	欧洲	俄罗斯	莫斯科	MOW
50	哈尔滨	北京	PEK	欧洲	俄罗斯	莫斯科	MOW
51	济南	北京	PEK	欧洲	俄罗斯	莫斯科	MOW
52	青岛	北京	PEK	欧洲	俄罗斯	莫斯科	MOW
53	武汉	北京	PEK	欧洲	俄罗斯	莫斯科	MOW
54	西安	北京	PEK	欧洲	俄罗斯	莫斯科	MOW
55	广州	广州	CAN	欧洲	俄罗斯	莫斯科	MOW
56	杭州	杭州	HGH	欧洲	俄罗斯	莫斯科	MOW
57	义乌	杭州	HGH	欧洲	俄罗斯	莫斯科	MOW
58	济南	济南	TNA	欧洲	俄罗斯	莫斯科	MOW
59	厦门	厦门	XMN	欧洲	俄罗斯	莫斯科	MOW
60	南京	上海	PVG	欧洲	俄罗斯	莫斯科	MOW
61	宁波	上海	PVG	欧洲	俄罗斯	莫斯科	MOW
62	上海	上海	PVG	欧洲	俄罗斯	莫斯科	MOW
63	苏州	上海	PVG	欧洲	俄罗斯	莫斯科	MOW
64	温州	上海	PVG	欧洲	俄罗斯	莫斯科	MOW
65	乌鲁木齐	乌鲁木齐	URC	欧洲	俄罗斯	莫斯科	MOW
66	武汉	武汉	WUH	欧洲	俄罗斯	莫斯科	MOW
67	西安	西安	PEK	欧洲	俄罗斯	莫斯科	MOW
68	深圳	香港	HKG	欧洲	俄罗斯	莫斯科	MOW
69	郑州	郑州	CGO	欧洲	俄罗斯	莫斯科	DME
70	北京	北京	PEK	欧洲	俄罗斯	圣彼得堡	LED
71	广州	广州	CAN	欧洲	俄罗斯	圣彼得堡	LED
72	上海	上海	PVG	欧洲	俄罗斯	圣彼得堡	LED
73	北京	北京	PEK	欧洲	俄罗斯	新西伯利亚	OVB
74	广州	北京	PEK	欧洲	俄罗斯	新西伯利亚	OVB
75	杭州	北京	PEK	欧洲	俄罗斯	新西伯利亚	OVB
76	宁波	北京	PEK	欧洲	俄罗斯	新西伯利亚	OVB

续表

序号	原寄互换局	发运口岸	发运口岸代码	洲	国家	寄达互换局	寄达口岸代码
77	郑州	北京	PEK	欧洲	俄罗斯	新西伯利亚	OVB
78	哈尔滨	哈尔滨	HRB	欧洲	俄罗斯	新西伯利亚	MOW
79	上海	上海	PVG	欧洲	俄罗斯	新西伯利亚	OVB
80	乌鲁木齐	乌鲁木齐	URC	欧洲	俄罗斯	新西伯利亚	OVB

二、国际函件直封关系一览表

序号	原寄局	原寄局名	寄达局	洲	国家	寄达局名	总包种类	运输方式
1	CNCANA	广州	HUBUDA	欧洲	匈牙利	布达佩斯	UN	A
2	CNCANA	广州	SKBTSA	欧洲	斯洛伐克	布拉迪斯拉发	UN	A
3	CNCANA	广州	CZPRGA	欧洲	捷克	布拉格	UN	A
4	CNCANA	广州	BEBRUA	欧洲	比利时	布鲁塞尔	UN	A
5	CNCANA	广州	IEDUBA	欧洲	爱尔兰	都柏林	UN	A
6	CNCANA	广州	DEFRAA	欧洲	德国	法兰克福	UN	A
7	CNCANA	广州	DKCPHA	欧洲	丹麦	哥本哈根	UN	A
8	CNCANA	广州	FIHELA	欧洲	芬兰	赫尔辛基	UN	A
9	CNCANA	广州	PLWAWA	欧洲	波兰	华沙	UN	A
10	CNCANA	广州	UAIEVA	欧洲	乌克兰	基辅	UN	A
11	CNCANA	广州	GBLALA	欧洲	英国	兰利	UN	A
12	CNWNZA	温州	ROBUHB	欧洲	罗马尼亚	布加勒斯特	UN	C
13	CNWNZA	温州	CZPRGA	欧洲	捷克共和国	布拉格	UN	C
14	CNWNZA	温州	BEBRUA	欧洲	比利时	布鲁塞尔	UN	C
15	CNWNZA	温州	DKCPHA	欧洲	丹麦	哥本哈根	UN	C
16	CNWNZA	温州	FIHELA	欧洲	芬兰	赫尔辛基	UN	C
17	CNWUHA	武汉	RUMOWS	欧洲	俄罗斯	莫斯科	UN	C
18	CNURCA	乌鲁木齐	RUMOWS	欧洲	俄罗斯	莫斯科	UN	C
19	CNSHAA	上海	ITMILA	欧洲	意大利	米兰	UN	C
20	CNSHAA	上海	HRZAGB	欧洲	克罗地亚	萨格勒布	UN	C
21	CNSHAA	上海	SESTOA	欧洲	瑞典	斯德哥尔摩	UN	C
22	CNSHAA	上海	LTVNOA	欧洲	立陶宛	维尔纽斯	UN	C
23	CNNKGA	南京	NLAMSA	欧洲	荷兰	阿姆斯特丹	UN	C
24	CNBJSA	北京	ESMADC	欧洲	西班牙	马德里	UN	C
25	CNBJSA	北京	NLAMSA	欧洲	荷兰	阿姆斯特丹	UN	C
26	CNBJSA	北京	ROBUHB	欧洲	罗马尼亚	布加勒斯特	UN	C
27	CNWNZA	温州	ESMADC	欧洲	西班牙	马德里	UN	C
28	CNWNZA	温州	ITMILA	欧洲	意大利	米兰	UN	C
29	CNWNZA	温州	HRZAGB	欧洲	克罗地亚	萨格勒布	UN	C

续表

序号	原寄局	原寄局名	寄达局	洲	国家	寄达局名	总包种类	运输方式
30	CNWNZA	温州	SESTOA	欧洲	瑞典	斯德哥尔摩	UN	C
31	CNWNZA	温州	LTVNOA	欧洲	立陶宛	维尔纽斯	UN	C
32	CNFOCA	福州	NLAMSA	欧洲	荷兰	阿姆斯特丹	UN	C
33	CNFOCA	福州	ROBUHB	欧洲	罗马尼亚	布加勒斯特	UN	C
34	CNFOCA	福州	CZPRGA	欧洲	捷克共和国	布拉格	UN	C
35	CNFOCA	福州	BEBRUA	欧洲	比利时	布鲁塞尔	UN	C
36	CNFOCA	福州	DKCPHA	欧洲	丹麦	哥本哈根	UN	C
37	CNFOCA	福州	FIHELA	欧洲	芬兰	赫尔辛基	UN	C
38	CNFOCA	福州	PLWAWA	欧洲	波兰共和国	华沙	UN	C
39	CNFOCA	福州	GBLALA	欧洲	英国	兰利	UN	C
40	CNFOCA	福州	SILJUA	欧洲	斯洛文尼亚	卢布尔雅那	UN	C
41	CNFOCA	福州	LULUXC	欧洲	卢森堡	卢森堡	UN	C
42	CNFOCA	福州	FRCDGA	欧洲	法国	罗斯	UN	C
43	CNFOCA	福州	ESMADC	欧洲	西班牙	马德里	UN	C
44	CNFOCA	福州	ITMILA	欧洲	意大利	米兰	UN	C
45	CNFOCA	福州	HRZAGB	欧洲	克罗地亚	萨格勒布	UN	C
46	CNFOCA	福州	SESTOA	欧洲	瑞典	斯德哥尔摩	UN	C
47	CNFOCA	福州	LTVNOA	欧洲	立陶宛	维尔纽斯	UN	C
48	CNXMNA	厦门	NLAMSA	欧洲	荷兰	阿姆斯特丹	UN	C
49	CNXMNA	厦门	ROBUHB	欧洲	罗马尼亚	布加勒斯特	UN	C
50	CNXMNA	厦门	CZPRGA	欧洲	捷克共和国	布拉格	UN	C
51	CNXMNA	厦门	BEBRUA	欧洲	比利时	布鲁塞尔	UN	C
52	CNXMNA	厦门	DKCPHA	欧洲	丹麦	哥本哈根	UN	C
53	CNXMNA	厦门	FIHELA	欧洲	芬兰	赫尔辛基	UN	C
54	CNXMNA	厦门	PLWAWA	欧洲	波兰共和国	华沙	UN	C
55	CNXMNA	厦门	GBLALA	欧洲	英国	兰利	UN	C
56	CNXMNA	厦门	SILJUA	欧洲	斯洛文尼亚	卢布尔雅那	UN	C
57	CNXMNA	厦门	LULUXC	欧洲	卢森堡	卢森堡	UN	C
58	CNXMNA	厦门	FRCDGA	欧洲	法国	罗斯	UN	C
59	CNXMNA	厦门	ESMADC	欧洲	西班牙	马德里	UN	C
60	CNXMNA	厦门	ITMILA	欧洲	意大利	米兰	UN	C
61	CNBJSA	北京	CZPRGA	欧洲	捷克共和国	布拉格	UN	C
62	CNBJSA	北京	BEBRUA	欧洲	比利时	布鲁塞尔	UN	C
63	CNBJSA	北京	DKCPHA	欧洲	丹麦	哥本哈根	UN	C
64	CNSFEA	绥芬河国际	RUVVOA	欧洲	俄罗斯	符拉迪沃斯托克	UT	C
65	CNBJSA	北京	FIHELA	欧洲	芬兰	赫尔辛基	UN	C
66	CNBJSA	北京	PLWAWA	欧洲	波兰共和国	华沙	UN	C

续表

序号	原寄局	原寄局名	寄达局	洲	国家	寄达局名	总包种类	运输方式
67	CNBJSA	北京	GBLALA	欧洲	英国	兰利	UN	C
68	CNBJSA	北京	SILJUA	欧洲	斯洛文尼亚	卢布尔雅那	UN	C
69	CNBJSA	北京	LULUXC	欧洲	卢森堡	卢森堡	UN	C
70	CNBJSA	北京	FRCDGA	欧洲	法国	罗斯	UN	C
71	CNSZXA	深圳	RUMOWS	欧洲	俄罗斯	莫斯科	UN	C
72	CNYINA	伊宁国际	RUEKAA	欧洲	俄罗斯	叶卡捷琳堡	UN	C
73	CNXMNA	厦门	RUMOWS	欧洲	俄罗斯	莫斯科	UN	C
74	CNSHAA	上海	BGSOFG	欧洲	保加利亚	索非亚	UN	C
75	CNSHAA	上海	SESTOA	欧洲	瑞典	斯德哥尔摩	UN	C
76	CNSHAA	上海	ATVIEC	欧洲	奥地利	维也纳	UN	C
77	CNSHAA	上海	HRZAGB	欧洲	克罗地亚	萨格勒布	UN	C
78	CNSHAA	上海	CHZRHB	欧洲	瑞士	苏黎世	UN	C
79	CNXMNA	厦门	HRZAGB	欧洲	克罗地亚	萨格勒布	UN	C
80	CNXMNA	厦门	SESTOA	欧洲	瑞典	斯德哥尔摩	UN	C
81	CNXMNA	厦门	LTVNOA	欧洲	立陶宛	维尔纽斯	UN	C
82	CNCANA	广州	NLAMSA	欧洲	荷兰	阿姆斯特丹	UN	C
83	CNCANA	广州	ROBUHB	欧洲	罗马尼亚	布加勒斯特	UN	C
84	CNCANA	广州	CZPRGA	欧洲	捷克共和国	布拉格	UN	C
85	CNCANA	广州	BEBRUA	欧洲	比利时	布鲁塞尔	UN	C
86	CNCANA	广州	DKCPHA	欧洲	丹麦	哥本哈根	UN	C
87	CNCANA	广州	FIHELA	欧洲	芬兰	赫尔辛基	UN	C
88	CNCANA	广州	PLWAWA	欧洲	波兰共和国	华沙	UN	C
89	CNCANA	广州	GBLALA	欧洲	英国	兰利	UN	C
90	CNCANA	广州	SILJUA	欧洲	斯洛文尼亚	卢布尔雅那	UN	C
91	CNCANA	广州	LULUXC	欧洲	卢森堡	卢森堡	UN	C
92	CNCANA	广州	FRCDGA	欧洲	法国	罗斯	UN	C
93	CNCANA	广州	ESMADC	欧洲	西班牙	马德里	UN	C
94	CNCANA	广州	ITMILA	欧洲	意大利	米兰	UN	C
95	CNCANA	广州	HRZAGB	欧洲	克罗地亚	萨格勒布	UN	C
96	CNCANA	广州	SESTOA	欧洲	瑞典	斯德哥尔摩	UN	C
97	CNCANA	广州	LTVNOA	欧洲	立陶宛	维尔纽斯	UN	C
98	CNSZXA	深圳	NLAMSA	欧洲	荷兰	阿姆斯特丹	UN	C
99	CNSZXA	深圳	CZPRGA	欧洲	捷克共和国	布拉格	UN	C
100	CNSZXA	深圳	BEBRUA	欧洲	比利时	布鲁塞尔	UN	C
101	CNSZXA	深圳	DKCPHA	欧洲	丹麦	哥本哈根	UN	C
102	CNSZXA	深圳	FIHELA	欧洲	芬兰	赫尔辛基	UN	C
103	CNSZXA	深圳	PLWAWA	欧洲	波兰共和国	华沙	UN	C

续表

序号	原寄局	原寄局名	寄达局	洲	国家	寄达局名	总包种类	运输方式
104	CNSZXA	深圳	GBLALA	欧洲	英国	兰利	UN	C
105	CNSZXA	深圳	SILJUA	欧洲	斯洛文尼亚	卢布尔雅那	UN	C
106	CNSZXA	深圳	LULUXC	欧洲	卢森堡	卢森堡	UN	C
107	CNSZXA	深圳	FRCDGA	欧洲	法国	罗斯	UN	C
108	CNSZXA	深圳	ESMADC	欧洲	西班牙	马德里	UN	C
109	CNSZXA	深圳	ITMILA	欧洲	意大利	米兰	UN	C
110	CNSZXA	深圳	HRZAGB	欧洲	克罗地亚	萨格勒布	UN	C
111	CNSZXA	深圳	SESTOA	欧洲	瑞典	斯德哥尔摩	UN	C
112	CNSZXA	深圳	LTVNOA	欧洲	立陶宛	维尔纽斯	UN	C
113	CNURCA	乌鲁木齐	NLAMSA	欧洲	荷兰	阿姆斯特丹	UN	C
114	CNURCA	乌鲁木齐	ROBUHB	欧洲	罗马尼亚	布加勒斯特	UN	C
115	CNURCA	乌鲁木齐	CZPRGA	欧洲	捷克共和国	布拉格	UN	C
116	CNURCA	乌鲁木齐	BEBRUA	欧洲	比利时	布鲁塞尔	UN	C
117	CNURCA	乌鲁木齐	DKCPHA	欧洲	丹麦	哥本哈根	UN	C
118	CNURCA	乌鲁木齐	FIHELA	欧洲	芬兰	赫尔辛基	UN	C
119	CNURCA	乌鲁木齐	PLWAWA	欧洲	波兰共和国	华沙	UN	C
120	CNURCA	乌鲁木齐	GBLALA	欧洲	英国	兰利	UN	C
121	CNURCA	乌鲁木齐	SILJUA	欧洲	斯洛文尼亚	卢布尔雅那	UN	C
122	CNURCA	乌鲁木齐	LULUXC	欧洲	卢森堡	卢森堡	UN	C
123	CNURCA	乌鲁木齐	FRCDGA	欧洲	法国	罗斯	UN	C
124	CNURCA	乌鲁木齐	ESMADC	欧洲	西班牙	马德里	UN	C
125	CNURCA	乌鲁木齐	ITMILA	欧洲	意大利	米兰	UN	C
126	CNSHAA	上海	NLAMSA	欧洲	荷兰	阿姆斯特丹	UN	C
127	CNSHAA	上海	RSBEGC	欧洲	塞尔维亚共和国	贝尔格莱德	UN	C
128	CNSHAA	上海	BEBRUA	欧洲	比利时	布鲁塞尔	UN	C
129	CNSHAA	上海	HUBUDA	欧洲	匈牙利	布达佩斯	UN	C
130	CNSHAA	上海	ROBUHB	欧洲	罗马尼亚	布加勒斯特	UN	C
131	CNSHAA	上海	ROBUHC	欧洲	罗马尼亚	布加勒斯特	UN	C
132	CNSHAA	上海	DEHAMB	欧洲	德国	汉堡	UT	C
133	CNSHAA	上海	FRCDGA	欧洲	法国	罗斯	UN	C
134	CNSHAA	上海	DKCPHA	欧洲	丹麦	哥本哈根	UN	C
135	CNSHAA	上海	ESMADC	欧洲	西班牙	马德里	UN	C
136	CNSHAA	上海	ITMILA	欧洲	意大利	米兰	UN	C
137	CNSHAA	上海	RUMOWS	欧洲	俄罗斯	莫斯科	UN	C
138	CNSHAA	上海	ITMXPA	欧洲	意大利	马尔彭萨	UN	C
139	CNSHAA	上海	DENIAA	欧洲	德国	涅德劳拉	UN	C
140	CNSHAA	上海	NOOSLA	欧洲	挪威	奥斯路	UN	C

续表

序号	原寄局	原寄局名	寄达局	洲	国家	寄达局名	总包种类	运输方式
141	CNSHAA	上海	CZPRGA	欧洲	捷克共和国	布拉格	UN	C
142	CNSHAA	上海	NLRTMA	欧洲	荷兰	鹿特丹	UN	C
143	CNSHAA	上海	IEDUBA	欧洲	爱尔兰共和国	都柏林	UN	C
144	CNSHAA	上海	FIHELA	欧洲	芬兰	赫尔辛基	UN	C
145	CNURCA	乌鲁木齐	HRZAGB	欧洲	克罗地亚	萨格勒布	UN	C
146	CNURCA	乌鲁木齐	SESTOA	欧洲	瑞典	斯德哥尔摩	UN	C
147	CNURCA	乌鲁木齐	LTVNOA	欧洲	立陶宛	维尔纽斯	UN	C
148	CNYINA	伊宁国际	NLAMSA	欧洲	荷兰	阿姆斯特丹	UN	C
149	CNYINA	伊宁国际	ROBUHB	欧洲	罗马尼亚	布加勒斯特	UN	C
150	CNYINA	伊宁国际	CZPRGA	欧洲	捷克共和国	布拉格	UN	C
151	CNYINA	伊宁国际	BEBRUA	欧洲	比利时	布鲁塞尔	UN	C
152	CNYINA	伊宁国际	DKCPHA	欧洲	丹麦	哥本哈根	UN	C
153	CNYINA	伊宁国际	FIHELA	欧洲	芬兰	赫尔辛基	UN	C
154	CNYINA	伊宁国际	PLWAWA	欧洲	波兰共和国	华沙	UN	C
155	CNYINA	伊宁国际	GBLALA	欧洲	英国	兰利	UN	C
156	CNYINA	伊宁国际	SILJUA	欧洲	斯洛文尼亚	卢布尔雅那	UN	C
157	CNYINA	伊宁国际	LULUXC	欧洲	卢森堡	卢森堡	UN	C
158	CNYINA	伊宁国际	FRCDGA	欧洲	法国	罗斯	UN	C
159	CNYINA	伊宁国际	ESMADC	欧洲	西班牙	马德里	UN	C
160	CNYINA	伊宁国际	ITMILA	欧洲	意大利	米兰	UN	C
161	CNYINA	伊宁国际	HRZAGB	欧洲	克罗地亚	萨格勒布	UN	C
162	CNYINA	伊宁国际	SESTOA	欧洲	瑞典	斯德哥尔摩	UN	C
163	CNYINA	伊宁国际	LTVNOA	欧洲	立陶宛	维尔纽斯	UN	C
164	CNYIWA	义乌国际	NLAMSA	欧洲	荷兰	阿姆斯特丹	UN	C
165	CNYIWA	义乌国际	ROBUHB	欧洲	罗马尼亚	布加勒斯特	UN	C
166	CNYIWA	义乌国际	CZPRGA	欧洲	捷克共和国	布拉格	UN	C
167	CNYIWA	义乌国际	BEBRUA	欧洲	比利时	布鲁塞尔	UN	C
168	CNYIWA	义乌国际	DKCPHA	欧洲	丹麦	哥本哈根	UN	C
169	CNYIWA	义乌国际	FIHELA	欧洲	芬兰	赫尔辛基	UN	C
170	CNYIWA	义乌国际	GBLALA	欧洲	英国	兰利	UN	C
171	CNYIWA	义乌国际	SILJUA	欧洲	斯洛文尼亚	卢布尔雅那	UN	C
172	CNYIWA	义乌国际	LULUXC	欧洲	卢森堡	卢森堡	UN	C
173	CNYIWA	义乌国际	FRCDGA	欧洲	法国	罗斯	UN	C
174	CNYIWA	义乌国际	ESMADC	欧洲	西班牙	马德里	UN	C
175	CNYIWA	义乌国际	ITMILA	欧洲	意大利	米兰	UN	C
176	CNYIWA	义乌国际	HRZAGB	欧洲	克罗地亚	萨格勒布	UN	C
177	CNYIWA	义乌国际	SESTOA	欧洲	瑞典	斯德哥尔摩	UN	C

续表

序号	原寄局	原寄局名	寄达局	洲	国家	寄达局名	总包种类	运输方式
178	CNYIWA	义乌国际	LTVNOA	欧洲	立陶宛	维尔纽斯	UN	C
179	CNSZXA	深圳	ROBUHB	欧洲	罗马尼亚	布加勒斯特	UN	C
180	CNBJSA	北京	ITMILA	欧洲	意大利	米兰	UN	B
181	CNBJSA	北京	RUMOWS	欧洲	俄罗斯	莫斯科	UN	B
182	CNBJSA	北京	DENIAA	欧洲	德国	涅德劳拉	UN	B
183	CNBJSA	北京	SESTOA	欧洲	瑞典	斯德哥尔摩	UN	B
184	CNBJSA	北京	BGSOFG	欧洲	保加利亚	索非亚	UN	B
185	CNBJSA	北京	LTVNOA	欧洲	立陶宛	维尔纽斯	UN	B
186	CNBJSA	北京	ATVIEC	欧洲	奥地利	维也纳	UN	B
187	CNSHAA	上海	GBLALT	欧洲	英国	兰利(转)	UN	C
188	CNSHAA	上海	SILJUA	欧洲	斯洛文尼亚	卢布尔雅那	UN	C
189	CNSHAA	上海	GBLONC	欧洲	英国	伦敦 本	UN	C
190	CNSHAA	上海	GBLONH	欧洲	英国	伦敦	UN	C
191	CNSHAA	上海	LULUXC	欧洲	卢森堡	卢森堡	UN	C
192	CNSHAA	上海	GBLALT	欧洲	英国	兰利(转)	UN	C
193	CNSHAA	上海	PLWAWA	欧洲	波兰共和国	华沙	UN	C
194	CNSHAA	上海	GBLALA	欧洲	英国	兰利	UN	C
195	CNBJSA	北京	RUEKAA	欧洲	俄罗斯	叶卡捷琳堡	UN	C
196	CNCANA	广州	RUEKAA	欧洲	俄罗斯	叶卡捷琳堡	UN	C
197	CNFOCA	福州	RUEKAA	欧洲	俄罗斯	叶卡捷琳堡	UN	C
198	CNSHAA	上海	RUEKAA	欧洲	俄罗斯	叶卡捷琳堡	UN	C
199	CNSZHA	苏州	RUEKAA	欧洲	俄罗斯	叶卡捷琳堡	UN	C
200	CNSZXA	深圳	RUEKAA	欧洲	俄罗斯	叶卡捷琳堡	UN	C
201	CNWUHA	武汉	RUEKAA	欧洲	俄罗斯	叶卡捷琳堡	UN	C
202	CNHUCA	珲春国际	RUVVOH	欧洲	俄罗斯	符拉迪沃斯托克	UN	C
203	CNYINA	伊宁国际	RUMOWS	欧洲	俄罗斯	莫斯科	UN	C
204	CNCANA	广州	GBLALA	欧洲	英国	兰利	UN	B
205	CNCANA	广州	FRCDGA	欧洲	法国	罗斯	UN	B
206	CNWNZA	温州	FRCDGA	欧洲	法国	罗斯	UN	B
207	CNFOCA	福州	RUMOWS	欧洲	俄罗斯	莫斯科	UN	C
208	CNCANA	广州	GBLONC	欧洲	英国	伦敦 本	UN	C
209	CNCANA	广州	GBLONH	欧洲	英国	伦敦	UN	C
210	CNHEKA	黑河	RUBQSA	欧洲	俄罗斯	布拉戈维申斯克	UN	C
211	CNHUCA	珲春国际	RUVVOA	欧洲	俄罗斯	符拉迪沃斯托克	UN	C
212	CNCANA	广州	RUMOWS	欧洲	俄罗斯	莫斯科	UN	C
213	CNCANA	广州	GBLALA	欧洲	英国	兰利	UN	C
214	CNCANA	广州	GBLALT	欧洲	英国	兰利(转)	UN	C

续表

序号	原寄局	原寄局名	寄达局	洲	国家	寄达局名	总包种类	运输方式
215	CNCGQA	长春	RUVVOA	欧洲	俄罗斯	符拉迪沃斯托克	UN	C
216	CNCGOA	郑州国际	RUMOWS	欧洲	俄罗斯	莫斯科	UN	C
217	CNCKGA	重庆	RUMOWS	欧洲	俄罗斯	莫斯科	UN	C
218	CNHRBL	哈尔滨国际邮件处理中心	RUMOWS	欧洲	俄罗斯	莫斯科	UN	C
219	CNNKGA	南京	RUMOWS	欧洲	俄罗斯	莫斯科	UN	C
220	CNSZHA	苏州	RUMOWS	欧洲	俄罗斯	莫斯科	UN	C
221	CNCGOA	郑州国际	DEHAMB	欧洲	德国	汉堡	UN	C
222	CNWNZA	温州	PLWAWA	欧洲	波兰共和国	华沙	UN	C
223	CNWNZA	温州	GBLALA	欧洲	英国	兰利	UN	C
224	CNWNZA	温州	SILJUA	欧洲	斯洛文尼亚	卢布尔雅那	UN	C
225	CNWNZA	温州	LULUXC	欧洲	卢森堡	卢森堡	UN	C
226	CNWNZA	温州	FRCDGA	欧洲	法国	罗斯	UN	C
227	CNURCA	乌鲁木齐	GBLALA	欧洲	英国	兰利	UN	B
228	CNURCA	乌鲁木齐	RUMOWS	欧洲	俄罗斯	莫斯科	UN	B
229	CNURCA	乌鲁木齐	RUOVBB	欧洲	俄罗斯	新西伯利亚	UN	A
230	CNURCA	乌鲁木齐	RUVVOI	欧洲	俄罗斯	符拉迪沃斯托克	UN	A
231	CNURCA	乌鲁木齐	RUEKAA	欧洲	俄罗斯	叶卡捷琳堡	UN	A
232	CNURCA	乌鲁木齐	RUMOWS	欧洲	俄罗斯	莫斯科	UN	A
233	CNBJSA	北京	SESTOA	欧洲	瑞典	斯德哥尔摩	UN	A
234	CNBJSA	北京	BNBWNA	欧洲	瑞典	斯里巴加湾	UN	A
235	CNBJSA	北京	CHZRHB	欧洲	瑞士	苏黎世	UN	A
236	CNBJSA	北京	BGSOFG	欧洲	保加利亚	索非亚	UN	A
237	CNBJSA	北京	EETLLA	欧洲	爱沙尼亚	塔林	UN	A
238	CNBJSA	北京	ATVIEC	欧洲	奥地利	维也纳	UN	A
239	CNBJSA	北京	RUOVBB	欧洲	俄罗斯	新西伯利亚	UN	A
240	CNBJSA	北京	RUEKAA	欧洲	俄罗斯	叶卡捷琳堡	UN	A
241	CNCTUA	成都	RUVVOI	欧洲	俄罗斯	符拉迪沃斯托克	UN	A
242	CNCANA	广州	GBLALA	欧洲	英国	兰利	UN	A
243	CNCANA	广州	LVRIXC	欧洲	拉脱维亚	里加	UN	A
244	CNCANA	广州	PTLISA	欧洲	葡萄牙	里斯本	UN	A
245	CNCANA	广州	ESMADB	欧洲	西班牙	马德里	UN	A
246	CNCANA	广州	ITMILA	欧洲	意大利	米兰	UN	A
247	CNCANA	广州	RUMOWS	欧洲	俄罗斯	莫斯科	UN	A
248	CNHRBL	哈尔滨国际邮件处理中心	RUOVBB	欧洲	俄罗斯	新西伯利亚	UN	A

续表

序号	原寄局	原寄局名	寄达局	洲	国家	寄达局名	总包种类	运输方式
249	CNHRBL	哈尔滨国际邮件处理中心	RUEKAA	欧洲	俄罗斯	叶卡捷琳堡	UN	A
250	CNHRBL	哈尔滨国际邮件处理中心	RUMOWS	欧洲	俄罗斯	莫斯科	UN	A
251	CNYIWA	义乌国际	ESMADB	欧洲	西班牙	马德里	UN	A
252	CNSZXA	深圳	RUEKAA	欧洲	俄罗斯	叶卡捷琳堡	UN	A
253	CNHRBL	哈尔滨国际邮件处理中心	RUEKAA	欧洲	俄罗斯	叶卡捷琳堡	UN	A
254	CNSZXA	深圳	FRCDGA	欧洲	法国	罗斯	UN	A
255	CNHRBL	哈尔滨国际邮件处理中心	RUVVOI	欧洲	俄罗斯	符拉迪沃斯托克	UN	A
256	CNHRBL	哈尔滨国际邮件处理中心	RUVVOC	欧洲	俄罗斯	海参崴	UN	A
257	CNBJSA	北京	TTPOSA	欧洲	西班牙	西班牙港	UN	A
258	CNFOCA	福州	RUOVBB	欧洲	俄罗斯	新西伯利亚	UN	A
259	CNCANA	广州	NLAMSA	欧洲	荷兰	阿姆斯特丹	UN	A
260	CNCANA	广州	NOOSLA	欧洲	挪威	奥斯路	UN	A
261	CNCANA	广州	FRCDGA	欧洲	法国	罗斯	UN	A
262	CNCANA	广州	HUBUDA	欧洲	匈牙利	布达佩斯	UN	A
263	CNCANA	广州	HRZAGB	欧洲	克罗地亚	萨格勒布	UN	A
264	CNCANA	广州	SESTOA	欧洲	瑞典	斯德哥尔摩	UN	A
265	CNCANA	广州	CHZRHB	欧洲	瑞士	苏黎世	UN	A
266	CNCANA	广州	BGSOFG	欧洲	保加利亚	索非亚	UN	A
267	CNCANA	广州	EETLLA	欧洲	爱沙尼亚	塔林	UN	A
268	CNCANA	广州	IEDUBA	欧洲	爱尔兰共和国	都柏林	UN	A
269	CNSZXA	深圳	DEFRAA	欧洲	德国	法兰克福	UN	A
270	CNSZXA	深圳	GBLALA	欧洲	英国	兰利	UN	A
271	CNBJSA	北京	NOOSLA	欧洲	挪威	奥斯路	UN	A
272	CNBJSA	北京	HUBUDA	欧洲	匈牙利	布达佩斯	UN	A
273	CNBJSA	北京	ROBUHC	欧洲	罗马尼亚	布加勒斯特	UN	A
274	CNBJSA	北京	CZPRGA	欧洲	捷克共和国	布拉格	UN	A
275	CNBJSA	北京	IEDUBA	欧洲	爱尔兰共和国	都柏林	UN	A

续 表

序号	原寄局	原寄局名	寄达局	洲	国家	寄达局名	总包种类	运输方式
276	CNWUHA	武汉	RUOVBB	欧洲	俄罗斯	新西伯利亚	UN	A
277	CNYIWA	义乌国际	NOOSLA	欧洲	挪威	奥斯路	UN	A
278	CNYIWA	义乌国际	CZPRGA	欧洲	捷克共和国	布拉格	UN	A
279	CNYIWA	义乌国际	GBLALT	欧洲	英国	兰利(转)	UN	A
280	CNYIWA	义乌国际	SESTOA	欧洲	瑞典	斯德哥尔摩	UN	A
281	CNCGOA	郑州国际	FRCDGA	欧洲	法国	罗斯	UN	A
282	CNCGOA	郑州国际	DEFRAA	欧洲	德国	法兰克福	UN	A
283	CNSZXA	深圳	RUVVOI	欧洲	俄罗斯	符拉迪沃斯托克	UN	A
284	CNCANA	广州	RUVVOI	欧洲	俄罗斯	符拉迪沃斯托克	UN	A
285	CNCGOA	郑州国际	RUVVOI	欧洲	俄罗斯	符拉迪沃斯托克	UN	A
286	CNBJSA	北京	RUVVOI	欧洲	俄罗斯	符拉迪沃斯托克	UN	A
287	CNBJSA	北京	DKCPHA	欧洲	丹麦	哥本哈根	UN	A
288	CNBJSA	北京	FIHELA	欧洲	芬兰	赫尔辛基	UN	A
289	CNBJSA	北京	PLWAWA	欧洲	波兰共和国	华沙	UN	A
290	CNBJSA	北京	UAIEVA	欧洲	乌克兰	基辅	UN	A
291	CNBJSA	北京	GBLALA	欧洲	英国	兰利	UN	A
292	CNBJSA	北京	GBLALT	欧洲	英国	兰利(转)	UN	A
293	CNCGOA	郑州国际	GBLALT	欧洲	英国	兰利(转)	UN	A
294	CNCGOA	郑州国际	GBLALA	欧洲	英国	兰利	UN	A
295	CNCGOA	郑州国际	ESMADB	欧洲	西班牙	马德里	UN	A
296	CNCGOA	郑州国际	ITMILA	欧洲	意大利	米兰	UN	A
297	CNCGOA	郑州国际	RUOVBB	欧洲	俄罗斯	新西伯利亚	UN	A
298	CNBJSA	北京	PLWAWA	欧洲	波兰共和国	华沙	UN	B
299	CNBJSA	北京	UAIEVS	欧洲	乌克兰	基辅	UN	B
300	CNBJSA	北京	GBCVTA	欧洲	英国	考文垂	UN	B
301	CNBJSA	北京	GBLALA	欧洲	英国	兰利	UN	B
302	CNBJSA	北京	GBLALT	欧洲	英国	兰利(转)	UN	B
303	CNBJSA	北京	ISREKA	欧洲	冰岛	雷克雅末	UN	B
304	CNBJSA	北京	PTLISJ	欧洲	葡萄牙	里斯本	UN	B
305	CNBJSA	北京	SILJUA	欧洲	斯洛文尼亚	卢布尔雅那	UN	B
306	CNBJSA	北京	NLAMSA	欧洲	荷兰	阿姆斯特丹	UN	B
307	CNBJSA	北京	NOOSLA	欧洲	挪威	奥斯路	UN	B
308	CNBJSA	北京	HUBUDA	欧洲	匈牙利	布达佩斯	UN	B
309	CNBJSA	北京	ROBUHC	欧洲	罗马尼亚	布加勒斯特	UN	B
310	CNBJSA	北京	CZPRGA	欧洲	捷克共和国	布拉格	UN	B
311	CNBJSA	北京	BEBRUA	欧洲	比利时	布鲁塞尔	UN	B
312	CNBJSA	北京	IEDUBA	欧洲	爱尔兰共和国	都柏林	UN	B

续表

序号	原寄局	原寄局名	寄达局	洲	国家	寄达局名	总包种类	运输方式
313	CNBJSA	北京	DKCPHA	欧洲	丹麦	哥本哈根	UN	B
314	CNBJSA	北京	FIHELA	欧洲	芬兰	赫尔辛基	UN	B
315	CNBJSA	北京	UAIEVA	欧洲	乌克兰	基辅	UT	B
316	CNBJSA	北京	DKCPHA	欧洲	丹麦	哥本哈根	UT	B
317	CNBJSA	北京	ESMADC	欧洲	西班牙	马德里	UT	B
318	CNBJSA	北京	MDKIVA	欧洲	摩尔多瓦	基什尼奥夫	UT	B
319	CNBJSA	北京	DEFRAA	欧洲	德国	法兰克福	UT	A
320	CNBJSA	北京	DEHAMB	欧洲	德国	汉堡	UT	B
321	CNBJSA	北京	GRATHE	欧洲	希腊	比雷埃夫斯	UT	B
322	CNBJSA	北京	SEMMAB	欧洲	西班牙	马尔默	UT	B
323	CNBJSA	北京	PTLISH	欧洲	葡萄牙	里斯本	UT	B
324	CNBJSA	北京	GBGBRA	欧洲	英国	大不列颠	UT	C
325	CNBJSA	北京	BGSOFG	欧洲	保加利亚	索非亚	UT	B
326	CNBJSA	北京	EETLLA	欧洲	爱沙尼亚	塔林	UT	A
327	CNBJSA	北京	LULUXA	欧洲	卢森堡	卢森堡	UT	A
328	CNBJSA	北京	ISREKA	欧洲	冰岛	雷克雅未	UN	A
329	CNBJSA	北京	LVRIXC	欧洲	拉脱维亚	里加	UN	A
330	CNBJSA	北京	PTLISA	欧洲	葡萄牙	里斯本	UN	A
331	CNBJSA	北京	ESMADB	欧洲	西班牙	马德里	UN	A
332	CNSHAA	上海	PTLISA	欧洲	葡萄牙	里斯本	UN	A
333	CNSHAA	上海	HRZAGB	欧洲	克罗地亚	萨格勒布	UN	A
334	CNSHAA	上海	SESTOA	欧洲	瑞典	斯德哥尔摩	UN	A
335	CNBJSA	北京	MTMLAA	欧洲	马耳他	瓦莱塔	UT	A
336	CNBJSA	北京	ALTIAA	欧洲	阿尔巴尼亚	地拉那	UT	B
337	CNBJSA	北京	ATVIEC	欧洲	奥地利	维也纳	UT	B
338	CNBJSA	北京	BEBRUA	欧洲	比利时	布鲁塞尔	UT	B
339	CNBJSA	北京	ROBUHB	欧洲	罗马尼亚	布加勒斯特	UT	B
340	CNBJSA	北京	FIHELA	欧洲	芬兰	赫尔辛基	UT	B
341	CNBJSA	北京	FRPARO	欧洲	法国	巴黎	UT	B
342	CNBJSA	北京	LBBEYA	欧洲	黎巴嫩	贝鲁特	UT	A
343	CNBJSA	北京	PLWAWA	欧洲	波兰共和国	华沙	UT	B
344	CNBJSA	北京	RSBEGC	欧洲	塞尔维亚共和国	贝尔格莱德	UT	A
345	CNBJSA	北京	CHZRHM	欧洲	瑞士	苏黎世(空)	UT	A
346	CNBJSA	北京	CZPRGA	欧洲	捷克共和国	布拉格	UT	B
347	CNBJSA	北京	HUBUDA	欧洲	匈牙利	布达佩斯	UT	B
348	CNBJSA	北京	RUMOWB	欧洲	俄罗斯	莫斯科	UT	B
349	CNBJSA	北京	SKKSCA	欧洲	斯洛伐克	科希策	UT	B

续 表

序号	原寄局	原寄局名	寄达局	洲	国家	寄达局名	总包种类	运输方式
350	CNBJSA	北京	NOOSLA	欧洲	挪威	奥斯路	UT	B
351	CNBJSA	北京	NLAMSA	欧洲	荷兰	阿姆斯特丹	UT	B
352	CNBJSA	北京	LTVNOA	欧洲	立陶宛	维尔纽斯	UT	B
353	CNBJSA	北京	ITMILA	欧洲	意大利	米兰	UT	B
354	CNCANA	广州	ATVIEC	欧洲	奥地利	维也纳	UN	A
355	CNCANA	广州	RUOVBB	欧洲	俄罗斯	新西伯利亚	UN	A
356	CNCANA	广州	GRATHA	欧洲	希腊	雅典	UN	A
357	CNCANA	广州	RUEKAA	欧洲	俄罗斯	叶卡捷琳堡	UN	A
358	CNHGHA	杭州	CZPRGA	欧洲	捷克共和国	布拉格	UN	A
359	CNSZXA	深圳	NLAMSA	欧洲	荷兰	阿姆斯特丹	UN	A
360	CNSZXA	深圳	NOOSLA	欧洲	挪威	奥斯路	UN	A
361	CNSZXA	深圳	FRCDGA	欧洲	法国	罗斯	UN	A
362	CNSZXA	深圳	ROBUHC	欧洲	罗马尼亚	布加勒斯特	UN	A
363	CNSZXA	深圳	CZPRGA	欧洲	捷克共和国	布拉格	UN	A
364	CNSZXA	深圳	BEBRUA	欧洲	比利时	布鲁塞尔	UN	A
365	CNSZXA	深圳	DKCPHA	欧洲	丹麦	哥本哈根	UN	A
366	CNSZXA	深圳	FIHELA	欧洲	芬兰	赫尔辛基	UN	A
367	CNSZXA	深圳	PLWAWA	欧洲	波兰共和国	华沙	UN	A
368	CNSZXA	深圳	UAIEVA	欧洲	乌克兰	基辅	UN	A
369	CNSZXA	深圳	GBLALA	欧洲	英国	兰利	UN	A
370	CNBJSA	北京	FRPARO	欧洲	法国	巴黎	UT	A
371	CNBJSA	北京	SKBTSA	欧洲	斯洛伐克共和国	布拉迪斯拉发	UT	A
372	CNSHAA	上海	GBLONA	欧洲	英国	伦敦	UT	C
373	CNHGHA	杭州	RUEKAA	欧洲	俄罗斯	叶卡捷琳堡	UN	C
374	CNNKGA	南京	RUEKAA	欧洲	俄罗斯	叶卡捷琳堡	UN	C
375	CNXMNA	厦门	RUEKAA	欧洲	俄罗斯	叶卡捷琳堡	UN	C
376	CNBJSA	北京	IEDUBA	欧洲	爱尔兰共和国	都柏林	UT	C
377	CNNGBA	宁波国际	GBLALA	欧洲	英国	兰利	UN	A
378	CNNGBA	宁波国际	SESTOA	欧洲	瑞典	斯德哥尔摩	UN	A
379	CNTAOA	青岛	RUVVOI	欧洲	俄罗斯	符拉迪沃斯托克	UN	A
380	CNTAOA	青岛	RUOVBB	欧洲	俄罗斯	新西伯利亚	UN	A
381	CNTAOA	青岛	RUEKAA	欧洲	俄罗斯	叶卡捷琳堡	UN	A
382	CNXMNA	厦门	UAIEVA	欧洲	乌克兰	基辅	UN	A
383	CNXMNA	厦门	GBLALA	欧洲	英国	兰利	UN	A
384	CNSZXA	深圳	PTLISA	欧洲	葡萄牙	里斯本	UN	A
385	CNSZXA	深圳	ESMADB	欧洲	西班牙	马德里	UN	A
386	CNSZXA	深圳	SESTOA	欧洲	瑞典	斯德哥尔摩	UN	A

续表

序号	原寄局	原寄局名	寄达局	洲	国家	寄达局名	总包种类	运输方式
387	CNSZXA	深圳	GRATHA	欧洲	希腊	雅典	UN	A
388	CNBJSA	北京	LTVNOA	欧洲	立陶宛	维尔纽斯	UN	A
389	CNCKGA	重庆	DENIAA	欧洲	德国	涅德劳拉	UN	C
390	CNHGHA	杭州	RUMOWS	欧洲	俄罗斯	莫斯科	UN	C
391	CNCANA	广州	GBLALT	欧洲	英国	兰利(转)	UR	C
392	CNYIWA	义乌国际	FRCDGA	欧洲	法国	罗斯	UN	A
393	CNSHAA	上海	NOOSLA	欧洲	挪威	奥斯路	UN	A
394	CNSHAA	上海	FRCDGA	欧洲	法国	罗斯	UN	A
395	CNSHAA	上海	HUBUDA	欧洲	匈牙利	布达佩斯	UN	A
396	CNSHAA	上海	CZPRGA	欧洲	捷克共和国	布拉格	UN	A
397	CNSHAA	上海	BEBRUA	欧洲	比利时	布鲁塞尔	UN	A
398	CNSHAA	上海	DKCPHA	欧洲	丹麦	哥本哈根	UN	A
399	CNSHAA	上海	FIHELA	欧洲	芬兰	赫尔辛基	UN	A
400	CNSZXA	深圳	RUOVBB	欧洲	俄罗斯	新西伯利亚	UN	A
401	CNSZHA	苏州	DEFRAA	欧洲	德国	法兰克福	UN	A
402	CNTSNA	天津	RUVVOI	欧洲	俄罗斯	符拉迪沃斯托克	UN	A
403	CNTSNA	天津	ITMILA	欧洲	意大利	米兰	UN	A
404	CNBJSA	北京	BYMSQC	欧洲	白俄罗斯	明斯克	UT	C
405	CNBJSA	北京	RUMOWS	欧洲	俄罗斯	莫斯科	UN	C
406	CNURCA	乌鲁木齐	RUMOWS	欧洲	俄罗斯	莫斯科	UN	C
407	CNURCA	乌鲁木齐	RUEKAA	欧洲	俄罗斯	叶卡捷琳堡	UN	C
408	CNBJSA	北京	ITMILA	欧洲	意大利	米兰	UN	C
409	CNBJSA	北京	HRZAGB	欧洲	克罗地亚	萨格勒布	UN	C
410	CNBJSA	北京	SESTOA	欧洲	瑞典	斯德哥尔摩	UN	C
411	CNBJSA	北京	LTVNOA	欧洲	立陶宛	维尔纽斯	UN	C
412	CNSHAA	上海	NLAMSA	欧洲	荷兰	阿姆斯特丹	UN	C
413	CNSHAA	上海	ROBUHB	欧洲	罗马尼亚	布加勒斯特	UN	C
414	CNSHAA	上海	CZPRGA	欧洲	捷克共和国	布拉格	UN	C
415	CNSHAA	上海	BEBRUA	欧洲	比利时	布鲁塞尔	UN	C
416	CNSHAA	上海	DKCPHA	欧洲	丹麦	哥本哈根	UN	C
417	CNSHAA	上海	FIHELA	欧洲	芬兰	赫尔辛基	UN	C
418	CNSHAA	上海	PLWAWA	欧洲	波兰共和国	华沙	UN	C
419	CNSHAA	上海	GBLALA	欧洲	英国	兰利	UN	C
420	CNSHAA	上海	SILJUA	欧洲	斯洛文尼亚	卢布尔雅那	UN	C
421	CNSHAA	上海	LULUXC	欧洲	卢森堡	卢森堡	UN	C
422	CNSHAA	上海	FRCDGA	欧洲	法国	罗斯	UN	C
423	CNSHAA	上海	ESMADC	欧洲	西班牙	马德里	UN	C

续表

序号	原寄局	原寄局名	寄达局	洲	国家	寄达局名	总包种类	运输方式
424	CNNKGA	南京	ROBUHB	欧洲	罗马尼亚	布加勒斯特	UN	C
425	CNHGHA	杭州	SESTOA	欧洲	瑞典	斯德哥尔摩	UN	A
426	CNHFEA	合肥国际	RUVVOI	欧洲	俄罗斯	符拉迪沃斯托克	UN	A
427	CNTSNA	天津	RUOVBB	欧洲	俄罗斯	新西伯利亚	UN	A
428	CNWNZA	温州	FRCDGA	欧洲	法国	罗斯	UN	A
429	CNWNZA	温州	CZPRGA	欧洲	捷克共和国	布拉格	UN	A
430	CNWNZA	温州	PLWAWA	欧洲	波兰共和国	华沙	UN	A
431	CNWNZA	温州	UAIEVA	欧洲	乌克兰	基辅	UN	A
432	CNWUHA	武汉	RUVVOI	欧洲	俄罗斯	符拉迪沃斯托克	UN	A
433	CNNKGA	南京	CZPRGA	欧洲	捷克共和国	布拉格	UN	C
434	CNNKGA	南京	BEBRUA	欧洲	比利时	布鲁塞尔	UN	C
435	CNNKGA	南京	DKCPHA	欧洲	丹麦	哥本哈根	UN	C
436	CNNKGA	南京	FIHELA	欧洲	芬兰	赫尔辛基	UN	C
437	CNNKGA	南京	PLWAWA	欧洲	波兰共和国	华沙	UN	C
438	CNNKGA	南京	GBLALA	欧洲	英国	兰利	UN	C
439	CNNKGA	南京	SILJUA	欧洲	斯洛文尼亚	卢布尔雅那	UN	C
440	CNNKGA	南京	LULUXC	欧洲	卢森堡	卢森堡	UN	C
441	CNNKGA	南京	FRCDGA	欧洲	法国	罗斯	UN	C
442	CNNKGA	南京	ESMADC	欧洲	西班牙	马德里	UN	C
443	CNNKGA	南京	ITMILA	欧洲	意大利	米兰	UN	C
444	CNNKGA	南京	HRZAGB	欧洲	克罗地亚	萨格勒布	UN	C
445	CNNKGA	南京	SESTOA	欧洲	瑞典	斯德哥尔摩	UN	C
446	CNNKGA	南京	LTVNOA	欧洲	立陶宛	维尔纽斯	UN	C
447	CNSZHA	苏州	NLAMSA	欧洲	荷兰	阿姆斯特丹	UN	C
448	CNSZHA	苏州	ROBUHB	欧洲	罗马尼亚	布加勒斯特	UN	C
449	CNSZHA	苏州	CZPRGA	欧洲	捷克共和国	布拉格	UN	C
450	CNSZHA	苏州	BEBRUA	欧洲	比利时	布鲁塞尔	UN	C
451	CNSZHA	苏州	DKCPHA	欧洲	丹麦	哥本哈根	UN	C
452	CNSZHA	苏州	FIHELA	欧洲	芬兰	赫尔辛基	UN	C
453	CNSZHA	苏州	PLWAWA	欧洲	波兰共和国	华沙	UN	C
454	CNSZHA	苏州	GBLALA	欧洲	英国	兰利	UN	C
455	CNSZHA	苏州	SILJUA	欧洲	斯洛文尼亚	卢布尔雅那	UN	C
456	CNSZHA	苏州	LULUXC	欧洲	卢森堡	卢森堡	UN	C
457	CNSZHA	苏州	FRCDGA	欧洲	法国	罗斯	UN	C
458	CNSZHA	苏州	ESMADC	欧洲	西班牙	马德里	UN	C
459	CNSZHA	苏州	ITMILA	欧洲	意大利	米兰	UN	C
460	CNSZHA	苏州	HRZAGB	欧洲	克罗地亚	萨格勒布	UN	C

续表

序号	原寄局	原寄局名	寄达局	洲	国家	寄达局名	总包种类	运输方式
461	CNSZHA	苏州	SESTOA	欧洲	瑞典	斯德哥尔摩	UN	C
462	CNSZHA	苏州	LTVNOA	欧洲	立陶宛	维尔纽斯	UN	C
463	CNHGHA	杭州	NLAMSA	欧洲	荷兰	阿姆斯特丹	UN	C
464	CNHGHA	杭州	ROBUHB	欧洲	罗马尼亚	布加勒斯特	UN	C
465	CNHGHA	杭州	CZPRGA	欧洲	捷克共和国	布拉格	UN	C
466	CNHGHA	杭州	BEBRUA	欧洲	比利时	布鲁塞尔	UN	C
467	CNHGHA	杭州	DKCPHA	欧洲	丹麦	哥本哈根	UN	C
468	CNHGHA	杭州	FIHELA	欧洲	芬兰	赫尔辛基	UN	C
469	CNHGHA	杭州	PLWAWA	欧洲	波兰共和国	华沙	UN	C
470	CNHGHA	杭州	GBLALA	欧洲	英国	兰利	UN	C
471	CNHGHA	杭州	SILJUA	欧洲	斯洛文尼亚	卢布尔雅那	UN	C
472	CNHGHA	杭州	LULUXC	欧洲	卢森堡	卢森堡	UN	C
473	CNHGHA	杭州	FRCDGA	欧洲	法国	罗斯	UN	C
474	CNHGHA	杭州	ESMADC	欧洲	西班牙	马德里	UN	C
475	CNHGHA	杭州	ITMILA	欧洲	意大利	米兰	UN	C
476	CNHGHA	杭州	HRZAGB	欧洲	克罗地亚	萨格勒布	UN	C
477	CNHGHA	杭州	SESTOA	欧洲	瑞典	斯德哥尔摩	UN	C
478	CNHGHA	杭州	LTVNOA	欧洲	立陶宛	维尔纽斯	UN	C
479	CNWNZA	温州	NLAMSA	欧洲	荷兰	阿姆斯特丹	UN	C
480	CNHFEA	合肥国际	RUOVBB	欧洲	俄罗斯	新西伯利亚	UN	A
481	CNNKGA	南京	NLAMSA	欧洲	荷兰	阿姆斯特丹	UN	A
482	CNNKGA	南京	DEFRAA	欧洲	德国	法兰克福	UN	A
483	CNNKGA	南京	RUVVOI	欧洲	俄罗斯	符拉迪沃斯托克	UN	A
484	CNNKGA	南京	GBLALT	欧洲	英国	兰利(转)	UN	A
485	CNNKGA	南京	ESMADB	欧洲	西班牙	马德里	UN	A
486	CNNKGA	南京	ITMILA	欧洲	意大利	米兰	UN	A
487	CNNKGA	南京	RUMOWS	欧洲	俄罗斯	莫斯科	UN	A
488	CNNGBA	宁波国际	CZPRGA	欧洲	捷克共和国	布拉格	UN	A
489	CNNGBA	宁波国际	GBLALT	欧洲	英国	兰利(转)	UN	A
490	CNCANA	广州	PLWAWA	欧洲	波兰共和国	华沙	UN	A
491	CNSZXA	深圳	DEFRAA	欧洲	德国	法兰克福	UN	A
492	CNCANA	广州	RULEDL	欧洲	俄罗斯	圣彼得堡	UN	A
493	CNSHAA	上海	RUVVOI	欧洲	俄罗斯	符拉迪沃斯托克	UN	A
494	CNCANA	广州	RUEKAA	欧洲	俄罗斯	叶卡捷琳堡	UN	A
495	CNCANA	广州	ITMILA	欧洲	意大利	米兰	UN	A
496	CNHGHA	杭州	GBLALA	欧洲	英国	兰利	UN	A
497	CNNKGA	南京	ESMADB	欧洲	西班牙	马德里	UN	A

续表

序号	原寄局	原寄局名	寄达局	洲	国家	寄达局名	总包种类	运输方式
498	CNWNZA	温州	ESMADB	欧洲	西班牙	马德里	UN	A
499	CNSZXA	深圳	ESMADB	欧洲	西班牙	马德里	UN	A
500	CNSZXA	深圳	ITMILA	欧洲	意大利	米兰	UN	A
501	CNXMNA	厦门	UAIEVA	欧洲	乌克兰	基辅	UN	A
502	CNTAOA	青岛	RUMOWS	欧洲	俄罗斯	莫斯科	UN	A
503	CNSZXA	深圳	UAIEVA	欧洲	乌克兰	基辅	UN	A
504	CNSZXA	深圳	ITMILA	欧洲	意大利	米兰	UN	A
505	CNSZXA	深圳	RUMOWS	欧洲	俄罗斯	莫斯科	UN	A
506	CNNKGA	南京	RUMOWS	欧洲	俄罗斯	莫斯科	UN	A
507	CNNKGA	南京	RUOVBB	欧洲	俄罗斯	新西伯利亚	UN	A
508	CNNKGA	南京	RUEKAA	欧洲	俄罗斯	叶卡捷琳堡	UN	A
509	CNCANA	广州	RUMOWS	欧洲	俄罗斯	莫斯科	UN	A
510	CNCANA	广州	ESMADB	欧洲	西班牙	马德里	UN	A
511	CNSZXA	深圳	SESTOA	欧洲	瑞典	斯德哥尔摩	UN	A
512	CNSZXA	深圳	CZPRGA	欧洲	捷克共和国	布拉格	UN	A
513	CNNGBA	宁波国际	UAIEVA	欧洲	乌克兰	基辅	UN	A
514	CNHGHA	杭州	RUMOWS	欧洲	俄罗斯	莫斯科	UN	A
515	CNHGHA	杭州	DEFRAA	欧洲	德国	法兰克福	UN	A
516	CNYIWA	义乌国际	FRCDGA	欧洲	法国	罗斯	UN	A
517	CNYIWA	义乌国际	DEFRAA	欧洲	德国	法兰克福	UN	A
518	CNTAOA	青岛	RUMOWS	欧洲	俄罗斯	莫斯科	UN	A
519	CNTAOA	青岛	RULEDL	欧洲	俄罗斯	圣彼得堡	UN	A
520	CNSZXA	深圳	ESMADB	欧洲	西班牙	马德里	UN	A
521	CNCANA	广州	ITMILA	欧洲	意大利	米兰	UN	A
522	CNHGHA	杭州	DEFRAA	欧洲	德国	法兰克福	UN	A
523	CNHGHA	杭州	GBLALA	欧洲	英国	兰利	UN	A
524	CNCTUA	成都	RUOVBB	欧洲	俄罗斯	新西伯利亚	UN	A
525	CNHFEA	合肥国际	RUMOWS	欧洲	俄罗斯	莫斯科	UN	A
526	CNCANA	广州	HRZAGB	欧洲	克罗地亚	萨格勒布	UN	A
527	CNHGHA	杭州	ITMILA	欧洲	意大利	米兰	UN	A
528	CNYIWA	义乌国际	ITMILA	欧洲	意大利	米兰	UN	A
529	CNNGBA	宁波国际	ITMILA	欧洲	意大利	米兰	UN	A
530	CNWNZA	温州	ITMILA	欧洲	意大利	米兰	UN	A
531	CNSZXA	深圳	RULEDL	欧洲	俄罗斯	圣彼得堡	UN	A
532	CNNGBA	宁波国际	ESMADB	欧洲	西班牙	马德里	UN	A
533	CNBJSA	北京	NLAMSA	欧洲	荷兰	阿姆斯特丹	UN	A
534	CNBJSA	北京	DEFRAA	欧洲	德国	法兰克福	UN	A

续表

序号	原寄局	原寄局名	寄达局	洲	国家	寄达局名	总包种类	运输方式
535	CNHFEA	合肥国际	DEFRAA	欧洲	德国	法兰克福	UN	A
536	CNCANA	广州	ESMADB	欧洲	西班牙	马德里	UN	A
537	CNCANA	广州	CHZRHB	欧洲	瑞士	苏黎世	UN	A
538	CNFOCA	福州	RUVVOI	欧洲	俄罗斯	符拉迪沃斯托克	UN	A
539	CNCANA	广州	RULEDL	欧洲	俄罗斯	圣彼得堡	UN	A
540	CNCANA	广州	DEFRAA	欧洲	德国	法兰克福	UN	A
541	CNSZXA	深圳	FRCDGA	欧洲	法国	罗斯	UN	A
542	CNFOCA	福州	GBLALA	欧洲	英国	兰利	UN	A
543	CNFOCA	福州	DEFRAA	欧洲	德国	法兰克福	UN	A
544	CNSZXA	深圳	SESTOA	欧洲	瑞典	斯德哥尔摩	UN	A
545	CNBJSA	北京	GBLALA	欧洲	英国	兰利	UN	A
546	CNSHAA	上海	GBLALA	欧洲	英国	兰利	UN	A
547	CNHFEA	合肥国际	GBLALA	欧洲	英国	兰利	UN	A
548	CNSZXA	深圳	FRCDGA	欧洲	法国	罗斯	UN	A
549	CNSHAA	上海	DEFRAA	欧洲	德国	法兰克福	UN	A
550	CNCANA	广州	ITMILA	欧洲	意大利	米兰	UN	A
551	CNCANA	广州	GBLALA	欧洲	英国	兰利	UN	A
552	CNCANA	广州	SESTOA	欧洲	瑞典	斯德哥尔摩	UN	A
553	CNWNZA	温州	GBLALT	欧洲	英国	兰利(转)	UN	A
554	CNWNZA	温州	GBLALA	欧洲	英国	兰利	UN	A
555	CNSHAA	上海	PLWAWA	欧洲	波兰共和国	华沙	UN	A
556	CNCANA	广州	SESTOA	欧洲	瑞典	斯德哥尔摩	UN	A
557	CNCANA	广州	GBLALT	欧洲	英国	兰利(转)	UN	A
558	CNFOCA	福州	UAIEVA	欧洲	乌克兰	基辅	UN	A
559	CNSZXA	深圳	GBLALA	欧洲	英国	兰利	UN	A
560	CNNKGA	南京	FRCDGA	欧洲	法国	罗斯	UN	A
561	CNSZXA	深圳	RUEKAA	欧洲	俄罗斯	叶卡捷琳堡	UN	A
562	CNNKGA	南京	FRCDGA	欧洲	法国	罗斯	UN	A
563	CNSHAA	上海	RUMOWS	欧洲	俄罗斯	莫斯科	UN	A
564	CNSHAA	上海	RUEKAA	欧洲	俄罗斯	叶卡捷琳堡	UN	A
565	CNBJSA	北京	NLAMSA	欧洲	荷兰	阿姆斯特丹	UN	A
566	CNCKGA	重庆	ESMADC	欧洲	西班牙	马德里	UN	C
567	CNCKGA	重庆	CZPRGA	欧洲	捷克共和国	布拉格	UN	C
568	CNXMNA	厦门	ESMADA	欧洲	西班牙	马德里	UN	A
569	CNCANA	广州	FRCDGA	欧洲	法国	罗斯	UN	A
570	CNFOCA	福州	ESMADB	欧洲	西班牙	马德里	UN	A
571	CNCTUA	成都	RULEDL	欧洲	俄罗斯	圣彼得堡	UN	A

续表

序号	原寄局	原寄局名	寄达局	洲	国家	寄达局名	总包种类	运输方式
572	CNFOCA	福州	FRCDGA	欧洲	法国	罗斯	UN	A
573	CNXMNA	厦门	UAIEVA	欧洲	乌克兰	基辅	UN	A
574	CNWUHA	武汉	RULEDL	欧洲	俄罗斯	圣彼得堡	UN	A
575	CNWUHA	武汉	RUEKAA	欧洲	俄罗斯	叶卡捷琳堡	UN	A
576	CNTNAA	济南	ITMILA	欧洲	意大利	米兰	UN	A
577	CNSZXA	深圳	HUBUDA	欧洲	匈牙利	布达佩斯	UN	A
578	CNSHAA	上海	GBLALA	欧洲	英国	兰利	UN	A
579	CNCANA	广州	RUEKAA	欧洲	俄罗斯	叶卡捷琳堡	UN	A
580	CNSZHA	苏州	UAIEVA	欧洲	乌克兰	基辅	UN	A
581	CNSZHA	苏州	BEBRUA	欧洲	比利时	布鲁塞尔	UN	A
582	CNSZHA	苏州	SESTOA	欧洲	瑞典	斯德哥尔摩	UN	A
583	CNSZHA	苏州	CHZRHB	欧洲	瑞士	苏黎世	UN	A
584	CNSHAA	上海	UAIEVA	欧洲	乌克兰	基辅	UN	A
585	CNBJSA	北京	RUMOWS	欧洲	俄罗斯	莫斯科	UN	A
586	CNSHAA	上海	CHZRHB	欧洲	瑞士	苏黎世	UN	A
587	CNTSNA	天津	CZPRGA	欧洲	捷克共和国	布拉格	UN	A
588	CNNKGA	南京	GBLALA	欧洲	英国	兰利	UN	A
589	CNFOCA	福州	GBLALA	欧洲	英国	兰利	UN	A
590	CNCKGA	重庆	LULUXC	欧洲	卢森堡	卢森堡	UN	C
591	CNCKGA	重庆	SESTOA	欧洲	瑞典	斯德哥尔摩	UN	C
592	CNCKGA	重庆	LTVNOA	欧洲	立陶宛	维尔纽斯	UN	C
593	CNCKGA	重庆	HRZAGB	欧洲	克罗地亚	萨格勒布	UN	C
594	CNCKGA	重庆	SILJUA	欧洲	斯洛文尼亚	卢布尔雅那	UN	C
595	CNHGHA	杭州	RULEDL	欧洲	俄罗斯	圣彼得堡	UN	A
596	CNHGHA	杭州	RUEKAA	欧洲	俄罗斯	叶卡捷琳堡	UN	A
597	CNHGHA	杭州	RUOVBB	欧洲	俄罗斯	新西伯利亚	UN	A
598	CNHGHA	杭州	RUVVOI	欧洲	俄罗斯	符拉迪沃斯托克	UN	A
599	CNYIWA	义乌国际	RUMOWS	欧洲	俄罗斯	莫斯科	UN	A
600	CNNGBA	宁波国际	RULEDL	欧洲	俄罗斯	圣彼得堡	UN	A
601	CNNGBA	宁波国际	RUMOWS	欧洲	俄罗斯	莫斯科	UN	A
602	CNNGBA	宁波国际	RUEKAA	欧洲	俄罗斯	叶卡捷琳堡	UN	A
603	CNWNZA	温州	RUVVOI	欧洲	俄罗斯	符拉迪沃斯托克	UN	A
604	CNWNZA	温州	RUOVBB	欧洲	俄罗斯	新西伯利亚	UN	A
605	CNSZHA	苏州	RUMOWS	欧洲	俄罗斯	莫斯科	UN	A
606	CNSZHA	苏州	RULEDL	欧洲	俄罗斯	圣彼得堡	UN	A
607	CNSZHA	苏州	RUOVBB	欧洲	俄罗斯	新西伯利亚	UN	A
608	CNSZHA	苏州	RUVVOI	欧洲	俄罗斯	符拉迪沃斯托克	UN	A

续表

序号	原寄局	原寄局名	寄达局	洲	国家	寄达局名	总包种类	运输方式
609	CNSZXA	深圳	RUEKAA	欧洲	俄罗斯	叶卡捷琳堡	UN	A
610	CNSZXA	深圳	ESMADB	欧洲	西班牙	马德里	UN	A
611	CNSZXA	深圳	FRCDGA	欧洲	法国	罗斯	UN	A
612	CNSZXA	深圳	IEDUBA	欧洲	爱尔兰共和国	都柏林	UN	A
613	CNSZXA	深圳	CHZRHB	欧洲	瑞士	苏黎世	UN	A
614	CNSZXA	深圳	GRATHA	欧洲	希腊	雅典	UN	A
615	CNHGHA	杭州	RUMOWS	欧洲	俄罗斯	莫斯科	UN	A
616	CNYIWA	义乌国际	RUEKAA	欧洲	俄罗斯	叶卡捷琳堡	UN	A
617	CNYIWA	义乌国际	RULEDL	欧洲	俄罗斯	圣彼得堡	UN	A
618	CNYIWA	义乌国际	RUOVBB	欧洲	俄罗斯	新西伯利亚	UN	A
619	CNYIWA	义乌国际	RUVVOI	欧洲	俄罗斯	符拉迪沃斯托克	UN	A
620	CNNGBA	宁波国际	RUVVOI	欧洲	俄罗斯	符拉迪沃斯托克	UN	A
621	CNNGBA	宁波国际	RUOVBB	欧洲	俄罗斯	新西伯利亚	UN	A
622	CNWNZA	温州	RUMOWS	欧洲	俄罗斯	莫斯科	UN	A
623	CNWNZA	温州	RUEKAA	欧洲	俄罗斯	叶卡捷琳堡	UN	A
624	CNWNZA	温州	RULEDL	欧洲	俄罗斯	圣彼得堡	UN	A
625	CNSZHA	苏州	RUEKAA	欧洲	俄罗斯	叶卡捷琳堡	UN	A
626	CNCANA	广州	LTVNOA	欧洲	立陶宛	维尔纽斯	UN	A
627	CNSZXA	深圳	CHZRHB	欧洲	瑞士	苏黎世	UN	A
628	CNSHAA	上海	DEFRAA	欧洲	德国	法兰克福	UN	A
629	CNSHAA	上海	BGSOFG	欧洲	保加利亚	索非亚	UN	A
630	CNBJSA	北京	ITMILA	欧洲	意大利	米兰	UN	A
631	CNNGBA	宁波国际	NLAMSA	欧洲	荷兰	阿姆斯特丹	UN	A
632	CNNGBA	宁波国际	DEFRAA	欧洲	德国	法兰克福	UN	A
633	CNSZHA	苏州	FRCDGA	欧洲	法国	罗斯	UN	A
634	CNSZHA	苏州	DEFRAA	欧洲	德国	法兰克福	UN	A
635	CNWNZA	温州	FRCDGA	欧洲	法国	罗斯	UN	A
636	CNBJSA	北京	HRZAGB	欧洲	克罗地亚	萨格勒布	UN	A
637	CNXMNA	厦门	GBLALA	欧洲	英国	兰利	UN	A
638	CNSHAA	上海	DKCPHA	欧洲	丹麦	哥本哈根	UN	A
639	CNSHAA	上海	ESMADB	欧洲	西班牙	马德里	UN	A
640	CNHGHA	杭州	UAIEVA	欧洲	乌克兰	基辅	UN	A
641	CNSZXA	深圳	GBLALA	欧洲	英国	兰利	UN	A
642	CNSHAA	上海	ESMADB	欧洲	西班牙	马德里	UN	A
643	CNCANA	广州	NOOSLA	欧洲	挪威	奥斯路	UN	A
644	CNDGGA	东莞国际	NLAMSA	欧洲	荷兰	阿姆斯特丹	UN	A
645	CNDGGA	东莞国际	CZPRGA	欧洲	捷克共和国	布拉格	UN	A

续表

序号	原寄局	原寄局名	寄达局	洲	国家	寄达局名	总包种类	运输方式
646	CNDGGA	东莞国际	HRZAGB	欧洲	克罗地亚	萨格勒布	UN	A
647	CNDGGA	东莞国际	LVRIXC	欧洲	拉脱维亚	里加	UN	A
648	CNDGGA	东莞国际	SESTOA	欧洲	瑞典	斯德哥尔摩	UN	A
649	CNDGGA	东莞国际	CHZRHB	欧洲	瑞士	苏黎世	UN	A
650	CNDGGA	东莞国际	ITMILA	欧洲	意大利	米兰	UN	A
651	CNFOCA	福州	FRCDGA	欧洲	法国	罗斯	UN	A
652	CNCKGA	重庆	FRCDGA	欧洲	法国	罗斯	UN	C
653	CNCKGA	重庆	NLAMSA	欧洲	荷兰	阿姆斯特丹	UN	C
654	CNCKGA	重庆	GBLALA	欧洲	英国	兰利	UN	C
655	CNBJSA	北京	HUBUDA	欧洲	匈牙利	布达佩斯	UN	A
656	CNNKGA	南京	PLWAWA	欧洲	波兰共和国	华沙	UN	A
657	CNNKGA	南京	SESTOA	欧洲	瑞典	斯德哥尔摩	UN	A
658	CNNKGA	南京	BEBRUA	欧洲	比利时	布鲁塞尔	UN	A
659	CNNKGA	南京	UAIEVA	欧洲	乌克兰	基辅	UN	A
660	CNCKGR	重庆	ITMILA	欧洲	意大利	米兰	UN	C
661	CNCKGR	重庆	BEBRUA	欧洲	比利时	布鲁塞尔	UN	C
662	CNCKGR	重庆	GBLALA	欧洲	英国	兰利	UN	C
663	CNCKGR	重庆	UAIEVA	欧洲	乌克兰	基辅	UN	C
664	CNCKGR	重庆	BYMSQA	欧洲	白罗斯	明斯克	UN	C
665	CNWNZA	温州	ESMADC	欧洲	西班牙	马德里	UN	B
666	CNCANA	广州	HUBUDA	欧洲	匈牙利	布达佩斯	UN	A
667	CNSZXA	深圳	LVRIXC	欧洲	拉脱维亚	里加	UN	A
668	CNCANA	广州	UAIEVA	欧洲	乌克兰	基辅	UN	A
669	CNSHAA	上海	CZPRGA	欧洲	捷克共和国	布拉格	UN	A
670	CNCANA	广州	PLWAWA	欧洲	波兰共和国	华沙	UN	A
671	CNDGGA	东莞国际	PTLISA	欧洲	葡萄牙	里斯本	UN	A
672	CNDGGA	东莞国际	UAIEVA	欧洲	乌克兰	基辅	UN	A
673	CNDGGA	东莞国际	ESMADB	欧洲	西班牙	马德里	UN	A
674	CNDGGA	东莞国际	GRATHA	欧洲	希腊	雅典	UN	A
675	CNDGGA	东莞国际	HUBUDA	欧洲	匈牙利	布达佩斯	UN	A
676	CNBJSA	北京	NOOSLA	欧洲	挪威	奥斯路	UN	A
677	CNHRBL	哈尔滨国际邮件处理中心	RUOVBB	欧洲	俄罗斯	新西伯利亚	UN	A
678	CNCANA	广州	RUEKAA	欧洲	俄罗斯	叶卡捷琳堡	UN	A
679	CNDGGA	东莞国际	ESMADB	欧洲	西班牙	马德里	UN	A
680	CNDGGA	东莞国际	DEFRAA	欧洲	德国	法兰克福	UN	A

续表

序号	原寄局	原寄局名	寄达局	洲	国家	寄达局名	总包种类	运输方式
681	CNYIWA	义乌国际	PLWAWA	欧洲	波兰共和国	华沙	UN	C
682	CNBJSA	北京	LBBEYA	欧洲	黎巴嫩	贝鲁特	UN	A
683	CNDGGA	东莞国际	GBLALA	欧洲	英国	兰利	UN	A
684	CNDGGA	东莞国际	FRCDGA	欧洲	法国	罗斯	UN	A
685	CNSZXA	深圳	RUOVBB	欧洲	俄罗斯	新西伯利亚	UN	A
686	CNSZXA	深圳	RUVVOI	欧洲	俄罗斯	符拉迪沃斯托克	UN	A
687	CNDGGA	东莞国际	NOOSLA	欧洲	挪威	奥斯路	UN	A
688	CNSZXA	深圳	ROBUHC	欧洲	罗马尼亚	布加勒斯特	UN	A
689	CNSZXA	深圳	GRATHA	欧洲	希腊	雅典	UN	A
690	CNSZXA	深圳	RUMOWS	欧洲	俄罗斯	莫斯科	UN	A
691	CNDGGA	东莞国际	ITMILA	欧洲	意大利	米兰	UN	A
692	CNSZXA	深圳	ITMILA	欧洲	意大利	米兰	UN	A
693	CNBJSA	北京	CZPRGA	欧洲	捷克共和国	布拉格	UN	A
694	CNBJSA	北京	LBBEYA	欧洲	黎巴嫩	贝鲁特	UN	A
695	CNBJSA	北京	MTMARA	欧洲	马耳他	瓦莱塔	UN	A
696	CNSZXA	深圳	RUMOWS	欧洲	俄罗斯	莫斯科	UN	A
697	CNSZXA	深圳	SESTOA	欧洲	瑞典	斯德哥尔摩	UN	A
698	CNDGGA	东莞国际	SESTOA	欧洲	瑞典	斯德哥尔摩	UN	A
699	CNDGGA	东莞国际	RUEKAA	欧洲	俄罗斯	叶卡捷琳堡	UN	A
700	CNCGOA	郑州国际	PLWAWA	欧洲	波兰共和国	华沙	UN	A
701	CNDGGA	东莞国际	SESTOA	欧洲	瑞典	斯德哥尔摩	UN	A
702	CNDGGA	东莞国际	NLAMSA	欧洲	荷兰	阿姆斯特丹	UN	A
703	CNSZXA	深圳	BEBRUA	欧洲	比利时	布鲁塞尔	UN	A
704	CNDGGA	东莞国际	RUEKAA	欧洲	俄罗斯	叶卡捷琳堡	UN	A
705	CNSZXA	深圳	HUBUDA	欧洲	匈牙利	布达佩斯	UN	A
706	CNDGGA	东莞国际	RUMOWS	欧洲	俄罗斯	莫斯科	UN	A
707	CNDGGA	东莞国际	RUEKAA	欧洲	俄罗斯	叶卡捷琳堡	UN	A
708	CNSZXA	深圳	LVRIXC	欧洲	拉脱维亚	里加	UN	A
709	CNSZXA	深圳	CZPRGA	欧洲	捷克共和国	布拉格	UN	A
710	CNSZXA	深圳	FIHELA	欧洲	芬兰	赫尔辛基	UN	A
711	CNSZXA	深圳	DKCPHA	欧洲	丹麦	哥本哈根	UN	A
712	CNFOCA	福州	ESMADB	欧洲	西班牙	马德里	UN	A
713	CNXMNA	厦门	ESMADB	欧洲	西班牙	马德里	UN	A
714	CNNNGA	南宁	RULEDL	欧洲	俄罗斯	圣彼得堡	UN	A
715	CNFOCA	福州	FRCDGA	欧洲	法国	罗斯	UN	A
716	CNDGGA	东莞国际	DKCPHA	欧洲	丹麦	哥本哈根	UN	A
717	CNDGGA	东莞国际	RULEDL	欧洲	俄罗斯	圣彼得堡	UN	A

续表

序号	原寄局	原寄局名	寄达局	洲	国家	寄达局名	总包种类	运输方式
718	CNDGGA	东莞国际	RUOVBB	欧洲	俄罗斯	新西伯利亚	UN	A
719	CNDGGA	东莞国际	RUEKAA	欧洲	俄罗斯	叶卡捷琳堡	UN	A
720	CNDGGA	东莞国际	FIHELA	欧洲	芬兰	赫尔辛基	UN	A
721	CNBJSA	北京	MTMARA	欧洲	马耳他	瓦莱塔	UN	B
722	CNSZXA	深圳	ESMADB	欧洲	西班牙	马德里	UN	A
723	CNSZXA	深圳	GRATHA	欧洲	希腊	雅典	UN	A
724	CNCANA	广州	GRATHA	欧洲	希腊	雅典	UN	A
725	CNDGGA	东莞国际	GRATHA	欧洲	希腊	雅典	UN	A
726	CNDGGA	东莞国际	ESMADB	欧洲	西班牙	马德里	UN	A
727	CNDGGA	东莞国际	RUMOWS	欧洲	俄罗斯	莫斯科	UN	A
728	CNSZXA	深圳	RULEDL	欧洲	俄罗斯	圣彼得堡	UN	A
729	CNXMNA	厦门	ITMILA	欧洲	意大利	米兰	UN	A
730	CNSZXA	深圳	BEBRUA	欧洲	比利时	布鲁塞尔	UN	A
731	CNSZXA	深圳	ITMILA	欧洲	意大利	米兰	UN	A
732	CNDGGA	东莞国际	SESTOA	欧洲	瑞典	斯德哥尔摩	UN	A
733	CNCANA	广州	NOOSLA	欧洲	挪威	奥斯路	UN	A
734	CNCANA	广州	RUEKAA	欧洲	俄罗斯	叶卡捷琳堡	UN	A
735	CNCGOA	郑州国际	NLAMSA	欧洲	荷兰	阿姆斯特丹	UN	A
736	CNBJSA	北京	DEFRAA	欧洲	德国	法兰克福	UN	A
737	CNCANA	广州	NLAMSA	欧洲	荷兰	阿姆斯特丹	UN	A
738	CNCANA	广州	ESMADB	欧洲	西班牙	马德里	UN	A
739	CNCANA	广州	ITMILA	欧洲	意大利	米兰	UN	A
740	CNSZXA	深圳	ITMILA	欧洲	意大利	米兰	UN	A
741	CNSHAA	上海	PTLISA	欧洲	葡萄牙	里斯本	UN	A
742	CNCANA	广州	ITMILA	欧洲	意大利	米兰	UN	A
743	CNCANA	广州	FRCDGA	欧洲	法国	罗斯	UN	A
744	CNNGBA	宁波国际	BEBRUA	欧洲	比利时	布鲁塞尔	UN	A
745	CNCANA	广州	UAIEVA	欧洲	乌克兰	基辅	UN	A
746	CNCANA	广州	LVRIXC	欧洲	拉脱维亚	里加	UN	A
747	CNBJSA	北京	MDKIVA	欧洲	摩尔多瓦	基什尼奥夫	UN	A
748	CNBJSA	北京	SILJUA	欧洲	斯洛文尼亚	卢布尔雅那	UN	A
749	CNBJSA	北京	PLWAWA	欧洲	波兰共和国	华沙	UN	A
750	CNCANA	广州	SESTOA	欧洲	瑞典	斯德哥尔摩	UN	A
751	CNBJSA	北京	UAIEVA	欧洲	乌克兰	基辅	UN	A
752	CNTSNA	天津	UAIEVA	欧洲	乌克兰	基辅	UN	A
753	CNBJSA	北京	LVRIXC	欧洲	拉脱维亚	里加	UN	A
754	CNBJSA	北京	LVRIXC	欧洲	拉脱维亚	里加	UN	A

续表

序号	原寄局	原寄局名	寄达局	洲	国家	寄达局名	总包种类	运输方式
755	CNFOCA	福州	RUEKAA	欧洲	俄罗斯	叶卡捷琳堡	UN	A
756	CNFOCA	福州	RULEDL	欧洲	俄罗斯	圣彼得堡	UN	A
757	CNFOCA	福州	RUMOWS	欧洲	俄罗斯	莫斯科	UN	A
758	CNSZXA	深圳	PTLISA	欧洲	葡萄牙	里斯本	UN	A
759	CNBJSA	北京	ALTIAA	欧洲	阿尔巴尼亚	地拉那	UN	B
760	CNHGHA	杭州	NLAMSA	欧洲	荷兰	阿姆斯特丹	UN	A
761	CNYIWA	义乌国际	NLAMSA	欧洲	荷兰	阿姆斯特丹	UN	A
762	CNSZXA	深圳	RULEDL	欧洲	俄罗斯	圣彼得堡	UN	A
763	CNSZHA	苏州	GBLALA	欧洲	英国	兰利	UN	A
764	CNBJSA	北京	ROBUHC	欧洲	罗马尼亚	布加勒斯特	UN	A
765	CNTAOA	青岛	GBLALA	欧洲	英国	兰利	UN	A
766	CNCANA	广州	ESMADB	欧洲	西班牙	马德里	UN	A
767	CNWUHA	武汉	UAIEVA	欧洲	乌克兰	基辅	UN	A
768	CNSZXA	深圳	PTLISA	欧洲	葡萄牙	里斯本	UN	A
769	CNSZXA	深圳	HUBUDA	欧洲	匈牙利	布达佩斯	UN	A
770	CNBJSA	北京	GRATHA	欧洲	希腊	雅典	UN	A
771	CNSHAA	上海	FRCDGA	欧洲	法国	罗斯	UN	A
772	CNHFEA	合肥国际	FRCDGA	欧洲	法国	罗斯	UN	A
773	CNSHAA	上海	FRCDGA	欧洲	法国	罗斯	UN	A
774	CNBJSA	北京	SESTOA	欧洲	瑞典	斯德哥尔摩	UN	A
775	CNSZXA	深圳	RUMOWS	欧洲	俄罗斯	莫斯科	UN	A
776	CNSZXA	深圳	RULEDL	欧洲	俄罗斯	圣彼得堡	UN	A
777	CNSZXA	深圳	RUEKAA	欧洲	俄罗斯	叶卡捷琳堡	UN	A
778	CNSZXA	深圳	DKCPHA	欧洲	丹麦	哥本哈根	UN	A
779	CNSZXA	深圳	CHZRHB	欧洲	瑞士	苏黎世	UN	A
780	CNSZXA	深圳	ESMADB	欧洲	西班牙	马德里	UN	A
781	CNSZXA	深圳	IEDUBA	欧洲	爱尔兰共和国	都柏林	UN	A
782	CNSZXA	深圳	FRCDGA	欧洲	法国	罗斯	UN	A
783	CNSZHA	苏州	NLAMSA	欧洲	荷兰	阿姆斯特丹	UN	A
784	CNNGBA	宁波国际	HUBUDA	欧洲	匈牙利	布达佩斯	UN	A
785	CNCANA	广州	RULEDL	欧洲	俄罗斯	圣彼得堡	UN	A
786	CNBJSA	北京	ITMILA	欧洲	意大利	米兰	UN	A
787	CNDGGA	东莞国际	EETLLA	欧洲	爱沙尼亚	塔林	UN	A
788	CNHFEA	合肥国际	ESMADB	欧洲	西班牙	马德里	UN	A
789	CNCGOA	郑州国际	NOOSLA	欧洲	挪威	奥斯路	UN	A
790	CNCGOA	郑州国际	DKCPHA	欧洲	丹麦	哥本哈根	UN	A
791	CNBJSA	北京	RULEDL	欧洲	俄罗斯	圣彼得堡	UN	A

续表

序号	原寄局	原寄局名	寄达局	洲	国家	寄达局名	总包种类	运输方式
792	CNCANA	广州	ITMILA	欧洲	意大利	米兰	UN	A
793	CNCANA	广州	BEBRUA	欧洲	比利时	布鲁塞尔	UN	A
794	CNCANA	广州	NOOSLA	欧洲	挪威	奥斯路	UN	A
795	CNCANA	广州	UAIEVA	欧洲	乌克兰	基辅	UN	A
796	CNHGHA	杭州	FRCDGA	欧洲	法国	罗斯	UN	A
797	CNXMNA	厦门	DEFRAA	欧洲	德国	法兰克福	UN	A
798	CNXMNA	厦门	FRCDGA	欧洲	法国	罗斯	UN	A
799	CNSHAA	上海	ITMILA	欧洲	意大利	米兰	UN	B
800	CNWNZA	温州	ITMILA	欧洲	意大利	米兰	UN	B
801	CNFOCA	福州	FRCDGA	欧洲	法国	罗斯	UN	A
802	CNCANA	广州	ITMILA	欧洲	意大利	米兰	UN	A
803	CNCANA	广州	NLAMSA	欧洲	荷兰	阿姆斯特丹	UN	A
804	CNCANA	广州	CZPRGA	欧洲	捷克共和国	布拉格	UN	A
805	CNSHAA	上海	RUOVBB	欧洲	俄罗斯	新西伯利亚	UN	A
806	CNCANA	广州	DEFRAA	欧洲	德国	法兰克福	UN	A
807	CNCANA	广州	GBLALA	欧洲	英国	兰利	UN	A
808	CNCANA	广州	GRATHA	欧洲	希腊	雅典	UN	A
809	CNCANA	广州	BGSOFG	欧洲	保加利亚	索非亚	UN	A
810	CNFOCA	福州	RUMOWS	欧洲	俄罗斯	莫斯科	UN	A
811	CNFOCA	福州	RULEDL	欧洲	俄罗斯	圣彼得堡	UN	A
812	CNCANR	广州	ITMILA	欧洲	意大利	米兰	UN	C
813	CNCANR	广州	BEBRUA	欧洲	比利时	布鲁塞尔	UN	C
814	CNCANR	广州	GBLALA	欧洲	英国	兰利	UN	C
815	CNCANR	广州	UAIEVA	欧洲	乌克兰	基辅	UN	C
816	CNCANR	广州	BYMSQA	欧洲	白罗斯	明斯克	UN	C
817	CNCANR	广州	FRCDGA	欧洲	法国	罗斯	UN	C
818	CNCANR	广州	ESMADC	欧洲	西班牙	马德里	UN	C
819	CNCANR	广州	NLAMSA	欧洲	荷兰	阿姆斯特丹	UN	C
820	CNCANR	广州	SESTOA	欧洲	瑞典	斯德哥尔摩	UN	C
821	CNCANR	广州	NOOSLA	欧洲	挪威	奥斯路	UN	C
822	CNCANR	广州	CZPRGA	欧洲	捷克共和国	布拉格	UN	C
823	CNCANR	广州	DENIAA	欧洲	德国	涅德劳拉	UN	C
824	CNCANR	广州	CHZRHB	欧洲	瑞士	苏黎世	UN	C
825	CNCANR	广州	PLWAWA	欧洲	波兰共和国	华沙	UN	C
826	CNSZXR	深圳	ITMILA	欧洲	意大利	米兰	UN	C
827	CNSZXR	深圳	BEBRUA	欧洲	比利时	布鲁塞尔	UN	C
828	CNSZXR	深圳	GBLALA	欧洲	英国	兰利	UN	C

续表

序号	原寄局	原寄局名	寄达局	洲	国家	寄达局名	总包种类	运输方式
829	CNSZXR	深圳	UAIEVA	欧洲	乌克兰	基辅	UN	C
830	CNSZXR	深圳	BYMSQA	欧洲	白罗斯	明斯克	UN	C
831	CNSZXR	深圳	FRCDGA	欧洲	法国	罗斯	UN	C
832	CNSZXR	深圳	ESMADC	欧洲	西班牙	马德里	UN	C
833	CNSZXR	深圳	NLAMSA	欧洲	荷兰	阿姆斯特丹	UN	C
834	CNSZXR	深圳	SESTOA	欧洲	瑞典	斯德哥尔摩	UN	C
835	CNSZXR	深圳	NOOSLA	欧洲	挪威	奥斯路	UN	C
836	CNSZXR	深圳	CZPRGA	欧洲	捷克共和国	布拉格	UN	C
837	CNSZXR	深圳	DENIAA	欧洲	德国	涅德劳拉	UN	C
838	CNSZXR	深圳	CHZRHB	欧洲	瑞士	苏黎世	UN	C
839	CNSZXR	深圳	PLWAWA	欧洲	波兰共和国	华沙	UN	C
840	CNCANA	广州	IEDUBA	欧洲	爱尔兰共和国	都柏林	UN	A
841	CNCANA	广州	ESMADB	欧洲	西班牙	马德里	UN	A
842	CNSZXA	深圳	IEDUBA	欧洲	爱尔兰共和国	都柏林	UN	A
843	CNBJSA	北京	CHZRHB	欧洲	瑞士	苏黎世	UN	A
844	CNCANA	广州	GBLALA	欧洲	英国	兰利	UN	A
845	CNCANA	广州	RULEDL	欧洲	俄罗斯	圣彼得堡	UN	A
846	CNSHAA	上海	RULEDL	欧洲	俄罗斯	圣彼得堡	UN	A
847	CNHGHA	杭州	NOOSLA	欧洲	挪威	奥斯路	UN	A
848	CNNGBA	宁波国际	FRCDGA	欧洲	法国	罗斯	UN	A
849	CNCANA	广州	ESMADB	欧洲	西班牙	马德里	UN	A
850	CNSZXA	深圳	RUEKAA	欧洲	俄罗斯	叶卡捷琳堡	UN	A
851	CNSZXA	深圳	RUMOWS	欧洲	俄罗斯	莫斯科	UN	A
852	CNSZXA	深圳	GBLALA	欧洲	英国	兰利	UN	A
853	CNDGGR	东莞国际	ITMILA	欧洲	意大利	米兰	UN	C
854	CNDGGR	东莞国际	BEBRUA	欧洲	比利时	布鲁塞尔	UN	C
855	CNDGGR	东莞国际	GBLALA	欧洲	英国	兰利	UN	C
856	CNDGGR	东莞国际	UAIEVA	欧洲	乌克兰	基辅	UN	C
857	CNDGGR	东莞国际	BYMSQA	欧洲	白罗斯	明斯克	UN	C
858	CNDGGR	东莞国际	FRCDGA	欧洲	法国	罗斯	UN	C
859	CNDGGR	东莞国际	ESMADC	欧洲	西班牙	马德里	UN	C
860	CNDGGR	东莞国际	NLAMSA	欧洲	荷兰	阿姆斯特丹	UN	C
861	CNDGGR	东莞国际	SESTOA	欧洲	瑞典	斯德哥尔摩	UN	C
862	CNDGGR	东莞国际	NOOSLA	欧洲	挪威	奥斯路	UN	C
863	CNDGGR	东莞国际	CZPRGA	欧洲	捷克共和国	布拉格	UN	C
864	CNDGGR	东莞国际	DENIAA	欧洲	德国	涅德劳拉	UN	C
865	CNDGGR	东莞国际	CHZRHB	欧洲	瑞士	苏黎世	UN	C

续表

序号	原寄局	原寄局名	寄达局	洲	国家	寄达局名	总包种类	运输方式
866	CNDGGR	东莞国际	PLWAWA	欧洲	波兰共和国	华沙	UN	C
867	CNYIWR	义乌国际	ITMILA	欧洲	意大利	米兰	UN	C
868	CNYIWR	义乌国际	BEBRUA	欧洲	比利时	布鲁塞尔	UN	C
869	CNYIWR	义乌国际	GBLALA	欧洲	英国	兰利	UN	C
870	CNYIWR	义乌国际	UAIEVA	欧洲	乌克兰	基辅	UN	C
871	CNYIWR	义乌国际	BYMSQA	欧洲	白罗斯	明斯克	UN	C
872	CNYIWR	义乌国际	FRCDGA	欧洲	法国	罗斯	UN	C
873	CNYIWR	义乌国际	ESMADC	欧洲	西班牙	马德里	UN	C
874	CNYIWR	义乌国际	NLAMSA	欧洲	荷兰	阿姆斯特丹	UN	C
875	CNYIWR	义乌国际	SESTOA	欧洲	瑞典	斯德哥尔摩	UN	C
876	CNCANA	广州	RUMOWS	欧洲	俄罗斯	莫斯科	UN	A
877	CNYIWA	义乌国际	DEFRAA	欧洲	德国	法兰克福	UN	A
878	CNSZXA	深圳	DKCPHA	欧洲	丹麦	哥本哈根	UN	A
879	CNCANA	广州	FRCDGA	欧洲	法国	罗斯	UN	A
880	CNSZXA	深圳	PTLISA	欧洲	葡萄牙	里斯本	UN	A
881	CNTSNA	天津	GBLALA	欧洲	英国	兰利	UN	A
882	CNTSNA	天津	GBLALT	欧洲	英国	兰利(转)	UN	A
883	CNCANA	广州	NOOSLA	欧洲	挪威	奥斯路	UN	A
884	CNCANA	广州	GBLALA	欧洲	英国	兰利	UN	A
885	CNCANA	广州	FRCDGA	欧洲	法国	罗斯	UN	A
886	CNCANA	广州	GBLALA	欧洲	英国	兰利	UN	A
887	CNCANA	广州	RUEKAA	欧洲	俄罗斯	叶卡捷琳堡	UN	A
888	CNCANA	广州	DEFRAA	欧洲	德国	法兰克福	UN	A
889	CNCKGA	重庆	DKCPHA	欧洲	丹麦	哥本哈根	UN	C
890	CNCKGA	重庆	ROBUHB	欧洲	罗马尼亚	布加勒斯特	UN	C
891	CNCKGA	重庆	FIHELA	欧洲	芬兰	赫尔辛基	UN	C
892	CNBJSA	北京	LULUXC	欧洲	卢森堡	卢森堡	UN	A
893	CNSZXA	深圳	DEFRAA	欧洲	德国	法兰克福	UN	A
894	CNYIWR	义乌国际	NOOSLA	欧洲	挪威	奥斯路	UN	C
895	CNYIWR	义乌国际	CZPRGA	欧洲	捷克共和国	布拉格	UN	C
896	CNYIWR	义乌国际	DENIAA	欧洲	德国	涅德劳拉	UN	C
897	CNYIWR	义乌国际	CHZRHB	欧洲	瑞士	苏黎世	UN	C
898	CNYIWR	义乌国际	PLWAWA	欧洲	波兰共和国	华沙	UN	C
899	CNHGHR	杭州	ITMILA	欧洲	意大利	米兰	UN	C
900	CNHGHR	杭州	BEBRUA	欧洲	比利时	布鲁塞尔	UN	C
901	CNHGHR	杭州	GBLALA	欧洲	英国	兰利	UN	C
902	CNHGHR	杭州	UAIEVA	欧洲	乌克兰	基辅	UN	C

续表

序号	原寄局	原寄局名	寄达局	洲	国家	寄达局名	总包种类	运输方式
903	CNHGHR	杭州	BYMSQA	欧洲	白罗斯	明斯克	UN	C
904	CNHGHR	杭州	FRCDGA	欧洲	法国	罗斯	UN	C
905	CNHGHR	杭州	ESMADC	欧洲	西班牙	马德里	UN	C
906	CNHGHR	杭州	NLAMSA	欧洲	荷兰	阿姆斯特丹	UN	C
907	CNHGHR	杭州	SESTOA	欧洲	瑞典	斯德哥尔摩	UN	C
908	CNHGHR	杭州	NOOSLA	欧洲	挪威	奥斯路	UN	C
909	CNHGHR	杭州	CZPRGA	欧洲	捷克共和国	布拉格	UN	C
910	CNHGHR	杭州	DENIAA	欧洲	德国	涅德劳拉	UN	C
911	CNHGHR	杭州	CHZRHB	欧洲	瑞士	苏黎世	UN	C
912	CNHGHR	杭州	PLWAWA	欧洲	波兰共和国	华沙	UN	C
913	CNSZXA	深圳	NLAMSA	欧洲	荷兰	阿姆斯特丹	UN	A
914	CNCANA	广州	RUMOWS	欧洲	俄罗斯	莫斯科	UN	A
915	CNSZXA	深圳	DEFRAA	欧洲	德国	法兰克福	UN	A
916	CNSZXA	深圳	ITMILA	欧洲	意大利	米兰	UN	A
917	CNCANA	广州	BEBRUA	欧洲	比利时	布鲁塞尔	UN	A
918	CNHGHA	杭州	FRCDGA	欧洲	法国	罗斯	UN	A
919	CNBJSA	北京	ESMADB	欧洲	西班牙	马德里	UN	A
920	CNTNAA	济南	RUMOWS	欧洲	俄罗斯	莫斯科	UN	A
921	CNTNAA	济南	RULEDL	欧洲	俄罗斯	圣彼得堡	UN	A
922	CNTNAA	济南	RUOVBB	欧洲	俄罗斯	新西伯利亚	UN	A
923	CNTNAA	济南	RUEKAA	欧洲	俄罗斯	叶卡捷琳堡	UN	A
924	CNTNAA	济南	RUVVOI	欧洲	俄罗斯	符拉迪沃斯托克	UN	A
925	CNTNAA	济南	ESMADB	欧洲	西班牙	马德里	UN	A
926	CNTNAA	济南	FRCDGA	欧洲	法国	罗斯	UN	A
927	CNTNAA	济南	NLAMSA	欧洲	荷兰	阿姆斯特丹	UN	A
928	CNSZXA	深圳	ROBUHC	欧洲	罗马尼亚	布加勒斯特	UN	A
929	CNSZXA	深圳	IEDUBA	欧洲	爱尔兰共和国	都柏林	UN	A
930	CNSZXA	深圳	DEFRAA	欧洲	德国	法兰克福	UN	A
931	CNSZXA	深圳	BEBRUA	欧洲	比利时	布鲁塞尔	UN	A
932	CNSZXA	深圳	GBLALA	欧洲	英国	兰利	UN	A
933	CNSZXA	深圳	FRCDGA	欧洲	法国	罗斯	UN	A
934	CNSZXA	深圳	RUMOWS	欧洲	俄罗斯	莫斯科	UN	A
935	CNCANA	广州	HRZAGB	欧洲	克罗地亚	萨格勒布	UN	A
936	CNCANA	广州	BGSOFG	欧洲	保加利亚	索非亚	UN	A
937	CNCANA	广州	PLWAWA	欧洲	波兰共和国	华沙	UN	A
938	CNCANA	广州	GBLALT	欧洲	英国	兰利(转)	UN	A
939	CNCANA	广州	GBLALA	欧洲	英国	兰利	UN	A

续表

序号	原寄局	原寄局名	寄达局	洲	国家	寄达局名	总包种类	运输方式
940	CNCANA	广州	ESMADB	欧洲	西班牙	马德里	UN	A
941	CNCANA	广州	RUMOWS	欧洲	俄罗斯	莫斯科	UN	A
942	CNCANA	广州	NLAMSA	欧洲	荷兰	阿姆斯特丹	UN	A
943	CNCANA	广州	FRCDGA	欧洲	法国	罗斯	UN	A
944	CNCANA	广州	GBLALA	欧洲	英国	兰利	UN	A
945	CNXMNA	厦门	DEFRAA	欧洲	德国	法兰克福	UN	A
946	CNCANA	广州	FRCDGA	欧洲	法国	罗斯	UN	A
947	CNSHAA	上海	NLAMSA	欧洲	荷兰	阿姆斯特丹	UN	A
948	CNSHAA	上海	DEFRAA	欧洲	德国	法兰克福	UN	A
949	CNSZXA	深圳	CZPRGA	欧洲	捷克共和国	布拉格	UN	A
950	CNSZXA	深圳	FIHELA	欧洲	芬兰	赫尔辛基	UN	A
951	CNSZXA	深圳	PLWAWA	欧洲	波兰共和国	华沙	UN	A
952	CNSHAA	上海	GBLALT	欧洲	英国	兰利(转)	UN	A
953	CNSZXA	深圳	ITMILA	欧洲	意大利	米兰	UN	A
954	CNSZXA	深圳	GBLALA	欧洲	英国	兰利	UN	A
955	CNSZXA	深圳	RULEDL	欧洲	俄罗斯	圣彼得堡	UN	A
956	CNSZXA	深圳	GBLALA	欧洲	英国	兰利	UN	A
957	CNSHAA	上海	IEDUBA	欧洲	爱尔兰共和国	都柏林	UN	A
958	CNFOCA	福州	ITMILA	欧洲	意大利	米兰	UN	A
959	CNFOCA	福州	ESMADB	欧洲	西班牙	马德里	UN	A
960	CNXMNA	厦门	ESMADB	欧洲	西班牙	马德里	UN	A
961	CNNNGA	南宁	FRCDGA	欧洲	法国	罗斯	UN	A
962	CNNNGA	南宁	GBLALA	欧洲	英国	兰利	UN	A
963	CNNNGA	南宁	GBLALT	欧洲	英国	兰利(转)	UN	A
964	CNXMNA	厦门	RUMOWS	欧洲	俄罗斯	莫斯科	UN	A
965	CNCANA	广州	DEFRAA	欧洲	德国	法兰克福	UN	A
966	CNCANA	广州	ATVIEC	欧洲	奥地利	维也纳	UN	A
967	CNCANA	广州	CZPRGA	欧洲	捷克共和国	布拉格	UN	A
968	CNXMNA	厦门	FRCDGA	欧洲	法国	罗斯	UN	A
969	CNCANA	广州	NLAMSA	欧洲	荷兰	阿姆斯特丹	UN	A
970	CNCANA	广州	ESMADB	欧洲	西班牙	马德里	UN	A
971	CNWNZA	温州	DEFRAA	欧洲	德国	法兰克福	UN	A
972	CNCANA	广州	CHZRHB	欧洲	瑞士	苏黎世	UN	A
973	CNHGHA	杭州	GBLALA	欧洲	英国	兰利	UN	A
974	CNBJSA	北京	FIHELA	欧洲	芬兰	赫尔辛基	UN	A
975	CNCANA	广州	DEFRAA	欧洲	德国	法兰克福	UN	A
976	CNNKGA	南京	GBLALA	欧洲	英国	兰利	UN	A

续表

序号	原寄局	原寄局名	寄达局	洲	国家	寄达局名	总包种类	运输方式
977	CNNNGA	南宁	BEBRUA	欧洲	比利时	布鲁塞尔	UN	A
978	CNWUHA	武汉	FRCDGA	欧洲	法国	罗斯	UN	A
979	CNTAOA	青岛	FRCDGA	欧洲	法国	罗斯	UN	A
980	CNTAOA	青岛	ESMADB	欧洲	西班牙	马德里	UN	A
981	CNHGHA	杭州	ESMADB	欧洲	西班牙	马德里	UN	A
982	CNHGHA	杭州	ITMILA	欧洲	意大利	米兰	UN	A
983	CNHGHA	杭州	GBLALT	欧洲	英国	兰利(转)	UN	A
984	CNNKGA	南京	NLAMSA	欧洲	荷兰	阿姆斯特丹	UN	A
985	CNNKGA	南京	DEFRAA	欧洲	德国	法兰克福	UN	A
986	CNNKGA	南京	ITMILA	欧洲	意大利	米兰	UN	A
987	CNHFEA	合肥国际	RULEDL	欧洲	俄罗斯	圣彼得堡	UN	A
988	CNHFEA	合肥国际	RUEKAA	欧洲	俄罗斯	叶卡捷琳堡	UN	A
989	CNURCA	乌鲁木齐	RULEDL	欧洲	俄罗斯	圣彼得堡	UN	A
990	CNCANA	广州	NOOSLA	欧洲	挪威	奥斯路	UN	A
991	CNCANA	广州	UAIEVA	欧洲	乌克兰	基辅	UN	A
992	CNCANA	广州	NLAMSA	欧洲	荷兰	阿姆斯特丹	UN	A
993	CNHGHA	杭州	CZPRGA	欧洲	捷克共和国	布拉格	UN	A
994	CNYIWA	义乌国际	BEBRUA	欧洲	比利时	布鲁塞尔	UN	A
995	CNCANA	广州	RUEKAA	欧洲	俄罗斯	叶卡捷琳堡	UN	A
996	CNCANA	广州	SESTOA	欧洲	瑞典	斯德哥尔摩	UN	A
997	CNHGHA	杭州	FRCDGA	欧洲	法国	罗斯	UN	A
998	CNBJSA	北京	LBBEYA	欧洲	黎巴嫩	贝鲁特	UN	A
999	CNBJSA	北京	ITMILA	欧洲	意大利	米兰	UN	A
1000	CNSZXA	深圳	RUEKAA	欧洲	俄罗斯	叶卡捷琳堡	UN	A
1001	CNCANA	广州	RULEDL	欧洲	俄罗斯	圣彼得堡	UN	A
1002	CNCANA	广州	RUEKAA	欧洲	俄罗斯	叶卡捷琳堡	UN	A
1003	CNSZXA	深圳	RUEKAA	欧洲	俄罗斯	叶卡捷琳堡	UN	A
1004	CNSHAA	上海	NOOSLA	欧洲	挪威	奥斯路	UN	A
1005	CNSZXA	深圳	NLAMSA	欧洲	荷兰	阿姆斯特丹	UN	A
1006	CNSZXA	深圳	PLWAWA	欧洲	波兰共和国	华沙	UN	A
1007	CNCANA	广州	BEBRUA	欧洲	比利时	布鲁塞尔	UN	A
1008	CNCANA	广州	ESMADB	欧洲	西班牙	马德里	UN	A
1009	CNBJSA	北京	CZPRGA	欧洲	捷克共和国	布拉格	UN	A
1010	CNNGBA	宁波国际	NOOSLA	欧洲	挪威	奥斯路	UN	A
1011	CNSHAA	上海	GBLALA	欧洲	英国	兰利	UN	A
1012	CNCANA	广州	ITMILA	欧洲	意大利	米兰	UN	A
1013	CNSZXA	深圳	NLAMSA	欧洲	荷兰	阿姆斯特丹	UN	A

续 表

序号	原寄局	原寄局名	寄达局	洲	国家	寄达局名	总包种类	运输方式
1014	CNSZXA	深圳	NOOSLA	欧洲	挪威	奥斯路	UN	A
1015	CNSZXA	深圳	DEFRAA	欧洲	德国	法兰克福	UN	A
1016	CNSZXA	深圳	GBLALA	欧洲	英国	兰利	UN	A
1017	CNSZXA	深圳	ITMILA	欧洲	意大利	米兰	UN	A
1018	CNNKGA	南京	RULEDL	欧洲	俄罗斯	圣彼得堡	UN	A
1019	CNSZXA	深圳	GBLALA	欧洲	英国	兰利	UN	A
1020	CNTAOA	青岛	GBLALT	欧洲	英国	兰利(转)	UN	A
1021	CNBJSA	北京	PLWAWA	欧洲	波兰共和国	华沙	UN	A
1022	CNYIWA	义乌国际	UAIEVA	欧洲	乌克兰	基辅	UN	A
1023	CNSZXA	深圳	RUMOWS	欧洲	俄罗斯	莫斯科	UN	A
1024	CNSZXA	深圳	RUEKAA	欧洲	俄罗斯	叶卡捷琳堡	UN	A
1025	CNBJSA	北京	LTVNOA	欧洲	立陶宛	维尔纽斯	UN	A
1026	CNDGGA	东莞国际	GBLALA	欧洲	英国	兰利	UN	A
1027	CNDGGA	东莞国际	FRCDGA	欧洲	法国	罗斯	UN	A
1028	CNDGGA	东莞国际	DEFRAA	欧洲	德国	法兰克福	UN	A
1029	CNDGGA	东莞国际	NOOSLA	欧洲	挪威	奥斯路	UN	A
1030	CNSHAA	上海	ITMILA	欧洲	意大利	米兰	UN	A
1031	CNCANA	广州	RUMOWS	欧洲	俄罗斯	莫斯科	UN	A
1032	CNSZXA	深圳	UAIEVA	欧洲	乌克兰	基辅	UN	A
1033	CNSZXA	深圳	ESMADB	欧洲	西班牙	马德里	UN	A
1034	CNCANA	广州	SESTOA	欧洲	瑞典	斯德哥尔摩	UN	A
1035	CNCANA	广州	ATVIEC	欧洲	奥地利	维也纳	UN	A
1036	CNCANA	广州	FRCDGA	欧洲	法国	罗斯	UN	A
1037	CNCANA	广州	GBLALA	欧洲	英国	兰利	UN	A
1038	CNCANA	广州	RULEDL	欧洲	俄罗斯	圣彼得堡	UN	A
1039	CNCANA	广州	FRCDGA	欧洲	法国	罗斯	UN	A
1040	CNCANA	广州	GBLALA	欧洲	英国	兰利	UN	A
1041	CNCGOA	郑州国际	RUMOWS	欧洲	俄罗斯	莫斯科	UN	A
1042	CNCGOA	郑州国际	RUEKAA	欧洲	俄罗斯	叶卡捷琳堡	UN	A
1043	CNCTUA	成都	RUEKAA	欧洲	俄罗斯	叶卡捷琳堡	UN	A
1044	CNCANA	广州	RUEKAA	欧洲	俄罗斯	叶卡捷琳堡	UN	A
1045	CNSZXA	深圳	SKBTSA	欧洲	斯洛伐克共和国	布拉迪斯拉发	UN	A
1046	CNSHAA	上海	LVRIXC	欧洲	拉脱维亚	里加	UN	A
1047	CNCTUA	成都	RUMOWS	欧洲	俄罗斯	莫斯科	UN	A
1048	CNSZHA	苏州	GBLALA	欧洲	英国	兰利	UN	A
1049	CNBJSA	北京	EETLLA	欧洲	爱沙尼亚	塔林	UN	A
1050	CNSZXA	深圳	GRATHA	欧洲	希腊	雅典	UN	A

续表

序号	原寄局	原寄局名	寄达局	洲	国家	寄达局名	总包种类	运输方式
1051	CNCANA	广州	DEFRAA	欧洲	德国	法兰克福	UN	A
1052	CNCANA	广州	HUBUDA	欧洲	匈牙利	布达佩斯	UN	A
1053	CNBJSA	北京	NOOSLA	欧洲	挪威	奥斯路	UN	A
1054	CNSZXA	深圳	NLAMSA	欧洲	荷兰	阿姆斯特丹	UN	A
1055	CNSZXA	深圳	NOOSLA	欧洲	挪威	奥斯路	UN	A
1056	CNSZXA	深圳	DEFRAA	欧洲	德国	法兰克福	UN	A
1057	CNBJSA	北京	GRATHA	欧洲	希腊	雅典	UN	B
1058	CNBJSA	北京	RUMOWS	欧洲	俄罗斯	莫斯科	UN	A
1059	CNCANA	广州	FRCDGA	欧洲	法国	罗斯	UN	A
1060	CNSZHA	苏州	ITMILA	欧洲	意大利	米兰	UN	A
1061	CNCANA	广州	SESTOA	欧洲	瑞典	斯德哥尔摩	UN	A
1062	CNXMNA	厦门	ITMILA	欧洲	意大利	米兰	UN	A
1063	CNSZXA	深圳	FRCDGA	欧洲	法国	罗斯	UN	A
1064	CNFOCA	福州	ESMADB	欧洲	西班牙	马德里	UN	A
1065	CNFOCA	福州	ITMILA	欧洲	意大利	米兰	UN	A
1066	CNSZXA	深圳	RUMOWS	欧洲	俄罗斯	莫斯科	UN	A
1067	CNSZXA	深圳	DEFRAA	欧洲	德国	法兰克福	UN	A
1068	CNSZXA	深圳	NLAMSA	欧洲	荷兰	阿姆斯特丹	UN	A
1069	CNSZXA	深圳	CHZRHB	欧洲	瑞士	苏黎世	UN	A
1070	CNSZXA	深圳	ITMILA	欧洲	意大利	米兰	UN	A
1071	CNSZXA	深圳	DEFRAA	欧洲	德国	法兰克福	UN	A
1072	CNSZXA	深圳	FRCDGA	欧洲	法国	罗斯	UN	A
1073	CNCANA	广州	DEFRAA	欧洲	德国	法兰克福	UN	A
1074	CNCANA	广州	FRCDGA	欧洲	法国	罗斯	UN	A
1075	CNBJSA	北京	SESTOA	欧洲	瑞典	斯德哥尔摩	UN	A
1076	CNSZXA	深圳	FRCDGA	欧洲	法国	罗斯	UN	A
1077	CNNKGA	南京	DEFRAA	欧洲	德国	法兰克福	UN	A
1078	CNYIWA	义乌国际	GBLALA	欧洲	英国	兰利	UN	A
1079	CNXMNA	厦门	RUMOWS	欧洲	俄罗斯	莫斯科	UN	A
1080	CNXMNA	厦门	DEFRAA	欧洲	德国	法兰克福	UN	A
1081	CNNKGA	南京	FRCDGA	欧洲	法国	罗斯	UN	A
1082	CNNKGA	南京	FRCDGA	欧洲	法国	罗斯	UN	A
1083	CNDGGA	东莞国际	IEDUBA	欧洲	爱尔兰共和国	都柏林	UN	A
1084	CNDGGA	东莞国际	EETLLA	欧洲	爱沙尼亚	塔林	UN	A
1085	CNDGGA	东莞国际	ATVIEC	欧洲	奥地利	维也纳	UN	A
1086	CNCANA	广州	SESTOA	欧洲	瑞典	斯德哥尔摩	UN	A
1087	CNSHAA	上海	GRATHA	欧洲	希腊	雅典	UN	A

续表

序号	原寄局	原寄局名	寄达局	洲	国家	寄达局名	总包种类	运输方式
1088	CNDGGA	东莞国际	CZPRGA	欧洲	捷克共和国	布拉格	UN	A
1089	CNDGGA	东莞国际	HRZAGB	欧洲	克罗地亚	萨格勒布	UN	A
1090	CNDGGA	东莞国际	NOOSLA	欧洲	挪威	奥斯路	UN	A
1091	CNDGGA	东莞国际	PTLISA	欧洲	葡萄牙	里斯本	UN	A
1092	CNDGGA	东莞国际	SESTOA	欧洲	瑞典	斯德哥尔摩	UN	A
1093	CNDGGA	东莞国际	CHZRHB	欧洲	瑞士	苏黎世	UN	A
1094	CNDGGA	东莞国际	SKBTSA	欧洲	斯洛伐克共和国	布拉迪斯拉发	UN	A
1095	CNDGGA	东莞国际	UAIEVA	欧洲	乌克兰	基辅	UN	A
1096	CNDGGA	东莞国际	ESMADB	欧洲	西班牙	马德里	UN	A
1097	CNDGGA	东莞国际	HUBUDA	欧洲	匈牙利	布达佩斯	UN	A
1098	CNNKGA	南京	GBLALA	欧洲	英国	兰利	UN	A
1099	CNSZXA	深圳	FRCDGA	欧洲	法国	罗斯	UN	A
1100	CNCANA	广州	ESMADB	欧洲	西班牙	马德里	UN	A
1101	CNHFEA	合肥国际	GBLALT	欧洲	英国	兰利(转)	UN	A
1102	CNSZXA	深圳	PLWAWA	欧洲	波兰共和国	华沙	UN	A
1103	CNCANA	广州	LVRIXC	欧洲	拉脱维亚	里加	UN	A
1104	CNBJSA	北京	RUMOWS	欧洲	俄罗斯	莫斯科	UN	A
1105	CNCANA	广州	RUEKAA	欧洲	俄罗斯	叶卡捷琳堡	UN	A
1106	CNCANA	广州	EETLLA	欧洲	爱沙尼亚	塔林	UN	A
1107	CNCKGA	重庆	ITMILA	欧洲	意大利	米兰	UN	C
1108	CNCKGA	重庆	BEBRUA	欧洲	比利时	布鲁塞尔	UN	C
1109	CNNNGA	南宁	RUOVBB	欧洲	俄罗斯	新西伯利亚	UN	A
1110	CNBJSA	北京	FRCDGA	欧洲	法国	罗斯	UN	A
1111	CNXMNA	厦门	RULEDL	欧洲	俄罗斯	圣彼得堡	UN	A
1112	CNXMNA	厦门	ESMADB	欧洲	西班牙	马德里	UN	A
1113	CNBJSA	北京	FRCDGA	欧洲	法国	罗斯	UN	A
1114	CNWUHA	武汉	GBLALT	欧洲	英国	兰利(转)	UN	A
1115	CNCGOA	郑州国际	FIHELA	欧洲	芬兰	赫尔辛基	UN	A
1116	CNDGGA	东莞国际	HUBUDA	欧洲	匈牙利	布达佩斯	UN	A
1117	CNDGGA	东莞国际	GBLALT	欧洲	英国	兰利(转)	UN	A
1118	CNDGGA	东莞国际	GBLALA	欧洲	英国	兰利	UN	A
1119	CNDGGA	东莞国际	GBLALA	欧洲	英国	兰利	UN	A
1120	CNBJSA	北京	LULUXC	欧洲	卢森堡	卢森堡	UN	B
1121	CNSZXA	深圳	RUEKAA	欧洲	俄罗斯	叶卡捷琳堡	UN	A
1122	CNCANA	广州	BEBRUA	欧洲	比利时	布鲁塞尔	UN	A
1123	CNSZXA	深圳	PLWAWA	欧洲	波兰共和国	华沙	UN	A
1124	CNDGGA	东莞国际	PTLISA	欧洲	葡萄牙	里斯本	UN	A

续表

序号	原寄局	原寄局名	寄达局	洲	国家	寄达局名	总包种类	运输方式
1125	CNCGOA	郑州国际	SESTOA	欧洲	瑞典	斯德哥尔摩	UN	A
1126	CNCGOA	郑州国际	IEDUBA	欧洲	爱尔兰共和国	都柏林	UN	A
1127	CNSHAA	上海	SESTOA	欧洲	瑞典	斯德哥尔摩	UN	A
1128	CNHGHA	杭州	FIHELA	欧洲	芬兰	赫尔辛基	UN	A
1129	CNHGHA	杭州	DKCPHA	欧洲	丹麦	哥本哈根	UN	A
1130	CNXMNA	厦门	GBLALA	欧洲	英国	兰利	UN	A
1131	CNHGHA	杭州	SESTOA	欧洲	瑞典	斯德哥尔摩	UN	A
1132	CNBJSA	北京	PTLISA	欧洲	葡萄牙	里斯本	UN	A
1133	CNSZXA	深圳	CHZRHB	欧洲	瑞士	苏黎世	UN	A
1134	CNCANA	广州	RUEKAA	欧洲	俄罗斯	叶卡捷琳堡	UN	A
1135	CNCANA	广州	RUMOWS	欧洲	俄罗斯	莫斯科	UN	A
1136	CNSZXA	深圳	IEDUBA	欧洲	爱尔兰共和国	都柏林	UN	A
1137	CNCANA	广州	ATVIEC	欧洲	奥地利	维也纳	UN	A
1138	CNDGGA	东莞国际	GBLALA	欧洲	英国	兰利	UN	A
1139	CNFOCA	福州	ITMILA	欧洲	意大利	米兰	UN	A
1140	CNNNGA	南宁	RUEKAA	欧洲	俄罗斯	叶卡捷琳堡	UN	A
1141	CNSZXA	深圳	GBLALA	欧洲	英国	兰利	UN	A
1142	CNSZXA	深圳	CHZRHB	欧洲	瑞士	苏黎世	UN	A
1143	CNXMNA	厦门	RUMOWS	欧洲	俄罗斯	莫斯科	UN	A
1144	CNSZHA	苏州	CZPRGA	欧洲	捷克共和国	布拉格	UN	A
1145	CNNKGA	南京	CZPRGA	欧洲	捷克共和国	布拉格	UN	A
1146	CNBJSA	北京	LTVNOA	欧洲	立陶宛	维尔纽斯	UN	A
1147	CNCANA	广州	PLWAWA	欧洲	波兰共和国	华沙	UN	A
1148	CNBJSA	北京	BEBRUA	欧洲	比利时	布鲁塞尔	UN	A
1149	CNDGGA	东莞国际	BGSOFG	欧洲	保加利亚	索非亚	UN	A
1150	CNDGGA	东莞国际	BEBRUA	欧洲	比利时	布鲁塞尔	UN	A
1151	CNDGGA	东莞国际	PLWAWA	欧洲	波兰共和国	华沙	UN	A
1152	CNDGGA	东莞国际	DKCPHA	欧洲	丹麦	哥本哈根	UN	A
1153	CNDGGA	东莞国际	DEFRAA	欧洲	德国	法兰克福	UN	A
1154	CNDGGA	东莞国际	RUMOWS	欧洲	俄罗斯	莫斯科	UN	A
1155	CNDGGA	东莞国际	RUVVOI	欧洲	俄罗斯	符拉迪沃斯托克	UN	A
1156	CNDGGA	东莞国际	RULEDL	欧洲	俄罗斯	圣彼得堡	UN	A
1157	CNDGGA	东莞国际	FRCDGA	欧洲	法国	罗斯	UN	A
1158	CNDGGA	东莞国际	FRCDGA	欧洲	法国	罗斯	UN	A
1159	CNDGGA	东莞国际	FIHELA	欧洲	芬兰	赫尔辛基	UN	A
1160	CNDGGA	东莞国际	LTVNOA	欧洲	立陶宛	维尔纽斯	UN	A
1161	CNNNGA	南宁	RUMOWS	欧洲	俄罗斯	莫斯科	UN	A

续表

序号	原寄局	原寄局名	寄达局	洲	国家	寄达局名	总包种类	运输方式
1162	CNFOCA	福州	GBLALA	欧洲	英国	兰利	UN	A
1163	CNFOCA	福州	ITMILA	欧洲	意大利	米兰	UN	A
1164	CNNKGA	南京	GBLALA	欧洲	英国	兰利	UN	A
1165	CNHGHA	杭州	PLWAWA	欧洲	波兰共和国	华沙	UN	A
1166	CNHGHA	杭州	BEBRUA	欧洲	比利时	布鲁塞尔	UN	A
1167	CNTSNA	天津	DEFRAA	欧洲	德国	法兰克福	UN	A
1168	CNBJSA	北京	FRCDGA	欧洲	法国	罗斯	UN	A
1169	CNHGHA	杭州	CHZRHB	欧洲	瑞士	苏黎世	UN	A
1170	CNSZXA	深圳	GBLALA	欧洲	英国	兰利	UN	A
1171	CNFOCA	福州	RUEKAA	欧洲	俄罗斯	叶卡捷琳堡	UN	A
1172	CNSHAA	上海	EETLLA	欧洲	爱沙尼亚	塔林	UN	A
1173	CNSZXA	深圳	LVRIXC	欧洲	拉脱维亚	里加	UN	A
1174	CNCANA	广州	SESTOA	欧洲	瑞典	斯德哥尔摩	UN	A
1175	CNCANA	广州	CZPRGA	欧洲	捷克共和国	布拉格	UN	A
1176	CNDGGA	东莞国际	GBLALA	欧洲	英国	兰利	UN	A
1177	CNNNGA	南宁	RUMOWS	欧洲	俄罗斯	莫斯科	UN	A
1178	CNDGGA	东莞国际	DEFRAA	欧洲	德国	法兰克福	UN	A
1179	CNCANA	广州	RUMOWS	欧洲	俄罗斯	莫斯科	UN	A
1180	CNCANA	广州	DEFRAA	欧洲	德国	法兰克福	UN	A
1181	CNFOCA	福州	DEFRAA	欧洲	德国	法兰克福	UN	A
1182	CNCANA	广州	GBLALA	欧洲	英国	兰利	UN	A
1183	CNSZXA	深圳	GBLALA	欧洲	英国	兰利	UN	A
1184	CNNNGA	南宁	RUVVOI	洲	俄罗斯	符拉迪沃斯托克	UN	A
1185	CNNNGA	南宁	DEFRAA	欧洲	德国	法兰克福	UN	A
1186	CNNNGA	南宁	ESMADB	欧洲	西班牙	马德里	UN	A
1187	CNNNGA	南宁	ITMILA	欧洲	意大利	米兰	UN	A
1188	CNCKGR	重庆	FRCDGA	欧洲	法国	罗斯	UN	C
1189	CNCKGR	重庆	ESMADC	欧洲	西班牙	马德里	UN	C
1190	CNCKGR	重庆	NLAMSA	欧洲	荷兰	阿姆斯特丹	UN	C
1191	CNCKGR	重庆	SESTOA	欧洲	瑞典	斯德哥尔摩	UN	C
1192	CNCKGR	重庆	NOOSLA	欧洲	挪威	奥斯路	UN	C
1193	CNCKGR	重庆	CZPRGA	欧洲	捷克共和国	布拉格	UN	C
1194	CNCKGR	重庆	DENIAA	欧洲	德国	涅德劳拉	UN	C
1195	CNCKGR	重庆	CHZRHB	欧洲	瑞士	苏黎世	UN	C
1196	CNCKGR	重庆	PLWAWA	欧洲	波兰共和国	华沙	UN	C
1197	CNTAOA	青岛	DEFRAA	欧洲	德国	法兰克福	UN	A
1198	CNWUHA	武汉	GBLALA	欧洲	英国	兰利	UN	A

续表

序号	原寄局	原寄局名	寄达局	洲	国家	寄达局名	总包种类	运输方式
1199	CNSZHA	苏州	PLWAWA	欧洲	波兰共和国	华沙	UN	A
1200	CNSZHA	苏州	ESMADB	欧洲	西班牙	马德里	UN	A
1201	CNNKGA	南京	RUMOWS	欧洲	俄罗斯	莫斯科	UN	A
1202	CNNKGA	南京	DEFRAA	欧洲	德国	法兰克福	UN	A
1203	CNCANA	广州	BEBRUA	欧洲	比利时	布鲁塞尔	UN	A
1204	CNSZXA	深圳	CZPRGA	欧洲	捷克共和国	布拉格	UN	A
1205	CNSHAA	上海	ROBUHC	欧洲	罗马尼亚	布加勒斯特	UN	A
1206	CNBJSA	北京	MTMARA	欧洲	马耳他	瓦莱塔	UN	A
1207	CNBJSA	北京	RSBEGB	欧洲	塞尔维亚共和国	贝尔格莱德	UN	B
1208	CNTSNA	天津	FRCDGA	欧洲	法国	罗斯	UN	A
1209	CNCANA	广州	BYMSQF	欧洲	白罗斯	明斯克	UN	A
1210	CNBJSA	北京	BYMSQF	欧洲	白罗斯	明斯克	UN	B
1211	CNSHAA	上海	GBLALA	欧洲	英国	兰利	UN	A
1212	CNBJSA	北京	GBLALA	欧洲	英国	兰利	UN	A
1213	CNSZXA	深圳	RUMOWS	欧洲	俄罗斯	莫斯科	UN	A
1214	CNTSNA	天津	RUMOWS	欧洲	俄罗斯	莫斯科	UN	A
1215	CNXMNA	厦门	FRCDGA	欧洲	法国	罗斯	UN	A
1216	CNFOCA	福州	RUMOWS	欧洲	俄罗斯	莫斯科	UN	A
1217	CNFOCA	福州	RUEKAA	欧洲	俄罗斯	叶卡捷琳堡	UN	A
1218	CNFOCA	福州	RULEDL	欧洲	俄罗斯	圣彼得堡	UN	A
1219	CNWUHA	武汉	RUMOWS	欧洲	俄罗斯	莫斯科	UN	A
1220	CNBJSA	北京	CHZRHB	欧洲	瑞士	苏黎世	UN	A
1221	CNDGGA	东莞国际	PLWAWA	欧洲	波兰共和国	华沙	UN	A
1222	CNSZXA	深圳	RUEKAA	欧洲	俄罗斯	叶卡捷琳堡	UN	A
1223	CNSHAA	上海	DEFRAA	欧洲	德国	法兰克福	UN	A
1224	CNNKGA	南京	RUMOWS	欧洲	俄罗斯	莫斯科	UN	A
1225	CNSHAA	上海	ITMILA	欧洲	意大利	米兰	UN	A
1226	CNFOCA	福州	GBLALA	欧洲	英国	兰利	UN	A
1227	CNSZXA	深圳	RUMOWS	欧洲	俄罗斯	莫斯科	UN	A
1228	CNXMNA	厦门	RUMOWS	欧洲	俄罗斯	莫斯科	UN	A
1229	CNXMNA	厦门	RUOVBB	欧洲	俄罗斯	新西伯利亚	UN	A
1230	CNSZXA	深圳	CHZRHB	欧洲	瑞士	苏黎世	UN	A
1231	CNSHAA	上海	ATVIEC	欧洲	奥地利	维也纳	UN	A
1232	CNSZHA	苏州	DEFRAA	欧洲	德国	法兰克福	UN	A
1233	CNXMNA	厦门	FRCDGA	欧洲	法国	罗斯	UN	A
1234	CNSHAA	上海	HUBUDA	欧洲	匈牙利	布达佩斯	UN	A
1235	CNBJSA	北京	CHZRHB	欧洲	瑞士	苏黎世	UN	B

续表

序号	原寄局	原寄局名	寄达局	洲	国家	寄达局名	总包种类	运输方式
1236	CNBJSA	北京	FRCDGA	欧洲	法国	罗斯	UN	B
1237	CNBJSA	北京	ESMADC	欧洲	西班牙	马德里	UN	B
1238	CNBJSA	北京	ATVIEC	欧洲	奥地利	维也纳	UN	A
1239	CNXMNA	厦门	ITMILA	欧洲	意大利	米兰	UN	A
1240	CNDGGA	东莞国际	UAIEVA	欧洲	乌克兰	基辅	UN	A
1241	CNSZXA	深圳	LVRIXC	欧洲	拉脱维亚	里加	UN	A
1242	CNNGBA	宁波国际	BYMSQF	欧洲	白罗斯	明斯克	UN	A
1243	CNHGHA	杭州	BYMSQF	欧洲	白罗斯	明斯克	UN	A
1244	CNWNZA	温州	BYMSQF	欧洲	白罗斯	明斯克	UN	A
1245	CNCANA	广州	BYMSQF	欧洲	白罗斯	明斯克	UN	A
1246	CNNKGA	南京	BYMSQF	欧洲	白罗斯	明斯克	UN	A
1247	CNDGGA	东莞国际	BYMSQF	欧洲	白罗斯	明斯克	UN	A
1248	CNCANA	广州	BYMSQF	欧洲	白罗斯	明斯克	UN	A
1249	CNSZXA	深圳	BYMSQF	欧洲	白罗斯	明斯克	UN	A
1250	CNDGGA	东莞国际	BYMSQF	欧洲	白罗斯	明斯克	UN	A
1251	CNTAOA	青岛	RUMOWS	欧洲	俄罗斯	莫斯科	UN	A
1252	CNSZXA	深圳	ESMADB	欧洲	西班牙	马德里	UN	A
1253	CNSZXA	深圳	RUMOWS	欧洲	俄罗斯	莫斯科	UN	A
1254	CNSZXA	深圳	ITMILA	欧洲	意大利	米兰	UN	A
1255	CNWNZA	温州	SESTOA	欧洲	瑞典	斯德哥尔摩	UN	A
1256	CNWNZA	温州	CHZRHB	欧洲	瑞士	苏黎世	UN	A
1257	CNWNZA	温州	DKCPHA	欧洲	丹麦	哥本哈根	UN	A
1258	CNFOCA	福州	DEFRAA	欧洲	德国	法兰克福	UN	A
1259	CNWNZA	温州	NLAMSA	欧洲	荷兰	阿姆斯特丹	UN	A
1260	CNCGOA	郑州国际	CZPRGA	欧洲	捷克共和国	布拉格	UN	A
1261	CNCGOA	郑州国际	BEBRUA	欧洲	比利时	布鲁塞尔	UN	A
1262	CNTSNA	天津	ESMADB	欧洲	西班牙	马德里	UN	A
1263	CNCGOA	郑州国际	HUBUDA	欧洲	匈牙利	布达佩斯	UN	A
1264	CNNKGA	南京	PLWAWA	欧洲	波兰共和国	华沙	UN	A
1265	CNCANA	广州	ITMILA	欧洲	意大利	米兰	UN	A
1266	CNBJSA	北京	DKCPHA	欧洲	丹麦	哥本哈根	UN	A
1267	CNSZXA	深圳	NLAMSA	欧洲	荷兰	阿姆斯特丹	UN	A
1268	CNCKGA	重庆	PLLUNA	欧洲	波兰	卢布林	UN	C
1269	CNSZHA	苏州	FRCDGA	欧洲	法国	罗斯	UN	A
1270	CNSHAA	上海	HUBUDA	欧洲	匈牙利	布达佩斯	UN	A
1271	CNSHAA	上海	CHZRHB	欧洲	瑞士	苏黎世	UN	A
1272	CNNKGA	南京	CHZRHB	欧洲	瑞士	苏黎世	UN	A

续表

序号	原寄局	原寄局名	寄达局	洲	国家	寄达局名	总包种类	运输方式
1273	CNBJSA	北京	RUMOWS	欧洲	俄罗斯	莫斯科	UN	A
1274	CNDGGA	东莞国际	GBLALA	欧洲	英国	兰利	UN	A
1275	CNSZXA	深圳	FRCDGA	欧洲	法国	罗斯	UN	A
1276	CNBJSA	北京	EETLLA	欧洲	爱沙尼亚	塔林	UN	A
1277	CNWNZA	温州	FIHELA	欧洲	芬兰	赫尔辛基	UN	A
1278	CNSHAA	上海	FRCDGA	欧洲	法国	罗斯	UN	C
1279	CNBJSA	北京	RUMOWS	欧洲	俄罗斯	莫斯科	UN	A
1280	CNCANA	广州	BYMSQF	欧洲	白罗斯	明斯克	UN	A
1281	CNYIWA	义乌国际	BYMSQF	欧洲	白罗斯	明斯克	UN	A
1282	CNBJSA	北京	BYMSQF	欧洲	白罗斯	明斯克	UN	A
1283	CNSHAA	上海	BYMSQF	欧洲	白罗斯	明斯克	UN	A
1284	CNSHAA	上海	FIHELA	欧洲	芬兰	赫尔辛基	UN	A
1285	CNDGGA	东莞国际	CHZRHB	欧洲	瑞士	苏黎世	UN	A
1286	CNSZHA	苏州	GBLALA	欧洲	英国	兰利	UN	A
1287	CNNKGA	南京	GBLALA	欧洲	英国	兰利	UN	A
1288	CNSZXA	深圳	ITMILA	欧洲	意大利	米兰	UN	A
1289	CNTSNA	天津	RULEDL	欧洲	俄罗斯	圣彼得堡	UN	A
1290	CNTSNA	天津	RUEKAA	欧洲	俄罗斯	叶卡捷琳堡	UN	A
1291	CNSZXA	深圳	ESMADB	欧洲	西班牙	马德里	UN	A
1292	CNSHAA	上海	FRCDGA	欧洲	法国	罗斯	UN	A
1293	CNBJSA	北京	FRCDGA	欧洲	法国	罗斯	UN	A
1294	CNWNZA	温州	NOOSLA	欧洲	挪威	奥斯路	UN	A
1295	CNWNZA	温州	BEBRUA	欧洲	比利时	布鲁塞尔	UN	A
1296	CNCGOA	郑州国际	CHZRHB	欧洲	瑞士	苏黎世	UN	A
1297	CNBJSA	北京	HRZAGB	欧洲	克罗地亚	萨格勒布	UT	A
1298	CNBJSA	北京	SILJUQ	欧洲	斯洛文尼亚	卢布尔雅那(空)	UT	A
1299	CNBJSA	北京	SKBTSA	欧洲	斯洛伐克共和国	布拉迪斯拉发	UN	A
1300	CNBJSA	北京	RSBEGC	欧洲	塞尔维亚共和国	贝尔格莱德	UN	A
1301	CNBJSA	北京	ALTIAA	欧洲	阿尔巴尼亚	地拉那	UN	A
1302	CNBJSA	北京	BASJJA	欧洲	波斯尼亚	萨拉热窝	UN	A
1303	CNCGOA	郑州国际	ATVIEC	欧洲	奥地利	维也纳	UN	A
1304	CNXMNA	厦门	FRCDGA	欧洲	法国	罗斯	UN	A
1305	CNSZXA	深圳	HUBUDA	欧洲	匈牙利	布达佩斯	UN	A
1306	CNBJSA	北京	IEDUBA	欧洲	爱尔兰共和国	都柏林	UN	A
1307	CNXMNA	厦门	RUMOWS	欧洲	俄罗斯	莫斯科	UN	A
1308	CNSZXA	深圳	RUEKAA	欧洲	俄罗斯	叶卡捷琳堡	UN	A
1309	CNXMNA	厦门	FRCDGA	欧洲	法国	罗斯	UN	A

续表

序号	原寄局	原寄局名	寄达局	洲	国家	寄达局名	总包种类	运输方式
1310	CNDGGA	东莞国际	DEFRAA	欧洲	德国	法兰克福	UN	A
1311	CNSZXA	深圳	FRCDGA	欧洲	法国	罗斯	UN	A
1312	CNDGGA	东莞国际	CZPRGA	欧洲	捷克共和国	布拉格	UN	A
1313	CNBJSA	北京	BEBRUA	欧洲	比利时	布鲁塞尔	UN	A
1314	CNDGGA	东莞国际	SESTOA	欧洲	瑞典	斯德哥尔摩	UN	A
1315	CNSZXA	深圳	RULEDL	欧洲	俄罗斯	圣彼得堡	UN	A
1316	CNSZXA	深圳	RUEKAA	欧洲	俄罗斯	叶卡捷琳堡	UN	A
1317	CNXMNA	厦门	GBLALA	欧洲	英国	兰利	UN	A
1318	CNTAOA	青岛	RUMOWS	欧洲	俄罗斯	莫斯科	UN	A
1319	CNXMNA	厦门	GBLALA	欧洲	英国	兰利	UN	A
1320	CNXMNA	厦门	ITMILA	欧洲	意大利	米兰	UN	A
1321	CNSZXA	深圳	ITMILA	欧洲	意大利	米兰	UN	A
1322	CNWNZA	温州	NLAMSA	欧洲	荷兰	阿姆斯特丹	UN	B
1323	CNSHAA	上海	ATVIEC	欧洲	奥地利	维也纳	UN	A
1324	CNSZXA	深圳	FRCDGA	欧洲	法国	罗斯	UN	A
1325	CNDGGA	东莞国际	BEBRUA	欧洲	比利时	布鲁塞尔	UN	A
1326	CNSZXA	深圳	UAIEVA	欧洲	乌克兰	基辅	UN	A
1327	CNNKGA	南京	FRCDGA	欧洲	法国	罗斯	UN	A
1328	CNCGOA	郑州国际	PTLISA	欧洲	葡萄牙	里斯本	UN	A
1329	CNNKGA	南京	RUMOWS	欧洲	俄罗斯	莫斯科	UN	A

三、国际包裹直封关系一览表

序号	原寄局	原寄局名	寄达局	洲	国家	寄达局名	总包种类	运输方式
1	CNCANA	广州	DEFRAA	欧洲	德国	法兰克福	CN	A
2	CNSHAA	上海	FRCYMA	欧洲	法国	希利	CN	A
3	CNSHAA	上海	CZPRGA	欧洲	捷克	布拉格	CN	A
4	CNSHAA	上海	IEDUBA	欧洲	爱尔兰	都柏林	CN	A
5	CNBJSA	北京	BGSOFD	欧洲	保加利亚	索非亚	CN	B
6	CNSFEA	绥芬河国际	RUVVOH	欧洲	俄罗斯	符拉迪沃斯托克	CN	C
7	CNBJSA	北京	TWKELA	欧洲	乌克兰	基隆	CN	C
8	CNURCB	乌鲁木齐	FIHELA	欧洲	芬兰	赫尔辛基	CN	C
9	CNURCB	乌鲁木齐	BEBRUA	欧洲	比利时	布鲁塞尔	CN	C
10	CNURCB	乌鲁木齐	NLAMSA	欧洲	荷兰	阿姆斯特丹	CN	C
11	CNCANA	广州	DEFRAA	欧洲	德国	法兰克福	CN	B
12	CNSHAA	上海	FRCYMA	欧洲	法国	希利	CN	B
13	CNSHAA	上海	IEDUBA	欧洲	爱尔兰共和国	都柏林	CN	B

续 表

序号	原寄局	原寄局名	寄达局	洲	国家	寄达局名	总包种类	运输方式
14	CNSHAA	上海	DEFRAA	欧洲	德国	法兰克福	CN	B
15	CNSHAA	上海	GBCVTA	欧洲	英国	考文垂	CN	B
16	CNSHAA	上海	HRZAGC	欧洲	克罗地亚	萨格勒布	CN	B
17	CNSZXA	深圳	FRCYMA	欧洲	法国	希利	CN	B
18	CNSHAA	上海	DKCPHP	欧洲	丹麦	哥本哈根	CN	A
19	CNSHAA	上海	FIHELA	欧洲	芬兰	赫尔辛基	CN	A
20	CNSHAA	上海	GBCVTA	欧洲	英国	考文垂	CN	A
21	CNSHAA	上海	SILJUA	欧洲	斯洛文尼亚	卢布尔雅那	CN	A
22	CNXMNA	厦门	TWKELA	欧洲	乌克兰	基隆	CN	C
23	CNSHAA	上海	ATVIEB	欧洲	奥地利	维也纳	CN	C
24	CNSHAA	上海	CHZRHU	欧洲	瑞士	苏黎世	CN	C
25	CNSHAA	上海	HRZAGC	欧洲	克罗地亚	萨格勒布	CN	A
26	CNSHAA	上海	SEMMAB	欧洲	西班牙	马尔默	CN	A
27	CNSHAA	上海	RUMOWV	欧洲	俄罗斯	莫斯科	CN	A
28	CNBJSA	北京	NOOSLB	欧洲	挪威	奥斯路	CN	B
29	CNSHAA	上海	NLAMSA	欧洲	荷兰	阿姆斯特丹	CN	C
30	CNSHAA	上海	HUBUDA	欧洲	匈牙利	布达佩斯	CN	C
31	CNSHAA	上海	DKCPHP	欧洲	丹麦	哥本哈根	CN	C
32	CNSHAA	上海	SEMMAB	欧洲	西班牙	马尔默	CN	C
33	CNSHAA	上海	ITMXPA	欧洲	意大利	马尔彭萨	CN	C
34	CNSHAA	上海	NOOSLB	欧洲	挪威	奥斯路	CN	C
35	CNSHAA	上海	CZPRGA	欧洲	捷克	布拉格	CN	C
36	CNSHAA	上海	FRCYMA	欧洲	法国	希利	CN	C
37	CNSHAA	上海	GBCVTA	欧洲	英国	考文垂	CN	C
38	CNSHAA	上海	DEHAMB	欧洲	德国	汉堡	CN	C
39	CNSHAA	上海	FIHELA	欧洲	芬兰	赫尔辛基	CN	C
40	CNSHAA	上海	TWKELA	欧洲	乌克兰	基隆	CN	C
41	CNURCB	乌鲁木齐	CZPRGA	欧洲	捷克	布拉格	CN	C
42	CNURCB	乌鲁木齐	DKCPHP	欧洲	丹麦	哥本哈根	CN	C
43	CNURCB	乌鲁木齐	FRCYMA	欧洲	法国	希利	CN	C
44	CNURCB	乌鲁木齐	GBCVTA	欧洲	英国	考文垂	CN	C
45	CNURCB	乌鲁木齐	ITMXPA	欧洲	意大利	马尔彭萨	CN	C
46	CNURCB	乌鲁木齐	SEMMAB	欧洲	西班牙	马尔默	CN	C
47	CNBJSA	北京	CZPRGA	欧洲	捷克	布拉格	CN	B
48	CNBJSA	北京	BEBRUA	欧洲	比利时	布鲁塞尔	CN	B
49	CNBJSA	北京	IEDUBA	欧洲	爱尔兰	都柏林	CN	B
50	CNHUCA	珲春国际	RUVVOH	欧洲	俄罗斯	符拉迪沃斯托克	CN	C

续 表

序号	原寄局	原寄局名	寄达局	洲	国家	寄达局名	总包种类	运输方式
51	CNBJSA	北京	CZPRGA	欧洲	捷克	布拉格	CN	A
52	CNBJSA	北京	BEBRUA	欧洲	比利时	布鲁塞尔	CN	A
53	CNBJSA	北京	IEDUBA	欧洲	爱尔兰	都柏林	CN	A
54	CNFOCA	福州	TWKELA	欧洲	乌克兰	基隆	CN	C
55	CNBJSA	北京	MDKIVA	欧洲	摩尔多瓦	基什尼奥夫	CN	A
56	CNBJSA	北京	EETLLB	欧洲	爱沙尼亚	塔林	CN	A
57	CNBJSA	北京	LTVNOA	欧洲	立陶宛	维尔纽斯	CN	A
58	CNCANA	广州	GBCVTA	欧洲	英国	考文垂	CN	C
59	CNCANA	广州	DEHAMB	欧洲	德国	汉堡	CN	C
60	CNCANA	广州	NLAMSC	欧洲	荷兰	阿姆斯特丹	CN	C
61	CNCANA	广州	FRCYMA	欧洲	法国	希利	CN	C
62	CNCANA	广州	GBLALT	欧洲	英国	兰利(转)	CN	C
63	CNCANA	广州	TWKELA	欧洲	乌克兰	基隆	CN	C
64	CNBJSA	北京	RUMOWB	欧洲	俄罗斯	莫斯科	CN	C
65	CNURCA	乌鲁木齐	RUMOWV	欧洲	俄罗斯	莫斯科	CN	A
66	CNURCA	乌鲁木齐	RUOVBI	欧洲	俄罗斯	新西伯利亚	CN	A
67	CNURCA	乌鲁木齐	RUOVBI	欧洲	俄罗斯	新西伯利亚	CN	A
68	CNHRBA	哈尔滨	RUEKAA	欧洲	俄罗斯	叶卡捷琳堡	CN	A
69	CNHRBL	哈尔滨国际邮件处理中心	RUMOWV	欧洲	俄罗斯	莫斯科	CN	A
70	CNHEKA	黑河	RUBQSC	欧洲	俄罗斯	BLAGOVESCH 3	CN	C
71	CNBJSA	北京	PLWAWA	欧洲	波兰	华沙	CN	B
72	CNWNZA	温州	ESMADC	欧洲	西班牙	马德里	CN	B
73	CNSHAA	上海	ESMADB	欧洲	西班牙	马德里	CN	A
74	CNBJSA	北京	GRATHE	欧洲	希腊	比雷埃夫斯	CN	A
75	CNBJSA	北京	DKCPHP	欧洲	丹麦	哥本哈根	CN	B
76	CNBJSA	北京	PTLISA	欧洲	葡萄牙	里斯本	CN	A
77	CNBJSA	北京	PLWAWA	欧洲	波兰	华沙	CN	A
78	CNBJSA	北京	HRZAGC	欧洲	克罗地亚	萨格勒布	CN	B
79	CNBJSA	北京	HRZAGC	欧洲	克罗地亚	萨格勒布	CN	A
80	CNBJSA	北京	FIHELA	欧洲	芬兰	赫尔辛基	CN	B
81	CNBJSA	北京	GBCVTA	欧洲	英国	考文垂	CN	B
82	CNBJSA	北京	GBCVTA	欧洲	英国	考文垂	CN	A
83	CNBJSA	北京	HUBUDA	欧洲	匈牙利	布达佩斯	CN	A
84	CNCANA	广州	RUOVBI	欧洲	俄罗斯	新西伯利亚	CN	A
85	CNSHAA	上海	RUOVBI	欧洲	俄罗斯	新西伯利亚	CN	A

续表

序号	原寄局	原寄局名	寄达局	洲	国家	寄达局名	总包种类	运输方式
86	CNBJSA	北京	LBBEYA	欧洲	黎巴嫩	贝鲁特	CN	A
87	CNBJSA	北京	UAIEVS	欧洲	乌克兰	基辅	CN	B
88	CNBJSA	北京	UAIEVA	欧洲	乌克兰	基辅	CN	A
89	CNBJSA	北京	NOOSLB	欧洲	挪威	奥斯路	CN	A
90	CNSHAA	上海	IEPTLC	欧洲	爱尔兰	PLAOISE SDS	CN	C
91	CNBJSA	北京	ALTIAA	欧洲	阿尔巴尼亚	地拉那	CN	A
92	CNSHAA	上海	IEDUBC	欧洲	爱尔兰	都柏林	CN	A
93	CNSHAA	上海	DEFRAA	欧洲	德国	法兰克福	CN	A
94	CNSHAA	上海	IEDUBC	欧洲	爱尔兰	都柏林	CN	B
95	CNCANA	广州	GBCVTA	欧洲	英国	考文垂	CN	B
96	CNCANA	广州	FRCYMA	欧洲	法国	希利	CN	B
97	CNCANA	广州	FRCYMA	欧洲	法国	希利	CN	A
98	CNCKGR	重庆	ITMILA	欧洲	意大利	米兰	CN	C
99	CNCKGR	重庆	FRCDGA	欧洲	法国	罗斯	CN	C
100	CNCKGR	重庆	NLAMSA	欧洲	荷兰	阿姆斯特丹	CN	C
101	CNCKGR	重庆	BEBRUA	欧洲	比利时	布鲁塞尔	CN	C
102	CNBJSA	北京	RUMOWV	欧洲	俄罗斯	莫斯科	CN	A
103	CNCANA	广州	CHZRHC	欧洲	瑞士	苏黎世(转)	CN	A
104	CNBJSA	北京	LVRIXA	欧洲	拉脱维亚	里加	CN	A
105	CNSHAA	上海	LULUXC	欧洲	卢森堡	卢森堡	CN	A
106	CNSHAA	上海	NOOSLB	欧洲	挪威	奥斯路	CN	A
107	CNCANA	广州	GBCVTA	欧洲	英国	考文垂	CN	A
108	CNBJSA	北京	ALTIAA	欧洲	阿尔巴尼亚	地拉那	CN	B
109	CNBJSA	北京	MTMLAA	欧洲	马耳他	瓦莱塔	CN	A
110	CNSHAA	上海	CHZRHC	欧洲	瑞士	苏黎世(转)	CN	A
111	CNSHAA	上海	BEBRUA	欧洲	比利时	布鲁塞尔	CN	A
112	CNCANR	广州	ITMILA	欧洲	意大利	米兰	CN	C
113	CNCANR	广州	FRCDGA	欧洲	法国	罗斯	CN	C
114	CNCANR	广州	NLAMSA	欧洲	荷兰	阿姆斯特丹	CN	C
115	CNCANR	广州	BEBRUA	欧洲	比利时	布鲁塞尔	CN	C
116	CNCANR	广州	GBLALA	欧洲	英国	兰利	CN	C
117	CNCANR	广州	SESTOA	欧洲	瑞典	斯德哥尔摩	CN	C
118	CNCANR	广州	NOOSLA	欧洲	挪威	奥斯路	CN	C
119	CNCANR	广州	CZPRGA	欧洲	捷克	布拉格	CN	C
120	CNCANR	广州	DENIAA	欧洲	德国	涅德劳拉	CN	C
121	CNCANR	广州	CHZRHB	欧洲	瑞士	苏黎世	CN	C
122	CNSZXR	深圳	ITMILA	欧洲	意大利	米兰	CN	C

续表

序号	原寄局	原寄局名	寄达局	洲	国家	寄达局名	总包种类	运输方式
123	CNSZXR	深圳	FRCDGA	欧洲	法国	罗斯	CN	C
124	CNSZXR	深圳	NLAMSA	欧洲	荷兰	阿姆斯特丹	CN	C
125	CNSZXR	深圳	BEBRUA	欧洲	比利时	布鲁塞尔	CN	C
126	CNSZXR	深圳	GBLALA	欧洲	英国	兰利	CN	C
127	CNSZXR	深圳	SESTOA	欧洲	瑞典	斯德哥尔摩	CN	C
128	CNFOCA	福州	GBCVTA	欧洲	英国	考文垂	CN	B
129	CNBJSA	北京	LULUXC	欧洲	卢森堡	卢森堡	CN	B
130	CNBJSA	北京	LULUXC	欧洲	卢森堡	卢森堡	CN	A
131	CNBJSA	北京	FIHELA	欧洲	芬兰	赫尔辛基	CN	A
132	CNBJSA	北京	DKCPHP	欧洲	丹麦	哥本哈根	CN	A
133	CNSZXR	深圳	NOOSLA	欧洲	挪威	奥斯路	CN	C
134	CNSZXR	深圳	CZPRGA	欧洲	捷克共和国	布拉格	CN	C
135	CNSZXR	深圳	DENIAA	欧洲	德国	涅德劳拉	CN	C
136	CNSZXR	深圳	CHZRHB	欧洲	瑞士	苏黎世	CN	C
137	CNDGGR	东莞国际	ITMILA	欧洲	意大利	米兰	CN	C
138	CNDGGR	东莞国际	FRCDGA	欧洲	法国	罗斯	CN	C
139	CNDGGR	东莞国际	NLAMSA	欧洲	荷兰	阿姆斯特丹	CN	C
140	CNDGGR	东莞国际	BEBRUA	欧洲	比利时	布鲁塞尔	CN	C
141	CNDGGR	东莞国际	GBLALA	欧洲	英国	兰利	CN	C
142	CNDGGR	东莞国际	SESTOA	欧洲	瑞典	斯德哥尔摩	CN	C
143	CNDGGR	东莞国际	NOOSLA	欧洲	挪威	奥斯路	CN	C
144	CNDGGR	东莞国际	CZPRGA	欧洲	捷克共和国	布拉格	CN	C
145	CNDGGR	东莞国际	DENIAA	欧洲	德国	涅德劳拉	CN	C
146	CNDGGR	东莞国际	CHZRHB	欧洲	瑞士	苏黎世	CN	C
147	CNYIWR	义乌国际	ITMILA	欧洲	意大利	米兰	CN	C
148	CNYIWR	义乌国际	FRCDGA	欧洲	法国	罗斯	CN	C
149	CNYIWR	义乌国际	NLAMSA	欧洲	荷兰	阿姆斯特丹	CN	C
150	CNYIWR	义乌国际	BEBRUA	欧洲	比利时	布鲁塞尔	CN	C
151	CNCANA	广州	CHZRHU	欧洲	瑞士	苏黎世	CN	A
152	CNYIWR	义乌国际	GBLALA	欧洲	英国	兰利	CN	C
153	CNYIWR	义乌国际	SESTOA	欧洲	瑞典	斯德哥尔摩	CN	C
154	CNYIWR	义乌国际	NOOSLA	欧洲	挪威	奥斯路	CN	C
155	CNYIWR	义乌国际	CZPRGA	欧洲	捷克共和国	布拉格	CN	C
156	CNYIWR	义乌国际	DENIAA	欧洲	德国	涅德劳拉	CN	C
157	CNYIWR	义乌国际	CHZRHB	欧洲	瑞士	苏黎世	CN	C
158	CNHGHR	杭州	ITMILA	欧洲	意大利	米兰	CN	C
159	CNHGHR	杭州	FRCDGA	欧洲	法国	罗斯	CN	C

续表

序号	原寄局	原寄局名	寄达局	洲	国家	寄达局名	总包种类	运输方式
160	CNHGHR	杭州	NLAMSA	欧洲	荷兰	阿姆斯特丹	CN	C
161	CNHGHR	杭州	BEBRUA	欧洲	比利时	布鲁塞尔	CN	C
162	CNHGHR	杭州	GBLALA	欧洲	英国	兰利	CN	C
163	CNHGHR	杭州	SESTOA	欧洲	瑞典	斯德哥尔摩	CN	C
164	CNHRBA	哈尔滨	RUMOWV	欧洲	俄罗斯	莫斯科	CN	A
165	CNHGHR	杭州	NOOSLA	欧洲	挪威	奥斯路	CN	C
166	CNHGHR	杭州	CZPRGA	欧洲	捷克共和国	布拉格	CN	C
167	CNHGHR	杭州	DENIAA	欧洲	德国	涅德劳拉	CN	C
168	CNHGHR	杭州	CHZRHB	欧洲	瑞士	苏黎世	CN	C
169	CNSHAA	上海	CHZRHU	欧洲	瑞士	苏黎世	CN	B
170	CNSHAA	上海	CHZRHC	欧洲	瑞士	苏黎世(转)	CN	B
171	CNCANA	广州	RUMOWV	欧洲	俄罗斯	莫斯科	CN	A
172	CNCANA	广州	NLAMSA	欧洲	荷兰	阿姆斯特丹	CN	A
173	CNBJSA	北京	SEMMAB	欧洲	西班牙	马尔默	CN	B
174	CNBJSA	北京	SEMMAB	欧洲	西班牙	马尔默	CN	A
175	CNBJSA	北京	ROBUHB	欧洲	罗马尼亚	布加勒斯特	CN	B
176	CNSHAA	上海	ITMXPA	欧洲	意大利	马尔彭萨	CN	A
177	CNBJSA	北京	BGSOFD	欧洲	保加利亚	索非亚	CN	A
178	CNSHAA	上海	NLAMSA	欧洲	荷兰	阿姆斯特丹	CN	B
179	CNSHAA	上海	NLAMSA	欧洲	荷兰	阿姆斯特丹	CN	A
180	CNFOCA	福州	GBCVTA	欧洲	英国	考文垂	CN	A
181	CNHRBA	哈尔滨	RUOVBI	欧洲	俄罗斯	新西伯利亚	CN	A
182	CNBJSA	北京	ITMXPA	洲	意大利	马尔彭萨	CN	A
183	CNBJSA	北京	ITMXPA	欧洲	意大利	马尔彭萨	CN	B
184	CNSHAA	上海	CHZRHU	欧洲	瑞士	苏黎世	CN	A
185	CNBJSA	北京	ROBUHB	欧洲	罗马尼亚	布加勒斯特	CN	A
186	CNCKGR	重庆	GBLALA	欧洲	英国	兰利	CN	C
187	CNCKGR	重庆	SESTOA	欧洲	瑞典	斯德哥尔摩	CN	C
188	CNCKGR	重庆	NOOSLA	欧洲	挪威	奥斯路	CN	C
189	CNCKGR	重庆	CZPRGA	欧洲	捷克共和国	布拉格	CN	C
190	CNCKGR	重庆	DENIAA	欧洲	德国	涅德劳拉	CN	C
191	CNCKGR	重庆	CHZRHB	欧洲	瑞士	苏黎世	CN	C
192	CNBJSA	北京	RUMOWV	欧洲	俄罗斯	莫斯科	CN	B
193	CNBJSA	北京	CHZRHU	欧洲	瑞士	苏黎世	CN	B
194	CNBJSA	北京	CHZRHU	欧洲	瑞士	苏黎世	CN	A
195	CNBJSA	北京	CHZRHC	欧洲	瑞士	苏黎世(转)	CN	A
196	CNBJSA	北京	CHZRHC	欧洲	瑞士	苏黎世(转)	CN	B

续表

序号	原寄局	原寄局名	寄达局	洲	国家	寄达局名	总包种类	运输方式
197	CNBJSA	北京	FRCYMA	欧洲	法国	希利	CN	A
198	CNBJSA	北京	FRCYMA	欧洲	法国	希利	CN	B
199	CNBJSA	北京	HUBUDA	欧洲	匈牙利	布达佩斯	CN	B
200	CNBJSA	北京	ISREKA	欧洲	冰岛	雷克雅末	CN	A
201	CNBJSA	北京	ISREKA	欧洲	冰岛	雷克雅末	CN	B
202	CNBJSA	北京	ESMADC	欧洲	西班牙	马德里	CN	B
203	CNBJSA	北京	BYMSQD	欧洲	白俄罗斯	明斯克	CN	A
204	CNMLXA	满洲里	RUMOWV	欧洲	俄罗斯	莫斯科	CN	B
205	CNBJSA	北京	DEFRAA	欧洲	德国	法兰克福	CN	B
206	CNBJSA	北京	DEFRAA	欧洲	德国	法兰克福	CN	A
207	CNBJSA	北京	ESMADB	欧洲	西班牙	马德里	CN	A
208	CNBJSA	北京	SILJUA	欧洲	斯洛文尼亚	卢布尔雅那	CN	A
209	CNBJSA	北京	ATVIEB	欧洲	奥地利	维也纳	CN	A
210	CNBJSA	北京	ATVIEB	欧洲	奥地利	维也纳	CN	B
211	CNBJSA	北京	RSBEGB	欧洲	塞尔维亚共和国	贝尔格莱德	CN	A
212	CNBJSA	北京	RSBEGB	欧洲	塞尔维亚共和国	贝尔格莱德	CN	B
213	CNBJSA	北京	NLAMSA	欧洲	荷兰	阿姆斯特丹	CN	B
214	CNBJSA	北京	NLAMSA	欧洲	荷兰	阿姆斯特丹	CN	A
215	CNSHAA	上海	ATVIEB	欧洲	奥地利	维也纳	CN	A

思考题

1. 简述欧洲在世界上的地位。
2. 简述英国、法国、俄罗斯、意大利、德国等欧洲各国的主要城市。
3. 简述中国与英国的邮政通信状况。
4. 简述中国与法国的邮政通信状况。
5. 简述中国与意大利的邮政通信状况。
6. 简述中国与德国的邮政通信状况。
7. 简述中国与俄罗斯的邮政通信状况。

第十五章　非　　洲

第一节　概　　况

非洲面积 3 020 万平方千米，为世界第二大洲，约占地球陆地总面积的 1/5。全洲以非洲大陆为主体，还包括印度洋上的马达加斯加岛，马斯克林、塞舌尔、科摩罗等群岛，以及大西洋中的马德拉、加那利、佛得角等群岛，岛屿合计占全洲总面积 2%。

非洲三面濒临大西洋，北面和东北面与亚欧大陆靠得很近，除了有宽 170 千米的苏伊士地峡相连外，非、亚两洲之间的红海和非、欧两洲之间的地中海宽度都不大，它们出口处海峡宽度只有 20 千米左右。因此，从古代起北非和东非地区同亚、欧两洲就有着密切的经济与文化联系。它所扼守的苏伊士运河、直布罗陀海峡、红海以及好望角航路，都是世界海上贸易的重要通道，在世界经济地理中占有重要的地位。

非洲是一个自然资源比较丰富的大洲，矿产资源非常丰富。

非洲人口约 12 亿(2016 年)，在各大洲中居第二位，占世界总人口的 16.33%。非洲的自然环境有着许多独特之处，沙漠和热带雨林占据了很大的面积。

非洲现有 60 个国家和地区(2016 年)。

第二节　主要国家和城市

一、北非的主要国家和城市

北部非洲包括从苏丹和埃及沿地中海岸向西直至摩洛哥的六个国家，以及西撒哈拉，并包括大西洋中的马德拉和亚速尔两群岛，总面积 830 多万平方千米。本地区位于撒哈拉沙漠的北侧，因地理位置毗邻，自古以来即与西亚和南欧有着密切的联系，人们通常把本区同西亚合称为中东和北非，就是因为它们有较多共性的缘故。阿拉伯文化和伊斯兰教是本地区社会生活中的基本特色。

北非历史悠久，在古代，它在社会发展阶段上是显著领先的，后来又没有受到奴隶贸易的破坏，加上因地理位置的毗邻，较多地受到欧洲文明的熏陶，因此与非洲其他地区相比，经济发展的历史基础较为雄厚。自 20 世纪 50 年代以来，随着丰富石油资源的开发，北非的经济出现了全面高涨，其发展水平在全洲范围内继续处于显著的领先地位，且增长速度较快。

主要国家有埃及。

埃及是非洲和阿拉伯国家中历史悠久、人口众多、经济较为发达的国家。面积约100万平方千米,跨非、亚两洲,处在整个中东北非地区以及阿拉伯世界的中心位置,苏伊士运河开通后,成为世界重要的航运枢纽,战略位置更显重要。

著名的苏伊士运河位于埃及东北部的亚、非两大洲分界线上,沟通了地中海与红海,扼非、亚、欧三洲交通要冲,具有重要的经济意义和战略价值。

主要城市:

开罗,首都,全国政治、经济、文化中心。非洲最大的城市。

亚历山大,埃及第二大城市,亚历山大港是埃及最大的海港。

塞得港,全国第二大港口。

二、撒哈拉以南的非洲

全区位于撒哈拉沙漠以南,总面积2 430万平方千米,共包括40多个国家和地区。总人口9.36亿(2013年),其中黑人占绝大部分,因此有“黑非洲”之称。这一人种特点,决定了本地区基本的人文地理面貌,并形成了同北部非洲之间的鲜明差异,国际上常常把北部非洲看作是阿拉伯世界的一部分,把本地区看作是“真正的”非洲。从历史、人文、社会、经济等各个方面,本地区体现了非洲最基本的特点,况且其人口占到全洲的大约80%。本地区范围很广,各地之间在自然地理和经济地理上都有一定差异,通常按地理位置把全地区划分为:西部非洲、中部非洲、东部非洲、南部非洲。

主要国家有尼日利亚、南非共和国。

(一)尼日利亚

非洲人口最多的国家,也是最重要、最有代表性的国家之一。与大多数非洲国家相比,尼日利亚拥有优越的自然条件。地形总的来说比较低平,既没有高山,也没有沙漠。全境地处热带,可以广泛种植多种农作物,森林和草原分布也很广。在矿产资源方面,石油和天然气地位突出。其国民经济比例失调,城乡差异显著扩大。

主要城市:

阿布贾,首都。

拉各斯,经济、文化中心,西非著名的水上城市。

伊巴丹,历史名城,民族特色浓厚。

(二)南非共和国

南非共和国,简称南非。位于非洲大陆最南端,面积121.9万平方千米,人口5 591万(2016年),其中黑人占70%多,其余为混血种人、白人和黄种人。南非的地理位置非常重要。南非是世界上矿物资源,尤其是战略性资源最丰富的国家之一,采矿业占有重要的地位,是国民经济重要支柱产业。南非的农业也占重要地位,其制造业发展很快,已经成为占主导地位的经济部门。

主要城市:

茨瓦内(原名比勒陀利亚),首都,全国政治、经济、文化及黑色冶炼中心。

约翰内斯堡,全国第二大城市和商业、采金业中心。

开普敦,第一大城市和重要港口。

第三节　中国与非洲主要国家的邮政通信

一、国际函件直封关系一览表

序号	原寄局	原寄局名	寄达局	洲	国家	寄达局名	总包种类	运输方式
1	CNBJSA	北京	ZWHREA	非洲	津巴布韦	哈拉雷(CSO)	UN	C
2	CNBJSA	北京	DZALGB	非洲	阿尔及尔	阿尔及尔	UN	C
3	CNBJSA	北京	GNCKYA	非洲	几内亚	科纳克里	UN	C
4	CNBJSA	北京	KEMBAA	非洲	肯尼亚	蒙巴萨	UN	C
5	CNBJSA	北京	MLBKOA	非洲	马里共和国	巴马科	UN	C
6	CNBJSA	北京	MUMRUA	非洲	毛里求斯	路易斯	UT	C
7	CNSHAA	上海	EGCAIB	非洲	埃及	开罗	UN	C
8	CNSHAA	上海	GHACCB	非洲	加纳	阿克拉	UN	C
9	CNCANA	广州	MUMRUA	非洲	毛里求斯	路易斯	UN	C
10	CNBJSA	北京	MGTNRA	非洲	马达加斯加	塔那那利佛	UN	A
11	CNBJSA	北京	ETADDA	非洲	埃塞俄比亚	亚的斯亚贝巴	UN	A
12	CNBJSA	北京	GMBJLA	非洲	冈比亚	班珠尔	UN	A
13	CNBJSA	北京	LSMSUA	非洲	莱索托	马塞卢	UN	A
14	CNBJSA	北京	LRMLWA	非洲	利比里亚	蒙罗维亚	UN	A
15	CNCANA	广州	RERUNA	非洲	留尼汪岛	圣但尼	UN	A
16	CNBJSA	北京	CGBZVA	非洲	刚果	布拉扎维	UN	A
17	CNBJSA	北京	TZDARA	非洲	坦桑尼亚	达累斯萨拉姆	UN	A
18	CNBJSA	北京	CMDLAA	非洲	喀麦隆	杜阿拉	UN	A
19	CNBJSA	北京	TDNDJA	非洲	乍得	恩贾梅纳	UN	A
20	CNBJSA	北京	SLFNAA	非洲	塞拉利昂	弗里敦	UN	A
21	CNBJSA	北京	ZWHREA	非洲	津巴布韦	哈拉雷(CSO)	UN	A
22	CNBJSA	北京	DJJIBA	非洲	吉布提	吉布提	UN	A
23	CNBJSA	北京	BWGBEA	非洲	博茨瓦纳	加博罗内	UN	A
24	CNBJSA	北京	CDFIHA	非洲	刚果	金沙萨	UN	A
25	CNBJSA	北京	SDKRTA	非洲	苏丹	喀土穆	UN	A
26	CNBJSA	北京	EGCAIA	非洲	埃及	开罗	UN	A
27	CNBJSA	北京	UGKLAA	非洲	乌干达	坎帕拉	UN	A
28	CNBJSA	北京	GNCKYA	非洲	几内亚	科纳克里	UN	A
29	CNBJSA	北京	BJCOOA	非洲	贝宁	科托努	UN	A
30	CNBJSA	北京	MACASA	非洲	摩洛哥	卡萨布兰卡	UT	C
31	CNBJSA	北京	CIABJA	非洲	科特迪瓦	阿比让	UT	A

续表

序号	原寄局	原寄局名	寄达局	洲	国家	寄达局名	总包种类	运输方式
32	CNBJSA	北京	GALBVA	非洲	加蓬	利伯维尔	UT	A
33	CNBJSA	北京	LRMLWA	非洲	利比里亚	蒙罗维亚	UT	A
34	CNBJSA	北京	RWKGLA	非洲	卢旺达	基加利	UT	A
35	CNBJSA	北京	DZALGI	非洲	阿尔及利亚	哈林	UT	A
36	CNBJSA	北京	CDFIHA	非洲	刚果	金沙萨	UT	A
37	CNBJSA	北京	BIBJMA	非洲	布隆迪	布琼布拉	UT	A
38	CNBJSA	北京	KENBOB	非洲	肯尼亚	内罗毕	UT	A
39	CNBJSA	北京	DZALGD	非洲	阿尔及尔	阿尔及尔	UT	C
40	CNBJSA	北京	EGCAIA	非洲	埃及	开罗	UT	C
41	CNBJSA	北京	ZMLUNA	非洲	赞比亚	卢萨卡	UN	A
42	CNBJSA	北京	MUPLUA	非洲	毛里求斯	路易斯港	UN	A
43	CNBJSA	北京	AOLADA	非洲	安哥拉	罗安达	UN	A
44	CNBJSA	北京	GQSSGA	非洲	赤道几内亚	马拉博	UN	A
45	CNBJSA	北京	KENBOA	非洲	肯尼亚	内罗毕	UN	A
46	CNBJSA	北京	NENIMA	非洲	尼日尔	尼亚美	UN	A
47	CNBJSA	北京	MRNKCA	非洲	毛里塔尼亚	努瓦肖克特	UN	A
48	CNBJSA	北京	SLFNAA	非洲	塞拉利昂	弗里敦	UT	A
49	CNBJSA	北京	SNDKRA	非洲	塞内加尔	达喀尔	UT	A
50	CNCANA	广州	ZAJNBA	非洲	南非	约翰内斯堡	UN	A
51	CNBJSA	北京	TNTUNA	非洲	突尼斯	突尼斯	UT	A
52	CNBJSA	北京	NENIMB	非洲	尼日尔	尼亚美	UT	A
53	CNBJSA	北京	NGLOSS	非洲	尼日利亚	拉各斯	UT	C
54	CNBJSA	北京	CDFIHA	非洲	刚果	金沙萨	UN	C
55	CNBJSA	北京	CGBZVA	非洲	刚果	布拉扎维	UN	C
56	CNBJSA	北京	CMDLAA	非洲	喀麦隆	杜阿拉	UN	C
57	CNBJSA	北京	GNCKYA	非洲	几内亚	科纳克里	UT	C
58	CNBJSA	北京	SDKRTA	非洲	苏丹	喀土穆	UT	C
59	CNBJSA	北京	TZDARA	非洲	坦桑尼亚	达累斯萨拉姆	UT	C
60	CNBJSA	北京	SNDKRB	非洲	塞内加尔	达喀尔	UN	C
61	CNBJSA	北京	NGLOSS	非洲	尼日利亚	拉各斯	UN	C
62	CNBJSA	北京	TGLFWA	非洲	多哥	洛美	UN	C
63	CNBJSA	北京	TNTUNA	非洲	突尼斯	突尼斯	UN	C
64	CNBJSA	北京	TZDARA	非洲	坦桑尼亚	达累斯萨拉姆	UN	C
65	CNBJSA	北京	UGKLAA	非洲	乌干达	坎帕拉	UN	C
66	CNBJSA	北京	JMKINA	非洲	刚果	金斯敦	UN	C
67	CNBJSA	北京	MRNKCA	非洲	毛里塔尼亚	努瓦肖克特	UN	C
68	CNBJSA	北京	SOMGQA	非洲	索马里	摩加迪沙	UN	C

续表

序号	原寄局	原寄局名	寄达局	洲	国家	寄达局名	总包种类	运输方式
69	CNCANA	广州	MUMRUA	非洲	毛里求斯	路易斯	UN	A
70	CNBJSA	北京	TNTUNA	非洲	突尼斯	突尼斯	UN	A
71	CNCANA	广州	ZAJNBA	非洲	南非	约翰内斯堡	UN	A
72	CNBJSA	北京	GALBVB	非洲	加蓬	利波维尔	UN	A
73	CNBJSA	北京	MZMPMA	非洲	莫桑比克	马普托	UN	A
74	CNCANA	广州	SCSEZA	非洲	塞舌尔	塞舌尔	UN	A
75	CNBJSA	北京	BFOUAB	非洲	布基纳法索	瓦加杜古	UN	A
76	CNBJSA	北京	CIABJA	非洲	科特迪瓦	阿比让	UN	A
77	CNBJSA	北京	DZALGB	非洲	阿尔及尔	阿尔及尔	UN	A
78	CNBJSA	北京	SNDKRA	非洲	塞内加尔	达喀尔	UN	A
79	CNCANA	广州	ZAJNBA	非洲	南非	约翰内斯堡	UN	A
80	CNBJSA	北京	BIBJMA	非洲	布隆迪	布琼布拉	UN	A
81	CNDGGA	东莞国际	ZAJNBA	非洲	南非	约翰内斯堡	UN	A
82	CNBJSA	北京	TGLFWA	非洲	多哥	洛美	UN	A
83	CNBJSA	北京	MLBKOA	非洲	马里共和国	巴马科	UN	A
84	CNBJSA	北京	NGLOSA	非洲	尼日利亚	拉各斯	UN	A
85	CNDGGA	东莞国际	ZAJNBA	非洲	南非	约翰内斯堡	UN	A
86	CNBJSA	北京	GHACCB	非洲	加纳	阿克拉	UN	A
87	CNBJSA	北京	RWKGLA	非洲	卢旺达	基加利	UN	A
88	CNCANA	广州	SCSEZA	非洲	塞舌尔	塞舌尔	UN	A
89	CNCANA	广州	ZAJNBA	非洲	南非	约翰内斯堡	UN	A
90	CNDGGA	东莞国际	ZAJNBA	非洲	南非	约翰内斯堡	UN	A
91	CNBJSA	北京	JMKINA	非洲	刚果	金斯敦	UN	A

二、国际包裹直封关系一览表

序号	原寄局	原寄局名	寄达局	洲	国家	寄达局名	总包种类	运输方式
1	CNCANA	广州	ZAJNBA	非洲	南非	约翰内斯堡	CN	A
2	CNSHAA	上海	DZALGB	非洲	阿尔及尔	阿尔及尔	CN	A
3	CNBJSA	北京	GNCKYA	非洲	几内亚	科纳克里	CN	C
4	CNSHAA	上海	NGLOSA	非洲	尼日利亚	拉各斯	CN	A
5	CNBJSA	北京	DZALGB	非洲	阿尔及尔	阿尔及尔	CN	A
6	CNBJSA	北京	GHACCB	非洲	加纳	阿克拉	CN	A
7	CNBJSA	北京	MLBKOA	非洲	马里共和国	巴马科	CN	A
8	CNBJSA	北京	SLFNAA	非洲	塞拉利昂	弗里敦	CN	A
9	CNBJSA	北京	DJJIBA	非洲	吉布提	吉布提	CN	A
10	CNBJSA	北京	UGKLAA	非洲	乌干达	坎帕拉	CN	A

续表

序号	原寄局	原寄局名	寄达局	洲	国家	寄达局名	总包种类	运输方式
11	CNBJSA	北京	KENBOB	非洲	肯尼亚	内罗毕	CN	A
12	CNBJSA	北京	ETADDA	非洲	埃塞俄比亚	亚的斯亚贝巴	CN	A
13	CNCANA	广州	ZADURD	非洲	南非	德班	CN	C
14	CNCANA	广州	ZADURC	非洲	南非	德班	CN	C
15	CNSHAA	上海	LRMLWA	非洲	利比里亚	蒙罗维亚	CN	A
16	CNBJSA	北京	EGCAIA	非洲	埃及	开罗	CN	A
17	CNSHAA	上海	CIABJA	非洲	科特迪瓦	阿比让	CN	A
18	CNCANA	广州	MUMRUA	非洲	毛里求斯	路易斯	CN	A
19	CNBJSA	北京	NGLOSA	非洲	尼日利亚	拉各斯	CN	A
20	CNBJSA	北京	JMKINA	非洲	刚果	金斯敦	CN	A

思 考 题

1. 简述非洲的基本状况。
2. 简述北部非洲的主要国家和城市。
3. 简述撒哈拉以南非洲的主要国家和城市。
4. 简述中国与埃及的邮政通信状况。
5. 简述中国与尼日利亚的邮政通信状况。
6. 简述中国与南非的邮政通信状况。

第十六章　北美洲

第一节　概　　况

北亚美利加洲，简称北美洲。位于西半球北部。东滨大西洋，西临太平洋，北濒北冰洋，南以巴拿马运河为界与南美洲相分。北美洲除包括巴拿马运河以北的美洲外，还包括加勒比海中的西印度群岛。北美洲面积为 2 422.8 万平方千米（包括附近岛屿），约占世界陆地总面积的 16.2%，是世界第三大洲。分为东部地区（拉布拉多高原、阿巴拉契亚山脉以东的地区）、中部地区（拉布拉多高原、阿巴拉契亚山脉与落基山脉之间）、西部地区（属美洲科迪勒拉山系北段，落基山脉是本区骨架、阿拉山脉之间）、阿拉斯加、加拿大北极群岛、格陵兰岛、墨西哥、中美洲和西印度群岛九个地区。

北美洲人口 5.5 亿人（2015 年），约占世界总人口的 7.5%。全洲人口分布很不均衡，人口绝大部分分布在东南部地区，其中以纽约附近和伊利湖周围人口密度最大，每平方千米在 200 人以上，而面积广大的北部地区和美国西部内陆地区人口稀少，每平方千米不到 1 人。北美洲大部分居民是欧洲移民的后裔，其中以盎格鲁-撒克逊人最多；其次是印第安人、黑人、混血种人。此外还有因纽特人、波多黎各人、犹太人、日本人和华人等。语言通用英语、西班牙语，其次是法语、荷兰语、印第安语等。居民主要信基督教和天主教。

第二节　主要国家和城市

一、加拿大

（一）加拿大概况

加拿大位于北美洲北部。北、东、西三面分别濒临北冰洋、大西洋和太平洋，南面与美国为邻，西北一角与美国的阿拉斯加相接。面积 998.5 万平方千米，仅次于俄罗斯。人口 3 629 万（2016 年），地广人稀。绝大部分人口集中分布在南部的狭长地带。居民以英、法移民的后裔为主，有少量华侨和华裔。北冰洋沿岸有少数因纽特人（爱斯基摩人），他们是地球上最北的居民。

加拿大是发达的资本主义工、农业国家。主要工业有造纸、汽车制造、采矿等。纸浆和新闻纸产量世界第一，矿产品的产量也居世界前列。东南部的五大湖畔和圣劳伦斯河谷，是加拿大工业最发达的地区。全国第一大城市和金融中心多伦多、第二大城市和主要工业中心兼港口蒙特利尔,都在东南部工业区内。

(二) 主要城市

1. 渥太华

加拿大首都,位于渥太华河南岸,与魁北克省隔河相望,与对岸的荷尔(Hull,属于魁北克省)市连成一大片城市区域,称为渥太华-荷尔地区,共有居民 112.89 万(2002 年)。全国政治中心。

2. 多伦多

多伦多是加拿大第一大城市,也是安大略省的省会,其人口约 581 万(2006 年),城市面积很大。全国商业、金融、文化中心。

3. 蒙特利尔

蒙特利尔位于渥太华河和圣劳伦斯河交汇处,是加拿大第二大城市,人口约 410 万(2016 年)。

4. 魁北克市

魁北克市是魁北克省的省会,是一座法兰西风味浓郁、历史悠久的文化名城,是北美洲所有城市中唯一被联合国教科文组织列入世界遗迹保存名单的城市。

5. 温哥华

温哥华是加拿大第三大城市,市区人口约 63.2 万(2016 年)。加拿大西海岸最大的港口和国际贸易中心。

二、美国

(一) 美国概况

美国全称美利坚合众国。领土大部分位于北美洲中部,北美洲西北隅阿拉斯加和太平洋上的夏威夷也是美国领土。面积 983.2 万多平方千米。人口 3.23 亿多(2016 年)。全国分为 50 个州和首都华盛顿所在的哥伦比亚特区。美国居民绝大部分是欧洲移民的后裔,少数民族有黑人、印第安人等,华裔和华侨也不少。美国是经济高度发达的国家,生产规模巨大,部门结构完整,农业先进,实现了专业化、机械化和自动化。国民生产总值长期居世界第一。

(二) 主要城市

1. 纽约

纽约是美国第一大都市和第一大商港,它不仅是美国的金融中心,也是全世界金融中心之一。纽约位于纽约州东南哈得孙河口,濒临大西洋。它由五个区组成:曼哈顿、布鲁克林、布朗克斯、昆斯和里士满。纽约还是联合国总部所在地,总部大厦坐落在曼哈顿岛东河河畔。

2. 洛杉矶

洛杉矶被称为天使之城,是仅次于纽约的美国第二大城市。位于美国西海岸加利福尼亚州南部,濒临太平洋东侧的圣佩德罗湾和圣莫尼卡湾沿岸,背靠圣加布里埃尔山,面积 1 200 多平方千米。洛杉矶是美国西部最大的工业中心,制造业产值约占加利福尼亚州的 1/2,居全国第三位。

3. 芝加哥

芝加哥是美国第三大城市,五大湖地区最大工业中心。位于伊利诺伊州东北部,密歇根湖西南端。

4. 休斯敦

休斯敦是美国第四大城市，位于德克萨斯州东南墨西哥湾平原上部。

5. 旧金山

旧金山位于加利福尼亚州西北部，美国的西海岸，是太平洋沿岸仅次于洛杉矶的第二大港口城市。

三、墨西哥

（一）墨西哥概况

墨西哥位于美国和中美地峡之间，面积近 196.4 万平方千米，人口 12 754 万（2016 年）。墨西哥农业部门较全，作物种类较多，主要有玉米、小麦、棉花、咖啡等。墨西哥的矿产资源有石油、天然气、银和硫黄等，是世界著名的产油国。石油集中分布在墨西哥湾沿岸。石油工业是经济发展的支柱。钢铁和采矿工业也较重要。

（二）主要城市

墨西哥城，位于墨西哥中南部高原的山谷中，为墨西哥的首都，全国政治、经济、文化中心。世界著名大城市。

第三节　中国与北美洲主要国家的邮政通信

一、国际 EMS 直封关系一览表

序号	原寄互换局	发运口岸	发运口岸代码	洲	国家	寄达互换局	寄达口岸代码
1	北京	北京	PEK	北美洲	美国	旧金山	SFO
2	大连	北京	PEK	北美洲	美国	旧金山	SFO
3	成都	成都	CTU	北美洲	美国	旧金山	SFO
4	福州	福州	FOC	北美洲	美国	旧金山	SFO
5	广州	广州	CAN	北美洲	美国	旧金山	SFO
6	杭州	杭州	HGH	北美洲	美国	旧金山	SFO
7	义乌	杭州	HGH	北美洲	美国	旧金山	SFO
8	济南	济南	TNA	北美洲	美国	旧金山	SFO
9	济南	济南	TNA	北美洲	美国	旧金山	SFO
10	昆明	昆明	KMG	北美洲	美国	旧金山	SFO
11	南京	南京	NKG	北美洲	美国	旧金山	SFO
12	青岛	青岛	TAO	北美洲	美国	旧金山	SFO
13	厦门	厦门	XMN	北美洲	美国	旧金山	SFO
14	杭州	上海	PVG	北美洲	美国	旧金山	SFO
15	合肥	上海	PVG	北美洲	美国	旧金山	SFO

续表

序号	原寄互换局	发运口岸	发运口岸代码	洲	国家	寄达互换局	寄达口岸代码
16	宁波	上海	PVG	北美洲	美国	旧金山	SFO
17	上海	上海	PVG	北美洲	美国	旧金山	SFO
18	苏州	上海	PVG	北美洲	美国	旧金山	SFO
19	温州	上海	PVG	北美洲	美国	旧金山	SFO
20	义乌	上海	PVG	北美洲	美国	旧金山	SFO
21	沈阳	沈阳	SHE	北美洲	美国	旧金山	SFO
22	天津	天津	TSN	北美洲	美国	旧金山	SFO
23	武汉	武汉	WUH	北美洲	美国	旧金山	SFO
24	西安	西安	SIA	北美洲	美国	旧金山	SFO
25	汕头	香港	HKG	北美洲	美国	旧金山	SFO
26	深圳	香港	HKG	北美洲	美国	旧金山	SFO
27	延吉	延吉	YNJ	北美洲	美国	旧金山	SFO
28	长春	长春	CGQ	北美洲	美国	旧金山	SFO
29	重庆	重庆	CKG	北美洲	美国	旧金山	SFO
30	广州	广州	CAN	北美洲	美国	洛杉矶	LAX
31	厦门	厦门	XMN	北美洲	美国	洛杉矶	LAX
32	北京	北京	PEK	北美洲	美国	纽约	JFK
33	大连	北京	PEK	北美洲	美国	纽约	JFK
34	昆明	北京	PEK	北美洲	美国	纽约	JFK
35	武汉	北京	PEK	北美洲	美国	纽约	JFK
36	西安	北京	PEK	北美洲	美国	纽约	JFK
37	成都	成都	CTU	北美洲	美国	纽约	JFK
38	福州	福州	FOC	北美洲	美国	纽约	JFK
39	厦门	福州	FOC	北美洲	美国	纽约	JFK
40	广州	广州	CAN	北美洲	美国	纽约	JFK
41	深圳	广州	CAN	北美洲	美国	纽约	JFK
42	济南	济南	TNA	北美洲	美国	纽约	JFK
43	南京	南京	NKG	北美洲	美国	纽约	JFK
44	青岛	青岛	TAO	北美洲	美国	纽约	JFK
45	杭州	上海	PVG	北美洲	美国	纽约	JFK
46	宁波	上海	PVG	北美洲	美国	纽约	JFK
47	上海	上海	PVG	北美洲	美国	纽约	JFK
48	苏州	上海	PVG	北美洲	美国	纽约	JFK
49	温州	上海	PVG	北美洲	美国	纽约	JFK
50	义乌	上海	PVG	北美洲	美国	纽约	JFK
51	沈阳	沈阳	SHE	北美洲	美国	纽约	JFK
52	天津	天津	TSN	北美洲	美国	纽约	JFK

续表

序号	原寄互换局	发运口岸	发运口岸代码	洲	国家	寄达互换局	寄达口岸代码
53	温州	温州	WNZ	北美洲	美国	纽约	JFK
54	延吉	延吉	YNJ	北美洲	美国	纽约	JFK
55	长春	长春	CGQ	北美洲	美国	纽约	JFK
56	长沙	长沙	CSX	北美洲	美国	纽约	JFK
57	北京	北京	PEK	北美洲	美国	芝加哥	ORD
58	成都	北京	PEK	北美洲	美国	芝加哥	ORD
59	福州	福州	FOC	北美洲	美国	芝加哥	ORD
60	广州	广州	CAN	北美洲	美国	芝加哥	ORD
61	青岛	青岛	TAO	北美洲	美国	芝加哥	ORD
62	杭州	上海	PVG	北美洲	美国	芝加哥	ORD
63	宁波	上海	PVG	北美洲	美国	芝加哥	ORD
64	上海	上海	PVG	北美洲	美国	芝加哥	ORD
65	义乌	上海	PVG	北美洲	美国	芝加哥	ORD
66	沈阳	沈阳	SHE	北美洲	美国	芝加哥	ORD
67	天津	天津	TSN	北美洲	美国	芝加哥	ORD
68	武汉	武汉	WUH	北美洲	美国	芝加哥	ORD

二、国际函件直封关系一览表

序号	原寄局	原寄局名	寄达局	洲	国家	寄达局名	总包种类	运输方式
1	CNBJSA	北京	USJFKA	北美洲	美国	纽约	UN	C
2	CNBJSA	北京	CAYVRA	北美洲	加拿大	温哥华	UN	C
3	CNSHAA	上海	USJECS	北美洲	美国	泽西	UN	C
4	CNSHAA	上海	USJFKA	北美洲	美国	纽约	UN	C
5	CNBJSA	北京	USJFKA	北美洲	美国	纽约	UN	B
6	CNCTUA	成都	USJFKA	北美洲	美国	纽约	UN	B
7	CNCANA	广州	USLAXA	北美洲	美国	洛杉矶	UN	B
8	CNSHAA	上海	USSFOT	北美洲	美国	旧金山	UN	B
9	CNSHAA	上海	USLAXA	北美洲	美国	洛杉矶	UN	B
10	CNWUHA	武汉	USJFKA	北美洲	美国	纽约	UN	B
11	CNCKGA	重庆	USJFKA	北美洲	美国	纽约	UN	B
12	CNCANA	广州	CAYVRA	北美洲	加拿大	温哥华	UN	C
13	CNCTUA	成都	USLAXA	北美洲	美国	洛杉矶	UN	A
14	CNCTUA	成都	USJFKA	北美洲	美国	纽约	UN	A
15	CNCANA	广州	USLAXA	北美洲	美国	洛杉矶	UN	A
16	CNSZXA	深圳	USJFKA	北美洲	美国	纽约	UN	A

续 表

序号	原寄局	原寄局名	寄达局	洲	国家	寄达局名	总包种类	运输方式
17	CNCANA	广州	USJFKA	北美洲	美国	纽约	UN	A
18	CNSZXA	深圳	USLAXA	北美洲	美国	洛杉矶	UN	A
19	CNBJSA	北京	AGANUA	北美洲	安提瓜和巴布达	圣约翰	UN	A
20	CNTAOA	青岛	USLAXA	北美洲	美国	洛杉矶	UN	A
21	CNBJSA	北京	BBBGIA	北美洲	巴巴多斯	布里奇顿	UN	A
22	CNCGOA	郑州国际	USSFOA	北美洲	美国	旧金山	UN	A
23	CNBJSA	北京	USSFOA	北美洲	美国	旧金山	UN	A
24	CNCGOA	郑州国际	USJFKA	北美洲	美国	纽约	UN	A
25	CNWUHA	武汉	CAYVRA	北美洲	加拿大	温哥华	UN	A
26	CNBJSA	北京	USSFOA	北美洲	美国	旧金山	UT	C
27	CNNGBA	宁波国际	USLAXA	北美洲	美国	洛杉矶	UN	A
28	CNBJSA	北京	USLAXA	北美洲	美国	洛杉矶	UN	A
29	CNBJSA	北京	USJFKA	北美洲	美国	纽约	UN	A
30	CNSHAA	上海	USLAXA	北美洲	美国	洛杉矶	UN	A
31	CNSHAA	上海	USJFKA	北美洲	美国	纽约	UN	A
32	CNBJSA	北京	USSFOA	北美洲	美国	旧金山	UN	A
33	CNCANA	广州	CAYVRA	北美洲	加拿大	温哥华	UN	A
34	CNSZXA	深圳	USLAXA	北美洲	美国	洛杉矶	UN	A
35	CNSZXA	深圳	CAYVRA	北美洲	加拿大	温哥华	UN	A
36	CNNGBA	宁波国际	CAYVRA	北美洲	加拿大	温哥华	UN	A
37	CNBJSA	北京	USJECS	北美洲	美国	泽西	UN	C
38	CNCANA	广州	USJFKA	北美洲	美国	纽约	UN	C
39	CNBJSA	北京	CAYVRA	北美洲	加拿大	温哥华	UT	C
40	CNSZHA	苏州	USSFOA	北美洲	美国	旧金山	UN	A
41	CNSZHA	苏州	USJFKA	北美洲	美国	纽约	UN	A
42	CNSZHA	苏州	CAYVRA	北美洲	加拿大	温哥华	UN	A
43	CNHFEA	合肥国际	USLAXA	北美洲	美国	洛杉矶	UN	A
44	CNHFEA	合肥国际	USJFKA	北美洲	美国	纽约	UN	A
45	CNTSNA	天津	CAYVRA	北美洲	加拿大	温哥华	UN	A
46	CNNKGA	南京	USSFOA	北美洲	美国	旧金山	UN	A
47	CNXMNA	厦门	USLAXA	北美洲	美国	洛杉矶	UN	A
48	CNXMNA	厦门	USJFKA	北美洲	美国	纽约	UN	A
49	CNSHAA	上海	USJFKA	北美洲	美国	纽约	UN	A
50	CNCANA	广州	USJFKA	北美洲	美国	纽约	UN	A
51	CNCANA	广州	USLAXA	北美洲	美国	洛杉矶	UN	A
52	CNSZXA	深圳	USLAXA	北美洲	美国	洛杉矶	UN	A
53	CNCANA	广州	USJFKA	北美洲	美国	纽约	UN	A

续表

序号	原寄局	原寄局名	寄达局	洲	国家	寄达局名	总包种类	运输方式
54	CNCANA	广州	CAYVRA	北美洲	加拿大	温哥华	UN	A
55	CNCANA	广州	USLAXA	北美洲	美国	洛杉矶	UN	A
56	CNCANA	广州	USLAXA	北美洲	美国	洛杉矶	UN	A
57	CNTAOA	青岛	USSFOA	北美洲	美国	旧金山	UN	A
58	CNBJSA	北京	USSFOA	北美洲	美国	旧金山	UN	A
59	CNSZXA	深圳	USLAXA	北美洲	美国	洛杉矶	UN	A
60	CNSZXA	深圳	CAYVRA	北美洲	加拿大	温哥华	UN	A
61	CNCANA	广州	USLAXA	北美洲	美国	洛杉矶	UN	A
62	CNSHAA	上海	USSFOA	北美洲	美国	旧金山	UN	A
63	CNCANA	广州	USJFKA	北美洲	美国	纽约	UN	A
64	CNCANA	广州	USJECS	北美洲	美国	泽西	UN	C
65	CNSZXA	深圳	CAYVRA	北美洲	加拿大	温哥华	UN	A
66	CNSZXA	深圳	USJFKA	北美洲	美国	纽约	UN	A
67	CNFOCA	福州	USSFOA	北美洲	美国	旧金山	UN	A
68	CNFOCA	福州	USJFKA	北美洲	美国	纽约	UN	A
69	CNSHAA	上海	USJFKA	北美洲	美国	纽约	UN	A
70	CNSHAA	上海	USSFOA	北美洲	美国	旧金山	UN	A
71	CNCANA	广州	USJFKA	北美洲	美国	纽约	UN	A
72	CNCANA	广州	CAYVRA	北美洲	加拿大	温哥华	UN	A
73	CNCANA	广州	USLAXA	北美洲	美国	洛杉矶	UN	A
74	CNNGBA	宁波国际	USSFOA	北美洲	美国	旧金山	UN	A
75	CNCANA	广州	CAYVRA	北美洲	加拿大	温哥华	UN	A
76	CNBJSA	北京	CAYTOA	北美洲	加拿大	多伦多	UN	A
77	CNHFEA	合肥国际	CAYTOA	北美洲	加拿大	多伦多	UN	A
78	CNTNAA	济南	CAYTOA	北美洲	加拿大	多伦多	UN	A
79	CNTAOA	青岛	CAYTOA	北美洲	加拿大	多伦多	UN	A
80	CNHGHA	杭州	CAYTOA	北美洲	加拿大	多伦多	UN	A
81	CNNGBA	宁波国际	CAYTOA	北美洲	加拿大	多伦多	UN	A
82	CNSZXA	深圳	USJFKA	北美洲	美国	纽约	UN	A
83	CNCANA	广州	CAYVRA	北美洲	加拿大	温哥华	UN	A
84	CNSHAA	上海	CAYVRA	北美洲	加拿大	温哥华	UN	A
85	CNSHAA	上海	USSFOA	北美洲	美国	旧金山	UN	A
86	CNNKGA	南京	CAYVRA	北美洲	加拿大	温哥华	UN	A
87	CNCANA	广州	USLAXA	北美洲	美国	洛杉矶	UN	A
88	CNCANA	广州	USJFKA	北美洲	美国	纽约	UN	A
89	CNSZHA	苏州	USSFOA	北美洲	美国	旧金山	UN	A
90	CNHGHA	杭州	CAYVRA	北美洲	加拿大	温哥华	UN	A

续表

序号	原寄局	原寄局名	寄达局	洲	国家	寄达局名	总包种类	运输方式
91	CNYIWA	义乌国际	CAYVRA	北美洲	加拿大	温哥华	UN	A
92	CNSZXA	深圳	USLAXA	北美洲	美国	洛杉矶	UN	A
93	CNSHAA	上海	USJFKA	北美洲	美国	纽约	UN	A
94	CNDGGA	东莞国际	CAYVRA	北美洲	加拿大	温哥华	UN	A
95	CNDGGA	东莞国际	USLAXA	北美洲	美国	洛杉矶	UN	A
96	CNDGGA	东莞国际	USJFKA	北美洲	美国	纽约	UN	A
97	CNSZHA	苏州	CAYVRA	北美洲	加拿大	温哥华	UN	A
98	CNFOCA	福州	CAYTOA	北美洲	加拿大	多伦多	UN	A
99	CNSZXA	深圳	CAYTOA	北美洲	加拿大	多伦多	UN	A
100	CNTAOA	青岛	USJFKA	北美洲	美国	纽约	UN	A
101	CNHFEA	合肥国际	USSFOA	北美洲	美国	旧金山	UN	A
102	CNBJSA	北京	USLAXA	北美洲	美国	洛杉矶	UN	B
103	CNDGGA	东莞国际	USJFKA	北美洲	美国	纽约	UN	A
104	CNSZXA	深圳	USJFKA	北美洲	美国	纽约	UN	A
105	CNNKGA	南京	USSFOA	北美洲	美国	旧金山	UN	A
106	CNSZXA	深圳	USLAXA	北美洲	美国	洛杉矶	UN	A
107	CNSZXA	深圳	USJFKA	北美洲	美国	纽约	UN	A
108	CNSHAA	上海	USJFKA	北美洲	美国	纽约	UN	A
109	CNTSNA	天津	CAYTOA	北美洲	加拿大	多伦多	UN	A
110	CNCGOA	郑州国际	CAYTOA	北美洲	加拿大	多伦多	UN	A
111	CNWUHA	武汉	CAYTOA	北美洲	加拿大	多伦多	UN	A
112	CNSHAA	上海	CAYTOA	北美洲	加拿大	多伦多	UN	A
113	CNNKGA	南京	CAYTOA	北美洲	加拿大	多伦多	UN	A
114	CNSZHA	苏州	CAYTOA	北美洲	加拿大	多伦多	UN	A
115	CNYIWA	义乌国际	CAYTOA	北美洲	加拿大	多伦多	UN	A
116	CNWNZA	温州	CAYTOA	北美洲	加拿大	多伦多	UN	A
117	CNSZXA	深圳	CAYTOA	北美洲	加拿大	多伦多	UN	A
118	CNCANA	广州	CAYTOA	北美洲	加拿大	多伦多	UN	A
119	CNCGOA	郑州国际	CAYVRA	北美洲	加拿大	温哥华	UN	A
120	CNTSNA	天津	USLAXA	北美洲	美国	洛杉矶	UN	A
121	CNFOCA	福州	CAYVRA	北美洲	加拿大	温哥华	UN	A
122	CNXMNA	厦门	CAYVRA	北美洲	加拿大	温哥华	UN	A
123	CNHGHA	杭州	USJFKA	北美洲	美国	纽约	UN	A
124	CNXMNA	厦门	CAYVRA	北美洲	加拿大	温哥华	UN	A
125	CNNKGA	南京	USSFOA	北美洲	美国	旧金山	UN	A
126	CNYIWA	义乌国际	USJFKA	北美洲	美国	纽约	UN	A
127	CNCANA	广州	USJFKA	北美洲	美国	纽约	UN	A

续表

序号	原寄局	原寄局名	寄达局	洲	国家	寄达局名	总包种类	运输方式
128	CNCANA	广州	USJFKA	北美洲	美国	纽约	UN	A
129	CNNKGA	南京	USSFOA	北美洲	美国	旧金山	UN	A
130	CNCANA	广州	CAYVRA	北美洲	加拿大	温哥华	UN	A
131	CNSZXA	深圳	CAYVRA	北美洲	加拿大	温哥华	UN	A
132	CNSZXA	深圳	USLAXA	北美洲	美国	洛杉矶	UN	A
133	CNCANA	广州	CAYVRA	北美洲	加拿大	温哥华	UN	A
134	CNCANA	广州	CAYVRA	北美洲	加拿大	温哥华	UN	A
135	CNCANA	广州	CAYVRA	北美洲	加拿大	温哥华	UN	A
136	CNSZXA	深圳	USLAXA	北美洲	美国	洛杉矶	UN	A
137	CNBJSA	北京	CAYVRA	北美洲	加拿大	温哥华	UN	B
138	CNNKGA	南京	USSFOA	北美洲	美国	旧金山	UN	A
139	CNXMNA	厦门	USSFOA	北美洲	美国	旧金山	UN	A
140	CNTNAA	济南	USJFKA	北美洲	美国	纽约	UN	A
141	CNTNAA	济南	USSFOA	北美洲	美国	旧金山	UN	A
142	CNTNAA	济南	USLAXA	北美洲	美国	洛杉矶	UN	A
143	CNTNAA	济南	CAYVRA	北美洲	加拿大	温哥华	UN	A
144	CNSZXA	深圳	USLAXA	北美洲	美国	洛杉矶	UN	A
145	CNFOCA	福州	CAYVRA	北美洲	加拿大	温哥华	UN	A
146	CNSZHA	苏州	USLAXA	北美洲	美国	洛杉矶	UN	A
147	CNSHAA	上海	CAYVRA	北美洲	加拿大	温哥华	UN	B
148	CNCANA	广州	USLAXA	北美洲	美国	洛杉矶	UN	A
149	CNCANA	广州	USLAXA	北美洲	美国	洛杉矶	UN	A
150	CNCANA	广州	USJFKA	北美洲	美国	纽约	UN	A
151	CNXMNA	厦门	CAYVRA	北美洲	加拿大	温哥华	UN	A
152	CNSHAA	上海	USJFKA	北美洲	美国	纽约	UN	A
153	CNSZXA	深圳	USJFKA	北美洲	美国	纽约	UN	A
154	CNCANA	广州	CAYVRA	北美洲	加拿大	温哥华	UN	A
155	CNHFEA	合肥国际	CAYVRA	北美洲	加拿大	温哥华	UN	A
156	CNFOCA	福州	CAYTOA	北美洲	加拿大	多伦多	UN	A
157	CNFOCA	福州	USSFOA	北美洲	美国	旧金山	UN	A
158	CNFOCA	福州	USJFKA	北美洲	美国	纽约	UN	A
159	CNFOCA	福州	USLAXA	北美洲	美国	洛杉矶	UN	A
160	CNWNZA	温州	CAYVRA	北美洲	加拿大	温哥华	UN	A
161	CNSZXA	深圳	USLAXA	北美洲	美国	洛杉矶	UN	A
162	CNTAOA	青岛	CAYVRA	北美洲	加拿大	温哥华	UN	A
163	CNTSNA	天津	USSFOA	北美洲	美国	旧金山	UN	A
164	CNNKGA	南京	USLAXA	北美洲	美国	洛杉矶	UN	A

续表

序号	原寄局	原寄局名	寄达局	洲	国家	寄达局名	总包种类	运输方式
165	CNNKGA	南京	CAYVRA	北美洲	加拿大	温哥华	UN	A
166	CNCANA	广州	USLAXA	北美洲	美国	洛杉矶	UN	A
167	CNSZXA	深圳	CAYVRA	北美洲	加拿大	温哥华	UN	A
168	CNSZXA	深圳	CAYVRA	北美洲	加拿大	温哥华	UN	A
169	CNSHAA	上海	USLAXA	北美洲	美国	洛杉矶	UN	A
170	CNSZXA	深圳	USJFKA	北美洲	美国	纽约	UN	A
171	CNSZXA	深圳	USJFKA	北美洲	美国	纽约	UN	A
172	CNSZXA	深圳	CAYVRA	北美洲	加拿大	温哥华	UN	A
173	CNFOCA	福州	USLAXA	北美洲	美国	洛杉矶	UN	A
174	CNDGGA	东莞国际	USLAXA	北美洲	美国	洛杉矶	UN	A
175	CNDGGA	东莞国际	USJFKA	北美洲	美国	纽约	UN	A
176	CNDGGA	东莞国际	CAYTOA	北美洲	加拿大	多伦多	UN	A
177	CNDGGA	东莞国际	CAYVRA	北美洲	加拿大	温哥华	UN	A
178	CNSZXA	深圳	USJFKA	北美洲	美国	纽约	UN	A
179	CNSHAA	上海	CAYVRA	北美洲	加拿大	温哥华	UN	A
180	CNBJSA	北京	CAYVRA	北美洲	加拿大	温哥华	UN	A
181	CNSZXA	深圳	USLAXA	北美洲	美国	洛杉矶	UN	A
182	CNFOCA	福州	CAYVRA	北美洲	加拿大	温哥华	UN	A
183	CNBJSA	北京	USLAXA	北美洲	美国	洛杉矶	UN	A
184	CNNKGA	南京	USJFKA	北美洲	美国	纽约	UN	A
185	CNCANA	广州	USJFKA	北美洲	美国	纽约	UN	A
186	CNSZXA	深圳	USJFKA	北美洲	美国	纽约	UN	A
187	CNSZXA	深圳	USLAXA	北美洲	美国	洛杉矶	UN	A
188	CNDGGA	东莞国际	USLAXA	北美洲	美国	洛杉矶	UN	A
189	CNDGGA	东莞国际	USJFKA	北美洲	美国	纽约	UN	A
190	CNXMNA	厦门	USJFKA	北美洲	美国	纽约	UN	A
191	CNCANA	广州	CAYVRA	北美洲	加拿大	温哥华	UN	B
192	CNSZXA	深圳	CAYVRA	北美洲	加拿大	温哥华	UN	B
193	CNCANA	广州	USLAXA	北美洲	美国	洛杉矶	UN	A
194	CNXMNA	厦门	CAYTOA	北美洲	加拿大	多伦多	UN	A
195	CNXMNA	厦门	USJFKA	北美洲	美国	纽约	UN	A
196	CNXMNA	厦门	CAYTOA	北美洲	加拿大	多伦多	UN	A
197	CNCKGA	重庆	USJFKA	北美洲	美国	纽约	UN	A
198	CNDGGA	东莞国际	USJFKA	北美洲	美国	纽约	UN	A
199	CNXMNA	厦门	USLAXA	北美洲	美国	洛杉矶	UN	A
200	CNSZXA	深圳	CAYVRA	北美洲	加拿大	温哥华	UN	A
201	CNTSNA	天津	USJFKA	北美洲	美国	纽约	UN	A

续表

序号	原寄局	原寄局名	寄达局	洲	国家	寄达局名	总包种类	运输方式
202	CNSZHA	苏州	USSFOA	北美洲	美国	旧金山	UN	A
203	CNNGBA	宁波国际	USJFKA	北美洲	美国	纽约	UN	A
204	CNWNZA	温州	USJFKA	北美洲	美国	纽约	UN	A
205	CNDGGA	东莞国际	USJFKA	北美洲	美国	纽约	UN	A
206	CNCANA	广州	CAYTOA	北美洲	加拿大	多伦多	UN	A
207	CNDGGA	东莞国际	CAYTOA	北美洲	加拿大	多伦多	UN	A
208	CNCANA	广州	USJFKA	北美洲	美国	纽约	UN	A
209	CNHGHA	杭州	USJFKA	北美洲	美国	纽约	UN	A
210	CNHGHA	杭州	CAYTOA	北美洲	加拿大	多伦多	UR	A
211	CNHGHA	杭州	USJFKA	北美洲	美国	纽约	UN	A
212	CNYIWA	义乌国际	USJFKA	北美洲	美国	纽约	UN	A
213	CNSZXA	深圳	CAYTOA	北美洲	加拿大	多伦多	UN	A
214	CNNKGA	南京	USSFOA	北美洲	美国	旧金山	UN	A
215	CNCGOA	郑州国际	CAYVRA	北美洲	加拿大	温哥华	UN	A
216	CNXMNA	厦门	USSFOA	北美洲	美国	旧金山	UN	A
217	CNXMNA	厦门	USLAXA	北美洲	美国	洛杉矶	UN	A
218	CNFOCA	福州	USSFOA	北美洲	美国	旧金山	UN	A
219	CNFOCA	福州	USLAXA	北美洲	美国	洛杉矶	UN	A
220	CNXMNA	厦门	CAYVRA	北美洲	加拿大	温哥华	UN	A
221	CNXMNA	厦门	USSFOA	北美洲	美国	旧金山	UN	A
222	CNBJSA	北京	USSFOA	北美洲	美国	旧金山	UN	A
223	CNWUHA	武汉	USJFKA	北美洲	美国	纽约	UN	A
224	CNCANA	广州	USLAXA	北美洲	美国	洛杉矶	UN	A
225	CNCGOA	郑州国际	USLAXA	北美洲	美国	洛杉矶	UN	A
226	CNXMNA	厦门	USSFOA	北美洲	美国	旧金山	UN	A
227	CNSZXA	深圳	CAYTOA	北美洲	加拿大	多伦多	UN	A
228	CNFOCA	福州	USJFKA	北美洲	美国	纽约	UN	A
229	CNSZXA	深圳	CAYVRA	北美洲	加拿大	温哥华	UN	A
230	CNYNJA	延吉	USSFOA	北美洲	美国	旧金山	UN	A
231	CNSHAA	上海	CAYTOA	北美洲	加拿大	多伦多	UN	A
232	CNXMNA	厦门	CAYVRA	北美洲	加拿大	温哥华	UN	A
233	CNXMNA	厦门	USSFOA	北美洲	美国	旧金山	UN	A
234	CNSZXA	深圳	CAYTOA	北美洲	加拿大	多伦多	UN	A
235	CNWUHA	武汉	USLAXA	北美洲	美国	洛杉矶	UN	A
236	CNWUHA	武汉	USSFOA	北美洲	美国	旧金山	UN	A

三、国际包裹直封关系一览表

序号	原寄局	原寄局名	寄达局	洲	国家	寄达局名	总包种类	运输方式
1	CNCANA	广州	CAYVRA	北美洲	加拿大	温哥华	CN	A
2	CNBJSA	北京	USJECS	北美洲	美国	泽西	CN	C
3	CNCTUA	成都	USJFKA	北美洲	美国	纽约	CN	B
4	CNCANA	广州	USLAXA	北美洲	美国	洛杉矶	CN	B
5	CNCANA	广州	CAYVRA	北美洲	加拿大	温哥华	CN	B
6	CNSHAA	上海	USLAXA	北美洲	美国	洛杉矶	CN	B
7	CNSHAA	上海	USLAXA	北美洲	美国	洛杉矶	CN	A
8	CNSHAA	上海	CAYVRA	北美洲	加拿大	温哥华	CN	C
9	CNSHAA	上海	USJECS	北美洲	美国	泽西	CN	C
10	CNBJSA	北京	BBBGIA	北美洲	巴巴多斯	布里奇顿	CN	A
11	CNCANA	广州	CAYVRA	北美洲	加拿大	温哥华	CN	C
12	CNCANA	广州	USJECS	北美洲	美国	泽西	CN	C
13	CNBJSA	北京	USOAKA	北美洲	美国	欧克兰	CN	C
14	CNBJSA	北京	USLAXA	北美洲	美国	洛杉矶	CN	A
15	CNBJSA	北京	USLAXA	北美洲	美国	洛杉矶	CN	B
16	CNYNJA	延吉	USLAXA	北美洲	美国	洛杉矶	CN	A
17	CNCKGA	重庆	USLAXA	北美洲	美国	洛杉矶	CN	A
18	CNBJSA	北京	CAYVRA	北美洲	加拿大	温哥华	CN	A
19	CNCANA	广州	USLAXA	北美洲	美国	洛杉矶	CN	A
20	CNSHAA	上海	USJFKA	北美洲	美国	纽约	CN	B
21	CNYNJA	延吉	USJFKA	北美洲	美国	纽约	CN	A
22	CNHGHA	杭州	USLAXA	北美洲	美国	洛杉矶	CN	A
23	CNFOCA	福州	USLAXA	北美洲	美国	洛杉矶	CN	A
24	CNFOCA	福州	USLAXA	北美洲	美国	洛杉矶	CN	B
25	CNSZHA	苏州	USLAXA	北美洲	美国	洛杉矶	CN	A
26	CNWUHA	武汉	USLAXA	北美洲	美国	洛杉矶	CN	A
27	CNBJSA	北京	USSFOA	北美洲	美国	旧金山	CN	B
28	CNBJSA	北京	CAYVRA	北美洲	加拿大	温哥华	CN	B
29	CNCANA	广州	USLAXA	北美洲	美国	洛杉矶	CN	B
30	CNBJSA	北京	USJFKA	北美洲	美国	纽约	CN	B
31	CNBJSA	北京	USJFKA	北美洲	美国	纽约	CN	B
32	CNSHAA	上海	CAYVRA	北美洲	加拿大	温哥华	CN	A

思 考 题

1. 简述加拿大的位置和主要城市。
2. 简述美国的位置和主要城市。
3. 简述墨西哥的位置和主要城市。
4. 简述中国与加拿大的邮政通信关系。
5. 简述中国与美国的邮政通信关系。
6. 简述中国与墨西哥的邮政通信关系。

第十七章　南 美 洲

第一节　概　　况

南亚美利加洲，简称南美洲。位于西半球的南部，东濒大西洋，西临太平洋，北滨加勒比海，南隔德雷克海峡与南极洲相望。一般以巴拿马运河为界同北美洲相分。南美洲面积约1 797万平方千米(包括附近岛屿)，约占世界陆地总面积的12%。南美洲人口3.87亿(2011年)，约占世界总人口的5.6%。人口分布不平衡，西北部和东部沿海一带人口稠密，广大的亚马孙平原是世界人口密度最小的地区之一，每平方千米不到一人。人口分布的另一特点是人口高度集中在少数大城市。南美洲民族成分比较复杂，有印第安人、白人、黑人及各种不同的混血型，以印欧混血型最多。居民绝大多数信天主教，少数信基督教。

南美洲大陆海岸线长约28 700千米，比较平直，多为与山脉走向一致的侵蚀海岸。缺少大半岛和大海湾。岛屿也不多，主要分布在大陆南部沿海地区。南美洲大陆地形可分为三个南北向纵列带：西部为狭长的安第斯山，东部为波状起伏的高原，中部为广阔平坦的平原低地。

交通运输以铁路、公路为主。阿根廷和巴西交通较发达。圭亚那、苏里南、委内瑞拉、乌拉圭、智利等国拥有较稠密的公路网。南美洲公路总长约2 000 000千米，铁路总长约85 000千米，内河通航里程约100 000千米。

南美洲现有12个独立国和2个地区。

第二节　主要国家和城市

一、巴西

(一) 巴西概况

巴西位于南美洲东部，东临大西洋。面积850多万平方千米。人口20 765万(2016年)。巴西是南美洲面积最大、人口最多的国家。

巴西水力资源极为丰富，已建立了许多水电站。西南边境上与巴拉圭两国合建的伊普泰水电站，是当时世界上最大的水电站。

巴西是南美洲经济最发达的国家，工业在国民经济中的比重已超过传统的农业和矿业产业部门。钢铁、汽车、飞机造船等工业都居南美洲首位。东南沿海地区集中了全国3/4的工业,是巴西工业的核心。

巴西农业相当发达,咖啡、蔗糖、可可、大豆的生产居世界重要地位。其中咖啡的产量和出口量都占世界首位,以东南部为主要产地。巴西可垦地还很多,农业生产潜力很大。

(二) 主要城市

(1) 首都巴西利亚,位于内陆,是新建的城市。

(2) 圣保罗市,是南美最大城市,是商业、金融、交通中心。

(3) 里约热内卢,是巴西第二大城市。巴西经济最发达的城市之一,也是巴西重要的交通枢纽和文化中心。

二、智利

(一) 智利概况

智利位于南美洲安第斯山脉西麓的太平洋沿岸。南北长 4 200 多千米,东西宽仅 90～400 千米,是世界上领土最狭长的国家。面积 75 万多平方千米,人口 1 791 多万(2016 年)。官方语言为西班牙语。智利的铜和硝石两种矿产品久已闻名于世。

(二) 主要城市

圣地亚哥,智利的首都,全国最大的城市和政治、经济、文化中心。

三、阿根廷

(一) 阿根廷概况

阿根廷位于南美洲的东南部。面积 278 万多平方千米,人口 4 385 万人(2016 年),绝大部分为白种人。全国分为 22 个省、1 个地区和联邦首都。阿根廷是世界上有名的农牧业国家。牛肉、羊毛和小麦是主要的出口商品。

(二) 主要城市

布宜诺斯艾利斯,是阿根廷首都,阿根廷的政治、经济、文化中心,享有“南美洲巴黎”的盛名。

第三节 中国与南美洲主要国家邮政通信

一、国际函件直封关系一览表

序号	原寄局	原寄局名	寄达局	洲	国家	寄达局名	总包种类	运输方式
1	CNBJSA	北京	CLSCLB	南美洲	智利	圣地亚哥	UN	C
2	CNSHAA	上海	BRSAOD	南美洲	巴西	圣保罗	UN	C
3	CNSHAA	上海	COBAQA	南美洲	哥伦比亚	巴兰基利亚	UN	C
4	CNSHAA	上海	MXMEXB	南美洲	墨西哥	墨西哥城 SAL	UN	C

续表

序号	原寄局	原寄局名	寄达局	洲	国家	寄达局名	总包种类	运输方式
5	CNBJSA	北京	BRSAOD	南美洲	巴西	圣保罗	UN	B
6	CNCANA	广州	UYMVDH	南美洲	乌拉圭	MVD EMS INT	UN	C
7	CNCANA	广州	PAPTYA	南美洲	巴拿马	巴拿马	UN	C
8	CNBJSA	北京	CRSJOA	南美洲	哥斯达黎加	圣约瑟	UN	A
9	CNBJSA	北京	GYGEOA	南美洲	圭亚那	乔治敦	UN	A
10	CNCANA	广州	MXMEXD	南美洲	墨西哥	墨西哥城 AEREO	UN	A
11	CNCANA	广州	BRCWBA	南美洲	巴西	库里提巴	UN	A
12	CNCANA	广州	BRSAOD	南美洲	巴西	圣保罗	UN	A
13	CNCANA	广州	BRCWBA	南美洲	巴西	库里提巴	UN	A
14	CNYIWA	义乌国际	CLSCLA	南美洲	智利	圣地亚哥	UN	A
15	CNBJSA	北京	VECCSA	南美洲	委内瑞拉	加拉加斯	UN	A
16	CNBJSA	北京	BOLPBA	南美洲	玻利维亚	拉巴斯	UN	A
17	CNBJSA	北京	BRCWBA	南美洲	巴西	库里提巴	UN	B
18	CNBJSA	北京	PELIMB	南美洲	秘鲁	利马	UN	A
19	CNBJSA	北京	MXMEXD	南美洲	墨西哥	墨西哥城 AEREO	UN	A
20	CNBJSA	北京	SRPBMA	南美洲	苏里南	帕拉马里博	UN	A
21	CNBJSA	北京	BRSAOD	南美洲	巴西	圣保罗	UN	A
22	CNBJSA	北京	CLSCLC	南美洲	智利	圣地亚哥	UN	A
23	CNSHAA	上海	MXMEXD	南美洲	墨西哥	墨西哥城 AEREO	UN	A
24	CNSHAA	上海	BRSAOD	南美洲	巴西	圣保罗	UN	A
25	CNSHAA	上海	BRCWBA	南美洲	巴西	库里提巴	UN	A
26	CNSHAA	上海	CLSCLA	南美洲	智利	圣地亚哥	UN	A
27	CNBJSA	北京	COBOGO	南美洲	哥伦比亚	波哥大	UT	C
28	CNBJSA	北京	CLSCLA	南美洲	智利	圣地亚哥	UT	A
29	CNBJSA	北京	VECCSC	南美洲	委内瑞拉	加拉加斯(转)	UT	A
30	CNBJSA	北京	COBOGO	南美洲	哥伦比亚	波哥大	UT	A
31	CNBJSA	北京	PAPTYB	中美洲	巴拿马共和国	巴拿马	UT	A
32	CNBJSA	北京	PELIMA	南美洲	秘鲁	利马	UT	A
33	CNBJSA	北京	CUHAVA	南美洲	古巴	哈瓦那(古巴首都)	UT	A
34	CNBJSA	北京	BRRIOA	南美洲	巴西	里约热内卢	UT	A
35	CNBJSA	北京	ECUIOB	南美洲	厄瓜多尔	基多	UT	A
36	CNBJSA	北京	CUHAVA	南美洲	古巴	哈瓦那(古巴首都)	UT	A
37	CNBJSA	北京	COBOGA	南美洲	哥伦比亚	波哥大	UT	C
38	CNNGBA	宁波国际	BRSAOD	南美洲	巴西	圣保罗	UN	A
39	CNNGBA	宁波国际	BRCWBA	南美洲	巴西	库里提巴	UN	A
40	CNNGBA	宁波国际	CLSCLA	南美洲	智利	圣地亚哥	UN	A
41	CNXMNA	厦门	BRSAOD	南美洲	巴西	圣保罗	UN	A

续表

序号	原寄局	原寄局名	寄达局	洲	国家	寄达局名	总包种类	运输方式
42	CNSZXA	深圳	BRCWBA	南美洲	巴西	库里提巴	UN	A
43	CNCANA	广州	MXMEXD	南美洲	墨西哥	墨西哥城 AEREO	UN	A
44	CNBJSA	北京	PELIMB	南美洲	秘鲁	利马	UN	C
45	CNBJSA	北京	ARBUEC	南美洲	阿根廷	布宜诺斯艾利斯	UT	C
46	CNBJSA	北京	CLSCLC	南美洲	智利	圣地亚哥	UT	C
47	CNBJSA	北京	PELIMB	南美洲	秘鲁	利马	UN	C
48	CNBJSA	北京	ARBUEB	南美洲	阿根廷	布宜诺斯艾利斯	UN	C
49	CNSZHA	苏州	BRSAOD	南美洲	巴西	圣保罗	UN	A
50	CNSZHA	苏州	BRCWBA	南美洲	巴西	库里提巴	UN	A
51	CNSZHA	苏州	CLSCLA	南美洲	智利	圣地亚哥	UN	A
52	CNBJSA	北京	CLSCLC	南美洲	智利	圣地亚哥	UN	C
53	CNHGHA	杭州	BRCWBA	南美洲	巴西	库里提巴	UN	A
54	CNHGHA	杭州	CLSCLA	南美洲	智利	圣地亚哥	UN	A
55	CNHFEA	合肥国际	BRSAOD	南美洲	巴西	圣保罗	UN	A
56	CNTSNA	天津	BRSAOD	南美洲	巴西	圣保罗	UN	A
57	CNTSNA	天津	BRCWBA	南美洲	巴西	库里提巴	UN	A
58	CNCANA	广州	ARBUEB	南美洲	阿根廷	布宜诺斯艾利斯	UN	A
59	CNCANA	广州	MXMEXD	南美洲	墨西哥	墨西哥城 AEREO	UN	A
60	CNCANA	广州	CLSCLC	南美洲	智利	圣地亚哥	UN	A
61	CNCANA	广州	CLSCLC	南美洲	智利	圣地亚哥	UN	A
62	CNCANA	广州	CLSCLC	南美洲	智利	圣地亚哥	UN	A
63	CNHGHA	杭州	CLSCLA	南美洲	智利	圣地亚哥	UN	A
64	CNNKGA	南京	BRSAOD	南美洲	巴家	圣保罗	UN	A
65	CNNKGA	南京	BRCWBA	南美洲	巴西	库里提巴	UN	A
66	CNYIWA	义乌国际	BRCWBA	南美洲	巴西	库里提巴	UN	A
67	CNCANA	广州	BRCWBA	南美洲	巴西	库里提巴	UN	A
68	CNSZXA	深圳	ARBUEB	南美洲	阿根廷	布宜诺斯艾利斯	UN	A
69	CNCANA	广州	BRCWBA	南美洲	巴西	库里提巴	UN	A
70	CNBJSA	北京	ECUIOA	南美洲	厄瓜多尔	基多	UN	A
71	CNBJSA	北京	COBOGC	南美洲	哥伦比亚	波哥大	UN	A
72	CNSZXA	深圳	BRCWBA	南美洲	巴西	库里提巴	UN	A
73	CNWNZA	温州	BRCWBA	南美洲	巴西	库里提巴	UN	A
74	CNWNZA	温州	CLSCLA	南美洲	智利	圣地亚哥	UN	A
75	CNFOCA	福州	BRSAOD	南美洲	巴西	圣保罗	UN	A
76	CNHGHA	杭州	ARBUEB	南美洲	阿根廷	布宜诺斯艾利斯	UN	A
77	CNYIWA	义乌国际	ARBUEB	南美洲	阿根廷	布宜诺斯艾利斯	UN	A
78	CNTAOA	青岛	BRSAOD	南美洲	巴西	圣保罗	UN	A

续表

序号	原寄局	原寄局名	寄达局	洲	国家	寄达局名	总包种类	运输方式
79	CNCANA	广州	MXMEXD	南美洲	墨西哥	墨西哥城 AEREO	UN	A
80	CNBJSA	北京	CUHAVA	南美洲	古巴	哈瓦那(古巴首都)	UN	A
81	CNCANA	广州	COBOGC	南美洲	哥伦比亚	波哥大	UN	A
82	CNCANA	广州	BRCWBA	南美洲	巴西	库里提巴	UN	A
83	CNHGHA	杭州	BRCWBA	南美洲	巴西	库里提巴	UN	A
84	CNSZXA	深圳	BRCWBA	南美洲	巴西	库里提巴	UN	A
85	CNDGGA	东莞国际	BRCWBA	南美洲	巴西	库里提巴	UN	A
86	CNDGGA	东莞国际	BRCWBA	南美洲	巴西	库里提巴	UN	A
87	CNTAOA	青岛	BRCWBA	南美洲	巴西	库里提巴	UN	A
88	CNDGGA	东莞国际	PELIMB	南美洲	秘鲁	利马	UN	A
89	CNDGGA	东莞国际	MXMEXD	南美洲	墨西哥	墨西哥城 AEREO	UN	A
90	CNCANA	广州	BRCWBA	南美洲	巴西	库里提巴	UN	A
91	CNCANA	广州	COBOGC	南美洲	哥伦比亚	波哥大	UN	A
92	CNNKGA	南京	CLSCLA	南美洲	智利	圣地亚哥	UN	A
93	CNXMNA	厦门	BRCWBA	南美洲	巴西	库里提巴	UN	A
94	CNSHAA	上海	ARBUEB	南美洲	阿根廷	布宜诺斯艾利斯	UN	A
95	CNCANA	广州	BRCWBA	南美洲	巴西	库里提巴	UN	A
96	CNNGBA	宁波国际	ARBUEB	南美洲	阿根廷	布宜诺斯艾利斯	UN	A
97	CNSZHA	苏州	ARBUEB	南美洲	阿根廷	布宜诺斯艾利斯	UN	A
98	CNCGOA	郑州国际	MXMEXD	南美洲	墨西哥	墨西哥城 AEREO	UN	A
99	CNSZXA	深圳	MXMEXD	南美洲	墨西哥	墨西哥城 AEREO	UN	A
100	CNSZXA	深圳	MXMEXD	南美洲	墨西哥	墨西哥城 AEREO	UN	A
101	CNFOCA	福州	BRCWBA	南美洲	巴西	库里提巴	UN	A
102	CNCGOA	郑州国际	BRCWBA	南美洲	巴西	库里提巴	UN	A
103	CNCGOA	郑州国际	CLSCLA	南美洲	智利	圣地亚哥	UN	A
104	CNBJSA	北京	PAPTYA	中美洲	巴拿马共和国	巴拿马	UN	A
105	CNBJSA	北京	BRCWBA	南美洲	巴西	库里提巴	UN	A
106	CNCANA	广州	MXMEXD	南美洲	墨西哥	墨西哥城 AEREO	UN	A
107	CNCANA	广州	BRCWBA	南美洲	巴西	库里提巴	UN	A
108	CNSHAA	上海	MXMEXD	南美洲	墨西哥	墨西哥城 AEREO	UN	A
109	CNFOCA	福州	BRCWBA	南美洲	巴西	库里提巴	UN	A
110	CNXMNA	厦门	BRCWBA	南美洲	巴西	库里提巴	UN	A
111	CNWNZA	温州	ARBUEB	南美洲	阿根廷	布宜诺斯艾利斯	UN	A
112	CNWNZA	温州	BRSAOD	南美洲	巴西	圣保罗	UN	A
113	CNYIWA	义乌国际	BRSAOD	南美洲	巴西	圣保罗	UN	A
114	CNHGHA	杭州	BRSAOD	南美洲	巴西	圣保罗	UN	A
115	CNNKGA	南京	CLSCLA	南美洲	智利	圣地亚哥	UN	A

续表

序号	原寄局	原寄局名	寄达局	洲	国家	寄达局名	总包种类	运输方式
116	CNSHAA	上海	BRCWBA	南美洲	巴西	库里提巴	UN	A
117	CNSZXA	深圳	BRCWBA	南美洲	巴西	库里提巴	UN	A
118	CNCANA	广州	CLSCLC	南美洲	智利	圣地亚哥	UN	A
119	CNSZXA	深圳	BRCWBA	南美洲	巴西	库里提巴	UN	A
120	CNSZXA	深圳	BRCWBA	南美洲	巴西	库里提巴	UN	A
121	CNBJSA	北京	COBOGC	南美洲	哥伦比亚	波哥大	UN	A
122	CNBJSA	北京	PELIMB	南美洲	秘鲁	利马	UN	A
123	CNSZXA	深圳	BRCWBA	南美洲	巴西	库里提巴	UN	A
124	CNSZXA	深圳	CLSCLA	南美洲	智利	圣地亚哥	UN	A
125	CNTNAA	济南	BRCWBA	南美洲	巴西	库里提巴	UN	A
126	CNTNAA	济南	BRSAOD	南美洲	巴西	圣保罗	UN	A
127	CNXMNA	厦门	BRCWBA	南美洲	巴西	库里提巴	UN	A
128	CNCANA	广州	CLSCLC	南美洲	智利	圣地亚哥	UN	A
129	CNCGOA	郑州国际	BRSAOD	南美洲	巴西	圣保罗	UN	A
130	CNDGGA	东莞国际	BRCWBA	南美洲	巴西	库里提巴	UN	A
131	CNDGGA	东莞国际	MXMEXD	南美洲	墨西哥	墨西哥城 AEREO	UN	A
132	CNCANA	广州	BRCWBA	南美洲	巴西	库里提巴	UN	A
133	CNSZHA	苏州	BRCWBA	南美洲	巴西	库里提巴	UN	A
134	CNDGGA	东莞国际	CLSCLC	南美洲	智利	圣地亚哥	UN	A
135	CNDGGA	东莞国际	ARBUEB	南美洲	阿根廷	布宜诺斯艾利斯	UN	A
136	CNDGGA	东莞国际	COBOGC	南美洲	哥伦比亚	波哥大	UN	A
137	CNDGGA	东莞国际	CRSJOA	南美洲	哥斯达黎加	圣约瑟	UN	A
138	CNSZXA	深圳	BRCWBA	南美洲	巴西	库里提巴	UN	A
139	CNBJSA	北京	BRCWBA	南美洲	巴西	库里提巴	UN	A
140	CNCGOA	郑州国际	BRCWBA	南美洲	巴西	库里提巴	UN	A
141	CNCANA	广州	CLSCLC	南美洲	智利	圣地亚哥	UN	A
142	CNXMNA	厦门	BRCWBA	南美洲	巴西	库里提巴	UN	A
143	CNCANA	广州	CRSJOA	南美洲	哥斯达黎加	圣约瑟	UN	A
144	CNCANA	广州	PELIMB	南美洲	秘鲁	利马	UN	A
145	CNSZXA	深圳	BRCWBA	南美洲	巴西	库里提巴	UN	A
146	CNHFEA	合肥国际	BRCWBA	南美洲	巴西	库里提巴	UN	A
147	CNSZXA	深圳	MXMEXD	南美洲	墨西哥	墨西哥城 AEREO	UN	A
148	CNSZXA	深圳	CLSCLA	南美洲	智利	圣地亚哥	UN	A
149	CNDGGA	东莞国际	CLSCLC	南美洲	智利	圣地亚哥	UN	A
150	CNDGGA	东莞国际	MXMEXD	南美洲	墨西哥	墨西哥城 AEREO	UN	A
151	CNNKGA	南京	BRCWBA	南美洲	巴西	库里提巴	UN	A
152	CNSHAA	上海	MXMEXD	南美洲	墨西哥	墨西哥城 AEREO	UN	A

续表

序号	原寄局	原寄局名	寄达局	洲	国家	寄达局名	总包种类	运输方式
153	CNBJSA	北京	ARBUEB	南美洲	阿根廷	布宜诺斯艾利斯	UN	A
154	CNFOCA	福州	ARBUEB	南美洲	阿根廷	布宜诺斯艾利斯	UN	A
155	CNTAOA	青岛	BRCWBA	南美洲	巴西	库里提巴	UN	A
156	CNDGGA	东莞国际	ARBUEB	南美洲	阿根廷	布宜诺斯艾利斯	UN	A
157	CNSZXA	深圳	MXMEXD	南美洲	墨西哥	墨西哥城 AEREO	UN	A
158	CNCANA	广州	PELIMB	南美洲	秘鲁	利马	UN	A
159	CNXMNA	厦门	BRCWBA	南美洲	巴西	库里提巴	UN	A
160	CNCANA	广州	ARBUEB	南美洲	阿根廷	布宜诺斯艾利斯	UN	A
161	CNSZXA	深圳	ARBUEB	南美洲	阿根廷	布宜诺斯艾利斯	UN	A
162	CNCANA	广州	BRCWBA	南美洲	巴西	库里提巴	UN	A

二、国际包裹直封关系一览表

序号	原寄局	原寄局名	寄达局	洲	国家	寄达局名	总包种类	运输方式
1	CNSHAA	上海	ECUIOA	南美洲	厄瓜多尔	基多	CN	B
2	CNSHAA	上海	PELIMA	南美洲	秘鲁	利马	CN	B
3	CNSHAA	上海	CLSCLA	南美洲	智利	圣地亚哥	CN	B
4	CNSHAA	上海	MXMEXD	南美洲	墨西哥	墨西哥城 AEREO	CN	A
5	CNSHAA	上海	CLSCLA	南美洲	智利	圣地亚哥	CN	A
6	CNBJSA	北京	ECUIOA	南美洲	厄瓜多尔	基多	CN	B
7	CNBJSA	北京	PELIMA	南美洲	秘鲁	利马	CN	B
8	CNBJSA	北京	SRPBMA	南美洲	苏里南	帕拉马里博	CN	A
9	CNSHAA	上海	CRSJOA	南美洲	哥斯达黎加	圣约瑟	CN	B
10	CNBJSA	北京	CRSJOA	南美洲	哥斯达黎加	圣约瑟	CN	B
11	CNSHAA	上海	COBOGA	南美洲	哥伦比亚	波哥大	CN	A
12	CNBJSA	北京	CUHAVA	南美洲	古巴	哈瓦那(古巴首都)	CN	A
13	CNSHAA	上海	MXMEXB	南美洲	墨西哥	墨西哥城 SAL	CN	C
14	CNBJSA	北京	PAPTYB	南美洲	巴拿马	巴拿马	CN	A
15	CNCANA	广州	MXMEXD	南美洲	墨西哥	墨西哥城 AEREO	CN	A
16	CNWNZA	温州	BRRIOE	南美洲	巴西	里约热内卢	CN	B
17	CNBJSA	北京	PAPTYB	南美洲	巴拿马	巴拿马	CN	B
18	CNBJSA	北京	BRRIOE	南美洲	巴西	里约热内卢	CN	A
19	CNBJSA	北京	BRRIOE	南美洲	巴西	里约热内卢	CN	B
20	CNBJSA	北京	COBOGA	南美洲	哥伦比亚	波哥大	CN	A
21	CNBJSA	北京	PELIMA	南美洲	秘鲁	利马	CN	B
22	CNBJSA	北京	ARBUEB	南美洲	阿根廷	布宜诺斯艾利斯	CN	A
23	CNBJSA	北京	ARBUED	南美洲	阿根廷	布宜诺斯艾利斯	CN	B

续表

序号	原寄局	原寄局名	寄达局	洲	国家	寄达局名	总包种类	运输方式
24	CNBJSA	北京	BRRIOE	南美洲	巴西	里约热内卢	CN	B
25	CNBJSA	北京	MXMEXD	南美洲	墨西哥	墨西哥城 AEREO	CN	A
26	CNBJSA	北京	UYMVDH	南美洲	乌拉圭	MVD EMS INT	CN	A
27	CNSHAA	上海	UYMVDH	南美洲	乌拉圭	MVD EMS INT	CN	A

思　考　题

1. 简述南美洲的概况。
2. 简述巴西、智利、阿根廷的首都。
3. 简述中国与巴西的邮政通信关系。
4. 简述中国与智利的邮政通信关系。
5. 简述中国与阿根廷的邮政通信关系。

第十八章　大 洋 洲

第一节　概　　况

大洋洲位于东、西两半球，介于亚洲和南极洲，南、北美洲和印度洋之间。有众多的岛屿散布在广阔的太平洋洋面上。陆地面积约 900 万平方千米，人口 2 900 万（2016 年）。

大洋洲范围很广，包括澳大利亚大陆和附近的塔斯马尼亚岛、（新西兰的）南岛和北岛、新几内亚岛（伊里安岛），以及太平洋上的波利尼西亚、密克罗尼西亚、美拉尼西亚三大群岛，共一万多个岛屿。其中，许多岛屿是联系各大洲海、空航线和海底电缆所经之地，在战略和国际交通上具有重要意义。

大洋洲共有 29 个国家和地区。其中独立国家 14 个。

第二节　主要国家和城市

一、澳大利亚

（一）澳大利亚概况

澳大利亚是大洋洲面积最大的国家，领土包括澳大利亚大陆、塔斯马尼亚岛和附近一些岛屿。是世界上唯一独占一块大陆的国家。面积 774.1 万平方千米，人口 2 413 万（2016 年），地广人稀。澳大利亚是经济发达的资本主义国家，工农业先进。经济以农牧业、采矿业和制造业为主，旅游业发达。

东南沿海是澳大利亚人口集中、经济发达的地区。首都堪培拉和最大港口城市悉尼等大城市都在这里。

（二）主要城市

1. 悉尼

澳大利亚最早开发，最大及最现代化的城市。悉尼市郊总面积 4 074 平方千米，人口近 503 万（2016 年），约占全国人口 1/5。

2. 墨尔本

澳大利亚第二大城市，经济、贸易、交通中心。面积 4 360 平方千米，人口 464.2 万（2016 年）。

3. 堪培拉

澳大利亚首都，政治中心。

二、新西兰

（一）新西兰概况

新西兰位于澳大利亚东南，两国隔塔斯曼海相望。领土主要由南岛、北岛和附近的一些小岛组成。首都惠灵顿，位于北岛的南端。面积 26.8 万多平方千米。人口 469 万(2016 年)。全国分为 12 个大区，设有 74 个地区行政机构。新西兰经济以农牧业为主。乳、肉畜牧业发达。肉类、奶油、乳酪、羊毛的产量都占世界重要地位。

（二）主要城市

1. 奥克兰

全国第一大城市和最大商港。

2. 罗托鲁亚

罗托鲁亚位于北岛中部，以其地热奇观驰名世界，常年游客如云。

3. 惠灵顿

首都，第二大城市，为全国的政治、经济、文化中心。

第三节 中国与大洋洲主要国家的邮政通信

一、国际 EMS 直封关系一览表

序号	原寄互换局	发运口岸	发运口岸代码	洲	国家	寄达互换局	寄达口岸代码
1	北京	北京	PEK	大洋洲	澳大利亚	墨尔本	MEL
2	天津	北京	PEK	大洋洲	澳大利亚	墨尔本	MEL
3	福州	福州	FOC	大洋洲	澳大利亚	墨尔本	MEL
4	广州	广州	CAN	大洋洲	澳大利亚	墨尔本	MEL
5	厦门	厦门	XMN	大洋洲	澳大利亚	墨尔本	MEL
6	杭州	上海	PVG	大洋洲	澳大利亚	墨尔本	MEL
7	南京	上海	PVG	大洋洲	澳大利亚	墨尔本	MEL
8	宁波	上海	PVG	大洋洲	澳大利亚	墨尔本	MEL
9	上海	上海	PVG	大洋洲	澳大利亚	墨尔本	MEL
10	苏州	上海	PVG	大洋洲	澳大利亚	墨尔本	MEL
11	温州	上海	PVG	大洋洲	澳大利亚	墨尔本	MEL
12	义乌	上海	PVG	大洋洲	澳大利亚	墨尔本	MEL
13	温州	温州	WNZ	大洋洲	澳大利亚	墨尔本	MEL
14	深圳	香港	HKG	大洋洲	澳大利亚	墨尔本	MEL
15	长沙	长沙	CSX	大洋洲	澳大利亚	墨尔本	MEL

续表

序号	原寄互换局	发运口岸	发运口岸代码	洲	国家	寄达互换局	寄达口岸代码
16	北京	北京	PEK	大洋洲	澳大利亚	悉尼	SYD
17	大连	北京	PEK	大洋洲	澳大利亚	悉尼	SYD
18	济南	北京	PEK	大洋洲	澳大利亚	悉尼	SYD
19	西安	北京	PEK	大洋洲	澳大利亚	悉尼	SYD
20	福州	福州	FOC	大洋洲	澳大利亚	悉尼	SYD
21	广州	广州	CAN	大洋洲	澳大利亚	悉尼	SYD
22	杭州	杭州	PVG	大洋洲	澳大利亚	悉尼	SYD
23	义乌	杭州	PVG	大洋洲	澳大利亚	悉尼	SYD
24	济南	济南	TNA	大洋洲	澳大利亚	悉尼	SYD
25	青岛	青岛	TAO	大洋洲	澳大利亚	悉尼	SYD
26	厦门	厦门	XMN	大洋洲	澳大利亚	悉尼	SYD
27	南京	上海	PVG	大洋洲	澳大利亚	悉尼	SYD
28	宁波	上海	PVG	大洋洲	澳大利亚	悉尼	SYD
29	上海	上海	PVG	大洋洲	澳大利亚	悉尼	SYD
30	苏州	上海	PVG	大洋洲	澳大利亚	悉尼	SYD
31	温州	上海	PVG	大洋洲	澳大利亚	悉尼	SYD
32	沈阳	沈阳	SHE	大洋洲	澳大利亚	悉尼	SYD
33	天津	天津	TSN	大洋洲	澳大利亚	悉尼	SYD
34	温州	温州	WNZ	大洋洲	澳大利亚	悉尼	SYD
35	武汉	武汉	WUH	大洋洲	澳大利亚	悉尼	SYD
36	深圳	香港	HKG	大洋洲	澳大利亚	悉尼	SYD
37	长沙	长沙	CSX	大洋洲	澳大利亚	悉尼	SYD
38	郑州	郑州	CGO	大洋洲	澳大利亚	悉尼	SYD
39	重庆	重庆	CKG	大洋洲	澳大利亚	悉尼	SYD

二、国际函件直封关系一览表

序号	原寄局	原寄局名	寄达局	洲	国家	寄达局名	总包种类	运输方式
1	CNSHAA	上海	AUSYDE	大洋洲	澳大利亚	悉尼	UN	C
2	CNSHAA	上海	NZAKLA	大洋洲	新西兰	奥克兰	UN	C
3	CNCANA	广州	AUSYDE	大洋洲	澳大利亚	悉尼	UN	C
4	CNCANA	广州	FJSUVA	大洋洲	斐济	苏瓦	UN	C
5	CNBJSA	北京	AUSYDA	大洋洲	澳大利亚	悉尼	UN	A
6	CNCANA	广州	FJSUVA	大洋洲	斐济	苏瓦	UN	A
7	CNCANA	广州	NZAKLA	大洋洲	新西兰	奥克兰	UN	A
8	CNCANA	广州	AUMELA	大洋洲	澳大利亚	墨尔本	UN	A
9	CNSZXA	深圳	AUSYDA	大洋洲	澳大利亚	悉尼	UN	A

续 表

序号	原寄局	原寄局名	寄达局	洲	国家	寄达局名	总包种类	运输方式
10	CNBJSA	北京	AUSYDA	大洋洲	澳大利亚	悉尼	UN	A
11	CNCANA	广州	AUMELA	大洋洲	澳大利亚	墨尔本	UN	A
12	CNCANA	广州	AUSYDA	大洋洲	澳大利亚	悉尼	UN	A
13	CNSHAA	上海	AUSYDA	大洋洲	澳大利亚	悉尼	UN	A
14	CNBJSA	北京	PGPOMA	大洋洲	巴布亚新几内亚	波罗哥	UT	A
15	CNBJSA	北京	AUSYDA	大洋洲	澳大利亚	悉尼	UT	C
16	CNXMNA	厦门	AUSYDA	大洋洲	澳大利亚	悉尼	UN	A
17	CNSHAA	上海	NZAKLA	大洋洲	新西兰	奥克兰	UN	A
18	CNSZHA	苏州	AUSYDA	大洋洲	澳大利亚	悉尼	UN	A
19	CNBJSA	北京	AUSYDE	大洋洲	澳大利亚	悉尼	UN	C
20	CNBJSA	北京	NZAKLA	大洋洲	新西兰	奥克兰	UN	C
21	CNHGHA	杭州	AUSYDA	大洋洲	澳大利亚	悉尼	UN	A
22	CNWUHA	武汉	AUSYDA	大洋洲	澳大利亚	悉尼	UN	A
23	CNNKGA	南京	AUSYDA	大洋洲	澳大利亚	悉尼	UN	A
24	CNNGBA	宁波国际	NZAKLA	大洋洲	新西兰	奥克兰	UN	A
25	CNCGOA	郑州国际	AUSYDA	大洋洲	澳大利亚	悉尼	UN	A
26	CNNKGA	南京	AUSYDA	大洋洲	澳大利亚	悉尼	UN	A
27	CNCANA	广州	AUSYDA	大洋洲	澳大利亚	悉尼	UN	A
28	CNCANA	广州	AUMELA	大洋洲	澳大利亚	墨尔本	UN	A
29	CNWNZA	温州	AUSYDA	大洋洲	澳大利亚	悉尼	UN	A
30	CNTNAA	济南	AUSYDA	大洋洲	澳大利亚	悉尼	UN	A
31	CNHFEA	合肥国际	AUSYDA	大洋洲	澳大利亚	悉尼	UN	A
32	CNBJSA	北京	AUSYDD	大洋洲	澳大利亚	悉尼	UN	B
33	CNBJSA	北京	AUMELA	大洋洲	澳大利亚	墨尔本	UN	A
34	CNHFEA	合肥国际	AUMELA	大洋洲	澳大利亚	墨尔本	UN	A
35	CNYIWA	义乌国际	NZAKLA	大洋洲	新西兰	奥克兰	UN	A
36	CNDGGA	东莞国际	NZAKLA	大洋洲	新西兰	奥克兰	UN	A
37	CNCANA	广州	AUMELA	大洋洲	澳大利亚	墨尔本	UN	A
38	CNCANA	广州	AUSYDA	大洋洲	澳大利亚	悉尼	UN	A
39	CNFOCA	福州	AUMELA	大洋洲	澳大利亚	墨尔本	UN	A
40	CNDGGA	东莞国际	AUMELA	大洋洲	澳大利亚	墨尔本	UN	A
41	CNDGGA	东莞国际	AUSYDA	大洋洲	澳大利亚	悉尼	UN	A
42	CNTSNA	天津	AUMELA	大洋洲	澳大利亚	墨尔本	UN	A
43	CNSZXA	深圳	AUSYDA	大洋洲	澳大利亚	悉尼	UN	A
44	CNWUHA	武汉	AUMELA	大洋洲	澳大利亚	墨尔本	UN	A
45	CNTNAA	济南	AUMELA	大洋洲	澳大利亚	墨尔本	UN	A
46	CNYIWA	义乌国际	AUMELA	大洋洲	澳大利亚	墨尔本	UN	A

续 表

序号	原寄局	原寄局名	寄达局	洲	国家	寄达局名	总包种类	运输方式
47	CNHGHA	杭州	AUSYDA	大洋洲	澳大利亚	悉尼	UN	A
48	CNXMNA	厦门	AUSYDA	大洋洲	澳大利亚	悉尼	UN	A
49	CNSHAA	上海	AUMELA	大洋洲	澳大利亚	墨尔本	UN	A
50	CNSZHA	苏州	AUMELA	大洋洲	澳大利亚	墨尔本	UN	A
51	CNNKGA	南京	AUMELA	大洋洲	澳大利亚	墨尔本	UN	A
52	CNWNZA	温州	AUMELA	大洋洲	澳大利亚	墨尔本	UN	A
53	CNNGBA	宁波国际	AUMELA	大洋洲	澳大利亚	墨尔本	UN	A
54	CNTAOA	青岛	AUMELA	大洋洲	澳大利亚	墨尔本	UN	A
55	CNBJSA	北京	PGPOMA	大洋洲	巴布亚新几内亚	波罗哥	UN	A
56	CNCANA	广州	AUSYDA	大洋洲	澳大利亚	悉尼	UN	A
57	CNSZXA	深圳	NZAKLA	大洋洲	新西兰	奥克兰	UN	A
58	CNCANA	广州	AUSYDA	大洋洲	澳大利亚	悉尼	UN	A
59	CNFOCA	福州	AUSYDA	大洋洲	澳大利亚	悉尼	UN	A
60	CNCANA	广州	NZAKLA	大洋洲	新西兰	奥克兰	UN	A
61	CNCANA	广州	AUSYDA	大洋洲	澳大利亚	悉尼	UN	A
62	CNSZXA	深圳	AUSYDA	大洋洲	澳大利亚	悉尼	UN	A
63	CNCANA	广州	AUSYDA	大洋洲	澳大利亚	悉尼	UN	A
64	CNFOCA	福州	AUSYDA	大洋洲	澳大利亚	悉尼	UN	A
65	CNNGBA	宁波国际	AUSYDA	大洋洲	澳大利亚	悉尼	UN	A
66	CNXMNA	厦门	AUSYDA	大洋洲	澳大利亚	悉尼	UN	A
67	CNHGHA	杭州	NZAKLA	大洋洲	新西兰	奥克兰	UN	A
68	CNHGHA	杭州	AUSYDA	大洋洲	澳大利亚	悉尼	UN	A
69	CNSZXA	深圳	AUSYDA	大洋洲	澳大利亚	悉尼	UN	A
70	CNYIWA	义乌国际	AUSYDA	大洋洲	澳大利亚	悉尼	UN	A
71	CNSHAA	上海	AUSYDA	大洋洲	澳大利亚	悉尼	UN	A
72	CNFOCA	福州	AUSYDA	大洋洲	澳大利亚	悉尼	UN	A
73	CNSHAA	上海	AUSYDA	大洋洲	澳大利亚	悉尼	UN	A
74	CNSZXA	深圳	AUSYDA	大洋洲	澳大利亚	悉尼	UN	A
75	CNSZXA	深圳	AUSYDA	大洋洲	澳大利亚	悉尼	UN	A
76	CNCGOA	郑州国际	NZAKLA	大洋洲	新西兰	奥克兰	UN	A
77	CNXMNA	厦门	AUSYDA	大洋洲	澳大利亚	悉尼	UN	A
78	CNYIWA	义乌国际	AUSYDA	大洋洲	澳大利亚	悉尼	UN	A
79	CNCGOA	郑州国际	AUMELA	大洋洲	澳大利亚	墨尔本	UN	A
80	CNHGHA	杭州	AUMELA	大洋洲	澳大利亚	墨尔本	UN	A
81	CNSZXA	深圳	AUSYDA	大洋洲	澳大利亚	悉尼	UN	A
82	CNDGGA	东莞国际	AUSYDA	大洋洲	澳大利亚	悉尼	UN	A
83	CNXMNA	厦门	AUSYDA	大洋洲	澳大利亚	悉尼	UN	A

续表

序号	原寄局	原寄局名	寄达局	洲	国家	寄达局名	总包种类	运输方式
84	CNFOCA	福州	AUMELA	大洋洲	澳大利亚	墨尔本	UN	A
85	CNFOCA	福州	AUSYDA	大洋洲	澳大利亚	悉尼	UN	A
86	CNSZXA	深圳	AUMELA	大洋洲	澳大利亚	墨尔本	UN	A
87	CNTAOA	青岛	AUSYDA	大洋洲	澳大利亚	悉尼	UN	A
88	CNTSNA	天津	AUSYDA	大洋洲	澳大利亚	悉尼	UN	A
89	CNSZXA	深圳	NZAKLA	大洋洲	新西兰	奥克兰	UN	A
90	CNSZXA	深圳	AUSYDA	大洋洲	澳大利亚	悉尼	UN	A
91	CNSZXA	深圳	AUSYDA	大洋洲	澳大利亚	悉尼	UN	A

三、国际包裹直封关系一览表

序号	原寄局	原寄局名	寄达局	洲	国家	寄达局名	总包种类	运输方式
1	CNSHAA	上海	NZAKLA	大洋洲	新西兰	奥克兰	CN	A
2	CNBJSA	北京	NZAKLA	大洋洲	新西兰	奥克兰	CN	C
3	CNCANA	广州	AUSYDD	大洋洲	澳大利亚	悉尼	CN	B
4	CNSHAA	上海	AUSYDE	大洋洲	澳大利亚	悉尼	CN	C
5	CNSHAA	上海	NZAKLA	大洋洲	新西兰	奥克兰	CN	C
6	CNCANA	广州	AUSYDE	大洋洲	澳大利亚	悉尼	CN	C
7	CNCANA	广州	NZAKLA	大洋洲	新西兰	奥克兰	CN	C
8	CNBJSA	北京	AUSYDE	大洋洲	澳大利亚	悉尼	CN	C
9	CNCANA	广州	NZAKLA	大洋洲	新西兰	奥克兰	CN	A
10	CNCANA	广州	AUSYDA	大洋洲	澳大利亚	悉尼	CN	A
11	CNCANA	广州	FJSUVA	大洋洲	斐济	苏瓦	CN	A
12	CNSHAA	上海	AUSYDA	大洋洲	澳大利亚	悉尼	CN	A
13	CNSHAA	上海	AUSYDD	大洋洲	澳大利亚	悉尼	CN	B

思考题

1. 简述大洋洲的位置和范围。
2. 简述澳大利亚和新西兰的首都及主要城市。
3. 简述中国与澳大利亚的邮政通信关系。
4. 简述中国与新西兰的邮政通信关系。

参考文献

1. 王为民,等.邮政管理基础知识.北京:人民邮电出版社,2003.
2. 王为民.邮政通信地理.北京:北京邮电大学出版社,2008.
3. 赵济,陈传康.中国地理.北京:高等教育出版社,1999.
4. 王恩涌,等.人文地理学.北京:高等教育出版社,2000.
5. 路紫,等.通信网络与电信之地理学研究.北京:中国对外翻译出版公司,1998.
6. 吴传钧.中国经济地理.北京:科学出版社,1998.
7. 李小健,等.经济地理学.北京:高等教育出版社,2006.
8. 陈航,张文尝,金凤君,等.中国交通地理.北京:科学出版社,2000.
9. 李国平.邮政通信地理.北京:人民邮电出版社,2006.